KB117873

탄소 사회의
종말

인권의 눈으로 기후위기와 팬데믹을 읽다

탄소 사회의 종말

The End of Carbon Society

조효제 지음

21세기북스

| 서문 |

청와대의 국민청원 게시판에 「기후위기 관련 정책을 만들어주세요」라는 글이 올라왔다. "저는 중학생입니다"로 시작된 청원은 2020년 9월 11일에 6,868명의 서명으로 마감되었다. 이 청원은 훗날 한국의 기후대응 역사를 쓸 때 반드시 포함되어야 할 중요한 문제의식을 담고 있다.

흔히 세상을 팬데믹 이전과 이후로 나눌 수 있다고 하는데 2020년 바이러스 사태 당시 미성년이던 사람부터 기후위기의 미래세대라고 부르면 어떨까 한다. 만일 그렇다면 우리는 기성세대의 선택과 행동이 미래세대의 삶과 죽음을 직접 규정하는 시대에 살고 있다.

나는 인권사회학과 글로벌사회학을 가르치고 연구해왔다. 환경사회학을 깊게 공부한 적이 없고, 환경의식이 높다고 할 수 없는 사람이다. 환경운동에 참여한 적이 없고 생태론에 심취한 경험도 없다. 환경의 중요성을 원론적으로 인정하면서 환경훼손에 반대하는, 평균적 시민으로서의 환경의식이 있었을 뿐이다.

그러다 10여 년 전부터 국제 인권학계에서 쏟아 내는 기후변화 관련

연구를 접하기 시작했다. 처음에는 호기심에서 들여다보았다. 지구온난화를 알고는 있었지만 그것을 인권과 연결해 생각해본 적은 없었다. 도대체 왜 인권 쪽에서 기후에 이렇게 관심을 가지는가?

연구 자료와 유엔에서 나온 문헌을 읽으면서 호기심이 걱정으로 변했다. 왜 이 문제에 진작 신경을 쓰지 않았던가, 크게 자책했다. 근심, 부인, 분노, 절망, 체념이 뒤섞여 나타났다. 그런데도 주위를 돌아보면 일상이 극히 자연스럽게 돌아가고 있었다. 환경운동 쪽을 제외하면 세상이 너무 조용했다. 내가 읽은 글들과 눈앞의 현실이 너무 달라 쓸데없는 강박에 사로잡힌 게 아닌가 하는 의구심마저 들었다.

게다가 기상 재난이 발생해도 사후 대처에만 매달리고 그것의 근본 원인을 외면하는 사회 분위기에 실망하지 않을 수 없었다. 침몰하는 타이태닉호에서 지엽적인 문제를 놓고 끝없이 싸우는 듯한 공적 논쟁의 수준에 참담한 심정마저 들었다.

공부한 내용을 정리해 5년 전 한 일간지에 「기후변화, 절체절명의 인권문제」라는 장문의 글을 발표했다. 그 칼럼은 꽤 큰 반향을 불러왔다. 환경단체에서 주관한 모임에 나가 이야기할 시간을 갖기도 했다. 그 후 나는 『인권의 지평』이라는 이론서를 쓰면서 기후변화를 중요한 주제로 다뤘고, 언론에서도 기회 있을 때마다 기후-환경 문제와 인권을 연결시켜야 한다는 주장을 폈다.

그때만 해도 기후가 워낙 거대한 문제여서 감지하기 어려울 정도로 천천히 다가오는 현상이라고 은연중에 가정했다. 그러나 지금은 그런 환상을 완전히 버렸다. 마치 토네이도를 피해 필사적으로 도망치는 형국으로 기후위기가 우리를 덮치고 있음을 매일같이 실감한다.

처음에는 호기심에서 시작한 공부가 어떤 책임감에 짓눌리는 단계에까지 이르렀다. 그것이 이 책을 쓰기로 한 이유가 되었다. 환경문제에 문외한이지만 한 명의 시민이자 인권을 연구하는 지식인으로서 그리고 자식을 둔 사람으로서 이 위중한 상황에 대처하기 위해 벽돌 한 장이라도 쌓는다는 뜻으로 책을 낸다. 기후위기를 인권으로 다룬다고 해서 문제가 금방 개선되지는 않겠지만 기후행동에 조금이나마 도움이 되는 바가 분명 있을 것이다.

기후-환경 문제에 진입하는 길은 대략 환경의 길, 경제의 길, 사회의 길로 이루어져 있다. 이 책에서는 환경과 경제에 대해 꼭 필요한 기본 사항 외에는 다루지 않는다. 대부분의 내용을 사회(와 인권)의 길에 할애한다. 따라서 이 책을 한 줄로 요약한다면 '사회와 인권의 관점에서 설명한 기후위기 입문서'라 할 수 있다. 책 제목을 『탄소 사회의 종말』이라고 한 것도 이와 관련이 있다.

이 책을 읽어주시면 좋겠다고 희망하는 독자층이 있다. 환경의 중요성을 인정하지만 환경의식과 실천이 철저하지 못한 사람, 기후문제가 심각하다는 것을 알지만 과학 정보나 수치를 접해도 현실감이 들지 않는 사람, 기후위기를 어떤 관점에서 봐야 할지 혼란스러운 사람, 팬데믹과 기후변화가 어떻게 연결되는지 궁금한 사람, 대책 없는 불안과 막연한 낙관 사이에서 갈피를 못 잡는 사람, 기후위기를 사회와 정치의 문제로 바라보고 싶은데 적절한 안내를 받지 못한다고 느끼는 사람, 단선적인 종말론이나 파멸의 경고를 넘어 위기의 본질을 지성적으로 파악하고 싶은 사람, 주변 사람들과 기후문제를 이야기하고 싶어도 분위기 깬다는 말을 들을까 봐 조심스러운 사람, 어떤 행동이라도 해야겠는데 작은 개인으로서 무력감이 드는 사람…… 요컨대 '나'와 같은 분들이 많이 읽어주시면 좋겠다.

그런 면에서 이 책은 인권사회학자가 스스로 납득하기 위해 기후위기를 하나의 서사구조로 정리한 결과물이라 할 수 있다. 각 부의 부제를 일련의 질문으로 구성한 것도 그 때문이다. 몇 년간 고민해온 공부 노트를 공개하는 것이라고 생각해주시기 바란다. 독자 여러분도 자기만의 기후 내러티브를 만들어보시면 좋겠다.

주로 사회-인권의 시각에서 기후문제를 다루기 위해 인문·사회과학의 여러 학문—사회학, 사회정책학, 사회심리학, 인류학, 정치학, 국제관계학, 역사학, 법학, 커뮤니케이션, 철학, 윤리학, 문학 등—에서 나온 최신 연구 성과를 폭넓게 활용했다. 이런 시도가 인문·사회 계열 연구자들이 기후위기를 활발하게 다루도록 자극하는 계기가 되기를 희망한다.

바라건대 이 책이 이 시점에서 꼭 필요한 '사회적 버전'의 기후변화 커뮤니케이션에 조금이나마 도움이 되었으면 한다. 기후환경의 전문지식과 관련해 잘못된 부분이 발견되면 중쇄를 낼 때 수정하도록 하겠다.

책을 내자고 제안해주신 북이십일의 장미희 선생님, 분량이 만만찮은 원고를 전문적으로 잘 다듬어주신 편집실의 최윤지 선생님과 김유진 선생님에게 진심으로 감사를 표한다.

척박한 여건에서 기후문제를 공공 의제로 만드는 데 큰 기여를 한 환경운동가들, 기후위기를 인권으로 접근하기 위해 애쓰는 인권운동가들, 내 강의를 듣고 토론에 참여해준 학생들, 기후행동에 나서고 있는 청소년들, 그리고 기후위기를 헤쳐나가야 할 미래세대에게 마음을 다해 이 책을 바친다.

2020년 11월

항동골에서 조효제

| 들어가며 |

"어느 순간에 딱 저와 우리야말로 멸종위기에 있다는 생각이 들었어요."
윤해영·윤현정(청소년기후행동 활동가)

"코로나19 사태는 기후위기를 앞둔 소방 훈련에 해당된다."
애덤 프랭크Adam Frank

"절호의 위기를 허비해서는 안 된다."
소니아 소드하Sonia Sodha

"기후변화에서는 자가격리가 불가능하다."
마크 조지프 카니Mark Joseph Carney

중국 후베이성 우한시에서 원인 불명의 질병이 발생했다는 보고가 베이징에 있는 세계보건기구WHO 중국 사무소의 가우덴 갈레아Gauden Galea 소장에게 전해진 때가 2019년 12월 31일이었다. 해를 넘기고 1월 11일에 첫 사망자가 나왔다. 61세 남성이 폐렴으로 숨을 거두었는데 자세한 원인을 당국이 조사 중이라고 했다. 한국과 전 세계 언론에서 사건을 조금씩 보도하기 시작했다.

스티븐 소더버그Steven Soderbergh 감독의 영화 〈컨테이전〉(2011)과의 유사성에 주목하는 글들이 국내외 언론에 등장했다. 세계보건기구는 2월 11일 이 괴질을 '코비드COVID-19'라고 명명했다. '코로나 바이러스 질병-2019'의 준말이다.

우한시가 폐쇄된 가운데 바이러스는 태국, 일본, 한국, 타이완, 홍콩, 마카오, 싱가포르, 베트남, 프랑스, 네팔, 오스트레일리아, 캐나다, 말레이시아, 캄보디아, 독일, 스리랑카, 핀란드, 아랍에미리트연합국, 인도, 이탈리아, 필리핀, 러시아, 미국, 스페인, 스웨덴, 영국 등 전 세계로 퍼졌다. 3월 11일 세계보건기구는 이 질환을 '팬데믹(대유행병)'으로 규정했다.

세계적으로 2020년 4월 초에 확진자가 100만 명을 넘었고, 5월 말에 사망자가 10만 명을 넘어섰다. 9월 하순에 사망자가 100만 명을 넘었으며, 10월 하순에는 4,100만 명이 넘는 확진자가 나왔다. 한국에서는 10월 하순 현재 누적 확진자가 2만 5,000명 이상, 사망자가 450명 이상으로 집계된다.

코로나19는 에볼라, 니파, 사스, 신종플루, 메르스 등 신종 감염병들의 최신 버전이면서, 기후변화와 깊이 연결된 현상이다.[1] 세계기상기구WMO가 2020년 9월에 발표한 보고서에 따르면 2016~2020년 5년간 지구 평균기온이 사상 최고였고, 만일 기온이 지금처럼 급격히 상승한다면 향후 5년 내로 1.5도 이상 오를 가능성이 24퍼센트라고 한다.[2] 이 책을 쓰기 시작한 2019년 하반기부터 1년 동안만 꼽아보아도 기후위기와 관련된 현상들의 가속화가 놀라울 정도다.[3]

태풍 링링과 타파, 역대 최대치의 9월 국내 가정용 전력 사용량, 태풍 미탁의 영향으로 역대 1위를 기록한 10월 전국 월강수량, 유럽 관측 사상 최고기온, 태풍 하기비스, 이탈리아의 홍수, 오스트레일리아에서 발생한 역사상 최악의 산불, 동아프리카 메뚜기 떼, 코로나 팬데믹, 2020년 여름 사상 최악의 물난리, 중국의 대홍수, 태풍 바비, 마이삭, 하이선, 캘리포니아주와 오리건주 등 미국 서부의 궤멸적 산불 등 재난이 숨 가쁘게 몰려왔다. 후세 사가들은 2020년을 '기후위기 서막이 끝난 해'라고 부를 것이다.

코로나19가 왜 발생했는가? 가장 단순하게는 박쥐, 천산갑 같은 야생동물을 식용이나 약용으로 쓰면서 동물 바이러스가 인간에게 옮아온 것이라 할 수 있다. 그러나 이보다 근본적인 원인이 있다.

우선 산림 벌채, 광산 개발, 댐 건설, 도로 개통, 신도시 건립, 축사 조성 등으로 야생동물이 사는 서식처가 파괴되었다. 생태계가 다양한 생명사슬로 연결되어 있을 때에는 병원균이 소수의 생물종에만 집중되지 않는 '희석효과' 덕분에 전염병이 퍼질 가능성이 낮다. 하지만 생물다양성이 줄어 생태계가 단순해질수록 병원체의 확산효과가 커진다.[4]

유엔환경계획UNEP은 산업형 공장식 축산 시스템에서 가축이 매개 역할을 하여 야생동물과 인간 사이에 바이러스를 전파시킨다는 연구도 발표했다.[5] 이런 공장식 축산의 배후에는 자본주의의 거대 농축산업이 있다.[6]

인간에게 옮겨진 병원체는 사회적 차원과 결합하여 확산된다. 인구와 도시의 증가는 '질병의 승수요인'이 된다. 또 지구화로 이주, 여행, 운송이 급증해 바이러스의 이동이 용이해졌다. 이처럼 코로나19 사태는 자연적, 사회적, 경제적 요인이 수렴되어 발생한 사건이다.[7]

감염병이 기후변화와 어떻게 연결되는가? 기후변화와 신종 감염병은 환경파괴라는 공통의 원인에서 비롯되고, 전자는 후자가 발생할 수 있는 맥락을 바꾼다.[8] 세계보건기구는 지구온난화로 사람이 병원균에 감염될 민감성이 높아졌다고 분석한다. 신종 감염병이 폭증한 지난 반세기와 기후변화의 악화 시기가 일치한다.[9]

사회생물학자 최재천은 "기후변화와 그로 인해 사라질 생물다양성, 그 두 문제에 코로나19도 연결"되어 있으며, "인간이 자연 생태계를 파괴하여 잘 살던 그 아이들이 우리한테 바이러스를 털어버릴 수밖에 없는 상황을 자꾸 만들어" 감염병이 나타났다고 설명한다.[10] 환경학자 윤순진과 감염내과 전문의 이재갑도 인수공통감염병과 기후변화가 환경파괴로부터 비롯되었다는 공통점이 있다고 지적한다.[11]

'스톡홀름 패러다임'이라는 이론에 따르면 기후환경이 급격히 바뀔 때 병원체가 새로운 숙주를 찾아 쉽게 공략할 수 있는 '병원체의 기회 공간'이 열린다고 한다.[12] 지구온난화로 병원균들이 따뜻한 온도에 적응하면 인간 체온 37도의 장벽을 넘기가 수월해진다.[13] 기후변화로 인간의 면역체계가 약해지고 식량 수급에 차질이 빚어지면 사람들이 감염병에 걸릴 확률이 늘어난다.[14] 또 기후변화는 생물다양성을 파괴한다.[15]

2020년 4월 국회입법조사처도 신종 전염병이 야생동물의 밀수, 공장식 축산, 기후변화로 인해 증가하고 있다는 보고서를 발표했다.[16] 2020년 7월 유엔환경계획과 국제축산연구소ILRI에서 펴낸 보고서 「다음에 닥칠 팬데믹 예방하기」에서는 "팬데믹을 초래하는 원인과, 기후변화 및 생물다양성 상실을 초래하는 원인이 흔히 동일하다"고 확언한다.[17]

신종 감염병과 기후변화의 연관성을 일반 시민과 전문가들이 모두 인정하기 시작했다. 환경보건시민센터에서 2020년 4월 시민들을 상대로 실시한 조사에 따르면 "코로나19의 근본 원인이 기후변화 때문이고 앞으로 이런 일이 자주 일어날 것"이라는 지적에 응답자의 85퍼센트가 동의하는 것으로 나타났다.[18]

2020년 5월 한국기후변화학회 전문가들은 신종 감염병이 기후변화와 연관이 있는지를 묻는 질문에 77퍼센트가 '관련 있다'고 대답했다.[19] 코로나19의 발생 원인에 대해서는(중복 답변 가능), 1위로 환경파괴(66퍼센트), 2위로 기후변화(51퍼센트)를 꼽았다. 도시화, 지구화, 공장식 축산이 뒤를 이었다. 감염병의 발생 주기는 지구온난화로 인해 3년 이내로 단축될 것이라는 예상이 가장 많았다.

그렇다면 우리가 바이러스 사태를 통해 기후위기에 관해 얻을 수 있는 교훈이 무엇인가?

우선, 기후변화가 직간접적으로 천의 얼굴을 한 현상이라는 점이다. 겉으로는 관련성이 없어 보이는 현상들이 기후변화를 매개로 은밀하게 연결된다. 기후위기는 팬데믹, 온갖 질병, 정신질환, 자살, 자해, 범죄, 전쟁, 작황, 아동 발달, 농어업, 경제 등 인간사의 거의 모든 영역에 영향을 끼친다. 그러므로 코로나19는 우리에게 기후위기의 전체 양상에 눈뜰 기회를 주었다.

둘째, 팬데믹과 기후변화가 인간이 초래한 '인재'의 거대한 인과관계 그물망 속에서 연결된다는 사실을 사람들이 깨닫기 시작했다. 환경단체 녹색연합이 일반 시민을 상대로 2020년 9월에 실시한 조사(중복 답변 가능)에서, 응답자들은 기후위기를 심각하게 느끼게 된 계기로 2020년 여름의 폭우(73.9퍼센트)와 코로나19(49.5퍼센트)를 꼽았다.[20]

셋째, '인재'의 근본 원인을 인권의 눈으로 따져야 하는 점이 드러났다.[21] 화석연료 기업, 막개발과 환경파괴, 신자유주의적 지구화, 탄소 자본주의, 공장식 축산 등의 요인을 인권침해의 뿌리로 볼 수 있어야 하고, 그런 요인을 통제할 의무가 있는 국가에 인권 책임을 물어야 한다.[22] 예를 들어 코로나19가 발생했을 때 사생활 침해, 불평등한 피해, 소수집단을 소외시키는 방역, 경제·사회적 악영향, 행정의 미비점 등을 인권문제로 지적하는 목소리가 높았다. 당연히 꼭 필요한 비판이었다.

그러나 코로나19의 유발 원인 자체—환경파괴, 기후변화, 공장식 축산 등—를 인권침해의 근본 원인으로 비판하는 목소리는 많이 나오지 않았다. 마스크, 사회적 거리두기, 백신, 개인들의 인권을 존중하는 방역 등 대증요법도 필요하지만, 문제의 원인 치료를 위해서는 온실가스 감축과 생태계 보전도 똑같이 중요하다. 시급한 인권침해의 해결과, 인권을 달성할 수 있는 장기적·거시적 조건 형성, 이 두 가지가 모두 인권의 과제임을 볼 줄 알아야 한다.[23]

넷째, 코로나19는 재난이 '보편적'으로 발생하는 것 같지만, 그것의 악영향은 '차별적'임을 보여주었다. 사회의 약한 고리에 속한 계층에게 코로나19는 직격탄이 되었다. 또 기존의 불평등을 심화하는 촉발제가 되었다. 바이러스 사태는 재난의 사회적 차원을 우리에게 각인했고, 이 점은 기후위기에서도 똑같이 나타나는 특징이다.

다섯째, 코로나19를 통해 드러난 것처럼 기후위기가 복합적이고 연계적인 방식으로 인간 사회에 영향을 준다면, 그것에 대한 대응 역시 복합적이고 연계적으로 이루어져야 한다. 흔히 온실가스 감축을 기후대응의 최고 목표로 둔다. 물론 탄소 '배출 순 제로' 더 나아가 '배출 제로'는 기후대책의 최우선 과제다. 그러나 인류가 직면한 거대한 인과의 그물망, 즉 환경파괴, 생물다양성 감소, 6차 대멸종, 육식과 식량 생산을 포함한 먹거리 문제, 정치사회 시스템의 리스크 등을 함께 조망할 수 있어야 한다.[24] 탄소 감축과 에너지 전환만 이야기하면 자칫 나무만 보고 숲을 놓치는 우를 범할 수 있다.

마지막으로, 코로나19 사태는 정치적 의지와 공동체의 합의만 있으면 아무리 어려워 보이는 일도 실행 가능하다는 것을 보여주었다. 1년 전만 해도 상상할 수 없었던 조처들—사회적 거리두기, 재난지원금 등—을 이제는 상식선에서 받아들인다. 기후위기 극복을 위한 녹색 전환의 과제 역시 가능성의 범위 내에서 상상할 수 있게 되었다.[25]

사실 신종 감염병과 팬데믹의 위험은 예고된 기정사실이었다.[26] 예를 들어 2014년의 한 신문 기사는 "기후변화 감염병, 국가적 재난 초래할 수 있다"는 제목으로 "지구온난화, 집중호우 등 기후변화와 해외여행 증가로 (…) 외부의 감염 매개체나 세균, 바이러스가 국내로 유입될 가능성도 갈수록 커진다"라고 보도했다.[27] 마치 오늘 뉴스를 보는 듯한 느낌이 든다. 질병관리본부(지금의 질병관리청)에서 2019년에 발행한 보고서에도 미래 감염병이 인간과 환경 간 상호작용의 변화와 기후변화 등에 의해 발생하여 국가적인 부담이 될 것이라는 정확한 예견이 들어 있었다.[28]

이처럼 거듭된 경고에도 불구하고 필요한 대응이 잘 이루어지지 않는 문제는 코로나19뿐 아니라 기후위기에서도 마찬가지다. 과학기술, 경제체제, 정치, 국익 추구 등 여러 이유를 들 수 있다. 하지만 '사회적' 차원의 이유는 그것의 중요성에도 불구하고 지금까지 소홀하게 취급되었다. 이 책은 두 가지 차원에서 '탄소 사회'를 규정한다.

한편으로, 탄소 사회란 탄소 자본주의의 논리와 작동방식을 깊이 내면화한 고탄소 사회체제를 뜻한다. 이 같은 관점에서 보면 탄소 사회는 생산, 소비, 그리고 인간의 내밀한 의식까지 지배하는 달콤한 중독의 체제다.

다른 한편으로, 탄소 사회란 탄소 자본주의에서 파생된 불평등이 전 지구적으로 그리고 한 나라 내에서 깊이 뿌리내린 사회 현실을 뜻한다. 이 같은 관점에서 보면 탄소 사회는 팍팍한 고통의 체제다.

달콤한 중독과 팍팍한 고통, 이러한 이중적 탄소 사회와 단절하려는 의지가 있어야 기후문제를 극복할 수 있는 길이 생긴다. 인권은 그런 길을 찾을 수 있는 렌즈를 제공한다. 이런 문제의식에 바탕하여 『탄소 사회의 종말』에서는 다음과 같은 점들을 강조할 것이다.

첫째, 기후문제를 과학적 패러다임으로만 접근하는 것을 넘어, 사회적 차원을 부각한다. 탄소 자본주의적 생활양식, 인간의 사회적 배태성, 사회 불평등, 젠더, 문화 규범, 사회심리의 문제를 전략적으로 다루어야만 효과적인 기후행동이 가능하다는 점을 강조한다. 이를 위해 사회학적 상상력과 생태적 상상력을 동원하자고 제안한다. 또한 기술관료적 목표 달성 논리를 넘어, 위기 대응의 궁극적 힘이 모든 시민의 민주적 참여와 결정에서 비롯되어야 함을 강조한다.

둘째, 기후대응의 양대 축이라고 하는 '감축과 적응' 논의를 넘어서야 한다. 온실가스 감축과 사회 불평등 감축을 함께 달성하고, 기후변화에 대한 적응과 녹색사회로의 적응을 함께 추진하는, '이중 감축과 이중 적응'이 필요함을 강조한다.

셋째, 온실가스의 감축 목표를 추구하는 것만큼이나, 기후위기에 관한 관점과 방향성의 확립도 '동시에' 중요하다는 점을 강조한다. 이 위기가 가리키는 정치적, 경제적, 계급적, 인구학적, 사회적, 문화적 함의를 명확히 인식하고 그것에 대한 가치판단을 내리는 것이 감축 행동과 병행되어야 함을 강조한다.

넷째, 기후위기를 지구, 생태, 빙하, 해수면, 북극곰의 문제로 프레임하기보다 사람들 자신의 인권문제로 프레임하는 것이 기후행동을 촉발할 수 있는 효과가 크다는 점을 강조한다. (그와 동시에) 인권담론이 인간 중심적인 '인'권을 넘어 자연과 지구의 권리를 포괄하는 넓은 개념으로 진화하고 있음을 강조한다.

마지막으로, 기후위기가 인류의 실존에 관한 문제이고, 기후위기와 생태 파괴를 자행하는 탄소 자본주의, 그것을 옹호하는 거대한 산업적 이해관계와 기업 활동, 친탄소 정치권력 등을 '반인도적 범죄'의 관점에서 봐야 한다는 점을 강조한다.

이 책은 기후위기에 관한 일련의 질문으로 구성되어 있다.

1부는 기후위기가 어떤 성격의 위기인지를 묻는다. 기후위기는 인류세를 초래한 인간에게 궁극적인 도전을 가하며, 과학의 인간화와 사회학적 상상력을 요구하는 위기다.[29] 기후위기는 감축과 적응을 둘러싸고 벌어지는 격렬한 논쟁을 특징으로 하며, 그것의 방대한 규모만큼이나 역설로 가득 찬 현상이다. 기후위기로 인해 초래된 문제는 맥락적으로 파악해야 할 때가 많다. 기후위기는 인권으로 돌파구를 찾아야 할 위기로 봐야 한다.

2부는 기후위기가 누구 책임이며 왜 풀기 어려운지를 묻는다. 기후위기는 탄소 자본주의의 결과다. 기후위기는 식민 지배와 제국주의 시대에 그 배경이 형성되었고, 국민국가 체제의 국익 경쟁 및 지정학적 갈등과 떼어서 이해할 수 없다.[30] 현재 G20 국가들이 전 세계 온실가스의 80퍼센트 정도를 배출하고 있다. G20의 주요 국가이자 대외무역 의존도 70퍼센트, OECD 국가 중 온실가스 배출 5위, 유엔분담금 비율 11위인 한국은 '기후악당국가'를 벗어나 국제사회에 대해 책무를 져야 마땅한 나라다.[31] 기후대응을 방해하는 행위는 '생태살해ecocide' 범죄의 관점에서 다룰 수 있다. 또 신자유주의적 지구화는 기후위기를 가속화했다. 정치에 있어 집합적 결정의 문제가 기후위기에서도 그대로 나타난다. 대중의 무관심, 외면, 부인을 사회심리 차원에서 설명할 수 있다. 강고한 사회문화적 장벽 때문에 기후행동에 나서기 어려운 측면도 있다. '기후위기가 왜 공론장에 서지 못할까'라는 질문이 2부를 관통하는 문제의식이다.[32]

3부에서는 어째서 기후위기를 인권으로 대응하면 좋은지를 묻는다. 기후위기는 '천재'가 아니라 '인재'이므로 인권유린 책임을 물을 수 있는 문제다. 기후위기로 인해 침해되는 다양한 인권의 종별과 집단을 다룬다. 인권에 기반한 접근이 무엇인지, 기후정의가 왜 기후행동의 핵심이 되어야 하는지를 강조한다. 기후환경과 인권 분야가 기후위기를 계기로 서로 만나게 된 과정을 분석한다. 기후대응의 유력한 수단인 기후소송을 소개한 후, 남반구의 발전권 그리고 인간이 아닌 자연에도 권리가 부여될 수 있는지를 알아본다.

4부는 기후대응을 위해 사회적 차원에서 무엇이 필요한지를 묻는다. 사회적 응집력을 유지하고 사회 불평등을 줄여야 하는 과제를 강조한다. 기후위기에 있어 가장 우려스러운 시나리오는 사회가 안에서부터 조용히 해체되는 것이다. 정의로운 전환 없이 정의로운 미래도 없다. 정의로운 전환은 이행 과정의 관리를 넘어 기후행동의 목적 자체가 되어야 한다. 기후위기가 초래하는 갈등, 분쟁, 범죄를 극복하고 인간안보를 유지할 수 있는 길을 알아본다. 마지막으로, 기후대응에 있어 전략적 커뮤니케이션의 중요성을 조명한다.

5부에서는 전체 문제의식을 정리하면서 어떤 행동을 해야 할지를 묻는다. 기후행동의 목표를 한마디로 요약하면 '지속불가능성의 해체'라 할 수 있다. 첫째, 기후논의에서 온실가스 감축과 함께, 공공성에 입각한 관점, 전체적 조망, 공동체적 가치관의 정립이 중요하다. 둘째, 전환을 위해 언론·미디어가 수행할 수 있는 핵심적 역할을 설명한다. 셋째, 보통 사람들이 기후행동에 나서려면 일종의 사회적 에너지가 필요하다. 넷째, 젠더 주류화를 실행하지 않으면 효과적인 기후행동이 나오기 어렵다. 다섯째, 전환을 위해서는 기존의 가해자-피해자 구도를 넘는 '구조적' 인권담론을 만들어가야 한다. 그리고 기후행동이 '탄소 폐지'라는 도덕적·정치적 사회운동으로 확장되어야 할 필요도 있다. 여섯째, 결론적으로, 기후위기에 대한 궁극적 대응은 기술관료적 전문성에 의해서가 아니라 민주주의의 힘에서 비롯되어야 함을 강조한다.[33]

이 책에서는 기후문제에 관한 새로운 용어를 받아들인다. 지구온난화와 '지구가열화' 또는 '지구고온화global heating'를 함께 쓰고, 기후변화와 '기후위기climate crisis' 그리고 '기후비상사태climate emergency'를 혼용할 것이다. 일반 독자를 위해 기후변화에 관한 이론과 정책의 중간 범위에 초점을 맞춰 집필했음을 밝혀둔다.

| 목 차 |

3부 권리를 방패 삼아 위기에 맞서다
어째서 인권문제로 봐야 하는가

4부 각자도생 사회를 넘어
사회적 차원에서 무엇이 필요한가

5부 전환을 위한 여섯 가지 제언
어떻게 할 것인가

1부

불편한 진실과 더 불편한 현실

어떤 성격의 위기인가

재앙적 기후변화가 닥칠 가능성은
'검은 백조'가 아니라 '하얀 백조'다.

루퍼트 리드Rupert Read

정말 최악의 시나리오는
우리가 알고 있는 지식의 범위 안에 숨어서
불확실한 미지의 세계를 상상하지 않는 것이다.

개빈 슈미트Gavin A. Schmidt

기후변화에 대해 사람들과 대화를 나눠보면 자주 눈에 띄는 점이 있다. 기후변화에 관심이 있는 사람이라도 우리가 '이미' 기후위기 속에 깊이 들어와 있다는 사실을 온전히 받아들이는 이는 드물다. 아직 유예된 약간의 시간이 남아 있다고 생각한다. 과연 그럴까? 기후문제가 내일의 헤드라인이 아니라 어제의 뉴스라는 점을 강조하며 이야기를 시작해보자.

기후는 계속 변한다. 지질 역사상 기후 대변동이 여러 번 있었다. 그것의 원인도 다양하다. 태양흑점 활동, 화산 폭발, 지구 자전 변동, 해수의 순환 패턴 등이 기후의 장기적 양상에 영향을 준다. 그러나 우리 시대의 기후변화는 인간이 초래한 '인위적' 기후변화라는 점에서 이전 시대의 '자연적' 기후변화와 구분된다.[34]

유엔의 '기후변화에 관한 정부간 협의체IPCC'는 1950년대 이후 대기에 뿜어져 나온 온실가스의 대부분이 인간에 의한 것임이 95퍼센트 수준에서 확실하다고 설명하면서 다음과 같이 단언한다.[35]

> 기후시스템이 온난해진다는 것은 자명한 사실이며, 1950년대 이후 관측된 변화의 대부분은 수십 년에서 수천 년 내 전례 없던 일이다. 대기와 해양의 온도 및 해수면은 상승하고 있는 반면 눈과 빙하의 양은 감소하고 있다.

기후변화는 인류세를 초래한 인간이 마주한 궁극적인 도전이자, 세상의 맥락이 달라지는 위기이고, 방대한 규모만큼이나 역설로 가득 찬 현상이다. 1부에서는 기후위기의 일곱 가지 성격을 묻는 것으로 책의 논의를 시작한다.

1장 비교할 기준이 없는 위기

인류세와 함께 닥친 위기

21세기의 벽두에 기후학자 파울 요제프 크뤼천Paul Jozef Crutzen과 유진 스토머Eugene F. Stoermer는 현재의 지질연대인 '홀로세Holocene'를 새로운 연대인 '인류세人類世, Anthropocene'로 대체하자고 제안했다.[36] 인류세는 인간의 활동으로 지구의 지질학적 조성에 변화가 온 현시대를 드라마틱하게 표현한 용어다. 그만큼 인간의 영향력이 커졌다는 말이다.

지구상의 생물이 모여 사는 생물권biosphere은 대단히 비좁고 연약하며 변화에 민감한 영역이다. 김기석에 따르면 인간은 지상에서 4킬로미터까지의 높이에서만 숨 쉬며 살아갈 수 있는데 대부분의 공기가 모여 있는 대기권의 두께는 "지구 전체에 비교해볼 때 그야말로 농구공에 칠해진 광택제 정도"에 불과하다고 한다.[37] 인류세를 초래한 인간은 스스로 '자연의 힘'이 되어 이렇게 취약한 생명의 틈새를 회복 불가능할 정도로 훼손해놓았다.

인간이 생산한 시멘트의 총량은 지구 전체의 표면을 2밀리미터 두께로 덮을 수 있을 정도다. 인간이 생산한 플라스틱의 총량은 지구 전체의 표면을 비닐 랩으로 포장할 수 있을 만큼 많다. 78억 명 인류보다 더 많은 수의 휴대폰이 생산되었다. 지구상에 존재하는 포유류를 무게로 따졌을 때 인류가 약 30퍼센트, 인류가 기르는 가축이 67퍼센트이며, 나머지 순수 야생동물은 3퍼센트밖에 되지 않는다.[38] 한 해에 600억 마리가 소비되는 닭의 뼈가 지층에 흔적을 남기기 시작했다는 보도도 나왔다.

크뤼천과 스토머의 제안이 특히 흥미로운 점은 산업혁명 그리고 그것이 함축하는 화석연료 의존형 체제로 인해 기후변화와 인류세가 발생했음을 강조했다는 사실이다. 의미심장하게도 그들은 2002년에 이런 예언적인 경고를 한다. "소행성 충돌, 세계 전쟁, 혹은 팬데믹으로 인류가 사라지지 않는 이상, 인류는 앞으로 수천 년 동안 환경에 주된 영향을 끼치는 존재로 남을 것이다."[39] 바이러스 팬데믹이 기후위기와 연관되어 있음을 기억한다면, 이 경고는 역으로 기후위기로 인해 인간의 종적 영향력이 추락할 수도 있다는 뜻이 된다.

이 책의 주제인 기후위기는 인류세와 맞물린 위기다. IPCC도 이 점을 분명히 인정한다. "인간은 기후시스템에 명백한 영향을 미치고 있다. 최근 배출된 인위적 온실가스의 양은 관측 이래 최고 수준이며, 기후변화는 최근 인간계와 자연계에 광범위한 영향을 주고 있다."[40]

인류세 아이디어가 나온 후 그것과 연관된 그러나 강조점이 다른 여러 개념이 제안되었다. 18세기 말보다 더 앞서 팽창해온 자본주의가 생명과 세계를 지배하게 되었다고 주장하는 '자본세資本世' 개념이 대표적이다. 제이슨 무어Jason W. Moore는 자본주의를 통상적으로 정의하는 방식에서 벗어나 "생명의 그물망 내에서 이루어지는 권력, 수익, (재)생산 시스템"으로 재규정하자고 제안한다. 자본주의는 역사적으로나 지리적으로나 '생명의 연결망' 내에서 등장했으므로 단순히 하나의 경체체제로만 볼 수 없고, 자본, 권력, (재)생산으로 뒷받침된 다수 종들의 '세계-생태' 체제로 봐야 한다는 것이다. 이렇게 되면 자본주의는 하나의 경제체제가 아니라 전체 생명계의 지배적 원리로 등극한 메타시스템인 셈이다.[41]

사회생물학자 에드워드 오즈본 윌슨Edward Osborne Wilson은 수많은 생물종이 사라지고 인간과 가축, 농작물, 그리고 곰팡이와 세균 정도만 남은 '외로움의 시대' 즉 '고독세孤獨世'가 도래했다고 개탄한다.[42]

과학사가 스티븐 파인Stephen J. Pyne은 인류의 역사를 불의 역사로 묘사한다. 인간이 음식을 불로 조리하면서 지구 전체 먹이사슬의 꼭짓점에 등극했던 것처럼, 내연기관을 사용해 대기를 뜨겁게 달구면서 지질학적 힘으로 등극했으므로 현시대를 '화염세火焰世'로 불러야 마땅하다고 말한다.[43]

예술사가 T. J. 데모스T. J. Demos가 제안하는 '여성세女性世' 개념도 있다. 여성세란 젠더적으로 평등한 혹은 여성이 주도하는 개입주의적 환경담론이다. 여성세에 따르면 인간이 중심이 된 지질적 폭력은 가부장적 지배와 함께 널리 퍼져 있으며, 그것은 생태살해 및 여성 살해와도 연결된다.[44]

페미니스트 이론가 도나 진 해러웨이Donna Jeanne Haraway는 인종주의와 성차별주의적 성격을 띤 자본주의적 인류세를 넘어서자는 의미에서 '술루세Chthulucene'라는 개념을 제안한다. 술루는 "인간의 통제에서 벗어나 있으며, 의도하지 않은 여러 행위를 통해 세계를 만들어가는 지하의 거대한 힘과 같은 존재"로서 화석연료를 태우는 백인 남성이 주도한 인류세와 대척점에 놓인 것으로 상상된다.[45]

생태디자인 학자 조애너 뵈너트Joanna Boehnert는 '생태세生態世'를 지향하자고 제안한다.[46] 그에 따르면 인류세는 현재 일어나는 현실 묘사에 초점을 맞추고, 자본세는 현실이 이렇게 된 원인에 초점을 맞추지만, 생태세는 우리가 그렇게 되기를 원하는 세상에 초점을 맞추는 개념이다. 자본세에 담긴 문제의식을 받아들이되, 술루세보다 기억하기 쉽고 '덜 겁을 주며', 여성세보다 더 넓게 모든 억압에 반대하는 존재론이자 인식론이 곧 생태세라고 한다.

1492년 유럽인들이 아메리카에 도착한 이래 세계 각지의 동식물이 지역 간에 이동한 '콜럼버스의 교환' 사건이 일어났다. 그 후 지구 전체 생태계의 특징이 서로 닮게 된 현상을 강조하는 '동질세同質世'라는 개념도 제안되었다.[47]

또 20세기는 역사상 최악의 인간 몰살이 일어나고, 생태계의 여섯 번째 대멸종이 개시된 시대이므로 그것의 잔혹성, 멸절성, 반생명성을 상기하는 차원에서 '학살세虐殺世'라고 부를 수 있다고 필자는 생각한다.[48]

이 개념들은 하나같이 인간종이 지구의 평형, 생태계에 끼친 재앙적 결과를 부각한다. 기후변화를 이해하려면 안타깝지만 이런 암울한 시대 배경을 염두에 두어야 한다.

기후변화는 인류세의 대표적인 현상이자, 이 시기에 인간에게 가해진 위협 중 가장 극적인 사례다.[49] 기후변화는 자연의 변화이면서 동시에 사회적, 경제적, 정치적 문제의 총집결 장소와 같은 현상이며, 인간의 '실존적' 위기를 논해야 할 정도로 중차대한 문제가 되었다.[50] 인류세는 인간이 자연에 가한 영향이 자신에게 다시 돌아와 이차적인 영향을 준다는 점에서 '재귀적 근대화' 개념이나 리스크 감수 사회의 관점에서 볼 수도 있다.[51]

지구가열화의 실상

지구가 뜨거워지고 있다. 인류가 19세기 말부터 기온을 측정한 이래 가장 더웠던 18년이 21세기에 모두 몰려 있다. 그러나 지금까지는 약과다. 추세로 보아 앞으로 계속, 더 가파르게 뜨거워질 것이다. 지구고온화의 주된 이유는 화석연료에 의한 온실가스 때문이다. 2020년 상반기에 코로나19 사태로 온실가스 배출이 잠깐 줄기는 했지만 온실가스 농도는 역사상 최고 수준을 계속 유지하고 있다.[52]

IPCC는 기후변화로 극한 기상이변, 자연재해 증가, 빙하 소실, 해수면 상승, 홍수와 범람, 폭염, 가뭄과 용수 부족, 사막화, 열대 풍토병과 매개체 감염질환 급증 등이 발생할 확률이 '높은 신뢰도'에서 '매우 높은 신뢰도' 사이에 있다고 지적한다. 산업혁명 이전과 비교해 현재 지구 평균기온이 약 1도 이상 상승했는데 이미 지구환경은 비상 상황이라 할 정도로 악화되었다.

한국 정부가 2020년 발표한 합동 보고서에 따르면 2010년대에 한반도에서는 각종 형태의 이상기후 현상이 폭증했다.[53] 과거에는 경험하지 못한 폭염, 열대야, 태풍 등의 현상이 지속됐으며, 폭염이 매년 발생하고 있다. 1981년부터 2010년까지의 연평균온도에 비해 그 후 10년간 평균온도가 0.5도 높아진 13도를 기록했다. 1980년대까지만 해도 1년 동안의 평균 폭염 일수가 9.4일이었지만, 2000년대에는 10일로 늘었고, 2010년대 들어서는 15.5일로 50퍼센트 이상이나 증가했다. 2016년부터 폭염과 이상고온이 본격화했는데 2018년 여름에는 전국 평균기온이 기상관측 사상 최고를 기록할 정도로 무더웠다. 온난화 경향에도 불구하고 2010년대 초반에는 길고 강한 한파가 발생했으며, 후반에는 가뭄이 장기간 지속되었다.

한반도에서 100년 전인 1912~1920년과 2011~2019년 사이의 전국 주요 지역 월별 평균기온을 비교하면 특히 5월이 15.6도에서 18.6도로 무려 3도나 상승했다. 서울 기준으로 과거 30년(1981~2010년)과 최근 10

년(2009~2018년)의 계절 길이를 비교했을 때 봄이 7일 줄고 여름이 10일이나 늘었다. 온실가스 감축을 전혀 하지 않는 시나리오로 예상하면 2071~2100년에 서울의 여름 길이가 1년의 거의 절반 가까운 168일이 될 것이라 한다.[54]

태풍도 2010년대 들어 아주 심해져서 2012년에는 7~9월에 네 차례의 태풍이 상륙했는데 이는 반세기 만에 태풍이 가장 많은 해였다. 2019년에는 근대적 기상관측이 시작된 1904년 이래 최고 수치인 일곱 차례의 태풍이 한반도에 영향을 주었다. 태풍 링링과 미탁의 영향으로 28명의 인명 피해와 2천억 원이 넘는 재산 피해가 발생했다. 미탁의 경우 울진에서 기상관측 이래 시간당 최고 강수량을 기록했다.

합동 보고서는 적어도 농업, 해양수산, 산림, 환경, 건강, 국토교통, 산업·에너지, 재난안전 등의 분야에서 특별한 대책이 필요하다는 결론을 내린다.

환경부가 2020년 7월에 발표한 「한국 기후변화 평가보고서 2020」은 여러모로 주목할 만한 연구물이다.[55] 각 분야의 전문가들이 2014~2020년에 국내에서 발표된 논문과 정부 보고서 총 881편을 활용해 한국의 맥락에서 기후변화의 전모를 다뤘다. 이번에 세 번째로 나왔으므로 「IPCC 국제 평가보고서AR」의 국내 버전인 KAR-3라고 불러도 될 것이다.

보고서에 따르면 전 지구적으로 1880~2012년에 평균 지표온도가 0.85도 상승한 반면, 한국에서는 1912~2017년에 약 1.8도가 상승했다. 전 세계 기온 상승의 2배 이상으로 기온이 오른 것이다. 온실가스를 현재대로 배출할 경우 21세기 말이 되면 연중 폭염 일수가 현재 10.1일에서 3.5배 늘어난 35.5일이 될 것으로 전망되었다. 벼 생산성은 25퍼센트 이상 감소하고 사과 재배지는 사라질 가능성이 있다고도 한다.

보고서는 데이터를 평가함에 있어 견고한 동의, 중간적 동의, 제한적 동의로 나누어 기술함으로써 전문가들의 정보 해석 동의 수준을 가늠할 수 있도록 했다. 전문가들은 환경과 사회적 조건이 극심하게 악화되리라는 점을 '견고한 동의'로 표현했다. 그만큼 사태가 심각하다는 뜻이다.

한반도에서 기온이 더 빨리 오르고 있다는 사실이 무엇을 의미할까? 환경학자 민승기는 "폭염이나 집중호우 등 재난 위험은 기온 상승과 단순 비례하는 것이 아니라 기하급수적으로 급증한다. 기온 증가율이 높다는 것은 온난화 대응도 더 강력해야 한다는 얘기"라고 강조한다.[56]

산불도 한국과 같은 산악 지형의 나라에는 중요한 리스크 요인이 된다. 산림청이 2010~2019년에 발생한 전국 산불을 분석한 자료에 따르면 그 전 시기의 평균과 비교해 이 시기의 산불 발생 건수가 67퍼센트, 피해 면적이 26퍼센트, 피해 금액이 26퍼센트 증가한 것으로 나타났다. 연중 고온 현상, 낮은 강수량과 건조 일수 증가로 산불 발생이 대폭 늘었다. 동해안 지역 등은 대형산불의 위험성이 크게 높아진 상태다.[57] 하지만 캘리포니아주의 사례에서 보듯 산림화재만이 아니라 이제는 사람들이 거주하는 도시 지역에서의 대형 화재도 염려해야 할 상황이 되었다.

1도가 더 더워진다는 것

과학계는 코로나19와 같은 감염병도 기후변화를 배경으로, 기후변화의 맥락에서 발생하고 있음을 경고한다. 지구가열화에 브레이크를 걸지 않으면 신종 감염병이 등장-재등장을 반복할 것이라고 한다.[58]

기온이 1도 상승한 현재 상태에서도 극한 기상이변의 빈도와 강도가 극적으로 증가했는데 앞으로 1.5도에 도달하면 전 세계 식량 공급이 불안정해질 가능성이 대단히 높다.[59] 2도 올라가면 극한 폭염, 홍수와 가뭄이 대폭 늘어나고 3도가 오르면 여름철에 야외 사망률이 증가하고 식량 부족이 전 세계적 현상이 될 것이다. 이론적으로 2도 상승부터는 기후가 불가역적 연쇄반응 모드에 들어가 '찜질방 지구'가 될 수도 있다고 과학자들은 경고한다.[60]

4도가 상승하면 자기강화적 폭염이 발생하고 수십억 명이 기근에 빠지고 대혼란과 자원 확보를 위한 전쟁이 빈발할 수도 있다. 남북극의 빙하가 완전히 사라지고, 열대우림이 사막으로 변하며, 내륙지방까지 침수된다. 생물다양성도 크게 감소한다. 5도 오른 상태에 도달하면 매년 살인적 폭염이 몇 달씩 지속되고 전 세계 수백 개 도시가 침수되며, 생태계가 회복 불가능한 수준으로 훼손되고, 기후변화가 변곡점을 지나면서 파국적인 결과가 초래될 가능성이 높다. 이렇게 되면 문명 유지가 불가능해지고, 현재 78억 명 정도인 세계 인구가 10억 명 수준으로 감소할 수도 있다. 이 비율을 한국에 적용하면 현재 인구 기준으로 650만 명이 남게 된다.

2020년 5월 미국, 일본, 영국, 덴마크, 네덜란드 연구 팀이 발표한 바에 따르면 온실가스를 현재대로 계속 배출할 경우 50년 내로 세계 인구 35억 명이 거주하는 지역의 연평균기온이 사하라사막의 가장 더운 지역과 비슷한 수준으로 상승할 것이라고 한다.[61]

2015년의 「파리협정」에서 21세기 말까지 기온을 2도 상승 이내로 묶어두자는 목표를 세웠고 가능한 한 1.5도 이내로 억제하기로 결의했다. 1.5도와 2도의 차이는 건강, 생계, 식량안보, 물 부족, 인간안보, 경제 상황 등에서 비교할 수 없을 만큼 크다.[62] 기온이 0.5도 더 오르면 전 세계 154개 주요 도시에서 미세먼지만으로도 1년에 1억 5천만 명이 추가로 사망할 것이다.[63] 매년 홀로코스트가 25회씩 발생하는 것과 마찬가지인 결과다.[64]

예측 불가능의 두려움

기후위기의 규모와 빈도도 중요하지만 어쩌면 그보다 더 핵심적 문제는 예측이 불가능하다는 점이다. 기후변화를 배경으로 바이러스가 이렇게 큰 위기를 불러올지 누가 상상이나 했을까? 2019년 가을, 초대형 태풍 하기비스가 일본열도를 강타했을 때 일본 언론에서 가장 많이 썼던 표현이 '전대미문前代未聞'이었다. '일찍이 듣도 보도 못한 사태'가 곧 기후위기인 것이다.

초기에는 IPCC가 사람들에게 너무 겁을 준다는 비판을 받았지만 요즘은 오히려 사태를 지나치게 낙관적으로 보고 있다는 비판을 받기도 한다.[65] 과학자들은 대중에게 가장 확실한 정보를 '한목소리로' 전달해야 한다는 압박을 느껴 극히 신중하게, 보수적으로 추정하는 경향이 있다. "개연성의 긴 꼬리 중 가장 낮은 쪽만 발표되는 경향"이 있다는 것이다.[66] 미국 의회에서 역사상 최초로 기후변화에 대해 전문가로서 증언했던 물리학자 제임스 에드워드 핸슨James Edward Hansen은 이런 경향을 두고 "과학계가 너무 몸을 사린다"라고 꼬집기도 한다.

21세기 말까지 기온이 얼마나 올라갈 것인가? 이것은 인간이 온실가스를 얼마나 배출하느냐에 달린 문제다.[67] 온실가스 배출에 따른 예상 기온을 모니터하는 단체인 기후행동추적자CAT에 따르면 각국 정부가 스스로 약속한 감축분을 지킨다 하더라도 2.6~3.2도 정도 상승할 것이고, 만일 현재 수준대로 계속 온실가스를 뿜으면 2.3~4.1도 정도까지 올라갈 것이라고 한다.[68]

유엔환경계획은 현재 추세대로라면 2100년에 3.9도에 도달할 것으로 추산하면서 「파리협정」에서 제시한 목표치 1.5도 이내 상승 억제를 달성하려면 2020~2030년에 매년 온실가스를 7.6퍼센트씩 줄여야 한다고 강조한다.[69] 온실가스를 감축하지 않을 경우에는 이르면 2064년, 늦어도 2095년, 혹은 그 중간 지점인 2084년에 4도 이상 상승할 가능성이 높다는 연구도 있다.[70] 2.1도 이하로 억제될 확률이 5퍼센트, 4.9도가 될 확률이 5퍼센트이며, 3.2~4도가 가장 확률이 높게 나온다.[71] 이런 속도라면 2025년 전에 1.5도 이상 상승할 가능성이 20퍼센트 이상이라는 연구가 발표되었고, 빠르면 2040년부터 기후재앙이 일상화할 것이라는 경고도 나왔다.[72]

기온 상승의 예상치를 어느 정도로 잡고 대비해야 할 것인가? 사전예방원칙에 따르면 최악의 시나리오에 대비하는 편이 현명하다. 화재보험의 경우 화재가 실제로 발생하여 보상받을 확률은 천 건당 1건 정도라고 한다. 확률적 리스크가 낮아도 일단 화재가 나면 위험도가 대단히 높아지므로 보험을 들어놓는 것이다. 기후변화 역시 최악의 시나리오를 상정하고 대비하는 것이 원칙적으로나 현실적으로나 타당한 접근이다.[73]

다음과 같은 상상을 해보라. 코로나19 같은 사태가 거의 매년 찾아온다, 폭염 일수가 1년에 수십 일이 넘는다, 그 와중에 태풍이 와서 막대한 피해를 입힌다, 가뭄으로 제한 급수를 한다, 하루 두 시간씩 단전이 된다, 성장률이 몇 년째 마이너스를 기록한다. 이런 식으로 정치 재난, 경제 재난, 보건 재난, 환경 재난이 함께 오는 것을 '파국적 수렴'이라고 하는데, 현재 30대 연령인 사람이 국민연금을 수령하기 전에 이런 일이 발생할 수 있음을 가정해야 한다.[74]

이미 이런 상황은 '뉴노멀'이 되고 있다. 2020년 8월 기록적인 물난리 와중에 환경학자 김해동은 이렇게 예측했다.

> 앞으로 (···) 2016년 2018년과 같은 엄청난 심각한 폭염 여름이 되든가, 혹은 작년이나 올해와 같은 폭우 여름 양쪽 중 하나가 될 가능성이 많고요.

그리고 여름이 폭염의 여름이 된다손 쳐도 그럴 경우에 가을장마가 또 기승을 부리게 되고 그때 또 강한 태풍이 내습해 올 가능성이 많거든요. 그래서 앞으로의 여름은 항상 비 피해, 폭우로 고통받을 가능성이 매우 높다고 전망이 됩니다.[75]

2장 인간화가 필요한 위기

탈인간화된 기후과학

기후위기의 과학적 증거는 '지구가 둥글다'는 사실과 비슷한 수준으로 확실하다. 《네이처》의 조사에 따르면 과학자 중 99퍼센트가 기후변화를 명명백백한 팩트로 인정한다고 한다.[76] 그러나 기후변화의 과학적 사실성을 인정하고 기후위기의 심각성에 동의한다고 해도 우리가 놓쳐서는 안 될 점이 있다. 기후위기가 자연과학적으로 팩트인 것은 분명하지만, 자연과학의 논리만으로 인간 사회가 돌아가지는 않는다는 사실이다.

물론 기후변화를 초기부터 지금까지 가장 많이 연구하고 고민해온 인식공동체가 기후과학계이므로 갖가지 훼방과 곡해, 공격을 물리치고 기후변화를 전 세계적 의제로 만드는 데 크게 기여한 양심적인 과학자, 전문가, 환경운동가들의 공로를 인정해야 마땅하다. 그러나 막상 기후변화의 악영향을 이미 경험하고 있는 대다수 사람들은 이 문제에 별 관심이 없는 것처럼 보인다.

여론조사에서 기후행동에 대해 일반적인 평가를 물으면 높은 지지도가 나오곤 한다. 그러나 비용을 부담하고 불편을 감수하면서라도 온실가스를 줄일 의향이 있는지를 물으면 그때부터 답변이 달라진다. 기후변화를 환경과 생태를 살리는 문제라기보다 자신에게 직접 피해를 주는 문제로 보는 경우도 많다. '내가 경제적, 물질적 손실을 입을지' '나와 가족이 건강할지' '내 자식의 미래가 괜찮을지'에 관한 문제로 기후변화를 바라본다.[77]

대중이 기후변화를 인식하고 기후행동에 관심을 가져야 기후변화에 대응할 수 있는 집합적 힘이 나온다. 그래야 정부와 기업을 움직일 수 있다. 이는 민주사회의 당연한 상식이다. 그러나 왜 보통 사람들이 기후위기를 보는 시각이 여전히 미온적일까? 이 질문은 기후변화의 '인간화'라는 관점에서 풀이할 수 있다.

기후변화의 '인간화'란 이 문제를 보통 사람의 관점에서 제시하고 설명하는 것을 말한다.[78] 기후역사학자인 마티아스 하이만Matthias Heymann은 지금까지 기후변화 담론이 엘리트 과학의 시각으로 다루어져서 '탈인간화'되었다고 비판한다. 그러므로 로컬 차원에서 '아래로부터의 지식'으로 구성된 새로운 기후변화 설명 버전이 나올 필요가 있다고 강조한다.[79] 이런 시각에서 보면 기후변화의 인간화는 기후변화의 탈자연과학적 관점 제시와 일맥상통한다.

이 점에 대해 해수면 상승으로 수몰 위기에 놓인 몰디브의 전 대통령 마우문 압둘 가윰Maumoon Abdul Gayoom이 통렬하게 지적한 바가 있다.

> [국제사회에서 기후변화를] 그래프와 측정치와 온도 상승분에 대한 설명으로만 접근하는 경향이 많았다. (…) 오랫동안 기후변화의 국제외교에서 저지른 핵심적 실수 중의 하나가 기후변화를 과학적 예상치로만 봤던 것

이다. (…) 국제사회는 어렵게 도출해 낸 중요한 과학적 합의 사항을 대중의 언어로 번역해서 전달하는 데 실패했다. 전 세계 보통 사람들과 지역공동체들에서 지구온난화의 결과를 어떻게 받아들이는가 하는 점이 과학적 합의만큼이나 중요한 비전이기 때문이다. 달리 말해 세계는 기후변화를 '인간화humanize'하지 못했다.[80]

그런데 기후변화가 지금 이 순간에도 인간에게 직접적인 악영향을 미치고 있다는 점을 기억하면 기후변화 논의에서 인간화가 덜 강조되어온 점은 의아하기까지 하다. 따라서 기후문제의 전문가와 기후정책 결정자들은 기후위기의 타격을 받는 최종 수취인—취약한 개인들—의 눈높이에서 생각하고 메시지를 전해야 한다.

상상의 대중과 실제의 대중

기후변화를 인간화할 때 고려해야 할 점들이 있다. 우선, 기후과학의 팩트를 일반 대중이 이해할 수 있도록 안내해야 한다. 어려운 지식을 쉽게 풀어 전달하는 '수직적 번역' 과정이 그것이다. 환경운동가들은 시민들에게 온실가스와 도시가스의 차이부터 설명해야 한다고 호소한다. 지구온난화가 오면 겨울이 따뜻해져서 좋겠다는 식의 반응이 나오기도 한다.

그런데 기후변화의 인간화는 과학 지식을 평이하게 설명하는 것 이상의 과제다. 이 점은 기후변화 커뮤니케이션에 속하는 문제다. 4부에서 상세히 설명하겠지만 여기서는 기초적인 내용만 알아보자.

보통 사람들은 새로운 지식을 받아들일 때 원래의 전문적 담론을 그대로 수용하지 않는다. 자신이 속한 사회집단에서 통용되는 '문법'에 맞춰 새로운 지식을 해석하여 받아들인다. 어떤 집단이 새로운 대상물을 접했을 때 자기 집단 내에서 의사소통이 잘되도록 그것을 자기들의 언어로 전형화하고 규범화한다. 과학의 전문지식이 사회의 일반지식으로 바뀌는 현상, 즉 의미의 '수평적 번안'이 발생한다.

기후변화에 대해 각 사회집단이 주로 어떤 단어를 연상하는지를 오스트레일리아에서 조사한 연구가 있다.[81] 과학자들은 극한 기상이변, 기상변화, 불확실, 불가피 등 기후현상의 '특성'에 관한 어휘를 많이 사용했다. 일반인들은 공해, 가뭄, 물, 해빙 등 기후변화의 '결과'와 관련된 단어를 많이 떠올렸다. 반면 정부의 공식 문헌이나 안내문에는 도전, 재난, 환경, 식량안보, 미래, 해수면 등 기후변화가 끼치는 악영향의 '대처'와 관련 있는 용어가 많이 등장했다. 과학자들과 일반인들은 '온난화'를 많이 거론했지만, 공문서에는 이 말이 거의 등장하지 않았다.

기후변화라는 단일한 현상을 놓고 서로 다른 집단에서 각기 다른 어휘를 통해 그 의미를 제각기 해석한다면 거기에서 파생되는 행동도 서로 달라질 공산이 크다. 예를 들어 아일랜드에서의 연구에 따르면 기후변화에 관한 메시지의 수신 대상인 '상상의 대중'과 '실제의 대중' 사이에 큰 차이가 있다고 한다.[82] 대중이란 정확한 정보를 알기만 하면 바로 행동에 나설 수 있는 동질화된 '상상의 대중'이 아니다.

'실제의 대중'은 각자가 처한 경제·사회·문화적 상황에 따라 기후변화를 전혀 다른 방식으로 수용한다. 농민은 자기 지역의 날씨와 장마와 작황에 관한 스토리로, 기업인은 주로 생산 비용, 세금 감면, 조업 조건, 시설 관리 리스크에 대한 스토리로 받아들인다. 물론 개인들이 자신이 속한 집단의 사회적 표상을 그대로 따르는 것만은 아니다. 자신의 인식틀, 자신만의 사회관계 등 사회적 '정체성'이 필터 역할을 해서 사회적 표상으로 이해

된 기후변화 메시지를 한 번 더 걸러서 행동 또는 무행동으로 표출한다.[83]

그러므로 기후변화 메시지를 유의미하게 전파하려면 기후변화를 '실제의 대중'이 속해 있는 분야의 이해관계에 적합한 방식으로, 그리고 그들 일상생활의 상식과 감성과 우선순위에 잘 맞아떨어지는 방식의 맞춤형으로 만들어 전달해야 한다. 기온이 1.5도, 2도, 4도가 오르면 어떻게 될까라는 질문도 중요하지만, 지금보다 폭염 사망률이 150, 200, 400퍼센트 더 늘어나면 어떻게 될까라는 질문이 보통 사람들에게 더 와닿을 것이다.

대다수 사람들에게 기후위기의 최전선은 자신이 살고 있는 삶의 터전이다. 기후위기는 이상 냉해로 망친 과수 농사, 빚을 잔뜩 지고 전복 양식 사업을 접을 수밖에 없는 상황, 이글대는 아스팔트, 잠 못 이루는 옥탑방의 열대야, 건물 외벽에 늘어선 에어컨의 환풍기에서 뿜어져 나오는 열기, 자욱한 미세먼지, 옷장 속에 파묻혀 있는 겨울옷, 집중호우 소식에 마음 졸이는 저지대 주민의 한숨 속에 존재한다.[84] 상상의 대중을 상대로 단일한 메시지를 무차별적으로 살포하는 방식을 넘어, 인간의 공감각을 파악하고, 다양한 경험의 차이에 부합하는 의사소통 통로를 찾아야 한다.[85]

기온 상승을 설명하는 방식도 마찬가지다. 기후변화에 있어 흔히 접할 수 있는 '21세기 말까지 기온을 1.5도 내로 제한하려면 온실가스를 얼마만큼 감축해야 한다'라는 식의 스토리를 보자. 이런 이야기를 들으면 사람들은 2099년에 자기가 몇 살이 될지 먼저 짐작해보기 마련이다. 현재 평균적인 대학생이라면 그때 100세쯤 될 것이다. 하물며 나이가 더 많은 기성세대에게 2099년은 자신과 별 상관이 없는 미래다. 의식적으로 환경을 걱정하고 미래세대에 대해 윤리적 책임을 자각하는 소수를 제외하고 대다수 사람들에게 2099년은 별 의미 없는 숫자에 불과하다.

이들이 특별히 무책임하거나 비윤리적이어서 그런 것이 아니다. 인간의 감각기관과 두뇌 작용에 따라 '시간 지각'이 영향을 받기 때문이다. 평균인들의 시간의 지평은 10~20년 이상을 넘어가기 어렵다. 어떤 행동을 선택하는 의사결정 역시 현 시점의 사회적 역학으로부터 큰 영향을 받는다. 2099년의 후손들에게 좋은 세상을 물려주겠다는 공약을 걸고 출마한 후보가 선거에서 당선될 가능성이 얼마나 되겠는가? 기후변화는 현재의 현실적 압박과 미래의 예상되는 결과 사이의 '어울리지 않는 짝짓기'를 보여주는 대표적인 딜레마다.[86]

시간 지각의 문제를 진지하게 다루는 것은 기후변화의 인간화에 중요한 과제가 된다. 지질학에서는 100년의 시간이 찰나에 불과하겠지만, 인간에게는 1년의 시간도 영원처럼 느껴질 수 있다. 특히 '빨리빨리' 문화에 익숙한 한국인에게 22세기를 이야기하는 것은 너무 한가한 소리처럼 들린다. 길게 잡아도 30년 뒤, 2050년쯤의 미래 상황에 초점을 둔 스토리텔링을 개발하는 편이 현실적이다. 기후과학과 환경운동은 장기적 시간성의 논리를 넘어 보통 사람의 시간 감각에 맞춰 대화하는 방법을 찾아야 한다.

상실의 인간적 차원

마지막으로, 기후변화에 대해 인간이 느끼는 감정의 중요성을 인정하는 것도 기후변화의 인간화를 위해 필요하다. 기후변화에 관한 감정의 핵심은 '상실'이다.[87] 개인과 가구가 농지, 주택, 재산을 잃고, 생물다양성이 줄어들고, 국가 차원에서 산업생산성이 떨어진다. 이런 것들은 기후변화의 '양적 상실'에 속한다.

그러나 물질적, 직접적 상실이 아닌 상실도 있다. 계절마다 다양한 모습으로 바뀌던 날씨와 경관, 봄비, 가을바람, 첫눈, 유년의 기억 속에 선명한 눈사람, 징검다리와 살얼음, 이슬비, 꽃이 피고 지는 계절, 파종과 수확, 절기와 명절, 문화적으로 전승되는 강우 의례 등이 기후변화로 사라지거나 변형되면 그것은 '질적 상실'이라 할 수 있다.[88] 질적 상실은 기억할 수는 있지만 되찾거나 보상받지 못하는, 정신적·심리적 공백과 비탄을 동반한다.[89]

양적이든 질적이든 모든 상실은 '현존이 부재로 전환되는' 아쉽고 슬픈 경험이다. 상실은 개인과 집단에게 모두 고통이 된다. 기후변화는 78억 전체 인류에게 각각 78억 가지의 현존의 상실을 경험하게 한다. 현존이 부재로 전환되었지만, 부재를 대체할 수 없는 공허함, 이것이 기후위기의 인간적 측면에 깊이 새겨진 트라우마다.

기후조건의 변화로 오늘날 농사 현장에서 일어나는 서글픈 현실을 묘사한 성석제의 소설 한 대목을 보라.

> 그곳에서 수확된 감자는 '금싸라기 감자'라고 불릴 만큼 생산비용이 많이 들어갔지만 제대로 여물지 못했고 씹을 때 푸실푸실한 것이 맛도 없었다. 수확이 끝나고 난 뒤에 축하를 하기 위한 농악 공연이 벌어졌는데 늦봄에 한반도를 덮친 황사와 미세먼지에 공연하던 사람과 구경꾼 여럿이 호흡곤란 증세를 나타냈다.[90]

기후변화가 초래하는 상실의 크기를 우리는 가늠하기 어렵다. 그러나 기후운동가 빌 매키븐Bill McKibben은 예술이 그 일을 해낼 수 있다고 역설한다. 예술가들의 측정 단위가 슬픔과 분노, 그리고 희망이기 때문이라고 한다.[91]

리베카 헌틀리Rebecca Huntley는 이성적 판단을 강조하던 기후변화 서사가 감성적 조응을 주목하는 쪽으로 변하고 있다고 지적한다.[92] 기후변화의 인간화를 위해서 일반 대중의 '가슴과 마음'을 움직일 수 있는 미디어, 영화, 연극, 문학, 게임, 미술, 무용, 설치예술, 시민교육, 평생교육이 과감하게 나서야 한다. 기후변화를 다루는 문학을 일컫는 '클라이파이Cli-Fi, Climate-change Fiction', 즉 '기후소설'이 하나의 장르로 등장했을 정도다.[93]

3장 사회학적 상상력을 발휘해야 할 위기

자연과학의 서사를 넘어서

기후변화를 인간화해야 한다는 말은 결국 인간과 사회의 관계 속에서 기후변화를 이해해야 한다는 논리와 연결된다. 그것을 위해 사회(과)학적 접근이 필수적이다. 찰스 라이트 밀스Charles Wright Mills는 발간된 지 60여 년이 지난 오늘날까지 현대의 고전으로 꼽히는 『사회학적 상상력』에서 세 가지 관점의 사회학적 상상력을 발휘하자고 제안한다.

첫째, 역사의 누적된 결과와, 그 결과 안에서 역사가 계속 만들어지는 과정. 둘째, 인간 본성과 개인의 역정과 그 사회 속 인간들의 특징. 셋째, 사회를 특정한 방향으로 조직하는 제도들과, 사람의 행동에 영향을 미치는 일정한 경로들로 이루어진 사회구조.

밀스는 이 세 가지 요소를 일상의 차원과 세계적 차원에서 함께 파악하는 능력이 진정한 사회학적 인식이라고 강조한다.[94] 밀스의 사회학적 상상력은 기후위기를 이해함에 있어 사회학 전공자뿐 아니라 모든 사람에게 소중한 통찰을 제공한다.[95]

위에서 보았듯 기후변화를 '인간적 차원'에서 해석하고 받아들인다는 말은 '사회적으로 만들어진' 현상으로서 기후변화를 이해한다는 뜻이다. 사회적으로 만들어졌다고 해서 기후변화가 과학적 근거가 없다는 말이 아니다. 인간이 방출한 온실가스로 지구가 뜨거워지는 것은 분명한 과학적 팩트다. 하지만 그것을 '기후변화'라는 자연과학적 현상으로 설명하는 것은 기후변화를 설명할 수 있는 여러 방식 중 하나의 방식이다.

사람에 따라서는 기후변화를 겨울이 짧아지고 여름이 더 길고 더욱 더워지는 현상으로, 혹은 미세먼지로 천식이 심해진 공해 문제로, 혹은 계절 상품이 팔리지 않아 재고가 쌓이는 고민거리로 각각 다르게 받아들인다. 하지만 오늘날 기후변화의 주류는 기후과학적 서사로 이루어진다. 그것의 표준적 서사는 보통 다음과 같다.

> 산업혁명 이후 대기에 축적된 온실가스가 지구고온화를 발생시켰으므로 인류가 수용할 수 있는 대기 중 탄소량의 상한치를 정해서 온실가스를 그 이상 배출하지 않기로 한다. 온실가스 배출 누적분이 550억 톤이 되면 서기 2100년에 산업화 이전 기준으로 2도가 올라간다. 더 좋기로는 2050년까지 탄소 순 배출을 제로로 만들 수 있다면 기온 상승을 1.5도 이내로 방어할 수 있다.
>
> 이산화탄소는 대기에 누적되므로 각국이 역사적으로 배출한 온실가스의 총량을 따지는 것이 중요하다. 그렇게 보면 미국과 유럽의 책임이 가장 크다. 각국의 생산활동으로 배출된 온실가스가 아니라, 각국의 소비활동으로 초래된 모든 온실가스를 따지면 미국과 유럽의 책임이 더욱 커진다. 남반구 개도국의 입장에서 보면 서구에서 일찍부터 지구 대기의 탄소 흡수 용량을 미리 '써버리는' 바람에 개도국들이 경제발전을 위해 온실가스를

배출할 수 있는 '탄소 예산'이 얼마 남아 있지 않은 상태다. 「기후변화협약」에서도 이런 점을 감안하여 부자 나라들(부속서1 국가들)의 책임을 강조했지만, 선진국들의 탄소 감축 실적은 바람직한 수준이 아니다. 그러므로 온실가스 감축 목표를 더욱 밀어붙여야 한다.

이런 서사를 통해 알 수 있듯 국제사회가 기후변화에 대처하는 주된 논리는 대기 중의 탄소를 줄이는 기술적 방법에 초점이 맞춰 있다. 그러나 이런 식의 획일적 접근으로는 대중의 관심을 끌어내거나 시민들이 기후행동에 나서도록 동기를 부여하기가 쉽지 않다. 과학자들이 구사하는 담론은 일반 대중의 가치관이나 자아 정체성—환경행동에 참여하고 환경여론을 키울 수 있는 요소들—을 크게 고려하지 않은 전문가 담론이기 때문이다.

기후위기를 사회학의 시각으로 본다면

기후변화를 자연과학적 시선으로만 프레임할 때 나타나는 문제는 다음과 같다.[96] 탄소 배출을 수치상 줄이기만 하면 된다고 전제하면 '왜 온실가스가 계속 배출되는가'라는 근본적인 문제는 사라지고, 그 이유가 무엇이든 탄소 배출의 결과만 통제하면 된다는 식의 발상으로 이어지기 쉽다. 이렇게 되면 복잡한 사회구조와 연결망 내에서 온실가스가 '배출될 수밖에 없는' 현실을 놓치는 잘못을 범할 수 있다.[97]

그러나 사회학적 상상력을 발휘하여 생각해보면 사회구조, 제도, 사회의 조직 방식, 문화적 가치와 규범, 이념, 사회적 관행, 조직화된 부인 기제 등의 요소가 합쳐져 기후변화에 대한 사회의 대응 방식이 결정됨을 알

수 있다.

전문가 담론에서는 개인들이 자신의 선택과 자유의지로 온실가스를 배출하기 때문에 대중에게 지식과 정보를 제공하여 '계몽'이 이루어지면 환경친화적인 행동에 나설 수 있을 것이라고 가정하는 경향이 있다. 그러나 대중이 반드시 기후변화에 대한 지식이 부족하고 환경윤리 의식이 낮아서 화석연료 생활양식을 유지하는 것만은 아니다.

온실가스를 배출해야만 돌아가는 시스템 내에서 살아가는 개인들에게는 온실가스를 배출하지 않고도 살 수 있는 선택권 자체가 처음부터 주어져 있지 않다. 그런데도 기후변화에 관한 주류 담론에서는 전문가들이 제시한 처방을 따르기만 하면 기후를 안정화할 수 있다고 강조한다. 이와 같은 담론은 문제해결과 경영관리적인 시각이 두드러져 보이는 단선적 접근이며, 일종의 '탈정치적' 기술관료적 해법이다.[98]

개인이 저탄소 생활양식을 실천할 수 있으려면 현재 화석연료에 의존하는 전체 사회시스템이 바뀌어야 한다. 하지만 현재의 사회시스템으로부터 가장 큰 혜택을 보면서 부와 영향력을 누리는 기업, 산업계, 기득권 세력, 이해집단이 그러한 변화를 쉽게 용인할 리 없다. 그러므로 기후문제의 본질이 온실가스의 농도라기보다, 자연환경을 불평등하게 이용함으로써 나타나는 사회적, 정치적 갈등인 점을 잊어서는 안 된다. 그렇지만 현재의 과학적 프레임에서는 그러한 갈등을 종식시킬 수 있는 사회변혁에 대해서는 별로 언급하지 않고, 온실가스를 물리적으로 줄이는 것만 강조한다.

온실가스를 배출하게 되는 메커니즘을 사회학적 상상력을 동원해 설명해보자.[99] 두 가지 차원의 사회적 인프라를 중심으로 온실가스 배출이 결정된다.

첫째, 도로, 빌딩, 항만, 발전소 등 자본을 많이 투입해야 하고, 매몰비용이 높은 '경성 인프라'가 있다. 경성 인프라는 한번 만들어지면 자원을 오래 묶어두고, 발전의 경로를 고착시키며, 기술 의존성을 높인다. 둘째, 사람의 마음속에 존재하는 구조화된 행위 유형인 '연성 인프라'가 있다. 사람들의 지식과 태도, 세계관, 문화, 제도, 거버넌스 구조가 모두 연성 인프라에 속한다.

경성 인프라와 연성 인프라가 서로 상호작용을 하여 '순환고리'를 형성하면서 온실가스를 배출하는 패턴과 사람들이 욕구를 충족하는 패턴이 정해진다. 예를 들어, 경성 인프라인 대단위 화력발전 설비가 국가 차원에서 일단 들어서면 그 나라의 에너지정책이 수십 년 동안 화력발전을 중심으로 돌아가는 '경로의존성'이 형성된다.

연성 인프라는 사람이 전기와 에너지를 사용하는 사고방식과 패턴을 결정한다. 과시형 소비의 사고방식과 가치관이 뿌리내린 사회라면 에너지를 절약하자는 행동 규범이 잘 통하지 않는다. 에너지를 흥청망청 사용해 대량생산을 한 제품을 필요 이상으로 많이 구입하고 쉽게 버리는 식의 일회성 소비 양식이 사회적 선망과 부유함의 상징처럼 간주된다. 기업의 생산, 유통, 마케팅이 소비지상주의적 취향을 노골적으로 부추기며, 개인들은 그런 선전을 일종의 문화적 규범으로 당연시하고 심지어 숭배하기까지 한다.

지금까지는 '발전'이라는 이름으로 끊임없이 경제성장을 추구해왔고, 그 과정에서 온실가스가 계속 배출되었다.[100] 즉 화석에너지로 돌아가는 경성 인프라와 소비지상주의적 연성 인프라가 지속적으로 '상호 강화 순환고리'를 키워왔기 때문에 기후위기가 닥친 것이다. 이런 상호 강화 순환고리의 결과로 현대인들은 에너지, 식량, 교통, 주거, 생산, 소비 등 인간

활동의 거의 전체 영역에서 무한대의 성장이 가능하다고 허언하는 경제학만 올려다보는 '탄소 인간Homo carbonicus'이 되어버렸다.[101]

그러므로 기후변화가 더 악화되는 것을 막으려면 세 가지 방법을 동원할 필요가 있다. 각각의 방법이 기후행동과 환경운동의 중요한 초점이 될 수 있다.

첫째, 화석에너지로 돌아가는 경성 인프라를 재생에너지의 인프라로 전환해야 한다.

둘째, 소비지상주의적 연성 인프라를 불평등 감소와 지속가능성을 추구하는 새로운 인프라로 대체해야 한다. 이것은 일상에서 기후변화의 문화정치로 표출될 수도 있다.[102]

셋째, 두 가지가 합쳐져 '상호 억제 순환고리'를 맺을 때에 사회변혁이 시작되고 기후위기에 근본적으로 대처할 수 있는 계기가 마련된다.[103]

이 같은 사회학적 상상력을 활용하면 온실가스 배출의 사회적 메커니즘을 이해하고, 온실가스 감축을 위한 대안적 아이디어를 얻을 수 있다.[104]

사회적 배태성으로 기후위기 다시 보기

지금부터는 개개인이 사회에서 처해 있는 상황으로 인해 기후변화의 영향을 서로 다르게 받게 되는 점을 사회학적 상상력으로 분석해보자. 인간은 계급, 젠더, 인종, 직업, 학력, 지역, 남반구와 북반구 거주 여부 등의 조건에 따라 각자가 활용할 수 있는 자원과 행사할 수 있는 권력이 크게 달라진다. 즉 사람들은 자신을 둘러싼 사회구조에 '깊이 뿌리박혀 있기' 때문에 기후변화로 인한 영향을 차별적으로 경험한다. 이것을 기후변화의 '사회적 내재성' 또는 '사회적 배태성胚胎性'이라고 한다.

사회구조 내에서 서로 다른 입장에 처해 있는 사람들은 기후변화를 다른 방식으로 인식한다. 무관심한 사람, 기후행동에 열성적으로 뛰어드는 사람, 혹은 기후변화 대응에는 관심이 없지만 그것의 피해를 입지 않으려고 준비를 해두는 사람 등 다양한 반응이 나타난다. 또 사회적 지위, 부, 권력에 따라 기후변화의 악영향을 받는 정도, 즉 적응 역량과 취약성도 개인마다, 집단마다 달라진다.

1991년 4월 29일 방글라데시를 강타한 초대형 사이클론과 해일의 예를 들어보자. 사이클론이 지나간 시간은 고작 3~4시간 정도였지만 정부 집계로 약 13만 명이 사망한 엄청난 기후재난 사건이었다. 그런데 여성 사망자가 남성 사망자보다 42퍼센트나 더 많았다. 그 전에도 사이클론이 발생할 때마다 사망률에서 젠더 격차가 많이 나타났다. 여성이 왜 그렇게 많이 사망했을까? 생물학적 차이 때문이었는가?

세 가지 이유가 제시되었다.[105] 여성들이 살림을 하거나 양육을 위해 주로 집 안에서 지냈기 때문에 급격한 재해 시에 빨리 대피할 수가 없었다. 또 온몸을 감싸는 전통 복장인 '사리'를 입고 있어 폭우 속에서 이동이 어려웠고 헤엄을 치기는 더 어려웠다. 그리고 평소에 남자들보다 식단이 부실하여 영양상태가 좋지 않았기 때문에 비상 상황에서 달리기가 힘들었고, 재난 후의 회복도 어려웠다. 결국 방글라데시 여성들은 남존여비 문화와 가부장제, 불평등한 경제·사회적 조건, 여성의 행동을 통제하는 전통적 드레스코드와 이슬람 생활규범 등 사회적 차별 구조 때문에 기후재해에서 사망률이 훨씬 높게 나온 것이다.

범람하는 강물 속에서 나무 등걸에 의지해 딸과 아들의 손을 잡고 있던 아버지가 힘이 부쳐 한 아이의 손을 놓아야만 해서 결국 딸을 포기한 사례도 있었다. 우연히 그랬을 수도 있겠지만, 남녀 성의 가치를 불평등하게 따지는 사회문화적 요인이 삶과 죽음의 '결정'에까지 깊숙이 배태되어 있었을 개연성이 크다.

자연재해가 발생했을 때 여성의 기대수명이 낮아지는 현상이 전 세계에서 공통적으로 관찰된다. 141개국에서 20년 동안 발생한 자연재해에 있어서 남녀 사이의 기대수명을 조사한 연구가 있다.[106] 이에 따르면 자연재해가 일어났을 때 여성의 기대수명이 낮아진 것으로 나타났다. 그리고 재해 규모가 클수록 여성 피해 비율이 높아졌다. 그러나 여성의 사회경제적 지위가 높으면 재난이 와도 기대수명의 젠더 격차가 적었다. 즉 여성의 경제적·사회적 권리가 보장되느냐, 그러지 않느냐에 따라 여성의 수명이 달라진다는 사실이 경험적으로 입증되었다. 재난이 발생하면 일상적인 사회경제적 패턴에 따라 젠더에 특유한 취약성이 사회적으로 만들어진다는 결론을 내릴 수 있다.

2005년 미국의 남부 주들 특히 뉴올리언스를 덮친 허리케인 카트리나는 공식 사망자만 1,500여 명 이상 발생시키고 천문학적인 경제손실을 끼친 초대형 기후재난이었다. 바닷가 빈곤층 거주지역에 설치되어 있던 부실한 제방이 붕괴되면서 교통수단이 없어 대피하지 못한 주민들이 큰 피해를 당했다. 시 당국이 평소에 빈곤 지역의 인프라를 제대로 관리하지 않은 점이 고스란히 드러났다.

사고 후 조사에 따르면 뉴올리언스에서 자동차가 없는 사람 중 3분의 2 이상이 흑인이었고, 태풍으로 피해를 본 빈곤층의 70퍼센트가 흑인이었으며, 침수지역 주민 중 80퍼센트가 유색인종이었다. "조직적이고 구조적인 인종주의의 유산으로 인해 대를 이어 빈곤에서 벗어나지 못한 흑인들이 유난히 많았다."[107] 카트리나 사건 이후 '환경 인종주의'라는 말이 등장하기도 했다.[108] 뉴올리언스의 경험은 인종주의라는 기존의 사회구조적

차별이 기후재난에서 추가적 피해를 얼마나 더 발생시키는지 적나라하게 보여준다.[109]

이런 사례들로부터 기후변화라는 '자연적' 현상조차 사회적으로 구성되어 있다는 사실, 즉 기후변화가 젠더, 인종, 계급, 지역 등의 차별 구조를 개별적으로 그리고/또는 교차적으로 악화, 재생산한다는 점을 알 수 있다.[110] 이렇게 본다면 자연과학적으로 정의된 하나의 기후변화가 아니라, 사회적으로 구성된 수많은 '기후변화들'이 있다. 보편적으로 설명되는 기후위기가 아니라 사회적 배태성에 따른 다양한 '기후위기들'이 있다. 그러므로 공통된 기후대책이 아니라 개별적이고 특유한 '기후대책들'이 있어야 한다.

사회학적 상상력을 넓혀, 기후재해가 발생했을 때 자연 속에 사는 야생동물과 사회 속에 사는 인간동물 사이에 어떤 차이가 생길지 생각해보자. 야생동물에게 재해란 다들 '평등하게' 경험되는 현상인 데 반해, 인간동물에게는 같은 재해라 해도 서로 '상이하게' 경험되는 현상이 된다. 인간은 사회구조 내에서 각자가 처한 위치와 지위가 다르고, 자신을 지킬 수 있는 자원의 보유 정도가 다르기 때문이다. '인간은 사회적 동물'이라는 명제가 기후재해의 대응에서보다 더 정확하게 맞아떨어지는 경우도 드물다.

더 나아가, 위기 혹은 재난이라는 현상 자체도 사회학적 상상력으로 새롭게 조명될 필요가 있다. 사회학자 울리히 벡Ulrich Beck의 말을 들어보자.

> 이제 '자연의 힘'이라는 표현이 새로운 의미를 갖게 되었다. '자연적'으로 발생한 재해라고 하는, 일견 타당해 보이는 증거로 인해, 불평등과 권력에 기인한 사회적 관계가 인위적 현상이 아니라 자연스러운 일처럼 받아들여진다. 이렇게 되면 인간의 본질적 평등이라는 개념이, 자연재해가 만들어

낸 인간의 본질적 불평등이라는 개념으로 넘어가버리는 정치적 결과가 초래된다. 지구온난화, 극지방의 해빙, 해수면 상승, 사막화, 빈번한 태풍 등 잘 알려진 팩트들이 흔히 자연재해로만 취급된다. 그러나 자연 그 자체가 재난을 만들어 내지는 않는다. 인간 사회가 크게 영향을 받은 현상만이 재난이라고 규정될 수 있기 때문이다. 재난의 잠재성은 자연 그 자체로부터 혹은 과학적 분석으로부터 도출될 수 없다. 재난은 어떤 나라 또는 어떤 인구 집단이 기후변화에 의해 취약해졌음을 반영하는 개념이기 때문이다.[111]

안타깝지만 이보다 더 타당한 분석도 없을 것이다.[112]

사회학적 상상력의 힘

요컨대 사회학적 상상력을 발휘하여 기후변화를 이해하면 다음과 같은 이점이 있다.

첫째, 기후변화의 원인과 결과에 환경불평등이라는 사회구조적 요인이 깊이 개입되어 있다는 점을 알 수 있다. 이런 시각이 없으면 기후변화를 흔히 "지구라는 하나의 배를 타고 있는 공동운명체로서의 인류 전체에게 별다른 차별적 효과를 지니지 않은, 전 지구적 진행과 무차별적 영향을 주요한 속성으로 하는 환경문제" 정도로 치부하게 된다.[113] 기후변화를 인간 외적인 자연과학적 현상으로만 볼 수 없는 이유가 여기에 있다.

둘째, 기후변화에서 주류적 담론이 되어 있는 온실가스 배출 메커니즘의 과학적 설명 방식, 그리고 그 문제를 해결하기 위한 시장적 접근방식 외의 여러 다른 가능성을 볼 수 있는 시각이 생긴다. 기후위기가 국제사회에서 본격적으로 제기된 시기가 신자유주의 세력이 고조된 시기와 맞물리는 바람에 기후문제의 진단, 해법, 행동에 신자유주의적 사고방식이 크게 영향을 미쳤다. 그 결과 일면적, 탈정치적, 기술관료적 기후해법이 주류의 견해로 자리 잡았고, 그런 경향은 기후대응에 있어 우리의 상상력을 좁히는 결과를 초래했다. 사회학은 이런 경향을 넘어설 수 있는 눈을 제공한다.[114]

셋째, 기후변화를 야기하는 사회적 요인이 무엇인지, 사람들이 기후위기 앞에서 취약하게 되는 사회적 결정요인과 배태성이 무엇인지, 기후위기에 대응하기 위한 집합행동의 가능성이 어떠할지를 알 수 있게 해준다. 특히 기후변화라는 물리적 현상의 '의미'가 사람들 사이에서 어떻게 만들어지고, 어떻게 유통되고, 어떻게 받아들여지고, 어떻게 소비되는지를 따져보는 기호학적 관점에서 기후변화를 이해할 수 있도록 돕는 것도 사회학적 상상력의 한 기능이다.[115]

마지막으로, 위와 관련하여 사회적 행위자인 개인이 기후변화에 대응하거나 또는 대응하지 않는 이유, 동기, 인센티브를 파악할 수 있다. 또 기후위기를 극복하기 위해 필요한 대안적 삶의 양식을 사람들이 어떻게 수용할 것인지를 미리 예상할 수 있다. 일반인의 관점이 중요한 이유는 이들의 이해와 동의와 협력이 없으면 기후정책을 펼치기가 어렵기 때문이다. 보통 사람의 삶의 현장을 감안하지 않고 톱다운 방식으로 온실가스 배출만 줄이려고 하는 기후정책은 자칫 역효과를 낼 수 있다.

예를 들어 프랑스에서 온실가스를 줄일 겸 해서 디젤 유가를 인상하자 '노란 조끼'를 입은 시위대들이 거리에 뛰쳐나와 극렬한 반대 투쟁을 벌인 사건이 있었다. 하루하루 힘들게 살아가는 사람에게 환경을 살리자는 소리보다 더 공허한 말도 없을 것이다. 처음에 이들은 '더러운' 산업사회가 생산한 '더러운' 과실이라도 자기들에게 나눠달라고 요구했다. 결국 노란 조끼 운동은 파이를 공평하게 나눔과 동시에 소비지상주의적 경제 시스템을 탈피하여 환경까지 고려해야 한다는 점에 동의하게 되었다.[116]

그렇게 해서 나온 구호가 "종말, 월말, 함께 투쟁!Fin du monde, fin du mois, même combat!"이었다. 잃을 것이 없는 이들에게는 세계와 환경이 지킬 만한 가치가 있다는 믿음을 갖도록 하고, 그렇게 할 수 있는 최소한의 물질적 토대와 안전을 보장해주어야 한다. 생활고에 시달리는 사람들이 왜 환경이나 생태 담론을 '먹고살 만한 이들의 배부른 소리' 정도로 인식하는 경우가 있는지, 그 이유를 사회학적으로 뉘앙스 있게 파악해야 한다.

사회학적 상상력을 발휘하여, 재생에너지로 에너지 전환을 했지만 사람들이 과거와 동일한 대량소비 생활양식을 그대로 유지하고 있다고 가정해보자. 태양광으로 충전한 전기톱으로 열대우림을 베어 내고 전기자동차로 계속 목재를 실어낸다면 어떻게 될까. 그런 시스템은 장기적으로는 지속가능하지 않을 것이다. 더 많은 에너지가 필요하고 더 많은 자원추출로 인해 생태환경이 계속 나빠질 것이기 때문이다. 경성 인프라와 연성 인프라가 둘 다 변해야 할 이유가 여기에 있다.

사회학자 존 어리John Urry는 고탄소 체제에서 저탄소 체제로 전환하려면 '저탄소 경제-사회'가 어떤 모습을 취할 것인지를 사회학적으로 상상할 수 있어야 한다고 충고한다. 그것을 위해서는 '포스트탄소적' 사고와 실천이 필요하다. 저탄소 시스템에서는 소득, 경제적 안락, 인구가 줄어들 가능성이 크다. 따라서 저탄소 체제로의 전환은 단순한 정책 처방, 경제 인센티브의 변화만으로 이루어질 수 없다. 삶의 전체 영역에서 근본적 변혁이 있어야 하는데, 이때 전체 사회에 대한 총체적 시각을 제공하는 사회학적 상상력이 필요하다.[117]

기후위기를 긴급한 비상사태로 받아들이는 사람일수록 사회학적 상상력으로 기후변화를 파악하면서 장기적 사고와 계획의 안목을 갖춰야 한다. 기후위기에 '사회적으로' 대응하려면 개인의 선택과 주체적 행위를 이해함과 동시에, 그러한 선택에 영향을 주는 사회구조를 함께 이해하는 것이 중요하다. 지그문트 바우만Zygmunt Bauman의 통찰을 들어보라.

> 사회구조는 인간의 선택을 결정하지 않습니다. 하지만 사회구조는 인간의 선택의 개연성을 결정합니다. 한때 사회구조는 연대, 상호적 돌봄, 상호부조를 촉진했습니다. 그런데 오늘날 사회구조는 상호 의심, 질투, 경쟁을 조장합니다.[118]

결론적으로, 기후위기를 인간 사회의 눈으로 이해하고 유의미한 질적 변화를 이루기 위해서는 밀스가 말한 대로 "개인과 사회, 개인의 이력과 역사, 자아와 세계 사이의 상호작용을 포착할 수 있는" 사회학적 상상력을 키울 필요가 절실하다.[119] 인류가 화석연료를 사용해온 역사와, 상업주의에 사로잡힌 개인의 가치관과 취향, 그리고 사회에 배태되어 있는 불평등한 구조를 미시적 차원과 거시적 차원에서 모두 볼 수 있게 해주기 때문이다.

4장 감축과 적응의 위기

용어 사용의 정치학

기후위기에 대응하는 방법으로 크게 두 가지가 있다. 완화(감축)와 적응이 그것이다. 유엔의 정의에 따르면 완화란 "온실가스 배출을 감축하거나 흡수하는 과정으로서, 미래의 기후변화 및 그 영향을 완화하는 방법"이고, 적응이란 "실제로 일어나고 있거나, 일어날 것으로 예상되는 기후변화 그리고 그 영향에 적응하는 과정으로서, 기후변화로 인한 위험을 최소화하고, 나아가 이를 유익한 기회로 활용하는 방법"을 뜻한다. 완화와 적응은 "기후변화의 위험을 저감하고 관리하기 위한 상호 보완적 전략"이므로 장기적으로 "지속가능한 발전을 향한 기후-복원 경로에 기여할 수 있다"고 한다.[120]

'완화'를 뜻하는 mitigation은 어떤 것을 덜 해롭게, 덜 나쁘게 만든다는 말이다. '부드럽게 만든다'는 라틴어 단어 mitigatus에서 유래되었다. 완화라는 말 외에 감축 또는 저감이라고도 하고, 법률에서 원래의 형법보다 가벼운 처벌을 내리는 '감경'도 같은 어원에서 나왔다. 이 책에서는 주로 '감축'을 사용할 것이다.

'적응'을 뜻하는 adaptation은 어떤 것을 조정하여 새로운 조건에 맞춘다는 말이다. '맞아떨어진다'는 라틴어 단어 aptare에서 유래되었다.

감축은 온실가스의 배출은 줄이고 이미 배출된 가스를 흡수해서 기후변화의 근본 원인을 통제하려 한다. 적응은 기후변화로 인해 발생한 악영향에 대처하고 그것에 맞춰 사는 방법을 찾으려 한다. 기후변화를 방망이에 비유하면, 감축은 기후변화를 작은 방망이로 만들려는 것이고, 적응은 방망이를 안고 살아가는 법을 익히려는 것이다. 의료에 비유한다면, 감축은 원인치료이고 적응은 대증요법이다.

감축과 적응이 공식 용어이기는 하나 완벽한 용어는 아니다. 예를 들어, 왜 '온실가스 억제suppression' 또는 '탄소 제거decarbonization'와 같은 적극적인 표현을 쓰지 않고 다소 밋밋하게 들리는 '감축'이라고 표현할까?

'적응'이라는 용어 역시 '내'가 주도적으로 선택해서 이루는 변화라는 느낌이 든다. 기후재난 상황에서 간신히 목숨을 건진 사람들이 기후변화에 적응했다고 할 수 있을까?[121] 예를 들어, 2018년 여름 폭염으로 인해 공식적으로 48명이 사망했는데 그때 살아남은 쪽방 거주자들은 목숨을 겨우 부지한 것이지 기후변화에 '적응'했다고 보기는 어렵다.

기후변화에서 '해결'이라는 말을 쓸 수 있을지 자문할 필요도 있다. 기후위기를 '해결'한다면 무엇을 해결한다는 말인가? 산업혁명 이전 수준으로 지구 온도를 되돌린다는 뜻인가? 그것은 가능하지 않다. 기후위기의 온갖 악영향을 100퍼센트 차단한다는 뜻인가? 그것도 가능하지 않다. 정직하게 말해 기후위기의 완전한 '해결'은 있을 수 없다. 앞으로 더 나빠질 기후변화 문제를 조금이라도 늦추고, 줄이고, 덜 위험하게 만들 수 있을 뿐이다. 산업혁명 이전은 고사하고 기후변화 문제가 본격적으로 제기된

1980년대 상태로 되돌리는 것도 이제는 불가능해졌다.[122] 그러므로 '감축과 적응'은 상당히 방어적이고 수세적인 개념임을 이해할 필요가 있다.

그런데도 왜 과학계와 국제사회가 굳이 감축과 적응이라는 말을 계속 고집하는가? 현재 인류의 문명 양식으로 온실가스를 전혀 배출하지 않고 살기가 어렵기 때문이고, 기후변화를 원상복구시킬 수 없기 때문이고, 산업계와 기업의 눈치를 봐야 했기 때문이고, 각국 정부가 합의할 수 있는 공통분모를 타협해야 했기 때문이다.

유엔 「기후변화협약」을 제정할 때부터 '감축과 적응' 용어를 사용했는데 과학자들의 객관적 언어와 정부 대표들의 외교적 언사가 합쳐져 전형적인 완곡어법의 유엔어UNese가 탄생했다. 그러나 오늘날의 감각으로 봐서 이런 식의 어휘가 얼마나 대중의 가슴을 움직일 수 있을지 의문이다. 기후변화의 전문용어도 '인간화'될 필요가 있다고 생각한다.[123] 기후변화는 정말 풀기 어려운 '악성 난제'라는 별명이 있는 만큼 대중의 마음에 와 닿는 접근법을 활용할 필요성이 더욱 커졌다.[124]

그러므로 기후위기에 관한 모든 논의는 다음을 인간적으로 이해시키는 데에서 출발해야 한다. '기후변화의 해결은 가능하지 않지만 그것을 방어하고 관리하는 일은 절대로 필요하다. 앞으로 더 좋아지기는 어렵지만, 적어도 더 나쁘게 하지는 말아야 한다.' 감축, 적응과 같은 과학적, 기술관료적, 외교적 용어를 그대로 쓰더라도, 우리는 이 용어의 행간에서 고지를 사수하는 수비대의 비장한 결의를 읽을 수 있어야 한다.

감축을 해야 하는 이유

감축-적응을 둘러싸고 중요한 쟁점이 많다. 우선 감축의 수혜 대상을 생각해보자. 국제사회에서는 이번 세기말 기준으로 2도 이내, 혹은 1.5도 이내로 기온 상승을 저지한다는 목표에 맞춰 2050년까지 온실가스 배출(+)과 흡수(-)를 합해 '순 배출 제로'로 만들자는 약속을 해놓은 상태다. 그러나 인간적 차원에서 다음과 같은 질문이 나온다. 지금 당장 온실가스를 줄이면 바로 기온이 떨어지는가?[125]

사실 오늘 당장 전 세계에서 온실가스 배출을 제로로 만들어도 기온이 바로 떨어지지는 않는다.[126] 아마 수십 년 뒤 어느 시점에 가야 안정될 것이다. 감축이 지향하는 목표는 오늘에 있지 않고 상당히 먼 미래에 있다. 그러니 감축의 진짜 목표는 두 가지다. 우선 기온 상승을 둔화시켜 인간과 경제활동이 적응할 시간을 벌자는 것, 그리고 인간과 자연 생태계가 변화된 환경에 적응할 수 있도록 하자는 것이다.[127] 이것이 감축의 정직한 현실이다.

하지만 희소식도 있다. 오늘 온실가스를 줄이면 당장 돌아오는 감축의 혜택도 있다. 예컨대 석탄화력 발전을 중단하면 인근 주민들의 건강상태가 좋아지고 지역공동체의 사회적 응집력이 늘어난다. 아이들의 아토피가 줄어든다. 미세먼지가 줄면서 사람들의 천식, 폐질환, 안질환, 심혈관 질환이 빠른 속도로 감소한다. 사람들의 기대수명이 늘어난다. 온실가스 농도가 높을수록 농작물의 수확량이 떨어지고 영양소가 줄기 때문에, 온실가스를 줄이면 농업 생산성이 올라가고 곡물의 영양도가 정상치로 회복된다. 자동차와 난방시설에서 배출되는 매연과 분진이 대폭 줄어들면서 도시 거주자의 삶의 질이 개선된다.

2020년의 코로나19 사태가 이 점을 극적으로 보여주었다. 에너지와 청정공기 연구센터CREA의 조사에 따르면 바이러스 사태 때문에 세계 최대 온실가스 배출국인 중국에서 생산 부문의 에너지 수요, 교통·운송 이용률,

건설업 활동 등이 모두 감소하면서 2020년 초 2주 동안 온실가스 배출이 전년의 같은 기간 대비 약 25퍼센트나 줄어든 것으로 나타났다.[128] 세계 3위의 배출국인 인도 역시 40년 만에 처음으로 2020년 3월에 15퍼센트, 4월에는 거의 30퍼센트나 온실가스 배출이 줄었다.[129] 인공위성 조사에서도 중국, 이탈리아 북부, 뉴욕 등지의 온실가스, 매연, 미세먼지, 오염물질이 대폭 감소한 것으로 확인되었다.[130]

전염병이라는 나쁜 사건을 통해 나타난 현상이기는 하지만, 아이러니하게도 생산활동으로 인한 온실가스가 줄면 환경의 질이 좋아진다는 것이 사실로 입증된 것이다. 현세대의 온실가스 감축 노력이 미래세대뿐 아니라 오늘의 세대에게도 당장 득이 된다는 발견은 기후행동의 대중 설득에 있어 중요한 함의를 갖는다.

감축이냐 적응이냐

감축과 적응 중 어느 쪽이 더 중요한가? 이것은 기후변화 논의에서 극히 민감한 쟁점이며 앞으로도 더욱 중요해질 문제다. 국제사회는 감축과 적응이 "상호 보완적 전략"이라는 공식적 입장을 분명히 밝힌다. 그런데 선진국이든 개도국이든 이 문제에는 현실적인 논란이 따른다.

이미 기후위기의 타격을 많이 받고 있는 개도국의 경우, 미래 시점에 효과가 나타날 '감축'에 집중할 수 있는 여유가 없다. 연안 지역의 침수, 농토 염류화, 기상이변 피해 등에 시급히 대비해야 하므로 당장의 '적응'이 훨씬 급하다. 이런 경우에는 홍수 방어, 제방 구축, 가뭄에 저항성이 높은 품종 개발, 생물종의 이동을 위한 육상 통로, 연안 지역 주민들의 내륙 이주 등 사회 전체의 '회복력resilience'을 높이는 방향으로 정책을 선회하는 것이 필요하다.[131] 이런 대책은 기후위기를 이미 정면으로 겪고 있는 개도국 주민들에게 삶과 죽음을 가르는 문제다.

이 문제를 실증적으로 연구한 세계은행에서는 적응 정책의 장단점에 따른 비용을 고려해야 한다고 설명한다.[132] 적응에는 두 종류가 있다. 재난 발생 전에 미리 취하는 '적극적 사전 적응' 대책이 원칙적으로 더 중요하다. 그런데 이 방식은 피해 규모나 피해가 예상되는 장소를 미리 알 수 없으므로 불확실하다는 한계가 있다. 모든 곳에서 적응 대책을 갖추려면 천문학적인 비용이 든다. 그러나 재난 발생 후에 취하는 '대응적 사후 적응' 대책은 필요하기는 하지만 재난 이전 상태로 완전히 회복하기는 어렵다는 결함이 있다. 소 잃고 외양간 고치는 격이 될 수도 있다. 두 방식 모두 한계가 있고 비용도 많이 든다.

그러므로 모든 점을 따져보면 결국 근본적 감축 전략이 장기적으로 비용이 가장 적게 든다. 하지만 재난에 대비한 적응도 해야 한다. 사람은 위기 앞에서 본능적으로 그것을 피하려고 발버둥을 치기 마련이다. 당장 급한 불 앞에서 장기적이고 근본적인 해법을 실행할 경황이 없다. 이는 거의 모든 정책 사례에서 나타나는 경향이다. 그러므로 감축과 적응을 적절하게 배합하는 수밖에 없다. 그 배합을 최적화하는 것을 '기후행동 통합 포트폴리오'라 한다.

개도국 중에는 기후변화로 세수가 줄어 국고가 고갈된 경우, 또는 만성적으로 예산 부족인 경우도 있어서 기후재난이 일어났을 때 대응적 사후 적응을 못 하는 나라가 많다. 따라서 「기후변화협약」에서는 개도국의 적응 대책을 지원하기 위해 전 세계 차원에서 기후재원을 마련하게끔 하고 있다. 기후재원을 마련하기 위한 공적인 경로로 중요한 유엔 기구인 녹색기후기금GCF 본부가 인천 송도에 있다.[133] 또 빈곤국들의 만성적 부채 상황은 기후적응에 결정적으로 장애가 된다. 실제로 코로나19 사태 발생 후 주요 국제단체들은 전 세계 빈곤국 69개국의 외채 500억 달러를 채권국들이 탕감해줘야 한다는 요구를 발표했다.[134]

선진국에서는 개도국과는 또 다른 이유에서 감축보다 적응을 강조하는 목소리가 있다. 현재의 온실가스 감축 속도로는 목표치 달성이 어렵다는 이유로 각국의 사정과 산업의 차이를 감안하면서, 일괄적 감축 목표관리보다 각국 실정에 맞는 적응 대책을 추진하는 편이 더 효과적이라는 주장이 그것이다. 또 자유시장적 해법을 강조하는 싱크탱크들은 온실가스 배출을 통제하기 위한 탄소세 등을 반대하기 때문에 감축보다 적응 옵션을 훨씬 더 선호한다.

그러나 전 세계 차원에서 보면 해양 산성화, 대형산불, 기후난민 등의 문제를 단순히 적응 전략만으로 다룰 수 없다. 적응에만 초점을 맞추면 감축에 필요한 예산이 부족해진다. 그리고 재생에너지 개발에 투자할 인센티브가 줄어들어 에너지 전환이 어려워진다. 적응 대책에만 초점을 맞춰 해수 벽을 쌓고 인프라를 보강하면 사람들이 그것을 일종의 '기후변화 보험'처럼 간주하여 온실가스 배출에 별다른 문제의식을 느끼지 않는 도덕적 해이가 오기도 한다.

모든 분야에서 적응을 완벽하게 할 수 없으므로 한정된 예산 내에서 우선순위를 정할 수밖에 없는데 이때 기존의 사회 불평등을 그대로 반영하는 적응 정책을 시행할지도 모른다. 예를 들어 가난한 동네보다 부자 동네에 해수 장벽을 더 일찍, 더 튼튼하게 쌓을 공산이 있다.

더 근본적인 문제는, 감축을 하지 않으면 사태가 더 악화되어 장기적으로 적응 비용이 크게 높아져서 나중에는 아예 적응조차 할 수 없는 상황이 올 수 있다는 점이다.[135] 또 감축을 시행하더라도 그 과정에서 개인들에게 피해가 없도록 보장하는 '존엄을 갖춘 감축'을 언제나 염두에 두어야 한다.[136] 이 점은 4부의 '사회적 응집력'과 '정의로운 전환'에서 다룰 것이다.

비관적 생각을 극복하기 위하여

국제사회의 합의와 주류 환경운동 입장에서는 '감축'을 중심으로 하면서 '적응'을 보완책으로 간주한다. 그런데 최근 들어 '어차피 기온 상승을 막기에는 늦었다'는 비관적 견해가 늘면서 차라리 적응에 집중하자는 견해가 나오고 있다.

이 문제를 학술적으로 접근한 컴브리아대학의 젬 벤델Jem Bendell 교수는 조만간 인류 사회가 붕괴할 것에 대비해야 한다는 논문을 《지속가능성 회계 경영 정책 저널》에 투고했다가 반려되자, 그 글을 2018년 온라인에 공개해 세계적인 이목을 끌었다.[137]

그가 제안한 '심층 적응 의제'는 세 가지 R-제안으로 이루어져 있다. 첫째, 회복력Resilience은 사회 붕괴 후에도 지켜야 할 규범과 행동을 엄선하고, 변화된 환경에 적응하여 살아남기를 배우는 것이다. 둘째, 포기Relinquishment는 변화된 상황에서 더 이상 유지할 수 없는 행동, 신념, 자산을 과감하게 단념하는 것이다. 셋째, 복원Restoration은 우리가 탄소 문명하에서 잃었던 전통적 태도와 삶의 양식을 재발견하여 전기 없이도 살아가기, 지역공동체와 동고동락하기 등을 실천하는 것이다.[138] 일종의 초월적 운명 순응주의라 할 수 있을 것이다.

개인 차원의 견해는 자유이지만, 국민 전체를 책임져야 할 정부 차원에서 이런 입장을 취할 수는 없다. 그러나 현재 각국 정부가 공식적으로는 「기후변화협약」에 동참하는 것처럼 보여도 진정성을 가지고 감축 약속을 성실히 이행하는 나라는 소수에 불과하다. 자국 내에서의 적응에 더 신경을 쓴다는 비판을 받기도 한다.

그러나 각국이 협력하지 않고 서로 손가락질을 하면서 감축 노선을 버리고 내부적인 적응만 하기 시작하면 그것이야말로 종말로 가는 지름길이 될 수 있다. 그렇게 되면 머지않아 적응 비용 자체를 감당할 수 없게 될 것이다.[139]

이것은 고전적인 '죄수의 딜레마' 상황이다. 서로가 상대의 마음을 알지 못하는 상태에서 같이 협력하면 좋은 결과, 배신하면 나쁜 결과가 나온다고 가정해보라. 상대를 신뢰하지 않고 모두 자기만 살겠다는 선택을 하면 결국 모두에게 최악의 결과가 온다. 그러므로 기후위기는 개별 국민국가를 중심으로 세상을 상상하는 '방법론적 일국주의'로는 다루기 어렵고, '방법론적 세계주의'의 시각을 가져야만 실마리를 찾을 수 있는 문제다.[140]

기후위기는 전 세계가 단결해서 함께 감축하면 함께 살 수 있고, 자기만 살겠다고 저마다 국제적 약속을 깨면 다 함께 죽는 위기다. 인간의 근시안적 관점과 자기중심적 가치관을 버리고, 적응과 감축을 동시에 추진할 정치공동체의 글로벌한 시각, 집합적 의지와 지혜, 장기적 비전에 인류의 존망이 달려 있다.

5장 역설로 가득 찬 위기

기후변화는 온갖 역설로 가득 차 있는 위기이기도 하다. 아마 인간이 경험한 현상 중 가장 많은 역설을 파생시킨 사태가 기후변화일 것이다. 기후위기가 역사적이고 전 지구적인 배경에서 나타난 현상인 만큼 그것의 모순적이고 역설적인 다양한 성격은 어찌 보면 당연할 수도 있다. 대표적인 역설 몇 가지를 알아보자.

선진국-개도국의 역설

- 기후변화에서 가장 잘 알려진 역설은 온실가스 배출의 책임이 가장 적은 나라 사람들이 가장 먼저, 가장 큰 피해를 당하기 쉽다는 것이다.[141] 이는 기후정의의 역설을 다루는 2부에서 설명한다.
- 유사한 경우로서 농촌 빈곤층과 도시 영세민들은 기후변화에 대한 책임이 극히 적은데도 더 큰 피해를 당하는 역설이 발생한다.[142]
- 에너지 빈곤층일수록 폭염, 가뭄, 홍수 등 기후이변에 대한 대응력이

떨어진다. 이에 에너지 빈부격차를 줄이기 위한 경제발전 경로를 선택하면 온실가스를 더 배출하게 되고, 결국 장기적으로 에너지 빈곤층의 삶의 질이 더 떨어지는 역설, 즉 '에너지 빈곤의 역설'이 발생한다.

- 작은 섬나라 개도국들SIDS은 해수면 상승으로 담수 부족, 농작물 수확 감소, 그리고 심하면 주거지 전체가 수장될 위협 속에 살고 있다. 그러나 현재 국제법 레짐regime으로는 세계에서 기후변화로 가장 가시적이고 확실한 피해를 입을 집단인 섬나라 주민들을 구제할 방도가 마땅하지 않다. 국제법의 도움이 가장 절실한 사람들이 도움을 받지 못하는 것이다. 또 이들이 대규모 온실가스 배출국들을 상대로 근본적인 문제 제기를 하거나 법적 절차에 나서면 원조나 지원이 끊길 위험이 있다. 이것을 '국제법상 정의의 역설'이라고 한다.[143]

심리적 역설

- 사람들에게 기후위기의 심각성을 곧이곧대로 알리면 자신이 어찌할 수 없는 불가항력의 문제로 느껴서 마음의 문을 닫아버리는 경우가 있다. 반대로 기후위기가 개인들이 생활 습관을 바꾸면 해결될 수 있는 문제인 것처럼 메시지의 수위를 낮춰서 전달하면 사람들의 공감을 얻을 수는 있겠지만 위기 대응에 큰 도움이 되지 않는다. 이는 기후변화에 관한 커뮤니케이션의 딜레마이자 역설이다.
- 일부 서구 국가에서 기후변화에 대한 정보와 지식이 늘어날수록 기후위기로부터 심리적 거리를 두려는 사람이 늘어나는 현상을 '심리적 기후 역설'이라고 한다. 대중이 기후변화 메시지에 적극적으로 반응하지 않는 이유가 기후변화에 대한 지식이 부족하기 때문이라는 '정보 결핍'

가설을 뒤집는 역설이다. 이런 현상은 기후변화를 너무 먼 이슈로 느끼고, 세상의 종말을 두려워하고, 자신의 행동과 문제해결 사이에 큰 간극이 있을 때 인지부조화가 일어나며, 객관적 사실을 부인하고, 문화적 정체성의 필터로 정보를 걸러서 자기에게 편한 정보만 받아들이는 경향 때문에 나타난다.[144]

- 홍수 피해를 본 지역 주민들의 부정적 감정을 완화시켜 심리적 회복력을 높여주면 오히려 미래에 온실가스 감축을 위한 행동에 나설 동기가 약화되는 사실이 발견되었다. 이를 '회복력의 역설'이라고 한다. 심리적 회복력을 지원하는 수준이 기후행동에 대한 의지를 낮추지 않을 만한 수준으로 적정화되어야 한다.[145]
- 과학적 설명이 맞닥뜨리는 역설도 있다. 기후변화를 가장 권위 있고 정확하게 설명하는 방식은 과학적 증거다. 그러나 아무리 객관적인 과학적 설명도 인간 세상에 내려와 대중과 만날 때에는 사회에 존재하는 수많은 스토리들과 경쟁해야 한다. 그 스토리 중에는 반反과학적이거나 맹목적인 것도 많다. 또한 과학에 반대하지 않더라도 지구의 미래를 삶의 우선순위로 두지 않는 사람도 많다. 이것은 과학자들에게 역설적 상황이 된다. 과학적 팩트를 지키면서도, 동시에 객관적인 사실만 중요하다고는 생각하지 않는 대중을 어떻게 설득할 것인가?[146]

대중의 소극적 지지의 역설

- '환경 지지의 역설'이란 대중이 환경의 중요성을 인식하고 환경적 가치를 지지하며 심지어 환경을 위해 비용을 지불할 용의가 있다고 하면서도, 그것이 개인의 행동 변화로 이어지지 않거나 환경을 보존하려는

구체적 경제정책에 대한 지지로 이어지지 않는 역설을 말한다.[147]

- 기후변화는 '예방의 역설'을 만들어낸다.[148] 우리는 아이가 아프거나 자동차에서 이상한 소리가 나면 별문제 없을 것이라고 생각하면서도 아이를 병원에 데려 가고 자동차를 카센터에 끌고 간다. 일상에서는 작은 징후만 나타나도 예방 조치를 취하는 경향이 있다. 반면, 기후변화는 전 세계 과학계와 국제기구들이 수없이 경고해온 위기이고, 대규모 재난 사태가 많이 발생한 문제인데도 사람들은 별다른 조치를 취하지 않는다. 사안의 크기와 예방의 규모가 반비례한다
- 기후위기의 인식과 대응 사이의 시차를 '기든스의 역설'이라고 한다. 앤서니 기든스Anthony Giddens는 이렇게 설명한다. "기후변화의 위험에 대한 이야기를 아무리 많이 들어도 그것에 적극적으로 대응하기는 어렵다. 하루하루를 힘들게 살아가는 현실 속에서 그런 말은 너무 비현실적으로 들리기 때문이다. 기후변화를 정치적으로 해결하기 위해서는 기든스의 역설에 대처해야 한다. 지구온난화는 구체적이고 시급하고 가시적인 문제라고 생각되지 않기 때문에, 그것이 아무리 심각하다 해도 우리는 그저 손 놓고 있기가 쉽다. 그러나 문제가 눈앞에 닥치고 상황이 너무 나빠져 어떻게든 조치를 취하지 않으면 안 될 지경이 되면 그때는 이미 늦은 것이다."[149]

예기치 않은 효과의 역설

- 환경정책의 의도하지 않은 결과로 '녹색 역설'이 나타나기도 한다. 만일 화석연료 사용을 억제하기 위해 탄소세와 같은 피구세Pigouvian tax가 부과될 것이라고 예상되면 화석연료 기업은 시기를 앞당겨 다량의 채

굴을 할 가능성이 크다. 그렇게 되면 온실가스의 누적효과가 늘어나는 결과가 발생한다.[150] 하지만 반대로 투자자들이 강력한 환경정책의 예상 효과에 선제적으로 반응하여 화석연료 산업에 미리 투자를 철회하는 효과가 나타날 수도 있다.[151]

- 열대우림의 파괴로 기후변화가 빨라지는 데 비해 지구 전체의 산림 면적은 더 늘어난 역설이 있다. 강우량이 증가하면서 오스트레일리아, 아프리카, 남미 사바나의 수풀림이 크게 증가했다. 구소련권 지역의 버려진 농지에 대규모로 산림이 우거졌고 중국의 녹화사업이 결실을 보았다. 2015년 현재 전 세계에서 숲이 탄소를 흡수하는 양이 2003년에 비해 40억 톤이나 늘었다.[152]
- 현재 시점으로 따져 전 세계 온실가스 배출량 1위인 중국은 석탄 화력 발전량도 1위다. 그런데 중국은 재생에너지 분야의 기술개발에서 선두 주자의 위치에 있다. 기후위기 악화와 기후위기 대응을 동시에 보여주는 역설적 사례다.[153]

지구적-지역적 대응의 역설

- 기후위기의 악영향은 과학적 의미의 '위험 요인'과 사회적 의미의 '취약 요인'이 합쳐져 발생한다. 전 지구 차원에서 동일한 기후변화 '위험 요인'이 발생한다 해도, 로컬 차원에서 빈곤, 계급, 성별, 인종 등의 '취약 요인'에 따라 피해를 입는 정도가 달라진다. 따라서 전 지구 차원에서 발생하는 기후변화에 적응하는 가장 좋은 방법은 로컬 차원에서 사회적 취약성을 줄이는 것이다. 이것을 '기후변화 적응의 역설'이라 한다.[154] 이 점은 4부의 사회적 응집력에서 상술할 것이다.

- 심리학자 로버트 제이 리프턴Robert Jay Lifton은 각국이 각자도생을 위한 적응에 몰두할수록 더욱 치명적인 기후위기의 타격을 입게 되며, 따라서 그런 식의 적응은 '좌초된 적응'이라고 경고한다. 이것을 '리프턴의 적응 역설'이라 한다. 리프턴은 전 세계 감축 노력과 개별 국가의 적응을 합친 '인류종 전체의 적응'이 필요하다고 주장한다.[155]

좋은 의도와 그렇지 못한 결과의 역설

- 개발과 환경의 역설도 있다. 경제개발을 통해 물질적 조건이 향상될수록 불평등이 늘어나고 환경이 나빠지는 관계가 성립한다. 환경이 나빠지지만 당장의 생활수준은 올라가기 때문에 사람들은 개발 정책을 지지한다. 그러나 경제성장은 결국 기후위기로 귀결된다. 잘살기 위해 선택한 경로가 최악의 결과를 초래한 역설이다.[156]
- 문화인류학자인 어니스트 베커Ernest Becker는 자의식을 가진 인간은 자신이 언젠가는 사라질 존재라는 필멸성을 인식하므로 불안과 억압에 시달린다고 보았다. 그러한 불안을 완충하기 위한 문화적 세계관으로써 인간들이 표출하는 협력, 경쟁, 정서적·정신적 반응을 베커는 상징적인 '불멸을 위한 기획'이라고 부른다. 이를 통해 사람은 자존감과 삶의 의미를 찾을 수 있다. 불멸을 위한 기획에 근거하여 인간들은 영원성을 추구하거나 전쟁을 벌이거나 물질주의에 빠진다. 또 자연 세계를 지배하고 통제하려고 하며 과학기술을 만병통치약으로 간주하는 '과학의 페티시' 경향도 심해진다. 기후변화는 불멸을 위한 기획이 초래한 궁극적인 결과라 할 수 있다. 즉, 인간이 상징적으로 영원히 살기 위해 몸부림친 시도가 인간의 생존을 위협하게 된 역설이 발생한 것이다.[157]

정치의 역설

- 데이비드 월러스웰스David Wallace-Wells는 인간이 기후메커니즘을 과학적으로 확실하게 파악하게 되었지만 기후위기의 앞날이 어떻게 될 것인지를 전망할 수 없게 된 역설을 제시한다. 과학자가 기후 '모델'을 제시할 수는 있지만 그 모델에 어떤 투입물을 넣느냐(얼마나 온실가스를 배출하느냐) 하는 문제는 과학자가 아닌 국가와 시민들이 결정해야 하는 문제이기 때문이다. 그런 면에서 기후위기의 본질은 과학의 문제가 아니라 정치의 문제다.[158]
- 기후변화에 근본적 차원에서 적응하려는 정책—사회 전체의 변혁—은 이상적이기는 하지만 이행하기가 어렵고, 현 사회의 틀 내에서 이행할 수 있는 정책은 기후변화에 대한 근본 처방이 될 수 없다. 이것을 기후변화 '적응 정책의 역설'이라고 한다.[159]
- 마지막으로, 만일 민주 체제에서 시민들이 기후위기를 사활적인 공적 의제로 간주하지 않으면 기후위기에 대응하기가 어려워진다. 그렇다고 해서 대중의 '민주적 결정'에 반하는 권위주의적 방식으로 기후대응에 나서기도 어렵다. 이런 식의 '기후위기와 민주주의의 역설'을 극복해야 한다. 이 문제는 5부에서 다룰 것이다.

기후위기에 관한 다양한 역설은 기후변화의 다양한 측면에 내재된 모순성과 불확실성을 반영한다.[160] 이 책을 집필한 목적에는 이러한 역설들을 설명하고 극복하기 위한 노력을 소개하려는 의도도 포함되어 있다.

6장 세상의 맥락이 달라지는 위기

「안티고네」의 사회학적 독해

우리가 세상을 보는 방식은 주로 '설명적 줄거리'에 의존하고 있다. 설명적 줄거리에 따르면 어떤 한정된 장소와 시간의 '무대' 내에서 제한된 행위자들이 서로 영향을 주고받으며 사건을 진행시킨다.[161] 마치 매끈한 스토리라인을 가진 다큐, 혹은 고대 그리스 연극에 등장하는 비극적이면서 명징한 인과관계와 비슷한 구도다. 이때 한정된 시간과 공간, 행위자들의 바깥에 있는 여타 요소들은 마치 존재하지 않는 것처럼 취급된다. 이런 외부 요인들이 행위자들에게 직간접적 영향을 어떻게 미치는지 우리는 알지 못한다. 잘 드러나지 않기 때문이다. 최초로 인권의 자연법적 기원을 제시했다는 평을 듣는 소포클레스의 희곡 「안티고네」의 예를 들어보자.

> 오이디푸스의 두 아들인 에테오클레스와 폴리네이케스가 테베의 왕위를 공동 계승한다. 교대로 왕을 맡기로 한 약속을 에테오클레스가 깨버리자 폴리네이케스는 세력을 규합하여 테베로 쳐들어와 전쟁을 벌인다. 전투에

서 두 사람이 모두 죽는다.

새로 즉위한 크레온 왕은 에테오클레스는 명예롭게 매장하라고 했지만 폴리네이케스는 반역을 했다는 이유로 정식으로 장례를 치르지 못하게 하면서 누구라도 왕의 명을 어기면 사형에 처해질 것이라는 포고를 내린다. 두 오빠를 잃은 안티고네는 동생 이스메네의 반대를 무릅쓰고 폴리네이케스의 시신을 몰래 묻는다. 이 소식을 알게 된 크레온은 안티고네를 잡아들여 직접 국문을 하면서 왕의 법을 왜 따르지 않았느냐고 불같이 화를 낸다.

안티고네는 당당하게 대답한다. "한낱 인간에 불과한 존재가 천상의 원리를 어길 수 있다고 생각하지 않았습니다. 하늘의 법[자연법]은 오늘의 법도 어제의 법도 아니라 영원한 법이며 그것이 언제 생겼는지 아는 사람은 아무도 없습니다."[162]

크레온 왕은 안티고네를 생매장하라는 명령을 내린 후 마음을 바꿔 안티고네가 갇혀 있는 동굴에 찾아갔다가 그녀가 스스로 목을 매었음을 발견한다. 안티고네를 사랑했던 크레온의 아들 하이몬도 이 소식을 듣고 자결한다. 졸지에 아들을 잃은 하이몬의 어머니 에우리디케 역시 스스로 목숨을 끊는다.

「안티고네」는 그리스 고전 비극의 전형적인 구성으로 이루어져 있다. 성격적 특징과 결함을 지닌 인물들이 운명처럼 비극적인 결말을 향해 나아간다. 테베의 장로들로 이루어진 합창단을 빼면 극 중의 등장인물은 아홉 명밖에 없다. 잠깐 등장하는 감시 경비원과 전령들을 빼면 총 여섯 사람이 전체 이야기를 이끌어간다.

독자는 안티고네가 보여주는 고결하고 감연한 의지, 크레온으로 대표되는 충동적이고 잔인한 성정, 비극적인 운명으로 끝날 수밖에 없는 인간의 한계와 나약함을 통해 「안티고네」의 서사에 빠져든다. 여기서 중요한 점은 작품의 '설명적 줄거리'가 전개되는 방식이다. 몇 명 되지 않는 작중 인물들이 한정된 범위 내에서 운명이라는 실타래에 얽혀 서로에게 영향을 주는 식으로 이야기가 진행된다. 닫혀 있는 순환 시스템처럼 보인다.

그러나 만일 사회과학도라면 「안티고네」를 읽고 다음과 같은 질문을 던질 법하다. 크레온은 애당초 왜 폴레네이케스의 매장을 허락하지 않았는가, 그것이 고대 그리스에서 반역자에게 내리던 일반적인 형벌이었는가, 도시국가의 통치자는 자신의 정당성을 확보하기 위해 어떻게 통치했는가, 정치적, 제도적, 경제적 혹은 상징적 권력 행사 중 어떤 방식을 선호했는가, 안티고네의 자연법사상은 그의 머릿속에서 갑자기 떠오른 생각이었나, 그의 가치관을 형성한 양육과 교육이 어느 정도나 당대의 주류적인 패턴을 따랐던가, 고대 그리스 사회에서 제우스 신의 자연법과 인간 통치자의 세속법 원칙 사이에 어떤 긴장이 있었는가, 테베 외의 다른 도시국가들의 상황은 어떠했는가, 통치자의 권력남용을 제어하기 위해 하늘의 이치를 불러오는 방식을 활용한 선례는 없었는가, 임금의 자의적인 형벌 부과가 아니라 제도화된 사법절차는 없었는가 등등. 요컨대 등장인물들이 놓여 있는 역사적, 사회적, 정치적 조건을 따져보았을 것이다.

그리스비극을 해석하는 이 두 가지 방식을 통해 인간사를 해석하는 대표적인 두 가지 방식 사이의 인상적인 대비를 확인할 수는 있다. 한편으로, 전자와 같이 제한된 '무대' 내에서 개인들 사이의 상호작용을 통해 세상사가 돌아가는 '이치'를 파악하고 인생 '교훈'을 끌어내는 방식이 있다. 다른 한편으로, 후자처럼 역사와 사회가 개인에게 가하는 영향과 제약을 인정하면서 인과관계의 조건과 맥락을 따지는 방식이 있다.

후자의 방식에 따르면 작중 인물들은 관객들에게 잘 보이지 않지만 무대 안과 밖에 걸쳐 있는 어떤 맥락 속에서 생각하고 행동한다. 이런 경우 인과관계가 명확하게 드러나지 않을 수도 있고, 보통 사람의 상상력 바깥에 존재하기도 한다. 이처럼 무대의 안팎을 가로지르면서 작중 인물들의 선택과 행동에 영향을 주는 요소들의 상호작용을 '맥락'이라 할 수 있다.

맥락의 행간 읽기

맥락은 흔히 간접적이거나 눈에 잘 띄지 않는 방식으로 행위자들에게 영향을 주기 때문에 그것이 중요한데도 자주 경시되고 망각된다. 어떤 현상이 어떤 맥락에서 나타나는지를 따져보는 것이 그 현상을 입체적으로 이해할 수 있는 중요한 방법론이다. 맥락이 사라지면 인식은 우물 안 개구리가 된다.[163]

사회과학에서도 똑같은 말을 할 수 있다. 사회적 현상의 인과관계를 파악할 때 맥락의 분석이 얼마나 필요한지를 정치학자 찰스 틸리Charles Tilly와 로버트 구딘Robert E. Goodin은 다음과 같이 강조한다.

> 보통의 '설명적 줄거리'로는 인과관계를 제대로 파악하기가 대단히 어렵다. 설명적 줄거리는 행위자들, 행위, 원인, 그리고 결과를 극단적으로 단순화시키고 그것들을 마치 사물처럼 취급한다(물화). 또한 설명적 줄거리는 간접적 효과, 주변 여건의 영향, 점진적 변화, 인간의 실수, 예기치 못한 결과, 그리고 동시다발형의 인과적 관계를 무시한다.[164]

기후변화만큼 이런 통찰이 잘 적용될 수 있는 현상도 없을 것이다. 기후변화는 단일하고 통일되고 명확한 어떤 독립된 실체가 아니다. 태풍처럼 '급격한 개시sudden onset' 사건과, 여름이 더워지는 것과 같은 '완만한 개시slow onset' 사건이 병존하는 현상이다.

또한 직접적인 영향을 주고받는 인과관계의 변수들을 초월하는, 즉 인간이 생존하는 삶의 환경 자체를 변화시키는 맥락적 현상이다. 독립변수라기보다 선행변수, 조절변수, 매개변수에 가깝다. 예를 들어 기후변화는 현대문명이 의존하고 있는 네트워크 연결망의 작동을 직간접으로 비틀거나 약화할 수 있다. 코로나19 사태로 비대면 활동이 일상화되면서 인간 사회가 연결되는 맥락이 극적으로 변한 점이 대표적 사례다.

기후는 오랫동안 예상 가능한 수준 내에서 안정화되어 있었으므로 비교적 '당연시되던' 맥락적 요인이었다. 봄이 오면 벚꽃이 피고 여름이면 덥고 겨울이면 춥고 장마철이면 비가 많이 오고, 태풍이 몰아치는 철이 거의 정해져 있었다. 안정된 기후의 일정한 범위 내에서 미시적 인과관계들이 작동했고, 사람들은 그런 맥락에 익숙해 있었다. 하지만 기후변화는 전혀 다른 차원의 맥락을 세상에 덮어씌웠다. 기존에 통하던 인과관계의 패턴과 세상의 리듬을 무너뜨리고 있다.

모든 영역을 가로지르는 범분야 이슈

그러나 맥락이라는 것을 구체적으로 파악하기 어렵기 때문에 사람들은 웬만큼 섬세한 관찰력을 동원하지 않는 이상 기후위기의 한복판에 있어도 그것을 기후위기의 징후로 받아들이지 못한다. 기후위기가 아닌, 다른 어떤 그럴듯한 '설명적 줄거리'로도 얼마든지 해석이 가능하기 때문이다. 쉽게 납득이 되고 쉽게 활용할 수 있는 설명적 줄거리가 많이 있는데 왜 굳이 추상적이고 멀게만 느껴지는 기후변화를 가져오려 하겠는가?

평균인의 감각으로 사람의 건강에 영향을 주는 온도, 습도, 해충, 절기의 변화를 곧바로 기후변화와 연결시키기는 어렵다.[165] 생활 속의 작은 경험들을 일일이 기후변화와 연결시키기란 더더욱 어렵다.

예를 들어보자. 동네 마트에 장을 보러 갔다가 가격표를 보고 놀란다, 강설량 부족으로 스키 여행이 취소됐다는 전화를 받는다, 승용차 유리창에 부딪치는 나방이 전에 비해 많이 줄었다, 프리미어 커피 가격이 또 올랐다, 수돗물에서 유충이 나온다, 아이의 아토피피부염이 도무지 낫지 않는다, 여름에 나오던 벌레들이 겨울에도 눈에 띈다, 백두대간의 침엽수들이 말라 죽어간다는 뉴스를 본다.[166]

이런 경험을 하면서 기후위기의 심각성을 곧바로 떠올리는 사람이 얼마나 될까? 설령 있다 하더라도 그것을 온실가스 감축과 연결시켜 분노를 느끼는 사람이 얼마나 많을까? 어떤 사건의 직접적 가해자에게 분노하기는 쉽다. 하지만 어떤 나쁜 행위의 '맥락'에 분노하기란 쉽지 않다. 이런 점이 기후변화를 참으로 풀기 어려운 문제로 만든다. 기후전문가 조천호는 이 점을 다음과 같이 정확하게 지적한다.

> 기후변화는 독립적인 쟁점이 아니다. **이는 인류가 직면한 다른 주요한 문제의 맥락에서 인식되어야만 한다.** (…) 기후문제의 복잡성은 우리 삶의 모든 면에 적용된다. 이는 단순하게 개별적인 위험 때문에 발생하는 것이 아니라 위험이 더해질 때마다 피해가 비선형적으로 증폭되는 '퍼펙트 스톰Perfect Storm'으로 나타난다. 기후변화는 오랜 기간에 걸쳐 서서히 다가오지만, 어느 순간 다른 문제들과 합쳐 극단적으로 나타날 수 있는 위험이다. 이 위기는 대증적對症的 차원으로는 해결할 수 없고 반드시 미리 대비하는 국가 전략적인 복합 해법이 필요하다.[167]

기후변화는 이런 특성 때문에 흔히 '가로지르는cross-cutting' 문제, 즉 범분야 이슈 혹은 공통 이슈라 불린다. 기후위기의 특징 중 하나인 산불의 예를 보자. 산불 대책에 직접 관련이 있는 공식 기구만 꼽아보아도 다음과 같다.[168] 국무조정실, 행정안전부, 소방청, 국방부, 육군, 공군, 해군 본부, 농림축산식품부, 농촌진흥청, 과학기술정보통신부, 우정사업본부, 환경부, 한국환경공단, 문화체육관광부, 경찰청, 문화재청, 기상청, 국립공원공단, 방송국, 방송통신위원회, 한국전력공사, 한국도로공사, 한국철도공사.

이처럼 기후변화를 제대로 이해하고 그것에 대처하기 위해서는 인간의 모든 활동 분야에 가로지르기 식으로 나타나는 맥락의 변화를 기억해야 한다. 기후변화를 '환경' 이슈로만 접근하는 것은 문제의 본질을 잘못 파악한 오류다.

할리우드식 기후위기 묘사를 넘어서

여기서 기후변화의 맥락성과 관련하여 다시 생각해볼 점이 있다. 우리가 기후위기를 지나치게 고정된 방식, 즉 극적이고 가시적이고 끔찍한 디스토피아의 이미지로만 상상하는 경향은 없는가? 이런 경향은 흔히 기후변화의 맥락적 특성에 대해 생태적 상상력이 부족할 때 발생하곤 한다. 기후학자 윌 홉스Will Hobbs의 말을 들어보자.

> 종종 기후변화 문제는 이것이냐 저것이냐 하는 식으로 프레임되어 우리의 이목을 끌곤 한다. 완전히 파국적인 세상 종말이 오거나, 아니면 아무 문제 없거나, 둘 중 하나일 것이라고 생각한다. (…) 그러나 기후변화 때문에 세

상이 할리우드 영화처럼 갑자기 묵시록과 같이 변할 가능성은 거의 없다. 도처에서, 은밀하게, 긴가민가하면서, 세상 거의 모든 것에 영향을 끼치는 것이 기후변화라고 생각하면 아마 가장 확실할 것이다. (…) 우리는 '최후의 심판날doomsday'을 걱정하기보다 '현재의 보통날everyday'을 생각할 필요가 있다.[169]

바로 이런 이유 때문에 사회학적 상상력과 생태적 상상력 그리고 클라이파이와 같은 문학적 상상력이 만나야 한다. 기후의 맥락적 특성을 감안한다면 디스토피아식의 황량한 종말적 세상 묘사는 오히려 정확한 현실 인식에 방해가 될 수 있다. 이 책을 읽는 '현생 독자'들이 살아생전에 여러 형태의 기후위기 재난—바이러스 사태도 그중 하나—을 경험할 가능성이 높지만, 인류의 물리적 종말을 맞을 가능성은 크지 않다.

기후위기는 소행성 충돌이나 핵전쟁처럼 싹쓸이하듯 오지 않는다. 인간의 사회적 고통은 엄청나게 늘어났고, 분명 심각한 상황이기는 한데 어쨌든 세상은 돌아가는, 그러면서도 문제의 근본 처방을 내리지는 못하는, 어정쩡하고 힘겨운 상태의 연속, 이것이 앞으로 다가올 기후위기의 일상적 풍경일 가능성이 높다.[170]

이런 점을 묘사한 이수경의 소설 「자연사박물관」을 보자. 여름철에 매미가 많아진다. 자고 일어나면 방구석에 벌레들이 뒤집힌 채 죽어 있다. 남편은 노동조합 활동을 하려다 해고되었다. 적금과 보험을 깨고 아내가 비정규직 상담직원으로 버는 박봉으로 식구들이 근근이 살아간다. 어느 날 아이 머리에서 검은 머릿니가 나오기 시작한다. 겨울이 너무 따뜻해진 데다 빈곤 지역이어서 여성들이 일하러 나가는 것과 관련이 있지 않을까, 하는 대사가 나온다. "머릿니가 퍼지기 시작한 것은 이상기후와 가난한 동

네의 여자들 때문"이라고 아내는 짐작한다.[171]

그런데 이런 현실을 뒤집어 보면, 사람들은 극적인 어떤 재앙이 '확실히' 닥치지 않는 한, 그리고 기후위기가 생활 속의 불편과 징후로만 감지되는 한, 기후위기에 서둘러 대응하지 않을 가능성이 높다. 목전에 닥친 직접적인 위험에 대해서는 그렇게 걱정하면서도 확률적 개연성과 추세적인 위험에 대해서는 별로 걱정하지 않는 태도가 기후위기를 풀기 어렵게 만드는 원인 중 하나다.

하지만 변화의 조짐이 없는 것은 아니다. 코로나19 사태 와중에 기후위기라는 근본 원인을 따져야 한다는 주장이 나오기 시작했다. 언론인 박기용은 다음과 같이 지적한다.

> 이번 사태의 근본 원인은 기후위기와 맞닿아 있다. (…) 지구 기후변화가 초래되면 상황은 더 심각해진다. 시베리아 영구동토층에 묻혀 있던 고대 박테리아와 바이러스가 깨어난다. 이 때문에 사태의 근본적인 처방은 기후위기 대응이어야 한다.[172]

결론적으로, 단선적 인과론을 기후변화에 곧바로 적용시킬 수 있는 사례보다 그러지 않은 사례가 훨씬 더 많다. 기후변화로 모든 변화를 설명하려는 결정론에 빠져서는 안 된다. 기후변화는 그것보다 더 미묘하고 다양한 해석이 열려 있는 방식으로, 그러나 여러 면에서 리스크를 극히 높이는 방식으로, 세상의 맥락을 바꾸고 있다. 세상은 더 이상 우리가 알던 어제의 익숙한 세상이 아니다. 기후변화는 맥락의 변화이고, 기후위기는 맥락의 위기이며, 맥락의 위기는 인간이 세상을 이해하는 전제를 뒤집어놓을, 아주 낯설고 불확실한 상황을 창조한다.

7장 인권으로 돌파구를 찾아야 할 위기

칸막이로 나뉜 세상

오랫동안 기후문제는 기후재난, 폭염, 해수면 상승, 북극곰과 같은 서사로 다루어져왔다. 기후위기는 거의 100퍼센트 '환경' 분야의 문제로 프레임되었다. 그러나 기후위기는 인간이 초래했고 인간에게 막대한 피해를 주는 인권문제이기도 하다. 기후위기를 인권문제로 다룬다는 말은 기후위기를 대하는 서사구조가 달라진다는 뜻이다.

기후변화의 통상적 서사는 이렇다. '인위적 온실가스가 기후위기를 초래했으므로 각국은 온실가스 감축을 시행해야 한다.' 한편 인권의 통상적 서사는 이렇다. '정부나 기업이 시민들의 권리를 침해하면 그들의 책임을 묻고 정의를 세워야 한다.'

기후변화를 주로 환경문제로 생각해온 사람이라면 '기후와 인권'의 조합이 다소 생소하게 들릴 것이다. 세상을 부문별로 나누는 구획화의 관행과 관성이 크게 작용하기 때문이다. 사회문제를 상상하는 방식 자체가 환경, 교육, 여성, 노동, 장애, 인권…… 이렇게 칸막이로 나뉘어 있다.

특정한 문제가 어떤 '장field' 내에서 관련 당사자, 기관, 전문가, 이해관계자, 시민사회운동 조직 등이 모여 있는 '쟁점 영역'으로 진화하면 그 영역 내에 독특한 '인식공동체'가 형성된다.[173] 그 후 이들 문제 영역을 규율하는 각각의 제도와 법과 관행이 합쳐진 '레짐'까지 만들어지면 그 영역은 거대한 하나의 왕국처럼 독립한다. 기후변화도 이런 진화 과정을 거쳐 글로벌한 기후레짐이 만들어지기에 이르렀다. 그러니 기후변화라고 하면 당연히 기후와 환경과 과학의 전문 영역이라고 단정하는 고정관념—강력하지만 크나큰 오류—이 생겼다.[174]

그러나 앞에서 강조했듯 기후변화는 특정 영역의 문제라기보다 지구 전체와 인간 사회의 모든 측면에 영향을 주는 포괄적 조건과 같은 것이다. 그렇다면 기후위기가 초래하는 각종 악영향을 환경에서만 해결할 수는 없다. 모든 분야에서 기후위기에 관심을 기울이고 개입해야 한다.

보통 사람들이 기후변화를 '인간화'하여 자신의 문제로 느끼게 하기 위해서는 일단 인권의 문으로 진입하는 것이 여러모로 도움이 된다. 물론 기후위기를 인권으로만 다룰 수는 없다. 하지만 인권적 관점 없이 기후위기를 다루면 매우 불충분해진다. 이 장에서는 기후변화를 인권문제로 보려고 할 때 필요한 관점과 기후위기를 인권으로 접근할 때의 장점을 간략히 설명한다. 인권이 기후위기에 관여하게 된 배경은 3부에서 자세히 설명할 것이다.

기후위기의 인권감수성이란

기후위기를 인권문제로 보려면 그 전제로서 '기후-인권 감수성'이 필요하다. 기후변화에 관심이 없다면 그것을 인권문제로 볼 수도 없으니 우선 기후위기의 심각성을 인정해야 한다. 기후위기의 심각성을 인정하더라도 그것을 '인권'문제로 인식하여 국가와 기업에 책임을 물으려면 그들의 행위에 대해 공분公憤을 느낄 수 있어야 한다. 이 점이 중요하다.

우리는 인간의 잘못으로 발생한 재난 즉 '인재人災'로 피해를 입으면 '불의'의 결과라고 생각하고 그 책임을 물으려 한다. 그러나 자연적으로 발생한 재난 즉 '천재天災'로 피해를 입으면 흔히 '불운'의 결과라고만 생각한다. 딱히 누구에게 책임을 물을 수 있을지 잘 모른다.

기후변화를 인권문제로 본다는 말은, 기후위기 피해를 더 이상 천재에 의한 불운으로 보지 않고, 인재에 의한 불의로 본다는 뜻이다. 보통의 인권침해 사건에서 우리는 불의한 가해자에 분노하고 그의 책임을 물으려 한다. 그런데 기후변화에서 가해자에 해당하는 국가와 기업에 대해 책임을 물으려면 기후문제를 시스템적 정의의 관점에서 볼 줄 아는 눈이 필요하다. 보통의 인권 사건에서 표출되는 일차적 분노를 넘어 구조적 차원에서 분노할 줄 알아야 한다. 기후변화로 인한 폭염과 태풍과 바이러스 창궐에 대해 정부의 '사후' 대응만 성토할 것이 아니라, 온실가스 배출에 대한 '사전' 책임을 추궁할 수 있어야 한다.

후속 조치가 잘못된 것에 대해 인권의 이름으로 책임을 묻기는 비교적 용이하다. 코로나19 사태에서 개인 사생활 보호를 강조하기는 쉽다. 그러나 애초에 코로나19와 기후위기를 발생시킨 근본 원인, 즉 환경파괴와 온실가스 배출 자체에 대한 책임을 묻는 것이 더 중요하다.

다시 말해 온실가스 배출이 인권유린 행위임을 인식하고, 인권의 이름으로 온실가스 감축을 국가와 기업에 '명령'할 수 있어야 하는 것이다. 개별적 공정성의 요구를 넘어 구조적 공정성에 대한 요구로 분노가 확장되어야 한다. 그런 시각을 가지려면 보통의 인권감수성이 아닌 기후-인권

감수성 그리고 구조적 불의를 미워하는 사회과학적 인권감수성이 필요하다.[175]

마지막으로, 거대 가해자의 책임을 묻고 탄소 의존형 시스템에서 빠져나오려면 보통 사람들의 의식-행동의 변화와 의지도 필요하다. 익숙한 편리함과 결별하겠다는 지향, 체제 전환에 따르는 혼란과 리스크를 감당하겠다는 의지. 탄소 체제를 조금이라도 더 연명시키려는 기득권 세력의 감언이설을 꿰뚫어 보는 눈이 있어야 한다. 따라서 기후위기를 인권으로 다루려면 개인의 권리의식만으로는 부족하고 민주시민으로서 사회를 보는 의식과 태도도 필요하다.

인권으로 기후위기를 보는 장점

그렇다면 기후변화에 인권담론을 활용하면 어떤 장점이 있는가?[176]

첫째, 앞에서 본 것처럼 인권은 잘못된 불의에 공분을 느끼는 정의감에 기반한다. 이런 정의 의식을 기후위기 해결의 에너지로 활용할 수 있으면 큰 도움이 된다.

둘째, 인권의 렌즈로 기후변화를 바라보면 인간 개개인에 초점을 맞출 수 있다. 그렇게 되면 살아 있는 인간에게 미치는 생생한 피해를 강조할 수 있어서 기후변화에 무관심한 대중에게 기후문제를 자신의 문제로 자각하게 만드는 메시지를 전달하는 것이 가능해진다. 기후변화를 '인간화'하는 데 있어 인권은 대단히 효과적인 수단이 된다.[177]

셋째, 인권은 국가의 '정치적 책무성'을 강조한다. 민주주의 체제에서 권력을 수임받는 정부가 자신의 정치적 책임과 의무를 다해야 한다는 원칙이 정치적 책무성의 핵심이다. 어떤 문제가 인권침해로 규정되는 순간 사회계약적 차원에서 국가의 책임과 의무를 물을 수 있게 된다.

넷째, 인권은 보편적인 법적 보장책이므로 일단 확정되면 원칙적으로 협상 대상이 아니다. 일상적인 정치적 타협을 초월하여 존재하는 규범의 지위를 갖게 된다. 기후변화를 인권문제로 재개념화하면 기후협약의 협상 결과와 관계없이 온실가스 배출 국가들은 (나라마다 정도의 차이가 있겠지만) 자신의 행위를 단순한 정책 선택이 아닌 인권보호 차원의 문제로서 절대적으로 지켜야 할 의무가 생긴다.

한 가지 의문이 생긴다. 인권과 '좋은 정책' 사이에 어떤 차이가 있는가? '좋은' 공공재로서 기후대책을 실천하면 되는 것이지 굳이 인권으로까지 생각할 필요가 있는가? 인권사회학자 마크 프레초Mark Frezzo는 다음과 같은 이유 때문에 둘 사이에 근본적인 차이가 있다고 설명한다.

"'인권'은 정부가 최선을 다해 실행하여 결실을 거둘 의무를 전제로 하지만, 공공재는 정치적 환경과 이념적 분위기가 변하면 확장되거나 축소될 수" 있기 때문이고, 어떤 "프로그램을 인권의 실행이라고 말하는 순간 그 프로그램은 그것과 유사한 조치 또는 그보다 더 나은 조치로 대체하지 않는 한 철폐할 수 없다는 뜻"이 되기 때문이다.[178]

다섯째, 기후문제에 인권정신을 적용시키면 기후변화에 책임이 제일 적으면서도 불공평하게 가장 많은 피해를 당하는 사람들의 목소리를 대변하기가 훨씬 수월해진다. 인권으로써 이들을 자력화하고 당당히 요구의 목소리를 낼 수 있는 근거를 만들 수 있기 때문이다.

여섯째, 기후변화의 논의를 개개인의 차원으로 내려오게 하면 국제 협상의 장을 좀 더 평등하게 만들 수 있다. 기후협상의 장은 강대국들의 경제적 이익 동기에 좌우되는 기울어진 운동장이나 다름없다. 개도국 국민들의 생명도 선진국 국민들의 그것과 마찬가지로 똑같이 소중하다는 인권 논리로써 기후협상을 압박할 수 있는 여지가 생긴다.

일곱째, 국가가 기후변화와 관련한 인권의무를 준수하게끔 만드는 새로운 법적·규범적 논의의 장을 제공할 수 있다. 인권이 국가의 마인드를 바꾸도록 유도할 수 있다는 뜻이다. 유엔 인권최고대표사무소에서 활동하던 강경화는 이 점을 다음과 같이 역설한 적이 있다. "인권은 법적인 명령만 부과하는 것이 아니라, 사람들이 함께 협상하여 행동에 나서도록 고무할 수 있는, 일련의 국제적으로 합의된 가치를 제공해주는 장점이 있다."[179]

마지막으로, 어떤 사안을 '인권'으로 접근하면 사람들의 '포부'가 높아지는 효과가 발생한다, 지역사회의 참여를 독려하고 '힘을 합치면 할 수 있다'는 메시지를 전달할 수 있으며, 평소에 무시되고 목소리를 내지 못했던 힘없는 집단들에게 용기를 줄 수 있다. 토착민, 빈곤층, 해수면 상승으로 국토 상실과 무국적자 양산의 위협에 절망하고 있을 작은 섬나라 주민들을 북돋울 수 있다.

인권적 접근 vs. 환경적 접근

앞에서 인권담론의 장점을 살펴보았고, 지금부터는 기후문제를 인권으로 접근하면 환경의 관점에서 접근하는 것과 어떤 차이가 나는지, 그 함의가 무엇인지를 알아보도록 하겠다.[180] 인권과 환경이 역사적으로 워낙 서로 다른 레짐으로 발전해왔으므로 둘 사이를 잇는 공통의 정의 관념을 설정하기 어렵다는 점을 우선 기억해야 한다.[181] 기후행동에 인권적 차원을 넣자고 하는 것은 단순히 듣기 좋으라고 하는 소리가 아니다. 기후위기를 인권문제로 봐야 한다고 믿는 사람들조차 이 점을 간과하기 쉬우므로 이 자리에서 확실히 해둘 필요가 있다.

우선, 인권은 본질적으로 침해할 수 없는 기본 가치에 속하므로 기후위기로 침해되는 인권—예컨대 생명권, 건강권, 생계권 등—을 최우선으로 다뤄야 한다는 우선순위의 함의가 발생한다. 이 점은 3부에서 상세히 설명한다.

둘째, 기후위기가 어떤 인권을 침해한다고 판명되면 비용과 편익을 따지는 식의 접근을 취해서는 안 된다는 함의가 발생한다. 예를 들어 피의자를 고문해서 죄를 자백받을 수 있으리라는 기대를 하고 고문의 효과와 비용을 따져본 후 고문 여부를 결정할 수는 없지 않은가? 마찬가지로 기후위기로 인권이 침해된다면 온실가스 감축과 적응에 따른 비용-편익 분석 따위로 문제에 접근해서는 안 된다. 인권을 유린하지 않으려면 무조건 감축을 해야 한다. 아마 기후위기를 걱정하는 사람들조차 인권이 이 정도로 완강한 입장을 취하는 것에 대해 생소하게 느끼거나 거부감을 가질지도 모르겠다. 그러나 그렇게 받아들인다면 인권을 잘못 알고 있는 것이다. '인권'은 원칙의 차원에서 확고한 규범성을 강조하는 담론임을 기억해야 한다.

셋째, 기후위기를 다루는 두 가지 축인 감축과 적응 외에 '보상'이라는 축이 포함되어야 하는 함의가 발생한다. 인권이 침해당하면 법적 구제와 배·보상을 받게 되어 있다. 마찬가지로 기후위기가 인권을 침해하는 것으로 판명이 나면 그것의 결과에 대한 보상 문제를 기후대응에 어떤 식으로든 포함시켜야 한다.

넷째, 단순히 보상으로 해결할 수 없는 인권침해에 대해서는 처음부터 그런 행위를 하지 말아야 하는 함의가 발생한다. 예를 들어 사람을 죽인 후 돈으로 보상해주면 된다는 식의 '홍정식trade-off' 발상을 형법의 기본 전제로 삼을 수는 없다. 마찬가지로 온실가스 배출이 심각한 인권유린을 발생시킨다는 점을 인지하면서도 나중에 적당히 보상해주면 된다는 식의 홍정식 발상을 기후정책의 기본 전제로 삼을 수는 없다.

마지막으로, 기후문제를 인권으로 접근하게 되면 기후문제에 대응하려는 노력에 있어서 이차적 인권침해가 발생하지 않도록 주의해야 할 함의가 발생한다. 예를 들어 기후위기에 대응하기 위해 에너지 전환 정책을 시행할 때 노동자나 지역사회 빈곤층에게 인권침해가 발생하지 않도록 해야 할 의무가 국가와 기업에 발생한다. 이 점은 '정의로운 전환'을 다루는 4부에서 설명할 것이다.

지금까지 기후위기가 어떤 성격의 위기인지를 다루었다. 기후변화보다 기후위기라는 말이 문제의 긴박성을 더욱 잘 표현하는 것은 사실이다. 그러나 위기니 비상이니 하는 표현은 어디까지나 '정상'을 전제로 한 상대적인 표현일 뿐이다. 기후가 비교적 안정되어 있던, 이른바 '정상' 시대를 기억하는 사람들에게 적용되는 표현일 따름이다. 인류세를 맞아 앞으로는 '장기적 비상 상황'이 정상이 될 가능성이 높아졌다.[182]

3부와 4부에서는 이런 상황에 대처할 수 있는 방안을 알아볼 것이다. 그에 앞서 우선 2부에서는 기후위기를 촉발시킨 책임을 어디에서 찾아야 할지, 그리고 기후대응이 어려운 이유가 무엇인지를 따져보려 한다.

2부

재난은 약자의 몫이 될 수 없다

누구 책임이며 왜 풀기 어려운가

지구고온화는 우리 시대의
가장 큰 시장 실패 사례다.
니컬러스 스턴Nicholas Stern

기후변화에는 범죄 현장이 따로 없다.
지구 전체가 범죄 현장이다.
개빈 슈미트Gavin A. Schmidt

기후위기는 누가 일으켰는가? 인간의 자연스러운 발전 과정에서 뜻하지 않게 발생한 현상인가? 아니면 인과관계가 너무 복잡한 현상이어서 정확한 원인을 따지는 것 자체가 무리한 일인가?

이 문제를 놓고 나사NASA 고더드우주연구소의 개빈 슈미트 소장이 「과학자들이 기후변화 사건의 진범을 어떻게 찾았나」라는 글을 썼다.[183] 형사들이 범죄 현장을 누비며 사건의 진범을 찾듯이 과학자들이 기후변화의 '주범'을 찾아 나선 '수사' 과정을 다룬 이야기다. 여러 '용의자'들이 드러난다. 태양흑점 주기 변동, 화산 폭발, 지구 자전축 변화, 대륙 이동, 지표면 변화, 대기권 성분 변화, 해류 순환 이상, 소행성 충돌 등등. 과학자들은 모든 증거를 종합하고 법의학적 검토를 거친 다음 마침내 '호모사피엔스'가 배출한 온실가스가 기후변화의 원인임을 밝힌다. 기사는 "결국 인간 모두가 범인이었다"라는 결론으로 끝난다.

그런데 이 결론은 정확하지만 오해의 소지가 있다. 형식논리로는 맞지만 기후위기의 책임을 희석시킬 수 있기 때문이다. 모두에게 책임이 있다면 누구에게도 책임이 없다는 말이나 마찬가지다. 기후위기를 정확히 이해하기 위해서 이 사태의 책임이 누구에게 있는지를 확인해야 한다.[184] 책임 소재가 어디에 있는지, 어떤 장애물 때문에 기후행동이 제한되는지를 찾으면 그것을 극복할 수 있는 방법도 찾을 수 있다.

2부에서는 기후위기의 책임이 누구에게 있는지, 그리고 기후행동을 취하기가 왜 어려운지를 묻는다. 시스템 차원에서 보자면 탄소 자본주의를 가장 유력한 책임 주체로 꼽을 수 있다. 그러나 여기서는 중상주의를 포함한 식민 지배 시기의 개발주의, 제국주의의 전 세계적 팽창, 법적 관할권을 유지하면서 자본주의를 국익 경쟁의 도구로 운영했던 국가들, 화석연료 기업들, 탄소 집약형 군사 활동, 신자유주의적 지구화 등 책임 소재를 세분화하여 설명할 것이다.

화석에너지 사용에 대해 전적으로 책임이 있거나, 완전무결하게 책임이 없는 개인이나 조직은 없다. 그러므로 여기서 말하는 책임 소재란 절대적 책임이 아니라 상대적 비중, 역사적 활동, 구조적 영향력의 차이를 감안한 책임을 뜻한다.

8장 기후위기의 식민 지배적 기원

인간과 기후의 상호작용

기후변화는 지질 역사에서 여러 번 발생했던 현상이다. 현재 문제가 되어 있는 산업혁명-기후위기 시대 이전에도 역사 속에서 기후, 날씨, 인간은 서로 영향을 주고받아왔다. 이준호의 연구에 따르면 조선시대의 기후변동 패턴과 전염병 사이에 강한 상관관계가 있었다고 한다.[185] '조선왕조실록'에는 온역瘟疫 25건, 역병疫病 26건, 질역疾疫 22건, 여질癘疾 15건, 역려疫癘 22건, 역기疫氣 7건, 역질疫疾 253건, 여역癘疫 408건, 역疫 785건 등 중복된 사건을 제외하고 총 1,455건의 전염병이 수록되어 있다.

조선시대를 통틀어 1511~1560년, 1641~1740년, 1781~1850년 등에 소빙하기적 징후에 의해 이상기상과 이상기후 현상이 발생했다. 이로 인해 따뜻한 겨울, 파종기 강우량 변동, 추운 봄가을이 이어지면서 전염병이 창궐하기 좋은 조건을 만들었다. 이상기후 중에서도 강수량에 따른 가뭄과 홍수 등 '건습 변동성'이 전염병과 가장 밀접한 상관관계를 가졌다. 그 뒤를 이어 큰바람, 수재, 우박, 폭풍우, 한랭 순으로 전염병과 관련이 있었다. 당시에도 기후와 전염병 간의 상관관계를 명확히 인지하고 있었다. 예를 들어, '숙종실록' 숙종 45년(1719) 1월 6일자 기사에는 "…… 몇 년 동안 수재水災와 한재旱災로 기근과 역병疫病이 유행하고……"와 같은 서술이 나온다.[186]

현재 기후위기 이전에도 인간의 활동이 기후에 직접 영향을 끼친 적이 있다. 서구인들이 1492년 아메리카 대륙에 처음 도착한 후 전 지구적으로 기온이 '떨어지는' 사건이 발생했다.[187] 원래 아메리카 대륙에 살던 토착민은 약 6,050만 명 정도, 이들의 1인당 토지 사용 면적은 평균 1.04 헥타르로 추산된다. 잘 알려진 것처럼 유럽인들이 아메리카로 옮긴 각종 질병으로 1세기 만에 토착 인구의 90퍼센트 이상인 5,450만 명이 죽었다.

역사가들은 이것을 '대절멸Great Dying' 사건이라고 부른다. 이렇게 많은 인구가 단기간에 소멸되는 바람에 약 558만 헥타르의 경작지가 버려진 땅이 되었다. 오래지 않아 그 자리에 자연 산림이 들어섰다. 그러면서 대기 중의 이산화탄소가 대량으로 흡수되어 17세기 초 전 세계 기온이 그 전에 비해 약 0.15도나 하강했다. 이 비극적 사건은 지구 기온이 인간 활동에 의해 얼마나 민감하게 영향을 받는지를 보여준다. 이 때문에 사이먼 루이스Simon L. Lewis와 마크 매슬린Mark M. Maslin은 1610년을 인류세가 본격적으로 시작된 원년으로 잡아야 한다고 주장하기도 한다.[188]

18세기 말 스코틀랜드의 제임스 와트는 그 전에 나왔던 장치들을 개선한 증기기관의 특허를 출원했다. 영국은 화석연료인 석탄으로 물을 끓여 엔진을 구동하는 에너지혁명 덕분에 1차 산업혁명의 선두 주자가 되었고, 세계의 공장으로서 오늘날 우리가 문명의 기준으로 당연시하는 산업적인 생산양식에 기반한 시대를 열었다.

이 모든 과정을 영국이 시작했으니 기후위기에 대해 영국 입장에서 역사적 참회와 청산이 필요하다는 목소리도 있다.[189] 그러나 혁신적 기술개발만으로 서구의 산업화가 순조롭게 진행된 것은 아니었다. 산업혁명은 서구에 의한 비서구권의 지배, 정복, 식민화와 병행하여 이루어졌다. 먼저 시작된 식민 지배와 그 뒤를 이은 산업혁명은 동전의 양면처럼 뗄 수 없이 연결되었다.

서구의 '발전'과 지속가능성의 약탈

서구가 비서구권을 정복하고 식민화한 시기는 우리가 흔히 경제개발 혹은 발전development이라고 부르는 과정과 함께 진행되었다. 서구에서 산업화된 경제가 확대되면서 식민지 주민들은 강제로 자원추출형 경제와 단일경작형 영농에 종사해야 했다.

사탕수수로 시작된 단일경작 영농은 커피, 차, 면화, 바나나, 고무, 담배 등의 환금작물 재배로 이어졌다. 플랜테이션 방식으로 단일작물을 집중 경작하면 몇 년 못 가서 토양의 질이 현저히 낮아졌다. 그러면 정복자들은 더욱 깊은 오지로 들어가 숲을 베어 내고 대규모 농장을 개간했다. 인도, 멕시코, 브라질, 앙골라, 모잠비크, 카나리아제도, 케이프베르데제도, 마데이라제도, 서인도제도, 가이아나, 말라야, 인도네시아 등지의 산림과 자연이 이런 식으로 사라졌다.[190]

이 과정에서 원시림 지역의 수많은 동식물종이 함께 사라졌다. 훗날 기후위기의 구조적 틀이 이때 이미 형성되었다. '생태학살'과 '토착민 학살'이 동시에 일어난 것이다. "세국의 생명은 생명의 박탈에 의존해 있었다."[191] 탈식민 이론가인 애슐리 도슨Ashley Dawson은 18세기 말에 카리브해의 농장주들이 환경악화와 기후변화—당시에는 '고갈'이라고 부른—를

걱정해야 할 정도가 되었다고 설명한다.[192]

서구가 비서구권의 자연환경을 대규모로 파괴하고 약탈함으로써 인간계와 자연계를 통합적 관점에서 이해해온 비서구권의 '생태적 지속가능성'이 회복 불능 상태에 빠졌다. 자원 수탈과 자연 수탈이 함께 일어나는 과정에서 비서구권의 토지, 물, 재배품종 등 천연자원은 원래 그것이 지니던 복합적 재생능력과 생태적 상호 의존성의 특징을 철저히 부정당하고, 오로지 서구 산업화에 필요한 경제적 범주로서의 가치만 인정받았다.

국제발전 전문가인 필립 맥마이클Philip McMichael은 자연 자원을 남용하면 에너지 낭비, 생태계 역량 소진, 지속가능성 파괴 등이 올 수 있는데도 식민 지배 당시의 분업 구도에서는 환경파괴적인 과도한 수확을 기본으로 전제했다고 비판한다.[193]

비서구권의 자연환경을 대규모로 파괴해버렸으니 그 후 전 지구적 경제개발의 열풍 속에서 다량으로 배출된 온실가스가 숲이나 토양으로 흡수되지 못하고 대기에 남아 있게 되는 것은 당연한 결과였다.[194]

비서구권이 선진국에 대해 지속가능성을 '수출'하는 관행은 지금도 이어지고 있다. 예를 들어 2008년 전 세계에서 추출된 천연자원의 40퍼센트 이상이 일본, 영국, 미국으로 팔려 갔다. 이른바 '자원 집약 경제의 외부화'가 여전히 지속되고 있다.[195] 이런 식의 '생태 부채'가 비서구 개도국 주민들의 경제적, 사회적, 문화적 삶을 오늘날까지도 불공평하게 짓누르는 주요 원인이 되었다.[196]

서구 식민 지배의 반생태적 성격

서구는 비서구권에 진출하기 시작했을 때부터 기후를 식민 지배를 위한 중요한 고려 대상으로 삼았다. 제국주의자들은 식민지의 기후가 주민들의 인종적 특징, 전통과 습속, 질병과 보건, 농업생산에 크게 영향을 끼친다고 생각했다. 열대지방 사람들이 고온다습한 날씨 탓에 게으르고 열등한 천성을 갖게 되었다는 식의 기후인종주의 또는 기후결정론이 과학적 상식처럼 통용되었다.

비서구권의 기후를 양면적으로 이해하는 경향도 생겼다. 한편으로, '거칠고 야만적인' 토착민을 '문명화'시킬 필요가 있는 것처럼, 기후 역시 인간의 힘으로 다스릴 필요가 있다고 생각했다. 열대우림을 베어 내고 그 자리에 거대 플랜테이션을 개발해야 기후를 길들일 수 있다고 믿었다. 따라서 '기후의 순치'가 유럽 제국주의의 핵심적 지배 전략의 하나가 되었다.

다른 한편으로, '기후 오리엔탈리즘'도 등장했다. 미지의 땅에 끝없이 펼쳐진 원시림은 유럽의 인위적인 문명과 대비되는 신비로움, 순진무구, 이국성을 각인시키는 증거로 간주되었다. 서구 사회의 위선적이고 이중적인 문명에 염증을 느낀 사람들이 식민지의 기후와 자연에서 인간의 원초적 조건을 찾으려 했다.[197]

17세기 말에 등장한 자유주의 소유권 이념도 비서구권의 자연환경을 상업 활동의 대상으로 전환하는 데 큰 역할을 했다.[198] 조물주가 창조한 자연 대지는 원래 주인이 따로 없는 모든 이의 공유지였지만 어떤 개인이 자신의 노동을 자연에 '섞으면' 그때부터 그 땅에 대한 소유권이 생긴다고 한 존 로크의 주장이 서구 제국주의자들에게 큰 영향을 끼쳤다.

로크의 주장을 열렬히 받아들인 서구인들의 눈에는 대지를 과잉으로 개발하지 않는 비서구인의 생활양식이 소유권을 스스로 포기한 나태와 무지의 표징으로 생각되었을 것이다. 1876년 프리드리히 엥겔스는 서구인들이 식민지의 자연을 어떤 식으로 착취했는지, 그리고 그것이 어떤 결과를 낳았는지를 생생하게 묘사하는 글을 남겼다.

> 개별 자본가들이 빨리 수익을 올리기 위한 생산-교환 활동에 몰두할 때, 이들은 가장 가깝고 즉각적인 결과만을 염두에 둔다. 쿠바에서 농사를 짓는 스페인 농장주들은 산비탈의 숲을 불태운 자리에 커피나무를 심을 때 잿더미에서 나온 비료로 한 세대 동안 넉넉히 커피를 소출할 수 있느냐 하는 점만 따진다. 하지만 외부로 노출된 토양의 표층은 열대지방의 폭우에 쉽게 휩쓸려 나가고 그 자리에는 앙상한 바위만 드러난다! 사회도 마찬가지이지만 자연과의 관계에서도 작금의 생산양식은 금방 성과를 낼 수 있는 눈앞의 이익에만 매달리는 경향이 있다. 그렇게 해놓고서 자신들의 행동으로부터 예기치 않은 결과가 나오거나, 심지어 정반대되는 결과가 초래되면 이들은 대단히 놀라곤 한다.[199]

제국주의 유산의 그림자

역사학자 에릭 홉스봄Eric Hobsbawm에 따르면 제국주의 시대의 세계경제는 이전 시대에 비해 질적, 양적으로 엄청난 변화상을 보였다. 세계경제가 지리적으로 급팽창하고 개발이 다원화되었다. 금융과 무역과 해운의 물동량이 기하급수적으로 늘었다. 증기기관, 철강, 자본주의 기업의 구조와 양식 변화, 소비재 시장의 팽창, 3차 산업의 성장, 정치와 경제의 유착에 의한 제도적 경제활동 보장 등 경제활동의 범위와 강도가 유례없는 성장을 거듭했다.[200] 이는 당시에 화석연료 사용도 급속하게 팽창했음을 뜻하며,

실제로 화석연료 사용의 역사적 연구는 화석연료와 자본주의 성장 사이의 상관관계를 보여준다.[201]

식민 지배와 제국주의는 오늘날 전 세계 거의 모든 나라가 추구하는 경제개발의 보편적 레일을 깔아놓은 셈이 되었다. 식민 지배로부터 해방된 후에도 비서구 국가들은 서구적 개발 모델을 모방하면서 동시에 세계 경제 구조 내에 더욱 종속되었다. 법적, 정치적으로는 독립했지만 서구와의 경제적 관계는 쉽게 분리할 수 없었다.

탄소를 적게 배출하는 측에서 탄소를 과다하게 배출하는 측에 탄소 배출권을 판매할 수 있게 하는 탄소배출권 거래제, 그리고 선진국에서 탄소를 배출하는 대신 개도국에 대해 탄소를 흡수할 수 있는 메커니즘을 지원해주는 탄소 상쇄와 같은 제도는 탄소 경제활동으로 인해 발생한 위기를 탄소 경제의 논리로 대응하겠다는 가치관이 깔린 발상이다. 개도국의 경우 탄소 상쇄 제도를 통해 식목 사업을 하게 하면 물 부족, 일자리 부족, 불평등 악화 등의 부작용을 낳기 쉽다. 이렇게 되면 기후위기 때문에 이미 어려운 지역이 기후대응 조치 때문에 이차적으로 더 어려워지는, 이른바 '녹색 강탈green grabbing'이 일어날 수 있다.[202] 이 때문에 개도국에 대해 서구식 기후변화 조치를 강요하는 것은 '생태 제국주의'라는 비판도 나온다.[203]

이것을 '제국적 생활양식'의 확장과 좌절로 설명하기도 한다. 물질적 번영을 위한 생태적 비용을 남반구로 외부화하면서 발전해온 1세계 북반구의 '제국적 생활양식'은 처음에는 북반구의 자본가와 지배계층만의 전유물이었다. 그러나 북반구 내에서 노동 계층을 포함한 중산층까지 이런 생활수준을 누리게 되었고 나중에는 남반구에서도 '제국적 생활양식'을 선망하고 답습하게 되었다. 과거에는 북반구에서 남반구로 생태 비용을 외부화할 수 있었지만 전 지구적 자본주의 체제하에서 이제 남반구까지 이런 양식을 본받았으므로 외부화할 수 있는 '외부'가 사라졌고 이것이 현재 우리가 목격하는 기후위기, 생태위기의 근원이라는 것이다.[204]

예를 들어, 마흔 개 이상으로 이루어진 '작은 섬나라 개도국 그룹SIDS' 또는 '작은 섬나라동맹AOSIS'의 절반가량이 몰려 있는 카리브해 연안 도서 국가들을 보자.[205] 이들은 15세기 서구의 정복 이래 식민 본국과 피식민지의 불평등 경제 관계에 예속되어왔다. 20세기 후반에 채무 위기가 왔을 때 국제통화기금은 이들에게 경제 구조조정의 일환으로 당장 현금 수입을 올릴 수 있는 관광, 환금작물 재배, 양식업 등 신자유주의적 발전모델을 따르도록 강요했다. 그런데 이런 산업은 기후위기에 특히 취약하다는 공통점을 안고 있다. 그 결과 기후위기가 심각해진 오늘날 이 지역은 세계에서 기후재난의 피해를 가장 많이 겪게 되었다.

개도국 중에는 이처럼 제국주의와 식민주의의 유산으로 기후위기에 대응할 수 있는 사회적 조건이 애초부터 불리하게 구조화된 경우가 많다. 모든 인류가 그 안에서 생존과 생활을 해나가는 지구의 대기는 인류의 '공통 관심 사안'이다. 그런데 인류의 16퍼센트밖에 되지 않는 인구를 가진 북반구 선진국들이 '대기의 식민화'를 통해 온실가스를 함부로 배출하면서 개도국들도 함께 사용해야 할 대기환경을 미리 선점해버린 것이다.[206]

그러니 세계 모든 지역의 사회적 대비 상태, 재난 취약성, 회복력, 인프라 설비 등은 식민 지배 유산의 정도에 따라 많은 차이가 난다. 그런데 1.5도니 2도니 하는 하나의 전 세계적 단일 목표를 정해놓고 그 수치가 초과되면 '전 세계'가 위험에 빠진다고 하는 것은 일종의 기술관료적 보편주의에 입각한 목표 달성 논리다. 2015년의 「파리협정」이 기후레짐의 발전사에서 이정표가 되었지만 그것에 대한 비판도 만만찮은 이유가 바로 이 때문이다.

형편이 어려운 개도국들은 기후위기 대응에 동참하려 해도 그렇게 할 여력이 없는 경우가 태반이다.[207] 푸에르토리코, 미얀마, 아이티, 필리핀 등 이미 기후위기의 직격탄을 맞아 주거와 생계조차 막연해진 개도국들의 빈곤층에게 전 세계 차원의 온실가스 감축 목표치는 너무나 막연하게 여겨질 것이다.[208] 하나의 기후위기가 있는 것이 아니라 여러 '기후위기들'이 있음을 기억해야 한다.

국제 불평등과 "흑인의 생명도 소중하다"

식민 지배와 제국주의 시대에 오늘날 문제가 된 온실가스가 모두 배출되었던 것은 아니다. 역사적 온실가스 배출 총량 중 절반 이상이 1980년대 중반 이후에 발생했다. 현재 단일국가로는 중국이 온실가스를 가장 많이 배출한다. 그렇지만 '탄소 제국주의'와 식민 지배는 화석연료에 의존하는 전 세계 개발 모델의 기본 틀을 마련했다는 점에서 근원적 차원에서의 비판을 피할 수 없다. 그 시대에 시작된 자연에 대한 착취로 생태계가 크게 취약해진 바탕에서 오늘날 닥친 기후위기로 그 대응이 더욱 어렵게 되었다고 보면 정확하다.[209]

기후위기의 역사적 책임을 어떻게 물어야 할지, 그리고 기후위기를 '해결'한다는 것이 얼마나 복합적이고 수많은 맥락을 고려해야 하는 일인지를 기억해야 한다. 예를 들어 2020년 5월 미국의 미니애폴리스에서 조지 플로이드George Floyd라는 흑인이 백인 경찰의 폭력으로 백주에 살해된 사건이 발생했다. "흑인의 생명도 소중하다BLM"는 구호 아래 인종차별 반대, 과거 노예제와 제국주의의 유산 청산을 요구하는 세계 시민사회의 항의가 터져 나왔다.

미국의 유색인종들이 겪는 불의와 불평등은 인종주의, 경찰 폭력, 기후변화와 긴밀하게 연결되어 있다.[210] 미국의 흑인들은 대부분 제국주의의 비서구권 착취 과정에서 미국으로 끌려온 노예의 후손들이다. 이들은 기후재난의 피해가 집중되기 쉬운 지역에 거주하는 경우가 많고, 실외에서 작업해야 하는 육체노동에 종사할 공산이 크다. 그리고 인구밀도가 높고 미세먼지 피해가 큰 동네에서 살기 때문에 고혈압, 당뇨, 암 등 각종 질환에 시달릴 확률이 높다.

여기에 더해, 일상적으로 경찰의 폭력과 위협이 심한 지역에서 오래 살아온 유색인종들은 심신의 방어기제가 무너지곤 한다. "경찰 폭력이 늘 반복, 지속되면 생존을 위한 필사적 노력으로 신체조직이 약화되면서 '이상성 스트레스 부하'가 발생한다. 이런 상태는 당뇨, 뇌졸중, 위궤양, 인지능력 저하, 자가면역질환, 조기 노화 및 사망으로 이어진다."[211] 이런 사실은 기후위기 문제를 이해하는 데 있어 역사사회학적 지식과 상상력이 얼마나 중요한지를 우리에게 재차 상기시킨다.[212]

9장 국민국가, 국익 경쟁, 지정학적 갈등

역사적 책임과 당대의 책임

온실가스 배출에 대해 세계 각국은 얼마나 책임이 있는가? 현재 기후위기에 대한 국제적 대응은 주로 국가를 기본단위로 해서 책임을 묻고 행동을 촉구하는 방식을 채택하고 있다.[213]

일단 대기로 방출된 온실가스는 땅이나 바다로 흡수되는 것을 제외하면 아주 오랫동안 대기 속에 남아 있다. 온실가스의 '역사적 누적'이라는 표현은 은유가 아니다. 우리가 마시는 공기 속에는 맨체스터의 방직공장을 돌리던 탄소 분자, 디트로이트에서 만든 수백만 대의 자동차엔진에서 나온 탄소 분자, 타이태닉호가 침몰하기 직전까지 29개 보일러를 끓이던 탄소 분자, 레닌그라드 전투의 탱크가 토해 낸 탄소 분자, 1899년 노량진과 인천역을 달렸던 경인 철도의 기관차에서 뿜어낸 탄소 분자, 1970년 경부고속도로를 달렸던 신진자동차 배기관에서 나온 탄소 분자, 1987년 광양제철소의 용광로에서 튀어나온 탄소 분자가 지금도 남아 있다.

나라별로 온실가스의 역사적 누적치를 따지면 미국이 25퍼센트로 단연 으뜸이다. 전 인류가 호흡하는 공기 속 탄소 분자의 4분의 1이 미국산인 셈이다. 그다음 유럽연합 22퍼센트, 중국 13퍼센트, 러시아 7퍼센트, 일본 4퍼센트, 인도 3퍼센트, 기타 26퍼센트 순으로 이어진다. 수치상으로 따져 미국과 유럽연합과 일본, 즉 잘사는 선진국들이 기후위기에 대한 역사적 책임의 절반 이상을 져야 한다.

그러나 2018년 현재 시점으로 배출량을 따지면 중국 27퍼센트, 미국 15퍼센트, 유럽연합 9퍼센트, 인도 7퍼센트, 러시아 5퍼센트, 일본 3퍼센트, 이란 2퍼센트, 사우디아라비아 2퍼센트, 한국 2퍼센트, 캐나다 2퍼센트, 기타 26퍼센트 순이 된다. 역사적 책임이 큰 나라들의 몫이 많이 줄었고, 20세기 후반 이후 새롭게 부상한 경제 강국들(중국, 인도, 러시아, 한국 등)의 몫이 크게 늘었다. 온실가스 배출의 역사적 책임과 당대적 책임의 몫을 어떻게 나누어야 공평한가? 온실가스의 누적효과를 생각하면 역사적 책임을 따지는 것이 우선이다.

그러나 바로 이 점에 딜레마가 있다. 1.5도 이내로 기온 상승 억제라는 감축 목표가 시급한 상황이므로 설령 역사적 책임이 적다 하더라도 현재 탄소를 많이 배출하는 나라들이 감축에 적극 협력해야 기후위기에 대처할 수 있기 때문이다. 이 점은 한국에도 해당된다.

2018년 현재 국민 1인당 연간 온실가스 배출량을 따지면 18.1톤인 사우디아라비아를 필두로 미국, 캐나다, 한국(12.4톤) 순서가 된다. 세계인의 1인당 평균 배출량은 4.8톤이다. 한국인들은 왜 이렇게 탄소를 많이 배출하는가? 철강, 석유화학, 시멘트 등 에너지 다소비 업종의 비중이 높은 방식으로 조직되어 있고, 비교적 저렴하게 책정된 에너지를 많이 소비하는 방식에 익숙한 산업구조이기 때문이다.[214] 전문가들은 온실가스 감축을 염두에 두고 에너지산업의 소유·운영 구조, 국가 에너지정책 방향, 서민

에게 피해를 전가하지 않는 에너지 소비 패턴 조정과 요금 체계의 혁신이 필요하다고 지적한다.[215]

2015년 「파리협정」에서 각국은 온실가스를 대폭 줄이기로 약속했었다. 그것을 제대로 지킨다고 가정하더라도 2100년에 기온을 1.5도 상승 이내로 제한하려는 기준에 부합하는 나라는 전 세계에 두 나라밖에 없다. 한국 정부는 2020년에 발표한 「2050 장기 저탄소 발전전략」에서 온실가스의 순 배출량을 2050년까지 제로로 만드는 '탄소 중립' 정책을 사실상 포기했다. 이 검토안에서 제시한 다섯 가지 선택지 중 가장 강력한 옵션 세 가지가 평균기온 2도 이내 상승 제한 기준에 겨우 부합한다. 국제사회가 노력하기로 한 1.5도 이내 제한 목표에는 아예 못 미치는 수준이다.[216]

기후위기의 지정학적 성격

산업혁명 이래 화석연료 사용과 국력은 거의 정비례 관계를 이루어왔다. 에너지를 많이 쓸수록 경제 규모가 크고 발전한 국가라고 말할 수 있었다. 선진국은 탄소 배출로 획득한 부와 군사력을 단지 경제적 번영뿐 아니라 식민 지배, 국가 간 경쟁, 자국 이익 보호의 안보 유지 수단으로도 활용했다. 그때만 해도 기후는 안보, 무역, 발전에서 고려해야 할 부차적 요소였을 뿐 본격적인 '문제'로 생각되지는 않았다.

그러나 오늘날에는 세계정치의 주요한 논의들이 기후위기를 중심으로 진행된다. 특히 환경과 무역을 둘러싼 갈등은 기후변화 협상에서 최우선적인 국제 정치·경제 이슈로 확대되었다.[217]

기후변화를 군사 안보의 문제로 프레임하는 '안보화' 경향도 심해졌다.[218] 오늘날 '기후' 요인은 국제정치와 국가 간 에너지 확보 경쟁의 핵심

변수가 되었다. 21세기의 국제 지정학은 기후위기 대처, 기후변화를 다루는 국제적 제도에의 영향력 행사, 미래 에너지원을 유지·확보하려는 투쟁으로 이루어져 있다.[219] 전 세계 인구의 80퍼센트 이상이 원유와 천연가스를 수입해야 하는 지역에 살고 있는 현실을 감안하면 이런 경쟁이 이해가 갈 것이다.[220]

그러나 기후위기를 안보 위기로 받아들이는 나라들이 놓치는 점이 있다. 국제정치학자 사이먼 돌비Simon Dalby는 국가 보위 중심의 국제 경쟁이 '석탄기 자본주의'의 기반 자체를 허물었음을 직시하자고 강조한다.[221] 21세기의 국가 지도자와 안보 설계자들은 화석연료로 지탱되어온 근대성의 물질적 균열을 넘어서기 위해 화석연료 자본주의 자체를 새롭게 구상할 수 있어야 하며, 안보론과 국제정치경제론을 통합해서 이해할 수 있어야 한다는 것이다.[222]

각국은 장기적으로 화석연료에 대한 의존도를 줄여야 한다는 사실을 인지하고 있다. 그럼에도 단기적으로 어떻게 하면 에너지를 확보할 수 있을지를 훨씬 더 중요하게 여긴다. 예를 들어 북극의 얼음이 녹으면서 자유로운 항로가 열려 북극지방의 자원 확보와 지정학적 영향력 확대라는 강력한 이해관계가 발생했고, 이는 '신냉전'을 우려해야 할 상황으로까지 발전하고 있다. 분석가들은 이미 북극해에서 미국, 러시아, 중국 그리고 유럽연합 국가들 간의 갈등을 기정사실로 간주한다.[223]

사회학자 앤서니 기든스는 기후변화 및 에너지 확보 경쟁으로 인해 국제 협력을 통한 안보가 아니라 국제 분열을 전제로 한 안보 관념이 자리 잡기 시작했다고 지적한다.

기후변화 문제는 특히 에너지 부족 문제와 겹쳐지기라도 하면 국가 안보 사안이 되어 군사문제로 비화할 수도 있다. (…) 자원을 둘러싼 치열한 다툼과 기존에 존재하던 긴장의 격화 앞에서 온실가스 감축이라는 시급한 목표는 그 희생물로 전락할 수 있다는 말이다. 개별 국가 및 국가연합체의 지도자들은 기후변화를 빌미 삼아 자신들의 분파적인 목적을 달성하려 할 수도 있다.[224]

기든스의 경고는 최근 들어 점점 더 현실이 되고 있다. 미국은 오늘날 중국을 상대로 영구적인 지정학적 우위를 도모하고 있다. 미국은 「파리협정」에서 탈퇴했고, 협정의 지정학적 전제 조건이던 서구와 중국의 항구적인 협력관계를 훼손하는 데 일조했다. 미국은 중국에 대해 공공연하게 G2 경쟁을 선포했고 이런 경향은 트럼프 정부에 국한된 문제가 아니라 미국 내의 안보 엘리트 전체 그리고 민주당의 상당 부분에도 퍼져 있는 주류적 사조가 되었다.[225]

2019년 브라질 열대우림의 산불도 국제무역 경쟁, 돼지고기 생산, 사료용 대두의 재배 및 수출을 둘러싸고 미국, 중국, 브라질 사이의 지정학적 경쟁 구도하에서 벌어진 일이었다.[226] 보우소나루 정부는 세계 돈육 시장에서 자국의 몫을 늘리고 사료용 곡물의 국제 교역에서 우위를 차지하기 위해 환경규제를 느슨하게 풀었다.

강대국들 특히 미국과 같은 나라가 기후문제를 지정학의 관점에서 본다면 두 가지 문제가 발생한다. 하나는, 기후위기를 국력의 우위를 지키려는 목표의 하위 변수로 간주함으로써 기후위기 자체에 초점을 맞추지 않게 된다. 이렇게 되면 기후내응은 뒷전으로 밀리고 기후변화 때문에 바뀐 경쟁 조건과 득실을 계산하여 국가 간 경쟁에서 승리할 수 있는 방안만 찾게 된다.

또 하나는, 과학을 통해 기후를 통제하여 지정학적, 군사적으로 기후를 이용하는 데 관심을 쏟게 되며, 더 나아가 날씨를 조절할 수 있는 기술을 무기화하는 데 큰 힘을 기울이는 문제가 발생한다.[227] 이 역시 기후변화 문제 자체에 적절히 대처하는 것과는 거리가 멀다.

기후위기가 본격화하면서 에너지정책을 안보 정책으로 이해하는 경향 및 산업화된 군대 시스템이 기후변화와 밀접한 관련이 있음이 밝혀지고 있다. 백악관이 2017년에 펴낸 「국가안보전략」 보고서는 트럼프 행정부가 기후변화 문제를 얼마나 에너지 확보의 관점에서 파악하는지를 잘 보여준다.

이에 따르면 미국은 글로벌 에너지 시스템에서 선도적인 생산국, 소비국, 혁신국의 지위를 유지해야 하므로 그것을 위해 에너지 지배를 공고히 해야 한다고 강조한다. 그런 중에 기후위기 대응을 위해 온실가스를 줄이고 기존의 생활양식을 바꾸려 하는 일은 절대 용납할 수 없다.

> 기후정책이 전 지구적 에너지 시스템의 향후 진로를 결정할 것이다. 그런데 미국 경제와 에너지 안보에 해로운 '반성장적 에너지 의제'를 격퇴하기 위해서는 미국의 강력한 지도력이 필수 불가결하다.[228]

여기서 '반성장적 에너지 의제'란 적극적 온실가스 감축, 탄소 자본주의와의 결별을 위한 의제를 말한다. 이런 논리에 따르면 화석연료 에너지는 미국의 국익을 지켜주는 소중한 자원이다. 미국 에너지부는 2019년부터 천연가스를 '자유가스'로, 이산화탄소 분자를 '미국 자유의 분자'라고 부르기 시작했다.

군대와 기후변화

미국의 군과 안보 엘리트들은 기후위기의 심각성을 오랫동안 인식해왔다. 기후위기로 세계 도처에서 갈등이 발생하면 필연적으로 미군의 개입이 요구될 것이고, 미국이 전 세계에서 관리하는 수많은 미군 기지와 해안 근처의 군사시설이 직접적 피해를 입을 가능성이 커졌다. 이런 상황은 역설적으로 '군-기후-방위산업 복합체'가 앞으로 더욱 중요해지고 확장될 것임을 의미한다.[229] 이들에게 기후위기는 '작은 위험과 큰 기회'를 동시에 제공하는 거대한 카지노와 같다.

미국을 비롯한 서구 선진국이 기후위기 시대에 발생하는 전 지구적 갈등을 통제하기 위해 사용하는 전략을 학자이며 저널리스트인 크리스천 퍼렌티Christian Parenti는 '무장 구명보트의 정치'라고 설명한다. 자신들은 안전한 무장 구명보트에 타고 있으면서 전 세계의 갈등과 분쟁을 막는다는 명분으로 더 심한 갈등과 분쟁을 조장하는 정치를 말한다. 자국의 이익만 최우선으로 챙기고 난민을 막고 장벽을 치고 차별과 배제를 선동하는 지도자가 등장할 것이라고 우려한다.

퍼렌티의 예언적인 경고는 2010년대에 전 세계적인 난민 사태, 우파 포퓰리즘, 보호주의 무역 갈등, 혐오 차별의 물결이 거세지면서 생생한 현실이 되었다. 기후위기가 악화될수록 이런 현상이 가중될 가능성이 높다.

스톡홀름국제평화연구소는 2018년 전 세계에서 군사비 지출이 1조 8천억 달러(2,100조 원)에 달했다고 추산한다.[230] 기후위기가 더 악화되면 집단 간 갈등과 불안정 그리고 안보 불안이 깊어지기 쉽다. 그러면 그 상황을 관리한다는 명분으로 군비 지출이 늘어난다. 즉, 기후위기가 군비 지출을 증가시키고 군비가 많이 지출될수록 기후위기에 대응할 자원이 부족해지는 악순환이 계속된다.[231]

환경운동가 황인철에 따르면 군사비 지출과 기후대응을 위한 예산 간의 편차가 엄청나게 크다고 한다.[232] 예를 들어 2016년 전 세계의 기후재정은 전 세계 군사비의 12분의 1에 불과했다. 2019년 기준 한국의 국방예산은 46.7조 원이었으나, 환경부의 기후변화 대응 예산은 792억 원이었고, 국토부의 128억 원, 농림축산식품부의 242억 원을 다 합쳐도 국방예산의 400분의 1에 불과하다.

실제로 기후위기에 대한 국제적 재정지원을 크게 확장해야 했을 시점인 2001년에 9·11 사태가 발생하여 군-안보-산업 복합체가 크게 늘면서 기후위기에 대한 대응이 적절하게 이루어지지 못했다. 사회학자 존 어리는 이것을 '탄소 군산복합체'가 이끌어가는 '고탄소 경제-사회' 시스템이라고 부른다.[233]

미군이 직접 온실가스를 배출하는 양도 어마어마하다. 미국의 브라운대학 왓슨연구소에서 발표한 『전쟁의 비용: 펜타곤의 연료 사용, 기후변화, 전쟁의 비용』에 따르면 미군은 단일 조직으로 전 세계에서 온실가스를 가장 많이 배출하는 조직이다.[234] 미군을 하나의 국가라고 가정하면, 전 세계에서 미군보다 온실가스를 적게 배출하는 나라가 스웨덴, 핀란드, 뉴질랜드, 노르웨이, 스위스 등 140개국이나 된다.[235] 미국 공군의 B-52 폭격기 한 대가 한 시간 비행하려면 도시의 평균적 운전자가 승용차를 7년 동안 몰 정도의 휘발유가 필요하다.[236] 미국 정부는 「교토의정서」에서 군사 용도의 온실가스 배출을 집계에서 제외했다. 전 세계적으로 군사 부문의 탄소 배출량이 엄청난 분량일 것이라는 심증이 있지만 공식적으로 확인이 불가능하다.

브라운대학 보고서는 미군이 화석연료 사용을 줄이면 네 가지 이점이 발생한다고 설명한다. 우선 온실가스 배출을 줄이면 기후위기를 완화할 수 있고 그렇게 되면 안보 위협이 감소한다. 연료를 적게 쓰면 미군의 활동에서 유류 의존도를 낮출 수 있으므로 원유의 접근성을 확보하기 위해 동원해야 하는 정치적 자원과 연료를 줄일 수 있다. 원유 수출국에 대한 의존도를 낮추면 중동 우방과의 관계를 재설정할 수 있고 페르시아만의 병력 배치를 대폭 줄일 수 있다. 원유 확보를 위한 예산을 줄여 그것을 더욱 생산적이고 환경적으로 건강한 활동에 활용할 수 있다.

미 국방부가 기후위기의 심각성을 강조하면서 특단의 대비책이 필요함을 강조하는 것은 사실이다.[237] 그러나 미군은 산업화된 군사 활동을 통해 다량의 온실가스를 배출하면서도, 그와 동시에 기후위기로 인해 발생한 안보 리스크에 대응하기 위해 군사개입을 하겠다는 모순적 입장을 견지한다.[238] 기후변화는 역설적으로 미군에 군의 역할을 더 확대시킬 정당화와 기회를 제공한다.[239]

만일 이런 경향이 장기화된다면 전 지구 영역이 강대국의 보호를 받는 비교적 안전한 공간인 '글로벌 그린 존', 그리고 안전 공간의 바깥에 위치하는 '글로벌 레드 존'으로 나뉘게 될 가능성도 배제할 수 없다. 이런 암울한 상상은 우리에게 기후변화와 전쟁 그리고 평화가 얼마나 내적으로 연결되어 있는지를 각인시킨다.[240]

10장 화석연료 기업과 기후변화 범죄학

탄소 메이저들의 범죄적 행적

국가 중심으로 온실가스 배출 책임을 따지는 방식이 무조건 정확한 것은 아니다. 국민국가의 책임을 따지는 이유는 그런 방식이 현재 전 세계 국제법의 전제, 즉 개별 주권국가들이 모여 국제 공동체를 형성한다는 원칙과 부합하기 때문이다. 그러나 영리를 목적으로 전 세계를 상대로 활동하는 기업들의 온실가스 배출을 단일국가 단위에서 전적으로 통제하기는 어렵다.[241]

그러므로 민간 '개별 주체'들이 온실가스 배출에 얼마나 책임이 있는지를 정확하게 따져볼 필요도 있다.[242] 연구에 따르면 1751년부터 2010년 사이 260년 동안 전 세계 온실가스 배출의 63퍼센트가 90개의 '탄소 메이저'들로부터 나왔고, 이 기간 중 모든 산업 활동에서 배출된 온실가스 중 절반 이상이 1984년 이후에 발생했다.[243] 탄소 메이저는 주로 화석연료 기업과 시멘트, 철강 등의 기업으로 이루어져 있다. 기후위기의 핵심적 책임 주체가 탄소 배출 기업들이라 해도 과언이 아니므로 "온실가스 배출 업계

에 대한 강력한 규제"를 중심으로 한 기후대책을 설계할 필요가 있다.[244]

더욱 충격적인 것은 1965년 이후부터 지금까지 전 세계에서 20개 회사가 전체 온실가스의 3분의 1 이상을 뿜어냈다는 사실이다. 그중에서 12개가 국영기업이고 나머지는 민간기업이다.[245] '탄소 메이저'들의 이산화탄소와 메탄가스 배출량을 집계하는 전문 단체인 기후책무성연구소CAI에 따르면 1965년부터 2017년 사이의 누적분 상위 10위 회사는 사우디아람코, 셰브론, 가즈프롬, 엑손모빌, 이란국립석유, BP, 로열더치셸, 인도석탄, 페멕스, 베네수엘라석유 순이었다.[246]

개별 주체들로 세분하여 온실가스 배출의 책임을 따지면 어떤 이점이 있는가?[247] 우선 소비자들, 특히 투자자들이 명확하게 타깃을 정해 기업에 사회적 압력을 가할 수 있다. 그리고 마치 과거에 담배 회사에 암을 유발한 책임을 물었던 것처럼, 수단과 방법을 가리지 않고 수익만 추구하는 회사들에 규제와 소송을 통해 억제력을 가할 수 있다.[248] 더 나아가 환경 정책에서 '오염자 부담 원칙PPP'이 중요한 것처럼 온실가스 배출에 있어서도 '유발자 부담 원칙'을 적용할 수 있는 아이디어를 모색할 수 있다.[249]

미국 화석연료 업계는 1989년 '전 지구적 기후동맹GCC'을 결성하여 기후대책을 반대하는 운동을 시작했는데 몇 년 사이에 엑손모빌, 로열더치셸, BP, 코크 형제 기업 등이 동맹에 가담했다.[250] 이들은 화석연료가 지구 고온화를 초래한다는 것을 분명히 알았지만 그 사실을 호도하고 기후대책을 최대한 늦추기 위해 대중 홍보와 가짜 정보 유포에 조직적으로 나섰다.

이들은 과거 담배가 폐암을 유발한다는 사실을 은폐하기 위해 담배 회사에 유리한 캠페인을 이끌었던 컨설팅사, 그리고 역사적인 환경 도서 『침묵의 봄』을 썼던 레이철 카슨Rachel Carson을 음해하는 전략을 짰던 홍보 회사를 고용하여 대규모 선전전을 벌였다. BP, 로열더치셸, 엑손모빌, 셰브론, 토탈 5개 석유 회사의 로비 비용은 지금도 매년 2억 달러를 상회한다.[251] 선거자금 지원 활동도 이들의 중요한 의제다.

기업들의 반기후 로비는 기후변화를 노골적으로 부정하기보다 객관적 증거가 부족하다는 식의 회의론적인 입장을 취하면서, 그런 입장을 '사심 없이 과학적 사실을 있는 그대로 평가하는' 과학 전문가들이 '가짜 과학'과 싸우는 것이라고 내세웠다. 1972~2005년에 영어권에서 발간된 기후변화 회의론 관련 도서 142권을 전수 조사한 연구에 따르면 그중 92퍼센트 이상이 보수 싱크탱크들과 직접적인 연관이 있었다고 한다.[252]

환경 저술가 앨릭스 스테펜Alex Steffen은 에너지 기업들의 이런 전략을 '약탈적 지연'이라고 부른다. 약탈적 지연이란 "지속가능하지 않고 불공정한 시스템으로부터 돈을 벌 목적으로, 꼭 필요한 변화를 가로막거나 늦추는 행위"를 뜻한다.[253]

탄소 메이저들이 여론을 조작하고 왜곡한 사례는 너무나 많다. 과학적 연구의 신빙성에 의문을 제기하고 기업에 호의적인 일부 과학자를 매수하고 유사 NGO를 만들어 진실과 거짓이 섞인 정보를 퍼뜨렸다.[254] 가짜 정보를 유포한 지식인과 과학자들은 '기후변화 대항 운동'이라는 캠페인을 이끌면서 자신들이 기후변화에 관한 '진실'을 알리기 위해 힘든 논쟁을 벌이고 있다는 식의 소식을 유포했다.

이런 사람들의 활동이 순수한 학문적 논쟁이 아니었음은 너무나 명백하다. 특정한 기업 이익을 옹호하기 위한, '인위적으로 제조된 논쟁'이었을 따름이다.[255] 이렇게 퍼져나간 팸플릿과 프레젠테이션 자료에 현혹된 정치인과 대중이 적지 않았다. 《BBC》나 《뉴욕타임스》 《가디언》과 같은 미디어는 기후위기를 부인하는 목소리를 더 이상 정당한 뉴스 의제로 인정하지 않는다.

온실가스의 지구고온화 효과를 부인하기 힘들게 되자 석유 회사들은 기후변화가 팩트이지만 그것에 대처하려면 비용이 너무 많이 든다는 식의 논리를 내세우기 시작했다. 나중에 트럼프 행정부에서 국무부장관을 지냈던 렉스 웨인 틸러슨Rex Wayne Tillerson은 엑손모빌사의 대표로 있을 때 온실가스를 줄이기 위해 석유가 아닌 깨끗한 에너지로 전환하는 데 드는 엄청난 비용이 결국 전 세계 20억 명의 빈곤층에 대한 부담으로 돌아갈 것이라는 주장을 내세웠다.[256]

더욱 놀라운 사실은 2015년 「파리협정」에 따라 기온 상승을 2도 내에서 막기로 전 세계가 뜻을 모은 후에도 탄소 메이저들이 계속 로비와 저항을 이어간다는 사실이다. 엑손모빌, 로열더치셸, 셰브론, BP, 토탈은 「파리협정」 이후 3년 동안 기후행동을 왜곡하거나 저지하기 위해 총 10억 달러 이상을 로비와 홍보 활동에 퍼부었다.[257] 그중에서 의무적으로 온실가스를 감축해야 하는 정책을 지연시키기 위한 활동에 제일 많은 자금을 투입했다.

이들은 또 석유회사의 활동을 긍정적으로 묘사하고 기후행동의 효과를 깎아내리는 '브랜딩' 캠페인을 열성적으로 벌였으며, 소셜미디어를 통해 화석연료와 관련된 긍정적 '서사의 장악'에도 큰 노력을 기울였다. "저희 천연가스 회사는 지속가능한 에너지에 대한 전 세계의 수요를 충족시키기 위해 최선을 다하고 있습니다."[258] 이런 홍보 문구를 무심코 들으면 그것이 석유산업의 이익을 유지하기 위해 정교하게 고안된 일종의 '심리전'이라는 사실을 쉽게 잡아내기 어렵다.[259]

화석연료 기업의 책임 묻기

화석연료 기업의 책임 문제를 종합적으로 다룬 최근의 한 연구는 이런 탄소 메이저들에게 책임을 물을 수 있는 다섯 가지 근거를 제시한다.

- **인지**: 그들은 온실가스의 문제를 인지하고 있었음에도 주주, 이해관계자, 대중에게 그 사실을 알리지 않았다.
- **시점**: 그들은 아무리 늦춰 잡아도 1990년대 초에는 온실가스의 폐해에 대해 완전한 정보를 갖고 있었지만 그것에 대해 아무런 조처도 취하지 않았다. 지구 대기에 존재하는 온실가스 총량의 50.4퍼센트가 1988년부터 2017년 사이에 배출된 사실을 상기하면 시점을 따지는 것이 중요하다.
- **역량**: 그들은 자신들의 행위를 시정할 수 있는 역량이 있었지만 어떤 행동도 취하지 않았다.
- **부인**: 그들은 온실가스를 줄이기 위한 행동을 방해하고 지연시키기 위해 부인 전략을 썼고, 부인 활동을 하는 단체들에 재정지원을 했다.
- **편취**: 그들은 부도덕하고 불법적인 활동을 통해 막대한 부로 자신들의 배를 불렸다.[260]

이 연구의 저자들은 탄소 메이저들이 져야 할 최소한의 의무 두 가지를 제시한다. 첫째, 탄소 제거 의무. 그들의 사업 활동으로 배출되는 온실가스를 제거하기 위해 지금부터라도 기업의 생산 활동 및 운영에 있어 탄소 배출을 제로로 하도록 사업 모델을 환골탈태해야 한다. 둘째, 배상 의무. 그들이 끼친 해악에 대해 배·보상을 해야 하고, 사회적으로 가장 취약한 계층에서부터 그것을 시작해야 한다.

기후변화 범죄학의 등장

기후위기를 불러일으킨 가해 기업들의 책임이 워낙 심각하고 그 죄질이 상상을 초월할 만큼 불량한 탓에 이 문제를 정치나 정책이 아니라 범죄의 문제로 접근하는 '기후변화 범죄학'이 등장했다. 환경변호사 폴리 히긴스 Polly Higgins는 2010년 생태살해에 관한 조항을 「국제형사재판소에 관한 로마규정」(이하 「로마규정」) 부칙에 포함시키자는 안을 유엔법률위원회United Nations Law Commission에 제출했다. 이 제안에 따르면 '생태살해'란 "인간의 행위 또는 여타 원인에 의해, 거주자들의 평화로운 영토 향유권이 심대하게 훼손될 정도로 그 영토의 생태계에 광범위한 피해가 초래되거나 그것의 파괴 또는 상실이 발생한 것"을 의미한다.[261]

이런 행동이 일어날 수 있는 까닭은 국가와 사적 자본이 수익 창출을 목적으로 '합법적으로' 자연 자원을 무한정 착취할 수 있도록 허용하는 윤리적·법적 토대가 있기 때문이다.[262] 생태살해죄를 국제법에 포함시키려는 노력은 히긴스가 타계한 후에도 '생태살해를 멈추라'는 국제 캠페인으로 이어지고 있다.[263]

이런 문제의식을 학문적으로 구체화하여 기후위기를 초래한 행위를 범죄로 규정할 수 있는 근거에 관한 제안이 나오기 시작했다.[264] 「로마규정」 7조에 나오는 '인도에 반한 죄'란 "민간인 주민에 대한 광범위하거나 체계적인 공격의 일부로서 그 공격에 대한 인식을 가지고 범해진 행위들"을 말하는데, 이 규정을 기후범죄의 근거로 원용할 수 있다고 한다.[265] 유엔 「자유권규약」 3부 6조에 나오는 생명권을 침해한다고 해석할 수도 있다. 그리고 「로마규정」 7조 "인도에 반한 죄" 중 '절멸'이란 "주민의 일부를 말살하기 위하여 계산된, 식량과 의약품에 대한 접근 박탈과 같이 생활조건에 대한 고의적 타격"을 뜻하는데 이 규정도 기후범죄의 근거로 해석할 수 있다.

정치평론가 톰 엥겔하트Tom Engelhardt는 기업의 이윤을 위해 지구를 파괴하는 행위를 '대지살해terracide' 범죄로 규정하면서, 대지살해자를 '테라리스트terrarist'라고 부른다.[266] 화석연료 기업은 과거에 인간에게 피해를 입힌다는 사실을 인지했으면서도 범죄적 활동을 저질렀던 납, 석면, 담배 생산 기업의 행태를 전 지구 차원에서 답습하고 있다.

정치철학자 카트리오나 매키넌Catriona McKinnon은 인간 사회가 관용할 수 있는 한계를 벗어난 행위를 제재할 수 있는 가장 확실한 수단이 형사사법적 처리라고 주장한다.[267] 물론 인간의 모든 잘못을 범죄로 처벌할 수는 없으므로 대단히 심각하고 부정적인 행위에 대해서만 형사적인 제재를 가할 수 있는데, 기후위기가 바로 그런 경우에 해당된다고 한다. 온실가스를 현재대로 배출한다면 인류가 멸종될 가능성이 있으며, 그것은 현세대가 아직 태어나지 않는 세대를 죽이는 '후손살해postericide'라 할 수 있다.

기후위기가 "인류를 멸종시킬 수 있는, 고의적 또는 무모한 행위"인 '후손살해' 범죄에 해당된다면, 그 범죄의 가해자를 찾아 처벌해야만 사법 정의가 구현될 수 있다.[268] 탄소를 배출하는 모든 사람에게 기후위기 가해 책임을 물을 수는 없다. 어떤 조직 내에서 권한, 권위, 영향력을 가진 사람에게 그 조직에서 발생한 불법행위에 대해 '사용자 책임'을 물을 수 있는 것처럼, 온실가스 배출의 양과 시기를 결정할 수 있는 권한, 권위, 영향력을 가진 사람에게 '사용자 형사책임vicarious criminal liability'을 물어야 한다.

예를 들어 전 세계가 온실가스를 줄이기로 약속한 「파리협정」으로부터 자기 나라가 탈퇴하도록 공무원에게 명령을 내린 대통령, 또는 기후위기에 관한 정확한 정보를 대중에게 알리지 못하도록 지시를 내린 기업 대표에게 사용자 형사책임을 물을 수 있다는 것이다. "이런 지도자들은 인류

공동체가 공유하는 근본적 가치에 대한 죄상을 추궁받기 위해 국제형사재판소에서 법적 심판을 받아야 마땅하다."[269]

기후변화와 생태계 파괴의 원인이 비슷하고 두 가지가 함께 진행된다는 점에 착안하여 『기후변화 범죄학』이라는 세계 최초의 녹색 형사정책 도서를 집필한 롭 화이트Rob White는 '기후변화-범죄 연계'라는 개념으로 기후변화와 관련된 범죄유형을 분류한다.[270]

첫째, 현 세계를 지배하는 권력과 자본이 온실가스 배출을 마치 '정상적' 사업 활동의 일환인 것처럼 포장하여 기후위기를 악화시키는 유형이 있다. 둘째, '국가-기업 범죄 연계'가 거대한 수익 창출을 위해 원유, 천연가스, 석탄, 벌목 등 자연 자원을 개발하는 과정에서 고의적이고 조직적으로 환경을 파괴하여 생태살해를 저지르는 유형이 있다.[271] 셋째, 기후위기의 피해와 범죄행위를 부인하고 기후행동을 중화시키는 유형이 있다.

또한 화이트는 기후위기의 책임을, 한편으로 전 세계 자본주의적 생산양식이라는 구조적 '시스템'의 차원, 다른 한편으로 기업과 같은 개별 '행위 주체'의 차원으로 나누어 분석한다.

구조적 시스템의 차원에서 보면, 기후위기가 발생하게 된 근본 원인이 화석연료 에너지에 의존한 자본주의 시스템에 있으므로 그 시스템을 비난할 수는 있지만 시스템 자체를 법적으로 기소하거나 처벌하기는 어렵다.

행위 주체의 차원에서 보면, 사업을 위해 생태살해를 결정한 기업 대표나 그것을 방조한 국가 공직자는 기후변화의 직접적인 '범죄적 책임자'이므로 법적 기소와 처벌이 가능하게끔 법을 만들어야 한다. 보통 사람들도 탄소를 배출하기는 한다. 그러나 이들은 자본주의 시스템의 일부로서, 그 시스템을 통제할 능력이 거의 없는 상태에서, 살아가는 과정에서 탄소를 일부 배출하는 정도에 지나지 않으므로, 생태윤리적 실천을 권할 수는 있겠지만 기후변화의 범죄적 책임을 물을 수는 없다고 화이트는 지적한다.

11장 신자유주의의 증폭효과

신자유주의와 기후위기의 가속화

1970년대 중후반부터 신자유주의 그리고 그것의 전 세계 버전인 신자유주의적 지구화가 본격적으로 확산되었다. 앞선 역사에서 나타났던 다양한 형태의 세계적 연결 현상과 우리 시대의 지구화를 비교하면 현재의 지구화가 전자를 "양적으로 능가했을 뿐 아니라 질적으로도 미증유의 차이"를 보인다. 또한 신자유주의적 지구화는 "모든 차원의 경제적 활동과 공통의 전 세계적 환경 위협에서 지구화의 여러 가지 유형이 결합하는 역사적으로 독특한 양상"을 드러낸다.[272]

신자유주의자들은 국가가 경제발전과 번영에 장애가 되므로 투자처와 투자 규모를 시장이 결정해야 한다고 주장한다. 경제활동과 환경에 대한 규제를 줄이거나 없애야 한다고 지적한다. 그래야 에너지 생산비가 낮아질 수 있고 상품의 단가를 낮춰 소비자에게 유리한 이득을 가져다준다고도 한다.

신자유주의적 지구화는 현재의 기후위기에 직간접으로 책임이 크다.[273] 우선 국제무역이 증가하면서 교통과 운송이 대폭 늘었다. 특히 항공운송에 의한 물동량이 증가하여 1990년에서 2004년 사이 항공기 운송으로 인한 온실가스 배출이 그 이전보다 86퍼센트나 증가했다. 국제무역과 투자가 활성화하고 소비가 늘면서 산업 생산 활동도 그에 비례해 활발해졌다. 생산 활동이 증가하면 필연적으로 에너지 생산의 규모도 늘게 되며 그와 함께 온실가스 배출 폭도 커진다.

지구화로 국제무역 규모가 급증하면서 산림 벌채와 '산림 전용'도 함께 증가했다.[274] 수출용 곡물 재배, 축산업, 목재 등의 수요가 많아졌기 때문이다. "지구화는 전기톱의 친구"라는 말이 있듯이 1990년부터 2005년 사이에 전 세계의 산림 전용 비율이 3퍼센트나 늘어났다. 산림 벌채는 물 부족과 기근, 기후위기에 상당히 책임이 있다.

산업 생산 활동과 함께 도시가 확장되고 농장과 광산 개발도 더욱 속도가 빨라졌다. 그 과정에서 토양이 유실되고, 수많은 생물종의 서식처가 파괴되거나 오염되면서 생물다양성이 감소했다.[275] 이는 신종 감염병의 창궐과도 연결되었다.

마지막으로, 신자유주의와 엘리트 정치가 결합하여 극심한 '탄소 불평등'이 초래되었다. 옥스팜과 스톡홀름환경연구소의 조사에 따르면 신자유주의의 극성기였던 1990~2015년에 전 세계 소득 최상위 1퍼센트 인구가 배출한 탄소가 소득 하위 50퍼센트 인구의 배출량보다 2배 이상 많았다. 소득 상위 10퍼센트가 배출한 탄소는 전체 배출량의 52퍼센트나 되었다.[276]

신자유주의의 기회비용

신자유주의적 지구화는 기후위기를 심화시켰을 뿐 아니라 기후위기에 대응할 기회를 잃게끔 했다. 화석연료 사용이 기후변화의 원흉이라는 사실이 대중에게 널리 알려진 바로 그 시점에 신자유주의가 주류적 경제 사조로 등장한 것은 인류에게 비극적인 우연의 일치였다. 만일 1970년대 후반부터 한 세대 동안 화석연료에 탄소세를 부과하여 소비를 줄이고, 온실가스 감축에 나서고, 재생에너지에 적극적으로 투자하고, 에너지 회사에 대해 정책적 조처를 취했더라면 오늘날 인류에게 기후위기는 이처럼 절체절명의 사태로는 다가오지 않았을 것이다.

신자유주의가 등장하기 전까지만 해도 앞에서 열거한 정도의 정책은 정부가 쉽게 밀고나갈 수 있었을 것이다. 그러나 탈규제와 민영화, 작은 정부를 금과옥조처럼 내세우는 신자유주의 시대에 적극적인 정부의 개입은 상상하기도 어려운 일이 되고 말았다.[277]

신자유주의는 기후위기를 초래하는 데에 일조했을 뿐 아니라 사람들이 기후위기에 대응하는 방식에도 악영향을 끼쳤다. 어떤 현상에 대해 그것 뒤에 숨어 있는 근본 원인에 관심을 기울이거나, 집단적으로 대처하거나, 정부로 하여금 해결하도록 요구하지 않고 '합리적인' 개인 소비자로서만 반응하는 경향이 널리 퍼졌다.[278]

예를 들어 개도국에서 저임으로 대량생산된 값싼 의류가 쇼핑센터에 전시되었을 때 대다수 사람들은 그것의 싼 가격을 볼 뿐, 자원 낭비, 에너지 낭비, 노동력 착취, 환경오염을 머릿속에 떠올리지 않는다. 그런 사실을 알게 된다 해도 소비 습관을 줄이는 사람은 드물다. 적극적으로 불매운동에 나서는 사람은 더더욱 적다.

비단 개인뿐 아니라 기후위기를 다루는 방식에서도 이른바 '신자유주의적 환경 거버넌스'가 두드러진다.[279] 온실가스를 마치 상품처럼 '거래'의 대상으로 삼거나 시장의 인센티브 메커니즘을 활용하면 필요한 감축 비율을 맞출 수 있다는 식으로 전체 논의의 구도를 짠다. 또 의무 규정을 동원하는 규제 조치는 오히려 지속가능성을 저해하는 요인이라고 금기시하면서 의제에서 제외시킨다. 현재 기후위기 대응 노력의 기본 패러다임은 '탄소 자본주의'가 초래한 위기를 자본주의 시장의 힘으로 해결하겠다는, 상당히 모순적인 전제에 기대어 있다.

마지막으로, 신자유주의는 자연과 인간 사회에 각각 심각한 영향을 끼쳤다. 자연에 대해서는 기후위기가 닥쳤고 사회적으로는 노동자들의 처우와 노동조건이 열악해졌다. 이 문제는 3부와 4부에서 다룰 것이다.

12장 기후위기의 정치적 측면

기후위기의 정치적 복합성

앞에서 우리는 기후위기의 책임 소재를 따져보았다. 지금부터는 기후위기에 '대처'하는 일이 왜 그렇게 복잡하고 어려운지를 알아보자. 기후위기가 그토록 심각한 문제인데도 왜 명확하고 과단성 있는 정책 결정을 내리기는 그렇게 어려운가? 이 질문에 답변하려면 기후를 둘러싼 기후정치의 양상을 대략이라도 이해할 필요가 있다.[280]

우선 기후위기는 문제 자체가 거대하고 복잡하다. 공공정책상의 많은 문제가 복잡하지만 기후문제는 그것과 차원이 다르게 복잡하다. 개인으로부터 지구 전체까지 모든 것이 얽혀 있고, 과거-현재-미래 세대가 한데 묶여 있는 고차방정식의 문제다. 또 인간의 활동이 기후에 직접 영향을 끼쳐 인류를 파멸시킬 수도 있다는 사실을 받아들이기 어렵고, 그것을 정치적으로 풀기는 더더욱 어렵다.[281]

기후위기를 정책의제로 올리려면 서로 경합하는 여러 의제들 사이에서 치열한 경쟁을 뚫어야 한다. 예를 들어 산업정책, 경제정책, 고용정책,

노동정책 등 하나같이 중요한 이슈들을 제치고 '기후'와 같은 '느리게 다가오는' 의제가 최우선 순위의 의제로 오르기란 쉽지 않다.

정치 행위자들이 '시급성'을 판단하는 심리적 기저도 서로 다르다. 관료적, 법적 절차와 경로가 제도적 장애 요인이 되기도 한다. 정책들 사이에서 불가피하게 홍정을 해야 하는 경우도 있다. 가치관의 측면에서, 우리가 세상을 바라보는 '인간 중심적 렌즈'가 기후, 생태, 환경과 관련된 이슈를 제대로 보지 못하게 한다.[282]

'생태적 상상력'을 발휘하여 개인과 자연이 하나로 연결된 인과의 거대한 그물망을 받아들인다 해도 사람들은 구체적으로 어떻게 행동해야 할지를 상상하기가 쉽지 않다. 목표가 전 지구적 온실가스 감축인지, 국내의 에너지 절약인지, 도대체 무엇을 대비하자는 말인지, 나보고 어떻게 하라는 말인지…… 뜬구름 잡는 소리로 들리기 십상이다.

같은 환경 이슈라 해도 미세먼지나 4대 강 녹조현상 같은 문제는 대중의 관심을 끌기에 비교적 용이하다. 그러나 기후위기는 눈에 보이지 않고(비가시성), 인과관계의 연결 고리가 시간-공간적으로 다차원적이고(복합성), 개인 차원에서 행동 방안을 찾기가 막연한 주제여서(추상성) 일반 시민에게 호소력을 가지기가 어렵다.

법적 관할권과 책임 소재의 문제도 있다. 1648년 베스트팔렌 체제가 설정된 이래 자국 영토 내의 주권적 통치가 근대국가의 기본 원칙이었다. 자기 나라 안에서 일어난 일을 자국 정부가 최종적 권위를 행사하여 결정할 수 있다는 원칙에 의해 법적 관할권이 행사된다. 그러나 20세기 들어 개별 국민국가의 개별적 법적 관할권 원칙이 잘 통하지 않는 '전 지구적' 문제들이 눈에 띄게 나타나기 시작했다. 대표적인 사례가 기후위기와 사이버 보안이다.

무임승차와 정치적 병목

현재 기후위기를 다루는 국제 레짐에서는 각 '국가'들이 자기 나라에서 배출하는 온실가스를 책임지도록 하는 방식을 채택하고 있다. 국제법상 제일 편리한 방안이기는 하다. 그러나 온실가스 배출의 책임을 국가에만 돌리기는 어려우므로 이것을 '국가 귀책의 한계'라고 부를 수 있을 것이다.

또 온실가스의 책임을 국가에 돌린다 해도 국가가 그것을 어길 경우에 국제사회가 제재할 수 있는 강행 수단이 부족하다. 각국 정부들 사이에서도 책임을 서로 회피하고 약속을 지키지 않는 판인데 똑같은 이야기를 국내에서 하면 "다른 나라도 안 줄이는데 우리가 왜 먼저 줄여야 하는가"라는 반응이 나오기 쉽다. 전 지구적인 문제를 한 나라의 단기적 이익의 관점으로 쉽게 덮어버리는 경향이 발생한다.

기후위기처럼 개인이나 단일국가만의 힘으로 절대 다룰 수 없고 전 세계가 함께 노력해야 하는 문제일수록 모든 나라, 모든 사람의 합의를 끌어내고, 약속을 지키게끔 독려하고, 목표를 달성하도록 그 합의를 끝까지 지켜내기가 대단히 어렵다. 이것을 '집합적 행동의 문제'라 한다. 온실가스 감축을 해야 한다는 당위를 인정하면서도 그런 행동을 '나 말고 누가 대신 해주면 좋겠다'고 생각한다.

이런 '무임승차' 현상은 국가들 사이, 국내 집단들 사이, 개인들 사이에서 모두 발생한다. 이것을 방지하기 위해 구속력 있는 제도, 법률, 규제를 만들면 좋겠지만 그것은 유권자들의 지지가 있어야 가능하다. 국제적으로 구속력 있는 제도를 만들기도 어렵지만 그런 제도에 아예 참여하지 않는 나라를 강제로 참여시킬 수도 없다.

"한반도 기온 상승 문제에 대응하기 위한 기후 및 에너지 정책 방향"에 관한 국회미래연구원의 최근 조사에 따르면, 재생에너지 개발 및 사용 비중을 대폭 늘리고 이를 위해 시민들이 전기료 인상과 같은 부담을 받아들여야 한다고 응답한 비율이 33.1퍼센트, 그것을 점진적으로 해야 한다는 응답이 66.9퍼센트로 나왔다. 비용을 부담하겠다는 답변 중, 정치적으로 진보 성향을 가진 사람의 40.2퍼센트가, 보수 성향을 가진 사람은 그보다 훨씬 적은 25.5퍼센트만이 그 옵션을 지지했다.[283] 유권자들에게 인기 없는 정책을 정치인들이 강하게 밀어붙이기는 어렵다. 시민들의 적극적 기후행동이 필요한 이유가 여기에 있다.

현대 민주주의 체제에서는 특정 영역에서 특화된 정책의 장이 출현하곤 한다. 그중에 에너지산업이나 발전산업이 있다. 이들은 일반인들이 거의 알 수 없고 별로 관심도 없는, 하지만 대단히 중요한 정책 영역에서 자신들의 이익을 안정적으로 보존한다. 기후위기 시대를 맞아 대중과 언론이 이런 영역에 관심을 기울인다 해도 에너지-정치 복합체의 영향력은 크게 줄지 않을 것이다.

기후위기를 정치적으로 다루기 어려운 또 하나의 이유는, 행동을 취하는 시점과 그것의 효과가 당대의 시간대 내에서 맞아떨어지지 않는다는 점이다. 대기 중에 내뿜는 온실가스를 줄인다 해도 그 효과는 빨라야 몇십 년 후에야 나타난다. 미래세대의 '불확실한 효과'를 위해 오늘 나의 '확실한 이익'을 양보하기는 어렵다.[284]

많은 나라 특히 개도국의 지도자들은 흔히 경제개발과 빈곤퇴치를 중요한 정책으로 다룬다. 하지만 온실가스를 줄이는 정책을 적극적으로 펼치면 적어도 단기적으로는 경제성장 둔화를 감수해야 한다. 그렇게 했을 때 일자리와 소득이 줄어 국민의 반발이 커지면서 정치적으로 큰 부담이 발생한다.

기후협상의 명암

국제관계에서는 국내 기후정치보다 훨씬 더 복잡하고 유동적인 기후외교가 전개된다.[285] 국가, 국제기구, NGO, 전문가 그룹, 다국적기업 등이 전통적으로 기후변화를 둘러싼 국제정치의 주요 행위자들이었다.

최근 들어 직접행동을 전개하는 사회운동형 조직과 개인들의 네트워크도 중요한 행위자로 등장했다. 그레타 툰베리Greta Thunberg가 시작한 '기후를 위한 학교 파업Skolstrejk för klimatet' 운동이나 '멸종 저항Extinction Rebellion' 운동은 수많은 기후변화 사회운동의 최신판이라 할 수 있다.

기후변화가 국제정치에서 중요한 의제로 등장한 것은 1980년대 중반부터다. 환경에 대한 관심이 세계적으로 늘어났고 지속가능발전에 관해 획기적인 관점을 제시한 『우리 공동의 미래』가 나온 시기이기도 했다.[286] 이때부터 서서히 '국제 기후변화 레짐'으로 불리는 제도, 관행, 준칙이 축적되기 시작했다. 기후변화 레짐은 처음부터 정치적 입장 차가 팽팽하게 드러난 갈등-협상의 장이었다.

미국이나 석유수출국기구OPEC는 기후변화 '유발자' 그룹으로서 자신의 기득권을 지키기 위해 변화를 거부했고, 작은 섬나라 개도국들, 네덜란드, 덴마크 등은 '걱정하는 행위자' 그룹으로서 기후행동을 촉구하는 역할을 했다. 독일과 같이 문제해결 과정을 지원하는 '조력자' 그룹도 형성되었다. 이런 그룹들이 시간에 따라 합종연횡을 벌이면서 1992년 리우환경정상회담, 1997년 「교토의정서」, 2009년 「코펜하겐합의」, 2015년 「파리협정」, 2017년 인천송도 회의, 그리고 2021년으로 예정된 글래스고 회의 등 일련의 기후외교 흐름을 끌어오고 있다.

초기부터 지금까지 기후변화 국제정치의 핵심 갈등은 두 가지로 정리할 수 있다.[287] 하나는 북반구 선진국들 내부의 갈등이다. '미국 대 나머지

서구 국가들' 사이에서 온실가스 감축 규모와 그것을 위한 정책 수단을 놓고 경합과 불화가 계속 일어났다. 그런 가운데 미국의 부시 행정부는 「교토의정서」에 극히 부정적이었고 트럼프 행정부는 「파리협정」에서 탈퇴했다.

다른 하나는 '북반구 대 남반구'의 갈등이다. 국제적 기후행동에서 각 국가의 주권을 어느 정도나 인정할 것인지, 선진국의 역사적 책임을 얼마나 물을 것인지가 주요 쟁점이었다. 개도국들은 유엔 「자유권규약」과 「사회권규약」의 1조에 자연 자원의 자국 사용 권리를 민족자결권의 주요 내용으로 포함시켜야 한다는 주장을 관철할 정도로 자국의 정치·경제·문화적 이익을 고수하려는 경향이 강했다.[288]

기후협상 초기에는 기후변화에 관한 논의들이 북반구의 '환경 식민주의' 음모에서 비롯되었다는 비판이 나올 정도로 남반구의 감정의 골이 깊었다. 인도와 같은 후발 개도국들은 극빈 탈출을 위한 경제발전이 생존의 문제이므로 기후변화를 핑계로 발전을 절대 포기할 수 없다는 정서가 강했다. 온실가스라고 해서 모두 똑같은 온실가스가 아니라는 주장도 나왔다. 남반구의 '먹고살기 위한 배출survival emission'과 북반구의 '흥청망청 쓰는 배출luxury emission'을 동급으로 취급할 수는 없다는 논리였다.[289]

이 논쟁은 1992년 리우환경정상회담에서 기후변화에 대해 국제적으로 "공통의 그러나 차등화된 책임CBDR"이 있다는 원칙으로 정리되었다. 기후위기에 대처할 책임을 모두가 져야 하지만 역사적, 경제적, 정치적 책임의 비중이 서로 다르므로 남반구의 사정을 충분히 감안해야 한다고 본 것이다.

이 원칙이 단순한 수사에 그치지 않으려면 탄소 경제의 혜택을 더 먼저, 더 많이 입은 나라들이 가난한 나라들을 도우면서 기후행동을 추진해야 한다는 결론이 나온다. 그것이 '기후정의' 원칙에 부합되는 길이다. "만일 차등화된 책임 원칙을 현재 국민 1인당 온실가스 배출량 그리고 선진국의 역사적 배출량에 적용시킨다면, 북반구가 지구 대기권을 불공평하게 독점해온 행태에 대해 보상하고, 그 부작용을 완화할 수 있는 전 지구적 재분배적 조치를 취해야 한다."[290]

또 현재 중국과 인도 등이 배출하는 온실가스의 대규모 총량을 고려한다면 선진국만의 감축 노력만으로는 부족하므로, '공통의 그러나 차등화된 책임'의 원칙을 새롭게 정립해야 한다는 주장이 나온다. CBDR 원칙을 좀 더 융통성 있게 적용하고, 선진국-개도국의 이분법을 넘어 국가들의 다양한 세분화가 필요하다는 것이다.[291]

이 외에도 탄소배출권 거래제의 기준을 설정하는 문제, 온실가스 감축을 위한 재정지원과 기술이전, 환경과 안보 사이의 관계 정립, 중국과 인도 등 신흥 경제대국의 역할, 빈곤 개도국의 기후위기 피해를 지원하는 문제, 기후변화로 발생하는 각종 갈등을 관리하는 거버넌스 구축, 기온 상승을 1.5도 이내로 제한할 수 있는 특단의 대책 등이 기후변화 국제정치의 주요 갈등 구조를 이루고 있다.

「파리협정」의 기대와 한계

2015년의 「파리협정」은 유엔 「기후변화협약」을 바탕으로 국가들 간의 장기적 협상의 결과를 국제법의 형태로 공식화한 역사적인 사건이었다. 온실가스를 감축하여 지구의 평균기온 상승폭을 1.5~2도 이내로 안정화시키고, 이미 기후재난의 타격을 받고 있는 빈곤 취약국들이 기후변화에 적응하도록 돕고, 그것을 위해 재정을 마련하겠다는 국제적 약속이었다.

그러나 「파리협정」 역시 국제정치의 복잡한 이해관계와 자국 중심 논리에서 자유롭지 못했다. 선진국의 역사적 책임 부분이 희석된 점이 좋은 예다. 모든 당사국이 공통의 합의를 일괄 적용한다는 보편주의를 유지한 것은 「교토의정서」 이래의 전통을 계승한 것으로 볼 수 있다. 그러나 교토 체제가 국제적 합의를 하향식으로 각국이 이행하도록 하는 메커니즘이었다면, 파리 체제는 상향식 메커니즘을 채택했다.

하향식 메커니즘은 목표 달성에 일정한 구속력이 발휘될 수 있지만, 상향식 메커니즘에서는 온실가스의 감축 목표, 기한, 수단을 모두 개별 국가의 자발성과 의지에 의존한다. 이것을 온실가스 감축의 '국가결정기여 NDC'라고 한다. '자체적으로 결정'한 목표치를 달성함으로써 전 세계 온실가스 감축에 자발적으로 '기여'하도록 한다는 취지다.

물론 5년마다 NDC의 이행을 국제적으로 검토한다고 되어 있지만, 기후위기의 엄중한 상황을 고려할 때 이 정도의 조처로 위기를 벗어날 수 있을지는 의문이다. 정치학자 김성진은 지발적인 국제 협력에 기반한 이런 식의 접근에 대해 현실적인 우려를 표명한다.

> 국제사회 구성원들의 탈탄소 의지가 총동원되지 않는 한, 실패한 교토 체제를 대신하여 파리 체제로의 전환에 성공했다고 해서 실질적인 변화가 자연히 수반되지는 않을 것이다. 구속력 있는 제도가 아니라 자율성에 기반을 둔 제도가 수립되었다는 사실은, 결국 제도 역시 개별 구성원들의 의지의 산물임을 역설적으로 말해준다. 구성원들의 이익 개념의 근본적인 변화와 수렴이 없다면, 제도는 해결책이 아니라 도피처에 불과하다.[292]

정리하자면 「파리협정」은 기후대응에 있어 국제사회에 명백한 이정표를 제시해주었다. 그러나 아무리 좋은 이정표가 있어도 그것에 따라 대장정에 나서려면 국가별로 정치적 결단과 의지가 있어야 한다. 어떤 국제적 의사결정도 각국의 '정치'에서 자유로울 수는 없다.

한국인에게 기후위기와 같이 진정으로 글로벌한 문제를 다루기 위한 인식이 부족하지 않은지 자문할 필요도 있다. 자기가 속한 국가 중심으로 모든 문제를 이해하는 '방법론적 일국주의'를 너무나 당연한 상식으로 간주해왔기 때문일 수도 있다.[293] 물론 이 점은 거의 모든 나라의 문제이지만, 그렇다고 해서 일국 중심적 사고방식 뒤에 숨어 기후위기가 심화되는 것을 보고만 있을 수는 없다.

훗날 역사가들은 이 시대에 국내-국제 차원의 집합적 행동 문제에 더하여 신자유주의, 불평등, 탈진실, 무기력, 냉소주의, 포퓰리즘 등이 한꺼번에 엉키면서 기후위기를 제대로 관리하지 못했다는 결론을 내릴 공산이 적지 않다.[294]

13장 태도의 뿌리와 외면하는 심리

인간 태도의 뿌리

기후정치가 집합적 행동의 문제를 보여준다면 지금부터 개인 차원에서 기후행동에 영향을 주는 요인을 살펴보자. 일반 시민이든 정치인이든 기후위기에 관심이 없거나 기후변화에 관한 정보를 접하더라도 행동에 잘 나서지 않는 이유가 무엇인가?

한국인의 경우 특징적인 경향이 관찰된다.[295] 기후변화에 관한 심리적 거리감 중 대표적으로 '불확실성 거리감'과 '사회적 거리감'이 있다. 한국인들은 '불확실성 거리감'을 가깝게 인식하므로 기후변화의 위험에 대한 확신의 수준이 높다. 그러나 '사회적 거리감'을 멀게 인식하므로 기후변화의 영향을 받는 사람들이 자신과 사회적으로 거리가 먼 존재일 것이라고 생각한다. 즉, 기후변화의 위험이 분명 존재한다고 믿지만, 자신에게 직접 닥칠 위험이라고는 생각하지 않는다.

현대 심리학은 '사실(팩트)'과 견해를 분명히 나누기 어렵다는 점을 밝혔다. 이른바 객관적 '사실'이라는 것도 사람에 따라 전혀 다르게 해석되고 수용된다는 뜻이다.

모든 인간은 자기 나름대로 독특한 인지과정을 거쳐 어떤 결론에 도달하는데 이를 '편향된 동기의 추론'이라고 한다. 자신만의 어떤 '필터' 또는 독특한 '색안경'으로 인해 외부 정보를 특정한 방향으로 받아들여 해석한다는 뜻이다. 정도의 차이가 있을 뿐 누구도 이 점에서 자유롭지 않다. 기후위기처럼 '객관적'인 사실조차 그 정보를 받아들이는 사람이 지닌 세계관의 '필터'에 따라 그 중요성이 전혀 달라진다.[296]

이런 연구 결과는 심리학의 전통적인 전제와 상당히 다르다. 전통적인 '정보 결핍 모델'에서는 '지식과 정보가 부족하면 과학적 사실을 부정하기 쉽지만, 지식과 정보를 잘 제공하면 사실을 인정하게 할 수 있고, 사실을 인정하면 행동에 나설 것이다'라고 가정한다. 그러나 사람의 인식과 행동은 단순히 지식의 인과적 모델에 따라 진행되지 않는다.

외부로 나타나는 인간의 태도는 피상적인 표현형일 뿐 그 저변에는 사람마다 독특한 '태도의 뿌리'가 숨어 있다.[297] 태도의 뿌리는 세계관, 도덕적 잣대, 음모론적 시각, 이해관계, 정치 이념, 가치관, 개인과 집단 정체성, 두려움에의 민감성 등으로 이루어진다. 이런 뿌리가 어떻게 만들어져 있느냐에 따라 기후변화에 대한 인식, 해석, 행동의 태도가 크게 달라진다.

우선 세계관을 보자. 상하 서열을 따지려 하고, 타인을 지배하려 하고, 권위주의적 포퓰리즘이나 반평등주의 혹은 전통을 고수하려 하고,[298] 기업의 활동을 일방적으로 지지하고, 현 체제의 정당성을 무조건 옹호할수록 기후변화를 부인하는 태도를 갖기 쉽다. 세계관의 차이는 어떤 사안을 평가하는 도덕적 잣대와도 관련이 있다.[299]

음모론적 시각이라는 태도의 뿌리도 있다. 세상을 움직이는 숨은 권력이 있다고 믿거나 매사에 편집증적으로 반응하는 경향이 그것이다.[300]

이해관계 역시 태도의 뿌리를 형성하는 중요한 요소다. 돈, 승진, 당락, 사업 수주, 출세 등 강력한 이해관계가 존재할 때 사람들은 자기에게 유리한 정보에 가중치를 부여하고, 그것이 진실이라고 믿거나, 믿고 싶어 한다.

개인의 정체성과 이미지를 보존하려는 열망이 강한 때에도 사실의 '객관성'이 휘어지기 쉽다. 자신이 속한 집단의 사회적 정체성을 유지하려고 노력할 때 사실관계는 그리 중요하지 않게 된다. 두려움이 많고 남을 의심하는 성향이 있을수록 인지적 추론의 왜곡이 발생할 가능성이 높아진다. 자신의 내집단, 자기 민족, 자기 나라를 강조하는 사람은 전 지구적인 관점과 문제의식이 필요한 기후행동에 과감하게 나서기 어렵다.[301]

이런 문제는 '팩트의 양극화'라는 새로운 형태의 정치를 낳는다. 소셜미디어를 통한 '확증편향'의 문제가 사람들의 편견 형성에 큰 역할을 한다는 지적이 많다. 그런데 정치적으로 동기화된 추론 패러다임은 확증편향과 비슷하기는 하지만 그것과 구분된다. 정치적으로 동기화된 사람은 확증편향으로 타인의 영향을 받기 이전에 이미 자기 성향과 가까운 어떤 믿음 쪽에 마음이 가 있다. "자신의 정치적 정체성에 부합하는 방식대로 믿고 싶은 동기가 어떤 팩트를 접하기 이전의 추론과, 팩트를 접한 후에 내리는 평가, 두 가지 모두의 원인이 된다."[302]

이렇게 본다면 "당신은 왜 그렇게 생각하는가?"라고 묻기보다 "당신은 애초 왜 그렇게 생각하고 싶었는가?"라고 묻는 편이 더 정확하다. 기후위기를 부인하는 사람은 과학적 팩트와는 별개로 자기 마음속 깊이 자리하는 어떤 태도의 뿌리로부터 부지불식간에 영향을 받을 공산이 크다. 이런 사람들의 마음은 아마 다음과 같을 것이다. '내 편이면 팩트, 쟤 편이면 가짜, 유리하면 진실, 불리하면 허구!'

이념적 분열과 한국인의 성장주의적 가치관

서구에서는—그리고 전 세계적으로도 비슷할 것으로 예상되는데—오랫동안 정치적 우파, 보수주의자, 극우 포퓰리스트들이 기후변화에 부정적인 태도를 보인 경우가 많았다. 이들은 이념적인 이유로 과학계의 활동을 폄하하거나 무시하고 기후변화의 경고에 거부반응을 보이곤 한다. 기후변화가 의제화되기 시작하던 무렵 이들 우파들 사이에서, 전 세계 좌파가 지구가 더워지는 현상을 빌미로 이번 기회에 '생태 사회주의'를 실현하겠다는 저의를 품고 기후변화를 사회혁명을 위한 '트로이의 목마'로 활용하려 한다는 루머가 확산되기도 했다.[303]

여론조사 동향을 보면 시종일관 이런 경향이 나타난다. 퓨 리서치센터의 2019년 조사에 따르면 '기후변화를 걱정하는가'라는 질문에 대해 미국의 민주당 지지자들은 84퍼센트가 그렇다고 대답한 반면 공화당 지지자들은 27퍼센트만이 그렇다고 응답했다. 더 중요한 점은 민주당 지지자들의 걱정은 2013년 이래 계속 늘어난 반면 공화당 지지자들의 걱정은 시간이 흘러도 큰 변화가 없다는 사실이다.[304] 이들이 여전히 기후변화를 좌파의 공세로 보고 있다는 해석이 가능하다.

옥스퍼드대학 로이터저널리즘연구소가 펴낸 「디지털 뉴스 보고서 2020」에서도 이런 점이 여실히 드러난다.[305] 보고서는 전 세계 40개국의 시민 8만 명을 상대로 기후변화를 얼마나 염려하는지 조사한 결과를 포함하고 있다. 응답자들 중 69퍼센트가 '극히 심각하다' 또는 '매우 심각하다'고 답했고, 한국인은 그 비율이 70퍼센트로서 전 세계 평균치를 약간 상회했다.

그런데 정치적 논쟁의 양극화가 심한 나라일수록 기후변화 평가에 있어서 이념 지지층 사이에 기후변화를 평가하는 시각에 큰 차이가 났다. 전 세계 평균으로 봤을 때 스스로 진보주의자라 생각하는 사람의 81퍼센트, 보수층의 58퍼센트가 기후변화를 '극히 심각 또는 매우 심각'으로 평가했다. 그러나 미국에서는 진보 지지층의 89퍼센트, 보수 지지층의 18퍼센트가 그렇게 응답했다.

심지어 우리가 모범적인 복지국가라고 인정해왔고, 기후활동가 그레타 툰베리의 나라이기도 한 스웨덴에서조차 이런 경향이 두드러졌다. 진보 지지층은 75퍼센트가 기후변화가 심각하다고 답했으나, 보수 지지층은 26퍼센트만이 그렇게 평가했다.[306] 이런 결과는 이념적 성향에 의한 자기 확신이 팩트의 수용에 얼마나 큰 힘을 발휘하는지를 증명하는 사례다.

미국 보수주의의 이런 경향은 어제오늘의 이야기가 아니다. 오래전에 정치학자 시모어 마틴 립셋Seymour Martin Lipset은 미국의 '급진 우파' 특히 청교도적 개신교의 도덕성과 결부된 보수 정치 이념의 영향 때문에 미국의 외교정책이 흑백, 선악의 단순 논리를 강조하게 되어 전 세계적으로 큰 해악을 끼쳤다고 통렬히 비판한 바 있다.[307]

한국인이 가진 태도의 뿌리는 어떠할까? 한국인의 가치관은 상당 부분이 '경제성장'에 매몰되어 있다. 사회학자 장덕진에 따르면 한국인은 이미 상당한 수준의 경제발전을 달성했음에도 그 경제 수준에 걸맞은 가치관—예를 들어 자기표현이나 행복 추구, 삶의 질의 중시—의 방향으로 진화하지 않았다. 빈곤한 상황에 놓여 있는 사람들의 전형적인 태도인 '생존 본능'이 한국인에게 여전히 우세하다. 따라서 한국인은 "성장이 행복을 가져다줄 것이라는 성장주의적 가치관에서 벗어나야" 하고, "우리의 가장 큰 취약점인 '함께 사는 문제들'을 풀어내야 한다."[308]

한국인이 이토록 강하게 경제성장주의적 가치관에 사로잡혀 있다면 기후행동에서 요구되는 탄소 의존형 경제성장 모델과의 결별이라는 명제를 실천하기가 대단히 어려울 것이라고 예상할 수 있다.

심리적 장벽들

기후변화에 대한 사람들의 심리적 반응이 기후행동의 성패에 큰 영향을 끼친다는 점에 대해 수많은 연구가 이루어졌다. 사람들이 기후행동에 나서지 못하도록 가로막는 심리적 장벽 중 대표적인 것들을 알아보자.[309]

- '정보의 결여'가 제일 첫째 장벽이다. 아직도 기후변화에 대해 잘 모르는 사람이 많다. 이 주제를 거의 들어보지 못했거나, 주변 지인과 기후변화 이야기를 한 번도 나눠보지 않은 경우도 있다. 기후변화와 같이 비교적 널리 알려진 문제조차 인지하지 못하고 있다면 정보의 접근성이 부족하다고 해석할 수도 있다. 하지만 그 사람이 처해 있는 상황이 이런 종류의 정보를 유의미하게 의식에 등재하지 못하도록 가로막고 있다고 해석하는 편이 더 타당할지도 모른다.
- 기후변화 문제가 워낙 거대하고 불확실하다는 점도 사람들로 하여금 행동할 동기를 찾지 못하게 한다. 과학자들이 기후변화에 관한 지식을 대중에게 알릴 때에 흔히 일어나는 문제도 있다. 과학자들은 확률적으로 개연성이 높은 어떤 연구 결과가 나왔다 해도 그것이 정말 '확실한' 것으로 판명되지 않는 한 최대한 신중하게(보수적으로), 그리고 중립적으로 발표하는 경향이 있다. 이렇게 되면 아무리 리스크가 높은 상황이라 해도 그것에 경각심을 갖도록 전달하는 데 한계가 있다. 또 과학자들은 다른 과학자들과의 합의를 중시한다. 전체 과학계가 한목소리를 내야 한다는 강박 때문에 조금이라도 이견이 있을 수 있는—하지만

기후위기에 있어 시급히 필요한—정보를 성급하게 발표하지 않으려는 경향이 있다.[310]

- 흔히 '청개구리 심보'라 불리는 '심리적 반발reactance' 역시 기후행동을 가로막는 요인이다. 자기 자유를 제한할 것 같은 정보, 자신에게 익숙한 것에 부합하지 않는 정보, 자신의 삶과 너무나 동떨어져 있거나 자신의 기존 신념을 크게 바꿔야 할 정보에 대해 사람들은 일단 거부부터 하고 보는 경향이 있다("뭐? 기후변화? 웃기고 있네").
- 기후변화에 대해 사람들은 흔히 '냉담과 무관심'한 반응을 보이기도 한다. 어쩌면 기후변화를 부인하는 것보다 냉담과 무관심이 더 심각한 문제일 수도 있다("기후변화? 난 상관 안 해"). 그런 것을 자신과 직접 이해관계가 없다고 여기는 '소극적 무관심'이 있고, 기후변화를 '웃기고 황당한 주제'로 간주하여 그런 이야기를 꺼내지도 못하게 막아버리는 '공격적 무관심'도 있다. 뒤에서 설명하겠지만 기후변화를 공개적 논의의 테이블에 올리지도 못하게끔 만드는 어떤 문화적 장벽에다 냉담/무관심이 합해지면 기후행동의 가능성은 크게 낮아진다.
- 일단 사람들이 기후위기의 중요성을 인식하고 관심을 갖게 되어도 그것이 곧바로 기후행동으로 이어지지 않는 경우가 많다. 너무 큰 문제 앞에서 인간은 스스로를 왜소하게 느끼고 자기 힘의 한계를 절감한다. 이것을 '행동 효과의 회의적 인식'이라 한다. 자신이 어떤 행동을 취한다 해도 그것이 거대한 문제해결에 전혀 도움이 될 것 같지 않을 때, 즉 행동의 '효능감'에 대한 확신이 없을 때 사람들은 무기력에 빠지고 행동에 나설 이유를 찾지 못한다("나 혼자 잘한다고 해결될 문제가 아니잖아").
- 자기 행동의 효과를 회의적으로 인식하면 원래의 문제 자체를 외면하고 싶은 유혹—'동기화된 망각'—에 빠진다. 통상적으로 사람들은 기

억하기를 원하고, 잊거나 잊히는 것을 싫어한다. 그러나 너무나 큰 문제에 압도당하면 그것을 의식에서 지우고 싶어 한다. 동기화된 망각은 기후변화의 아득한 규모에 짓눌린 사람에게 흔히 나타나는 반응이다. 부인의 일종인 '자기기만'과 유사한 특성이라 할 수 있다.

- 기후위기에 대응해야 한다는 내외의 요구가 강력하게 존재할 때 보통 사람은 어떤 식으로든 그 요구에 반응해야 한다는 압박을 느끼게 된다. 이때 흔히 취하는 행동이 '저비용 변화'다. 이것은 온실가스를 실제 감축할 수 있는 효과는 적지만 겉으로는 뭔가를 하는 것처럼 보이고, 비용 부담이 적은 행동을 말한다. 이렇게 되면 의도는 좋아도 행동의 효과는 미약하다.
- 어떤 행동을 하고 싶어도 타인에 비해 나의 희생이 더 크다고 생각되거나 나의 부담이 불공평하다고 느끼면 행동 변화에 나서지 않는다. 대의명분이 아무리 훌륭해도 내가 불공정한 대우를 받는다면 그 명분 자체를 받아들이고 싶지 않게 된다. 이것을 '사회적 비교와 형평성 인지'라고 한다. 불평등한 사회일수록 이런 경향이 나타나는 경향이 있다 ("왜 나만 언제나 손해를 봐야 돼?").
- 인간은 진화 과정 속에서 자기 개체의 생명을 보존하기 위한 투쟁을 벌이며 성장해왔기 때문에 언제나 눈앞의 상황, 직접적 위험에 민감하게 반응하는 특징이 있다. '싸우느냐, 도망치느냐' 하는 문제가 인간의 생존에 결정적으로 중요했다. 이런 식으로 목전의 시간대 기준으로 세상을 파악하는 특징을 '단기적 인식'이라 하고, 현재와 아주 가까운 미래에 대해서만 신경 쓰는 성향을 '현재 편향'이라 한다.
- 기후변화를 너무 멀리 떨어져 있는 현상으로 받아들이는 '공간적 할인' 심리도 기후행동을 제약한다. 보통 사람들은 일단 '지구'니 '전 세계'니

'대기권'이니 하는 말을 듣는 순간 현실감이 떨어지면서 자신과 관련이 적은 문제로 인식하곤 한다. 기후위기를 자기 주위에서 일어나는 '가까운' 사건이 아니라 멀리 떨어진 곳에서 일어나는 사건이라고 인식하면 정서적 공감대를 유지하기 어렵게 된다.

- 자신의 현재 삶과 직접 관련이 없어 보이는 문제에 대해서 '신경을 꺼버리고' 달팽이처럼 자신의 내면에 집중하는 경향도 기후행동을 어렵게 하는 심리적 요인의 하나다. 이것은 무관심과 냉담이 함께 나타나는 일종의 '무관여apathy'와 같은 태도다. 자기 한 몸 건사하기도 버거운 상황에서 기후변화와 같은 이야기에 도저히 '접속'이 안 되는 현상이라 볼 수도 있다("지구가 망한다고? 난 상관 안 해"). 어릴 때부터 성적, 입시, 타인과의 비교, 줄 세우기, 산술적 공정성 강조, 숨 막히는 경쟁의 도가니에서 살아온 사람에게 흔히 나타나는 마음 상태라 할 수 있다. 그런 것들로부터 스트레스를 받으면서도 그런 가치를 내면화한 사람들은 타인과의 연대, 미래 희망, 후속 세대와의 연결성과 같은 것을 생각할 인지적, 정서적 여유가 없다. 기후행동의 대중적 단초를 마련하기 위해서는 사회의 극심한 경쟁 구도를 깨고, 심리적 상처를 품고 살아가는 사람들을 위로해줄 사회적 보살핌의 제도와 문화가 먼저 필요할지도 모른다.[311]
- 사람들은 기후변화에 적응하여 그것을 '정상화'하는 태도를 보이기도 한다. '정상화normalization'란 사회 통념이나 규범에 어긋나는 생각과 행동을 '정상'으로 받아들이게 되는 사회심리적 과정을 뜻한다. "세상 사는 게 다 그런 거지 뭐" "달라지면 달라진 데 맞춰 살아야죠". 심리적 정상화는 슬픔의 수렁, 위험의 굴레, 금기의 속박에서 빠져나오려는 인간의 대응 기제이기도 하다.

• 앞에서 설명했던 점들과는 반대로 기후변화를 너무 염려한 나머지 자책이나 분노, 좌절감을 느끼는 사람도 있다.[312] 자신의 환경적 불철저함을 책망하는 '녹색 죄책감'에 빠지는 것을 '기후 불안' 또는 '생태 불안'이라고 한다. 단순히 죄책감을 넘어 무력감, 슬픔, 상실감, 또는 기후재난의 트라우마로 인해 임상적 문제로까지 발전한 것을 '생태 불안 장애'라 한다. 이 점은 3부에서 다룬다.

기후위기의 부인—가장 큰 장벽

기후변화를 '부인'하는 것은 기후위기 논쟁에 있어 집합적으로나 개인적으로 가장 흔하게 나타나는 반응 중 하나다.[313] 기후변화를 부인하는 행위는 기후변화에 대해 '방관'하는 행위와 흔히 연결되어 나타난다.[314] 인권침해 사건에서 보편적으로 발생하는 '부인' 현상을 연구한 스탠리 코언Stanley Cohen이 제안한 '부인 유형'을 기후변화에 적용시키면 다음과 같이 된다.[315]

'문자적 부인'은 어떤 사실 자체를 잡아떼는 것이다("지구고온화는 가짜 뉴스야, 좌파와 학계와 선진국의 음모래"). '해석적 부인'은 사실 자체는 인정하지만 그것의 의미를 왜곡시킨다("기온이 오른 건 맞지만 그걸 인간 책임이라고 할 수는 없어. 기후는 자연적으로 변하는 거야. 빙하기도 있었고 따뜻한 시대도 있는 거잖아"). '함축적 부인'은 사실을 인정하고 그 의미도 인정하지만 그에 따르는 책임과 행동을 취하지 않는다("기후변화가 있다 쳐, 하지만 나더러 어쩌라고?").[316]

오늘날 기후변화를 문자적으로 부인하는 경향은 전보다 많이 줄었다. 그러나 '해석적으로' '함축적으로' 기후위기를 부인하는 태도는 여전히 완고하며, 어쩌면 더 교묘하게 변했을 수도 있다. 예를 들어 기후변화 자체를 인정하면서도 그것을 위해 필요한 행동에 대해서는 입을 다물고 마는 것이 새로운 형태의 함축적 부인이다.

언론 보도에서 이런 점을 쉽게 확인할 수 있다. 기록적 폭염이나 재난적 태풍이 닥치면 기후변화로 인한 재난일 가능성이 있다는 전문가의 코멘트까지 곁들인 기사가 나온다. 그러나 그뿐이다. '기상이변에 잘 대처해야 한다' '기상예보의 정확성을 높여야 한다' 정도의 지적만 할 뿐, 감축이나 전환 등 근본적 차원의 행동에 대해서는 함구한다.

최근에는 더 교묘한 형태의 함축적 부인이 나오고 있다. 마이클 만Michael E. Mann은 이것을 '악성 부인'이라 부른다. 화석연료 회사의 로비에서 흔히 나타나는 현상이다. 기후위기를 타개하기 위해 근본적인 온실가스 배출보다 개인의 행동 변화—즉, 육류 소비를 줄이자, 비행기를 덜 타자 등—에 초점을 맞춘 메시지를 내보내는 것이다. 물론 개인의 행동 변화는 좋은 것이지만 그것이 기후정책을 보완할 수는 있어도 대체할 수는 없다고 만은 경고한다.[317]

기후위기를 부인하는 현상이 과거 나치의 홀로코스트 사건 때와 대단히 유사하다는 주장도 있다.[318] 홀로코스트가 자행되던 기간 중 연합국 측은 그 사실을 알면서도 그것을 인정하거나 그것에 적절한 조치를 취하지 않았다. 폴란드로부터 정확한 정보가 전해지고 나치의 통신감청을 통해 대량 학살이 이루어지고 있음을 분명히 인지했지만 연합국 지도자들은 대중에게 그 사실을 기밀로 취급하면서 행동에 나서지 않았다. 독일과 동유럽의 주민들 역시 유대인 학살을 어느 정도 알고 있었다. 그러나 이들은 나치에 부역하거나 소극적으로 동조하거나 또는 그 사실에 눈을 감았다.

홀로코스트가 우발적이거나 무계획적인 살상이 아니라 '제도화된 죽음의 행진'이었던 것처럼, 기후위기 역시 보통 사람들부터 정치인까지 모든 사람의 묵시적 동의하에 진행되는 일종의 제도화된 죽음의 행진이라 할 수 있다. 다른 점이 있다면 기후위기로 인한 참상의 규모가 훨씬 더 클 것이라는 사실뿐이다.

기후위기의 부인은 지금 이 순간에도 일어나고 있다. 오스트레일리아에서 초대형 산불이 발생했을 때에도 소셜미디어와 언론 보도를 통해 가짜 뉴스와 음모론이 확산되었다. 심지어 환경운동가들이 대중의 관심을 끌기 위해 고의적으로 방화했다는 '공격적 부인'이 산불보다 더 빨리 번져나갔다.[319] 2020년 9월 미국 북서부에서 재앙적인 산불이 발생했을 때 트럼프 대통령은 '과학이 기후를 전혀 알지 못한다'고 발언하기도 했다.

이런 현상을 보면 앞으로 기후위기가 더 심각해지더라도 그것을 곧이곧대로 인정하지 않고 사회적 부인 기제로 덮어버리려는 광기가 세상을 지배할 수도 있다는 경각심을 갖지 않을 수 없다.

어쩔 수 없다는 체념

기후행동을 저해하는 심리적 장벽과 각종 부인 기제는 숙명론("이미 망할 길에 접어들었어"), 패배주의("어차피 기후변화로 세상이 끝난대"), 그리고 허무주의("그러니 아등바등해봐야 무슨 소용 있겠어?")와도 연결되기 쉽다. 기후 숙명론은 핵전쟁 멸망론과 함께 이런 분위기를 부채질하곤 한다.[320] 숙명론은 개인에게도 부정적인 영향을 끼치기 쉽지만 기후위기와 같이 집합적 행동이 필요한 문제에서는 정책적으로 대단히 부정적인 효과를 낳을 수 있다.

유사한 개념으로 운명주의가 있다. 세계관으로서의 운명주의는 다음과 같은 특징을 보인다. 첫째, 개인에게 가해지는 사회적 규제가 강하고 집단에의 정체성이 약하기 때문에 예측 불가능성, 무기력, 운, 불신 등을 기본 속성으로 한다. 둘째, 운명주의자는 각 상황에서 규제자가 누가 되느냐, 어떤 이득이 주어지느냐에 따라 선택이 변하므로 일관성이 떨어지는 경향이 있다. 셋째, 운명주의자는 위험에 무관심하고 위험에 대한 결정이 다른 사람들에게 달려 있다고 생각한다.[321]

이와 관련하여 온실가스 배출에 책임이 있는 주체에 대해 부정적 이미지가 형성되는 '낙인화'를 조사한 연구가 있다. 이 연구에서 차용한 '감정 기반 낙인 모델'은 세계관과 감정적 반응성이 어떤 이슈를 인지적으로 평가하는 데에 영향을 주고, 인지적 평가는 부정적 감정에 영향을 주며, 부정적 감정은 다시 위험 인식과 낙인에 영향을 준다고 가정한다.

다양한 세계관 중 운명주의적 세계관을 지닌 사람은 사회의 제한에 순응하고, 위험을 운명으로 받아들이며, 자연을 변덕스러운 대상으로 파악한다. 또 운명을 인생의 기본 속성으로 생각하므로 지구고온화 위험에 무관심하기 쉽고, 기후변화의 위험이 내가 아닌 누군가에 의해 결정된다고 믿는 편이다.[322] 나아가 운명주의는 기후변화 위험 인식을 낮추고, 효능감과 정책 순응을 감소시킨다.[323] 요컨대 운명주의적 성향이 강할수록 정책적으로 유의미한 기후행동에 나설 가능성이 떨어진다고 예상할 수 있다.

기후변화의 현실을 알리고 경각심을 불어넣기 위해 그것의 위험을 강조하는 것과, 기후변화는 이제 막을 수 없는 '운명'이 되었다고 말하는 것 사이에는 이론적, 실제적, 정책적으로 큰 차이가 있다.[324] 연구에 따르면 기후변화가 '심각한 위험'이라고 강조했을 때 사람들의 행동 변화와 비용 지불 용의가 높아졌지만, 기후변화가 이제 '막을 수 없는 운명적 사태'가 되었다고 강조했을 때 사람들의 행동 변화 동기가 오히려 줄어들고 리스크 인지도가 낮아졌다고 한다.[325] 그러므로 정치지도자들과 기후변화 커뮤니케이션 전문가들은 기후위기를 '대단히 심각하지만 우리가 대응할 수 있는 문제'로 프레임하여 시민들의 정책 협조를 끌어올릴 필요가 있다.

무책임한 허무주의

그러나 미국 트럼프 행정부에서 기후위기를 다루는 방식은 이러한 공식에서 크게 벗어난다. 이것을 '트럼프 유의 기후정책 허무주의'라고도 한다.[326]

《워싱턴포스트》의 탐사보도에 따르면 미국의 고속도로안전공사NHTSA 공식 문서에서 21세기 말이 되면 기온이 4도 이상 상승할 것이라고 예상하면서 2020년 이후에 생산될 승용차와 경트럭에 대해 더 이상 연비 효율성 기준을 적용하지 말자는 의견을 개진했다고 한다.[327] 쉽게 말해 '어차피 4도 이상 올라갈 테니 지금 노력해봐야 아무 소용없다'는 식의 태도인 것이다.

2020년 오스트레일리아의 산불 사태 이후 스콧 존 모리슨Scott John Morrison 총리가 내놓은 응답도 이것과 비슷했다. 그는 오랫동안 기후변화에 적절히 대응하지 않는다는 비판을 받아왔지만 적어도 산불 사건 이후에는 정책의 변화가 있을 것으로 많은 사람이 기대했었다. 그러나 그런 예상은 빗나갔다. 모리슨 총리는 더 이상 기후변화를 말 그대로 부인하는 문자적 부인을 하지 않는 대신, "어떤 나라의 온실가스 배출 정책이 어떤 나라의 산불에 직접적 원인이 된다고 연결시킬 수는 없다"라는 식의 해석적 부인을 내놓기 시작했다.

그러면서 어차피 전 지구적 기후변화는 현실이 되었으므로 '적응'에 치중하는 편이 낫다고 주장하면서 댐을 더 짓고 국립공원의 녹지를 정리하여 산불을 예방하겠다는 '정책'을 제안했다. 기후변화에 도움이 안 된다고 환경운동가들이 반대해온 조처를 시행하겠다고 고집한 것이다. 그렇게 큰 사건을 겪어도 전도된 확신을 지닌 사람들은 끝까지 기후행동에 제동을 건다는 사실을 잘 보여주는 사례다.[328]

이런 현상을 '기후 허무주의로 가는 부인의 5단계'라 부르기도 한다.[329] ① 기후변화의 존재 자체를 인정하지 않는다. ② 기후변화가 있다 해도 인간의 잘못이 아니라고 강변한다. ③ 기후변화가 있다 해도 큰 문제 아니라고 덮는다. ④ 기후변화가 인간의 힘으로 해결할 수 없는 문제라고 우긴다. ⑤ 이미 늦었다고 한다.

기후 허무주의에 경도된 미국의 트럼프 대통령, 러시아의 푸틴 대통령, 브라질의 보우소나루 대통령, 오스트레일리아의 모리슨 총리 같은 정치인들은 기후행동에 나선 청소년 활동가들을 공공연하게 조롱하고 냉소한다.[330]

이런 행위는 미래세대의 생존 노력을 기성세대가 부정하고 방해하는, 생존권 박탈에 해당될 만큼 심각한 해악이지만 여론장에서는 '또 저러나 보다'는 정도로 취급되는 것이 오늘의 정치 현실이다. 정치지도자들의 무책임하고 허무주의적인 언행은 기후변화를 정치적으로, 사회적으로 대처하는 데 있어 큰 문제를 야기한다.[331] 허무주의에 빠지지 않으면서 기후위기 시대를 살아가는 태도를 배양하는 일이 기후행동의 중요한 과제가 되었다.[332]

기후 현실주의?

마지막으로 숙명론이나 패배주의와 동일하지는 않지만 연관해서 생각해볼 수 있는 입장으로 기후 현실주의가 있다. 기후 현실주의자들은 인간이 어떻게 노력해도 기후변화를 되돌리기는 어려운 '현실'을 인정하자고 한다. 「파리협정」에서 각국이 약정한 감축분을 다 지키더라도 2도 이내로 기온 상승을 막기 어려운 '현실'을 직시하자고 한다. 2018년 노벨 경제학상 수상자인 윌리엄 노드하우스William Nordhaus는 스스로를 '어두운 현실주의'의 신봉자라고 소개하면서 기온이 3.5도까지 올라도 충분히 경제성장을 관리할 수 있다고 장담한다.[333]

기후 현실주의는 얼핏 차분하고 합리적인 이성의 소리처럼 들린다. '비현실적인' 이상주의의 탈을 벗고 솔직하게 문제를 다루는 것처럼 보인다.[334] 그러나 이런 '현실주의적' 입장은 기후위기에 따른 리스크를 받아들이고, 감축에 초점을 맞춘 기후대응 노력을 하지 말자는 주장이므로 결국 부와 권력, 지위를 가진 기성 체제를 바꾸지 말자는 말이나 마찬가지다. 기후위기가 오더라도 그것에 대응할 자원과 준비를 갖춘 사람들 혹은 나라들은—기후대책에 따른 비용을 부담하지 않고도—높은 수준의 회복력을 발휘할 수 있기 때문이다. 따라서 "기후 현실주의는 강자의 이익을 보호하고 무행동을 지지하는 보수적 메시지의 수사적 표현"에 불과하다.[335]

기후 숙명론이나 패배주의, 허무주의, 그리고 현실주의로 포장된 기후행동 무용론은 그것이 의도하건 의도하지 않건 간에 상황을 지금보다 훨씬 더 나쁘게 만들 가능성이 크다. 그렇게 악화된 상황의 피해는 차별 구조에 갇혀 있는 사람들에게 오롯이 돌아갈 것이다.

14장 기후행동의 사회문화적 장벽

규범과 문화의 억제력

사람들이 적극적으로 기후행동에 나서지 못하는 마지막 이유로 사회·문화적 장벽을 들 수 있다. 개개인은 자신이 태어나기 전부터 존재해온 사회·문화 속에서, 그리고 그 사회·문화의 영향력 아래에서 살아가기 마련이다. 이것을 김종석 기상청장은 '슈퍼밈'의 관성으로 해석한다. 생물학자 클린턴 리처드 도킨스Clinton Richard Dawkins가 고안한 용어인 '밈meme'은 사람들의 의식과 문화 속에서 마치 유전자처럼 선택, 변이, 복제되어 전파되는 문화적 모방 유전자를 말한다. 밈이 쌓이고 쌓이면 사회 속에서 오래된 믿음과 관습인 '슈퍼밈'을 창조한다. 인간은 화석연료로 돌아가는 사회 시스템의 밈에 너무나 익숙해진 나머지 눈앞에서 벌어지는 기상이변과 이상기후를 두려워하면서도 현재의 시스템이 제공하는 편리를 포기하지 못하는 슈퍼밈에 사로잡힌 존재가 되었다는 것이다.[336]

이런 관점에서 본다면 사회·문화적 조건을 감안하지 않으면 설령 기후위기를 인정하고 걱정한다 하더라도 그것이 행동으로 이어질지는 미지

수다.[337] 인간은 경제·사회·문화적 조건에 따라 자신의 인식이나 의지와 상관없이—마치 끈끈이주걱에 사로잡힌 벌레처럼—행동반경에 상당한 제약을 받기 때문이다.

어떤 주택에 사는지 어떤 승용차를 타는지 하는 것을 성공의 기준으로 삼는 나라나 사회에는 그런 식의 삶을 높게 평가하는 광범위한 사회적 기대치가 존재한다. 이런 것이 기후행동을 가로막는 전형적인 **문화적 장벽**이다. **물리적 조건에 의한 장벽**도 있다. 추운 지방에서는 실내온도를 낮추기 어렵고, 대도시 외곽에 사는 사람이 자동차를 이용하지 않고 살아가기가 쉽지 않고, 낡은 건물의 에너지 효율을 당장 개선하기가 어려운 것이다. **경제적 장벽**도 무시할 수 없다. 저소득층 가구나 영세업자는 주택이나 일터 건물에 단열재 시공을 하고 싶어도 그렇게 할 자금이 없다. 또한 자기 집이나 직장에서 온실가스 배출을 줄이려면 어떻게 해야 할지를 알기 어려운 **정보 접근의 장벽**도 있다. 기후행동을 어렵게 만드는 이러한 **사회구조적 장벽들**은 개인 차원을 넘어서는 문제이고 기후변화를 줄이기 위한 행동에 나서는 것을 제약하는 요인이 된다.[338]

이 점을 좀 더 체계적으로 살펴보자.[339] 우선 기후행동을 억제하는 '사회·문화적 규범의 장벽'이 있다. 인간은 자신이 속한 집단의 구성원들로부터 사회적 영향을 크게 받는다. 타인의 겉모습이나 행동이나 생활 방식을 모방·답습하려는 '묘사적 규범'의 영향이 있다("요즘은 4도어 냉장고가 대세라 하더군"). 또 타인이 우러러보고 칭찬해주고 인정해주는 가치나 목표에 자신을 맞추려는 '지침적 규범'의 영향도 받는다("내가 체면이 있지, 경차를 어떻게 몰아"). 탄소 자본주의적 규범의 영향을 많이 받을수록 기후행동보다 자신이 속한 집단의 준거기준에 맞춰 행동할 것으로 예상할 수 있다.

다음으로 '사회연결망의 구조적 장벽'이 있다. 사람의 행동에 대한 지식과 정보는 미디어를 통하거나 자기 주변 지인들과의 접촉을 통해 전파된다. 우선 기후변화와 같은 주제는 이야깃거리 자체가 안 될 때가 많다.[340] 어떤 카톡 모임을 상상해보자.

촌철살인의 일침을 날리고, 각자 취향에 대해 세련된 품평을 내리고, 심각한 주제를 위트 있게 받아넘기는 분위기를 즐기고, 서로 즐겁게 대화를 주고받는 커뮤니티가 있다. 그런데 이 모임에서는 드러내놓고 말은 하지 않아도 탄소 자본주의적 생활양식—연봉 인상이나 해외여행이나 새 승용차와 같은—을 자연스럽게 받아들인다. 이런 그룹에 속한 '내'가 커뮤니티의 분위기를 깨면서까지 기후위기에 대해 목소리를 낼 수 있을까? 쉽지 않을 것이다.[341]

이해관계에 따라 어떤 집단의 문화가 결정되기도 한다. 석유산업으로 지역경제가 돌아가는 캐나다 앨버타주에서는 환경이나 생태, 온실가스의 문제점에 대해 말을 꺼내기도 힘든 험악한 분위기가 존재한다. 그런 이야기를 꺼내는 순간, 주민들의 생계를 가로막는 '역적' 취급을 당하기 십상이다. 일종의 '상징적 폭력'이 지배하는 담론 공간에서 개인의 행동은 제한적일 수밖에 없다.[342]

불평등한 사회구조와 개인의 선택지

사회학자 카리 마리 노르가르드Kari Marie Norgaard는 기후행동을 제약하는 사회·문화적 장벽을 이렇게 정리한다.

어떤 특정한 정치·경제적 맥락에서는 사람들이 기후변화에 관한 걱정스러운 정보를 적극적으로 회피하려는 경향마저 나타난다. 두려움과 죄책감과 무기력함에 직면하고 싶지 않고, 기존의 문화적 규범을 그대로 따르고 싶고, 자신과 자신이 속한 나라의 원래 모습을 그대로 유지하고 싶어 하기 때문이다.[343]

이런 장벽 때문에 기후변화에 관해서 대중 사이에 '침묵의 나선'이 존재한다고 한다.[344]

자신이 속한 사회 구성원들의 준거기준과 규범에 순응하라는 내적-외적 압력은 '문화접변'이 이루어지는 메커니즘과 유사하다. 문화접변 이론에 따르면 사람들은 어떤 강제 규정에 의한 구속이 없어도, 어떤 가치에 대한 내적 동의가 없어도 사회 준거집단의 규범을 추종하는 경향이 있다. 너무 튀지 않고 다른 사람들과 맞춰 지내야 '존재론적 평안'을 느끼는 사람이 많다. '내'가 따르는 준거집단이 탄소 자본주의적 생활양식을 압도적으로 유지하는 한, '내'가 존재론적 평안을 깨면서까지 기후행동에 나설 개연성은 적다. 이처럼 사회·문화적 장벽 앞에 가로막힌 개인은 자신이 할 수 있는 일이 너무 적다는 '주체 행위성의 한계'를 느낄지도 모른다.

사회조직과 문화가 탄소 자본주의에 의해 일정한 방향으로 형성되어 있을 때 개인의 '선택'이란 아주 좁은 의미에서의 선택일 뿐이다.[345] 대중교통을 이용하느냐 승용차를 이용하느냐 하는 선택은 교통수단만을 놓고 보면 선택이라 할 수 있지만, 더 근본적 차원에서 보면 진정한 선택이라 할 수 없다. 대중교통을 선택한다 해도 애초에 왜 멀리까지 이동해야 나의 일터에 출근할 수 있도록 사회 전체의 생산양식과 도시 구조가 정해졌는가? 내가 먹는 음식, 사용하는 전기와 물, 입는 옷과 거주하는 집이 생산되고 유통되고 공급되는 전 과정이 애초에 어떻게 해서 그런 식으로 구축되었는가? 왜 그토록 거대한 산업시스템이 내 삶의 모든 부분을 좌우하게 되었는가?

이런 점들을 숙고해보면 왜 보통 사람들이 사회·문화적 장벽을 젖히고 기후와 환경을 위한 행동에 나서기가 쉽지 않은지 짐작할 수 있을 것이다. 개인의 환경친화적 선택은 당연히 중요하고 권장해야 할 일이다. 하지만 처음부터 선택지가 제한되어 있는 현실을 외면해서는 안 된다는 뜻이다.

빈곤과 불평등도 기후행동의 장벽이 된다. 당장 생계가 곤란한 사람들에게 안정된 경제적 토대를 제공하지 않으면서 기후대응을 위한 희생을 강요한다면 그들은 자신의 투표권을 행사하여 정부를 거부할지도 모른다. 지금도 삶이 팍팍한 사람들은 아무리 기후위기가 극심해져도 자기들을 더 불리하게 만들 정책을 지지하지 않을 것이다.

역으로, 노동자들이 노동조합의 보호를 받는다면 탄소 배출 업종의 직업 전환과 신기술 도입에 덜 적대적이 될 것이고, 더욱 누진적이고 공평한 세제가 있다면 사람들은 정부의 온실가스 감축 정책에 더 호의적이 될 것이다.[346]

한 조사에 따르면 가구 월소득 800만 원 이상인 사람 중 37퍼센트가 재생에너지 개발 및 사용 비중을 대폭 늘리고 이를 위해 시민들이 전기료 인상과 같은 부담을 받아들여야 한다고 대답한 반면, 월소득 200만 원 미만인 사람은 31퍼센트만이 그렇게 응답했다.[347] 빈곤과·불평등 문제를 해결하지 않고 대중의 환경의식과 생태 윤리에만 기대어 기후문제를 풀려고 한다면 정치적으로 큰 낭패를 볼 수도 있다.

다시 기후위기의 책임을 묻는다

2부를 마치면서 다음과 같은 질문을 다시 해볼 수 있다. 기후위기의 책임을 따지는 일이 왜 필요한가? 어차피 벌어진 일인데 사건의 수습에만 집중하는 편이 낫지 않은가?

첫째, 화석연료에 기반한 산업 발전이 처음부터 식민 지배 및 착취와 함께 진행되었으므로 이 시대에 기후위기 대응책을 강구할 때 남반구와 북반구 사이의 과거사에 관한 입장을 적어도 원칙적으로 정하지 않을 수 없다. 둘째, 국가별 책임을 묻지 않는다면 파리 체제에서 구축한 국가별 온실가스 감축분의 약정을 이행하기 어렵다. 셋째, 미국을 위시한 주요 책임국들의 책임을 묻지 않으면 유의미한 전 세계 온실가스 감축의 청사진을 그릴 수 없다. 넷째, 석유 메이저들의 책임을 묻지 않으면 이런 부류의 경제 주체들이 앞으로도 계속 기후위기를 줄이지 않는 방향으로 행동할 가능성이 높다. 다섯째, 산업화된 군대의 온실가스 책임을 묻지 않으면 기후위기를 계기로 전 세계 안보 위기가 더 커질 가능성이 있다. 여섯째, 신자유주의의 책임을 묻지 않으면 지금 현재 통용되는 온실가스 감축의 신자유주의적 해법에 대한 문제점을 지적하기 어려워진다.

기후위기에 대응하기가 어려운 이유는 다면적이다. 석유 기업의 로비와 저항, 이념적 신념에 기댄 과학적 사실의 거부, 정치의 복합성과 집합적 행동의 난점, 미디어의 편향, 개인의 심리 등이 다 중요한 이유들이다.

그나마 최근 들어 한국 사회에서 기후변화를 중요한 이슈로 간주하는 여론이 조금씩 늘어나는 것은 고무적인 변화다.[348] 그러나 그 비율이 아직도 낮은 편이며 기후변화에 대한 '팩트'를 인식한다고 해서 반드시 행동이 따른다고 할 수는 없다.

이런 질문을 할 수도 있을 것이다. 산업혁명 이래 어쨌든 인류의 삶이 극적으로 개선되지 않았는가? 그 과정에서 화석연료가 엄청난 역할을 하지 않았는가? 온실가스가 나중에 어떤 문제를 발생시킬지 어떻게 미리 알 수 있었겠는가?

일리 있는 질문이다. 그러나 온실가스의 기온 상승 효과가 과학적으로 입증된 1960년대 말 이후부터는 책임 있는 기업 주체로서 '주의 관찰의 의무'를 저버렸음을 지적하지 않을 수 없다. 백 보를 양보해도 1990년 IPCC에서 공식적으로 온실가스 효과를 발표한 이후에도 계속 기후대응을 방해한 것은 도저히 묵과할 수 없는 범죄행위라 하지 않을 수 없다.

또 이런 질문도 할 수 있을 것이다. 경제발전의 혜택을 모든 사람이 누리지 않았는가? 그러므로 온실가스의 책임을 모든 사람이 나누어 져야 하지 않겠는가? 역시 일리 있는 질문이다. 그러나 인간의 사회적 성격을 감안할 때 사회·문화적 장벽이 개인의 의지나 의향과 상관없이 개인의 행동을 형성할 수 있음을 기억해야 한다. 우리에게 주어진 사지선다식 문항들은 화석연료 경제체제가 출제한 문제들이다. 우리는 그 안에서 하나의 답을 선택할 수 있을 뿐 우리가 직접 출제를 하거나 문제 바깥에서 답을 고를 수 없다. 우리가 어떤 답을 골라도 탄소 자본주의라는 부처님 손바닥 안에서의 선택일 뿐이다.

물론 화석에너지를 쓰는 모든 개인에게 조금씩 책임이 있는 것은 사실이다. 그리고 개인의 윤리적 선택은 그 자체로서 장려되어야 마땅하다. 그러나 애초 그런 시스템으로 사회구조를 만들고 탄소 카르텔을 계속 확장해온 측의 책임과는 양적으로 비교를 할 수 없을 정도다.

그러므로 기후위기 대응에 있어서 "착한 인간을 만드는 것이 목표가 아니라, 사람들이 바뀔 수 있는 조건을 형성하는 것이 목표가 되어야 한다."[349] 정리하자면 개인적으로 생태 윤리를 지키려 노력하되 더 큰 문제에 대한 시각을 놓치면 안 된다.

기후위기의 원인과 책임을 생각해보면 우리가 이 문제를 다루는 방식이 얼마나 모순적인 바탕 위에 세워져 있는지 알 수 있다. 온실가스를 유발하는 생산과 소비 체제, 그것을 지탱하는 정치, 경제, 사회, 문화, 군사 체제가 원인 제공자들인데 왜 이 문제를 환경의 틀에서만 다루려 하는가? 바로 이 때문에 기후위기를 환경문제로 간주하는 한 기후위기에 대처할 수 없다고 하는 것이다.

지금까지 2부에서는 기후위기가 발생하게 된 근본적인 책임을 따지면서 기후위기가 왜 풀기 어려운 문제인지, 어떤 장벽이 국가와 개인으로 하여금 적절한 기후행동에 나서기 어렵게 만드는지를 살펴보았다. 3부에서는 인권의 관점에서 기후위기 문제에 접근하여 이런 고질적인 장벽을 낮출 방안을 알아본다.

3부

권리를 방패 삼아 위기에 맞서다

어째서 인권문제로 봐야 하는가

기후변화는 21세기 인권에
가장 심각한 도전이다.

메리 로빈슨Mary Robinson(전 유엔 인권최고대표)

지속가능 환경으로 가는 길은
인권으로 포장되어 있다.

이스라엘 버틀러Israel Butler

오스트레일리아와 캘리포니아의 초대형 산불은 기후위기의 현재성을 보여주는 극적인 사례다. 많은 사람이 죽고 다치고, 엄청난 재산 피해를 입었다. 지옥과 같은 광경을 실시간으로 접한 세계인들은 기후위기가 더 이상 멀리 떨어진 현상으로만 볼 수 없는 문제임을 절감했다. 이런 기상 재난들은 기후위기를 비극적으로 인간화해서 우리에게 생생히 각인시킨다.

최근에 겪고 있는 코로나19 사태도 마찬가지다. 기후변화, 환경파괴, 야생동물 밀매, 도시화, 지구화, 공장식 축산 등이 신종 감염병의 창궐 배경이 된다는 점은 이미 앞에서 지적했다. 이렇게 거대한 인과의 연결망 속에서 우리는 사람의 생명, 건강, 경제, 교육, 인생 계획이 한꺼번에 휘청거리는 뼈아픈 경험을 했다. 또 기후위기가 인권에 얼마나 치명적인 영향을 끼칠 수 있는지도 목격했다.[350]

사람만 기후위기의 피해를 입는 것은 아니다. 기후위기는 지구의 생물다양성을 파괴한다. 여섯 번째 대멸종의 시대에 이미 접어든 상태다. 그런데 우리가 기후행동에 나서기 위해서는 우선 이 위기를 구체적인 인간 고통의 문제로 번역해 접근하는 편이 여러모로 유용하다.[351]

'인권에 기반한 접근' 방식으로 기후위기에 대응하면 그것 자체가 중요한 대책이 되기도 하고, 사람들에게 기후행동에 나서게끔 하는 강력한 동기부여를 할 수도 있다. 기후위기를 인권으로 맞서자고 해서 '인간의 권리'만 주장하자는 말은 아니다. 일단 인권으로 시작하되 기후위기에 대한 민감도를 높이면서 더욱 본질적인 생태의 관점으로 나아가야 마땅하다.

3부에서는 기후위기를 어째서 인권문제로 봐야 하는지를 묻는다. 인권으로 기후위기 문제에 접근하면 어떤 장점이 있는지는 1부에서 소개했으므로 3부에서는 기후위기로 인해 침해되는 다양한 인권의 종별과 집단, 인권에 기반한 접근의 의미, 기후환경 분야와 인권 분야가 기후위기를 계기로 만나게 된 과정 등 좀 더 구체적인 내용을 알아볼 것이다.

15장 기후위기와 인권의 기본 구도

절차적 권리와 실질적 권리

기후위기를 둘러싼 인권은 크게 보아 절차적 인권과 실질적 인권으로 나눌 수 있다. 우선 절차적 인권은 기상 재난을 포함한 모든 심각한 사태에서 사람들이 그 사태의 대처 방식과 관련해 국가에 요구할 수 있는 일련의 권리를 뜻한다. 모든 사람은 긴급 상황에서 필요한 '정보에 접근할 수 있는 권리'가 있으며, 이것은 역으로 모든 '정보를 투명하게 공개할 의무'를 국가에 부과한다.

시민들은 국가에 대해 정치적 책임을 제대로 수행했는지를 추궁할 권리가 있다(정치적 책무성). 또 자신에게 중요한 영향을 줄 수 있는 정책의 결정 과정에 자신의 욕구와 의사를 반영시킬 수 있는 '참여권'이 있다. 위기 상황에서 이러한 절차적 권리들은 평소에 자신의 목소리를 대변할 기회와 통로가 적었던 취약계층, 소수집단에게 특히 중요하다.

실질적 권리는 기후위기로 인해 구체적으로 침해되는 권리를 뜻한다. 생명권, 건강권, 생계권 등의 권리가 여기에 해당된다. 어떤 실질적 권리가 침해받는지를 어떻게 찾아낼 수 있을까? 세 단계 확인 방법을 활용할 수 있다.[352] 해수면 상승의 예를 들어보자.

첫째 단계에서는 기후변화가 자연에 초래하는 영향을 따진다. 바닷물이 높아지면 홍수, 해일, 해안 지질 침식, 토지와 담수에 바닷물이 새어 들어가는 염류화가 일어난다.

둘째 단계에서는 자연의 변화가 인간 사회에 미치는 영향을 따진다. 경작지와 주거지가 유실되고, 익사 사고와 상해 사고의 빈도가 늘어난다. 연안 지역의 인프라, 가옥, 재산에 피해가 오고, 콜레라와 같은 수인성 질환이 늘어난다. 농경지가 농사를 짓기 어려운 땅으로 변하고 해변 경관이 훼손되며 관광업이 타격을 입는다.

셋째 단계에서는 인간 사회에 미치는 영향들을, 「세계인권선언」과 국제인권법에 규정되어 있는 인권 목록과 하나씩 교차 대조하여 침해된 인권을 확정한다.[353] 예컨대 해수면 상승으로 인한 인간적 차원의 피해는 다음과 같은 권리침해로 규정된다. 유엔 「자유권규약」과 「사회권규약」 1조에 규정된 '자기결정권' 침해, 「자유권규약」 6조의 '생명권' 침해, 「사회권규약」 12조의 '건강권' 침해, 「여성차별철폐협약」 14조와 「아동권리협약」 24조의 '식수권' 침해, 「사회권규약」 1조의 '생계권' 침해, 「사회권규약」 11조의 '생활수준 유지권' 침해, 「사회권규약」 12조의 '적절한 주거권' 침해, 「자유권규약」 27조의 '문화권' 침해, 「세계인권선언」 17조의 '재산권' 침해 등.

이런 방식을 폭염, 태풍, 산불, 전염병 등의 상황에 대입하면 기후위기로 인한 인권침해의 전체 그림이 그려진다.

기후위기로 침해되는 인권

이 절에서는 기후위기로 침해되는 실질적 권리들을 간략하게 살펴본다. 이 절의 설명은 유엔 인권최고대표사무소의 분류 방식을 수정·보완한 바탕 위에 관련 내용을 추가한 것이다.[354] 여기에 소개된 권리들은 대표적인 예시일 뿐이다. 기후위기의 핵심은 불확실성이므로 미처 예상하지 못한 문제로 인해 앞으로 다양한 인권침해가 발생할 수 있다.

생명권

생명권은 모든 인권의 제일 앞자리에 있는 권리다.[355]

초대형 태풍과 같은 '급격한 개시' 사건은 사람의 생명을 직접적으로 위협한다. 중앙재난안전대책본부는 2019년 10월 태풍 미탁으로 12명이 사망하고 3명이 실종되었다고 밝혔다.[356] 극한 기상이변은 특히 인프라가 취약한 개도국에서 수천 명의 사망자를 발생시킬 때도 있다. IPCC는 기후위기로 생명권이 직접 침해될 가능성의 확실도가 '중간 수준에서 높은 수준 사이'라고 밝힌다.

폭염이나 가뭄 또는 매개체 감염질환과 같은 '완만한 개시' 사건으로도 사람들이 생명을 잃는다. 정부의 발표에 따르면 2011~2019년에 폭염 사망자는 134명이었다.[357] 그러나 홍윤철 교수 팀의 조사에 따르면 정부 발표보다 최대 20배 이상이 사망했다. 연구 팀이 2006~2017년 통계청에 등록된 14세 이상 사망자 313만 명의 사망 원인을 기상자료와 연결 지어 분석한 결과 총 1,440명이 폭염과 관련해 사망한 것으로 나타났다.[358] 2018년 여름 한국에서 발생한 폭염 사망자를 질병관리본부는 48명으로 발표했지만 통계청 자료를 분석하면 160명이 사망한 것으로 나타난다고 한다.[359]

국립재난안전연구원은 빅데이터를 활용해 여름철 한 달간 폭염이 계속될 경우 2주째 첫 사망자가 발생한 후 3주째에는 온열질환자 및 사망자가 폭증하고 4주째에는 '폭염 지옥'이 되어 초과 사망자가 1만 명을 넘을 것이라는 시나리오를 발표하기도 했다. 이때 폭염으로 피가 말라 헌혈 수급 대란이 발생하고 경기침체가 장기화되며 물 분쟁 지역 간 갈등도 심화될 것이다.[360]

전 세계적으로 2030년까지 '완만한 개시' 사건에 의한 사망자가 매년 70만 명을 상회할 것으로 추산된다. 또 2030~2050년에 매년 영양실조, 말라리아, 설사 등으로 25만 명 이상이 초과 사망할 것으로 예상된다.[361] 시카고대학 연구진에 따르면 2100년이 되면 기후변화로 인한 사망자가 현재 모든 암 사망자 혹은 모든 감염병 사망자와 비교될 만한 수준으로 높아질 것이라고 한다.[362]

스탠퍼드대학 연구 팀에 따르면 지구온난화는 사람들의 자살률을 높인다. 기온 상승이 정신 건강을 크게 해치기 때문이다. 현재의 기온 상승이 계속될 경우 2050년까지 미국과 멕시코에서 평소보다 2만 1,000명이 추가로 극단적 선택을 할 것이다. 기후변화가 사회경제적 격차에 따라 취약계층에게 더 큰 피해를 주는 경우가 많지만 더운 날씨에 의한 자살은 계층과 무관하게 모든 사람이 악영향을 받는 것으로 밝혀졌다.[363]

생계권

「세계인권선언」 25조는 적합한 생활수준을 누리고 생계를 유지할 권리를 규정한다.

모든 사람은 자신과 가족의 건강과 안녕에 적합한 생활수준을 누릴 권리가 있다. (…) 자신의 힘으로 어찌할 수 없는 형편이 되어 생계가 곤란해진 모든 사람은 사회나 국가로부터 보호를 받을 권리가 있다.

생계란 삶의 수단을 유지하는 데 필요한 역량, 자산, 활동을 뜻한다. 기후변화는 인적, 사회적, 자연적, 물리적, 경제적 자산에 악영향을 주어 사람들의 생계권을 심각하게 침해한다.[364]

기후변화가 생계에 직접적인 영향을 미치는 대표적인 분야로 농업, 수산업, 계절성 경제활동을 들 수 있다.

농업은 기후변화에 특히 민감하고 농민의 피해는 즉각적이다. 이상저온, 이상고온, 가뭄, 태풍 등으로 한 해 농사를 완전히 망치는 경우도 적지 않다. 기온이 오르면 쌀 불임률이 높아지면서 15~35퍼센트까지 생산이 감소한다. 시설채소 작물의 생산성도 떨어진다. 가축은 폭염으로 면역력이 떨어지고 스트레스가 증가하면 번식, 증체량, 우유량이 줄어든다. 가축 질병 및 전염병의 확률도 높아진다. 산간 내륙지역에서 물의 증발량이 늘고 수자원이 감소한다. 홍수와 태풍으로 연안 농경지의 침수 피해가 늘어난다.[365]

어업 역시 기후변화로 큰 타격을 받는다. 우선 해양환경이 변하면서 해수면 온도가 높아진다.[366] 한반도 연근해의 해수 온도는 전 세계 평균보다 더 빨리 올라가고 있다. 수산자원이 변하면서 찬물 어종이 대폭 감소했다. 해파리와 같은 해적생물이 급증하여 조업 환경뿐 아니라 관광산업에도 타격을 준다. 바다 사막화 또는 백화현상이라 불리는 '갯녹음' 현상이 발생해 어류 및 조개류에 도움이 되는 해조류가 사라지고 석회조류가 대량으로 번식해서 어민들에게 막대한 피해를 준다.[367] 수온과 해양생물 생존조건이 변하면서 양식업에도 엄청난 피해가 발생한다.

기후변화로 인해 생계에 타격을 받은 인권침해에 대응하기 위해 '생계 회복력', 즉 세대를 초월하여 모든 사람이 환경적, 경제적, 사회적, 정치적 난관이 닥쳐도 자신의 생계 기회와 안녕을 유지·개선할 수 있는 역량을 기르는 일이 급선무가 되었다.[368] 기후위기로 생계가 타격을 입었을 때 인권 원칙에 따라 생계 회복력을 유지할 수 있도록 돕는 기후정책을 마련해야 한다.

건강권

세계보건기구와 유엔 인권이사회는 기후변화로 특히 건강권이 침해된다는 견해를 반복해서, 강력하게 경고해왔다.[369] 급격한 개시 사건(기상이변, 산불, 태풍, 전염병 등)이든 완만한 개시 사건(폭염, 미세먼지 등)이든 기후위기가 인간 건강에 미치는 악영향은 넓고도 깊다. 실제로 기후위기로 인한 '기후민감성 질환'은 너무 다양해서 일일이 열거하기 어려울 정도다.[370]

계절성 질환, 말라리아와 뎅기열 같은 매개체 감염질환, 비브리오, 설사, 심장질환, 폐질환, 신장질환, 진드기에 의한 라임병 등 온갖 종류의 건강 문제를 야기한다.[371] 건강권 침해는 유엔 「기후변화협약」에도 기후변화의 주요한 폐해로 지목되어 있다. 건강 악화와 수명 단축이 함께 발생하는 경우도 많다.[372]

정신 건강도 기후위기의 영향을 많이 받는다. 산불, 태풍, 폭우 등 급격한 개시 사건을 겪은 후에는 외상후스트레스증후군과 비슷한 정신보건 문제가 나타난다. 또 기후위기에 대한 염려 때문에 불안, 초조, 우울, 강박, 답답함, 불면 등을 호소하는 '생태 불안장애eco-anxiety'도 늘어나는 추세다.[373] 재난이 발생했을 때 정부의 대응이나 재난 사태에 대한 불만이 합쳐져 분노가 늘기도 하고, 무기력, 불공정감, 울분, 심하면 공황발작이 나

타나기도 한다.[374]

감염병 역시 지구화와 기후변화로 더욱 확산되고 있다.[375] 세계보건기구를 위시해 많은 전문가들이 2020년 한국과 전 세계에 역사적인 규모의 피해를 준 코로나19 사태와 같은 감염병이 기후변화의 맥락에서 발생할 것이라고 오랫동안 경고해왔다.[376] 코로나19를 겪으면서 우리는 기후위기가 언젠가는 닥칠 미래의 재난이 아니라 우리가 이미 그 속에 들어가 있는 위기임을 새삼 깨달을 수 있었다.[377] 세계보건기구도 「기후변화협약」의 규정에 따라 기후변화의 건강 영향도를 각국별로 모니터링하고 있다.[378]

대기오염과 미세먼지도 기후변화 및 기류 변화와 연관된다.[379] 공기오염으로 인해 전 세계적으로 매년 700만~900만 명의 조기 사망자가 발생한다. 특히 초미세먼지는 혈류를 타고 온몸의 장기로, 심지어 뇌 속으로까지 파고들면서 다양한 건강 문제를 야기한다.

기후변화는 아동, 임산부, 노인, 장애인, 만성질환 보유자를 비롯한 다양한 집단의 건강을 해치고 악화시킨다. 한국 국민 중 55퍼센트 이상이 세계보건기구가 권고한 수준의 2배가 넘는 초미세먼지(PM-2.5)에 노출되어 있다. 이는 OECD 국가 중 최악의 수준이다.[380]

자기결정권

모든 인민 집단들peoples이 자기 집단의 삶의 방식, 정치적 의사, 경제·사회·문화적 발전을 자유롭게 선택할 권리가 유엔 「자유권규약」과 「사회권규약」에 공통적으로 나와 있다. 이미 토착민(원주민)들은 기후위기로 삶의 터전을 빼앗기고 공동체로서 정체성을 지키며 살 수 없는 형편이 된 경우가 많다. 작은 섬나라 국민들, 저개발국, 저지대 거주 주민 중 많은 이들이 해수면 상승과 가뭄 등으로 이산민이 되었고 조만간 그렇게 될 처지에 놓여 있다. 수몰 위험에 내몰린 섬나라 사람들은 정치적 영토주권이 소멸될 운명 앞에 놓여 있기도 하다.

발전권

「유엔 헌장」은 세계 각국이 "경제적·사회적 진보와 발전의 조건"을 증진해야 한다고 규정한다. 유엔은 1945년 창설 때부터 전 인류의 평화와 안보Peace & Security, 인권Human rights, 발전Development을 세 축으로 한 'PHD 세계질서'를 이상으로 내세웠다.

1986년의 유엔 「발전권선언」에서는 '발전'을 확실한 인권으로 격상시켰다. 이른바 '제3세대 연대의 권리'가 탄생한 것이다.[381] 그러나 기후위기는 빈곤국을 포함한 많은 나라의 발전권을 심각하게 위협하는 요인이 되었다. 기후위기는 개도국에서 수십 년 동안 어렵사리 이루어놓은 경제적·사회적 발전의 결실을 하루아침에 물거품으로 만들 위험이 크다.

기후위기에 적절히 대응하지 못하면 발전은 고사하고 빈곤퇴치를 통한 형평성의 달성이라는 최소한의 목표도 사라질 수 있다. 그래서 유엔 지속가능발전목표SDGs 13항은 기후변화에 적절히 대처해야만 지속가능 목표를 달성할 수 있다고 강조한다.[382] 많은 개도국에서 교육, 보건, 농업 지원 등 발전에 써야 할 예산과 자원을 기후위기의 여파를 처리하기 위해 전용하고 있는 실정이다. 남반구 개도국들은 발전권 침해를 기후위기에 따른 가장 심각한 인권문제로 보는 경향도 있다.

2부에서 보았듯이 남반구 개도국 특히 극빈국들은 식민 지배의 유산에다 기후위기의 부담까지 지고 있는 형편이다.[383] 저개발국의 역사적 형평성과 현재의 발전 욕구를 감안한 기후대응은 유엔 「기후변화협약」 초기부터 계속 제기되어온 쟁점이었다. 개도국 발전권을 위해서는 형평성, 에너지 접근성, 기술이전과 재정지원이 필수적이다.[384] 그러나 남반구에서 요구하는 발전권이 반드시 경제적·사회적 의미의 욕구 충족만은 아니다. 기후변화에 적응할 수 있는 역량 제고도 포함된다. 예를 들어 재난에 대응할 수 있는 역량 강화, 주민들의 생명과 재산 보존 역량 강화 등의 사안도 발전권에 속한다고 할 수 있으며, 이런 것들은 그 자체로서 기후변화 대응책이 될 수 있다.

식량권

기후위기로 인한 가뭄, 홍수, 해충 등으로 농사를 망쳐 식량안보가 위협당하는 일이 전 세계적으로 대폭 증가했다. 2020년 동아프리카의 일곱 나라에서 시작해 중동, 중국까지 퍼진 국제 규모의 메뚜기떼 습격이 좋은 예다. 구약성경에 나오는 재앙을 연상시키는 전대미문의 사건이 발생한 것이다.[385] 2020년의 봄철 냉해와 기록적 물난리로 1년 농사가 '폭망'해서 농산물 가격이 앙등한 경험도 겪었다.

세계은행은 산업혁명 이전에 비해 지구의 기온이 2도 이상 상승하면 매년 1억~4억 명이 추가로 영양실조에 빠지고 300만 명 이상의 추가 사망자가 나올 것으로 추산한다. 개도국에서 여성 노동인구의 3분의 2, 특히 아프리카에서는 여성 노동인구의 90퍼센트가 농업에 종사한다. 기후위기로 작황이 나빠지면 이들은 식량과 소득에 결정적인 타격을 입는다.

2020년 노벨평화상을 받았던 유엔 세계식량계획WFP이 최근 대규모로 인도적 지원 활동을 펼친 곳이 기후위기의 타격을 받았던 수단, 예멘, 이라크 등이었다.

기후위기와 연결되어 있는 생태계의 질서도 식량에 큰 영향을 준다. 생태계가 교란·파괴되면 몇 단계 거쳐 곧 인간에게 영향을 끼치기 때문이다. 생태계 질서가 무너지면 식물의 광합성에서 시작해 곤충, 조류, 포유류 등으로 이어지는 먹이사슬의 꼭짓점에 있는 인간에게 식량안보 문제가 발생할 수밖에 없다. 생태의 인과망을 볼 수 있는 눈이 더욱 필요해졌다.

담수의 염류화, 사막화, 그리고 농업용수 부족도 식량권에 곧바로 영향을 준다. 식량 생산은 단순히 농업 부문만의 문제가 아니라 전체 물 사용, 전체 에너지 사용과 연관된 '물-에너지-식량' 연계(넥서스)의 맥락에서 민감하게 영향을 받기 때문이다.[386] 기후위기 상황에서 한국처럼 식량자급률이 낮은 나라는 식량권에 치명적인 위협을 받을 수 있어서 먹거리 주권은 기후변화 시대에 더욱 중요한 인권으로 간주되기 시작했다.[387]

농업, 환경, 건강 문제에 관한 국제 연구 단체인 랜싯 식량위원회The EAT-Lancet Commission가 지적하듯 식량 문제는 나라의 발전 전략과도 밀접한 관련이 있다. 공산품을 수출하고 농산품을 수입하는 무역구조를 가진 나라일수록 식량자급률이 떨어지고, 저렴하고 질이 낮고 불건강한 가공식품과 정크푸드가 시중에 쏟아져 나올 가능성이 크다.[388]

이때 국민은 '적절한 먹거리'에 대한 권리를 누리지 못하고, 비만, 당뇨, 고혈압 등 각종 성인병에 시달린다. 이러한 '기저질환'을 가진 사람은 코로나19와 같은 사태에서 제일 먼저 희생되곤 한다. 요컨대 온실가스를 많이 배출하는 수출산업 비중이 큰 나라일수록 낮은 식량자급률, 적절한 먹거리 인권과 건강권이 불안정해지기 쉽다.

식량자급률이 낮은 한국도 식량 위기로부터 자유롭지 않다. 기후변화로 인한 식량 생산의 불안정, 그리고 신자유주의적 지구화로 인한 농업 구조조정의 시스템적 제약 때문에 전 세계 식량 소비가 생산을 초과한 상태가 되었음을 기억해야 한다.[389] 설령 '달러'가 있어도 농산물 수입에 문제가 발생할 수 있음을 가정해야 하는 상황이 온 것이다. 낮은 식량자급률을 높이고 국내 농업 부문을 활성화하는 과제는 이제 정책 선택의 문제가 아니라 인권의 관점에서 보아야 한다.

물 권리와 위생권

물 자원의 사용과 향유는 「자유권규약」「사회권규약」과 그 「일반논평」「여성차별철폐협약」 등에서 중시하는 권리다. 기후위기로 아열대의 대다수 건조지역에서 지표수와 지하수가 마르고 있다. 물 부족 사태는 선진국, 개도국, 농촌, 도시를 가리지 않고 일어난다.

농촌에서는 농업용수의 부족으로 농업 활동에 지장을 받고, 도시에서는 상수원의 고갈로 도시 거주민의 수돗물 공급이 끊기는 사례가 늘었다. 세계자원연구소WRI가 2019년에 발표한 물 부족 위험 국가 순위에 따르면 조사 대상 150개국 중 한국은 중상위 위험군에 속한 53위였다.[390]

이미 전 세계에서 나타나기 시작한 현상이지만 기후위기로 인해 단전, 단수 사태가 벌어지면 사회질서가 무너지고 정부의 정치적 정당성이 흔들리게 된다. 남아공 케이프타운에서는 2017년 수원지 저수량이 너무 낮아져 급수가 전면 중단될 수 있는 '데이 제로Day Zero' 상황 직전까지 갔었다.

기온이 2도 이상 오르면 전 세계 10억~20억 명이 물 부족을 겪게 될 것으로 추산된다. 물 부족 상황 때문에 특히 개도국에서 성인 여성과 여아가 더욱 먼 곳으로 물을 길으러 가야 하는 경우가 늘었고, 생리, 임신, 출산과 관련된 여성 고유의 위생 욕구가 침해되는 일이 잦아졌다.

인도차이나 지역은 2020년 현재, 사상 최악의 가뭄으로 인한 식수와 농업용수 부족, 메콩강 수위 저하, 염분 침투로 인한 농업 황폐화 등으로 농민들의 생존권, 생계권이 박탈당하고 있다. 메콩강 수역에 위치한 베트남, 라오스, 캄보디아, 태국, 미얀마 등 일부 지역은 세계적인 쌀농사 곡창지대였지만 이제 주민들이 끼니를 걱정해야 할 정도가 되었다.[391] 동남아 농민들의 물 확보 문제는 계속 이 지역의 주요 인권 현안이 될 가능성이 높다.

주거권

적절한 주거 조건 확보는 경제적·사회적 권리에서 중요하게 취급되는 항목이다. 극한 기상이변으로 가옥이 파괴되면 사람들의 삶은 당장 심각한 영향을 받는다. 가뭄, 토양침식, 홍수와 같은 재해로 이산민과 이주민이 증가하고 버려진 땅은 사람이 거주하기에 부적합한 곳으로 전락하기 쉽다.

해수면은 설령 지구가열화가 안정된다 하더라도 앞으로 수백 년 이상 계속 상승할 것이므로 저지대는 주거 불가능한 수몰 지역 또는 상습 침수 지역이 될 가능성이 높다. 전 세계에서 해수면이 1센티미터 상승할 때마다 평균 100만 명이 피해를 입는다고 추산된다. 남태평양의 섬나라 키리바시의 대통령은 바다에 잠길 섬나라 주민들에게 주거권을 포함한 주요 인권이 보장되는 '존엄을 갖춘 이주'가 확보되어야 한다고 호소하기도 했다.

복지권

기후변화 취약계층이란 기후변화에 취약한 인구 집단으로서, 일반적인 취약계층뿐 아니라, 기후현상에 노출되어 다른 계층과 비교해 그 피해가 심각하거나 지속적으로 반복해서 나타나는 집단을 말한다.[392] 이들은 지역의 환경 차이에 따라 지리적으로 다른 형태의 피해를 입는 경향이 있으며 건강, 돌봄, 생계, 노동, 교육, 사회적 지지망, 공공서비스 접근성, 재난 안전, 주거 조건 등 복합적인 사회권-복지권상의 불이익을 겪을 가능성이 크다.

제2차 「기후변화적응 기본계획」(2019)에서는 기후변화 적응과 관련한 기본 방향을 한국 사회의 기후 회복력 제고와 취약계층 지원 강화로 규정했다.[393] 특히 기상이변으로 노년층과 장애인을 대상으로 한 복지 수요가 늘어날 것으로 예상되지만 노인 주거, 장애인의 지역사회 통합, 의료복지 관련 시설은 부족한 상태다.

환경부는 기후변화 취약계층을 경제적 취약계층(기초생활수급자, 차상위계층, 복지 사각지대의 일반 저소득자), 사회적 취약계층(한부모가정 어린이, 소년소녀가장 등), 만성질환자, 노숙인, 독거노인 등으로 구분하여 계절 특성에 맞는 복지서비스를 권장한다. 복지권의 문제는 개별 권리침해의 문제로 보기보다 이번 장에서 소개하는 다양한 권리침해를 아우르는 포괄적 개념으로 이해해야 한다.

교육권

교육권은 국가가 시민들에게 '지속적이고 전향적으로progressive' 제공해 줄 의무가 있는 권리이며, 그 자체로서 그리고 발전과 공동체 유지를 위해서도 중요한 권리다. 개도국에서는 기후위기에 대처하기 위해 교육예산을 삭감해야 하는 경우가 자주 발생한다. 그랬을 때 학령아동의 교육권이 침해받는 것은 물론이고 가족 부양을 위해 미성년이 취업하는 경우가 늘면서 아동학대의 가능성도 늘어난다. 교육권의 박탈은 장기적으로 나라의 사회발전을 저해한다. 교육권과 간접적으로 연결되는 '문화유산 보전과 향유 권리' 역시 기후위기의 악영향을 받는다.[394]

스포츠 권리

기후위기가 악화되면서 전 세계 스포츠의 토대가 흔들리고 있다. 지구 기온이 상승하면서 겨울 스포츠 중 상당수가 사양길에 접어들었다. 여름이 몇 달씩 지속되고 폭염 일수가 늘면서 선수들의 건강에 심각한 장애가 초래되고 있다. 야외 경기를 진행할 때 고온, 탈수, 일사병, 열사병에 걸릴 리스크가 높아졌다. 2020년에는 오스트레일리아의 산불로 모든 스포츠 행사가 중단되었고, 코로나19로 도쿄 올림픽이 연기되었을 정도다.

미세먼지가 심한 날에는 거의 모든 야외 스포츠, 특히 육상이나 마라톤 같은 경기는 진행이 불가능하다. 미세먼지로 쉬는 시간에 아이들이 운동장에 나가지 못하게 되면 정신적, 심리적 영향을 크게 받게 된다. 해수면 상승으로 골프장에 바닷물이 들어오고, 폭우로 인한 경기장 침수와 범람으로 오랜 기간 체육 활동을 할 수 없게 되기도 한다.

스포츠는 기후위기의 피해자이면서 유발자다. 환경사회학자 데이비드 골드블라트David Goldblatt가 2020년 6월에 발표한 보고서가 이 같은 점을 잘 지적한다.[395] 올림픽으로 배출되는 탄소를 조사한 결과가 있다. 하계올림픽의 경우 2008년 베이징 대회에서 120만 톤, 2012년 런던 대회에서 340만 톤, 2016년 리우 대회에서 360만 톤을 배출한 것으로 나왔다. 동계올림픽의 경우 2010년 밴쿠버 대회에서 25만 톤, 소치 대회에서 52만 톤, 한국의 평창 대회에서는 무려 159만 톤을 배출했다.[396]

전 세계에서 매년 스포츠 활동으로 배출되는 온실가스가 앙골라나 튀니지 같은 나라의 1년 전체 배출량과 맞먹는다고 한다. 환경 지속가능성 조항이 1999년에 「올림픽헌장」에 포함되었고, 국제올림픽위원회는 2030년부터는 올림픽대회에서 탄소 중립이 아니라 탄소 배출 제로를 지향할 것이라고 발표했다.

16장 기후위기로 인권이 침해되는 집단

기후위기는 모두에게 영향을 주고 모든 사람의 삶의 질을 떨어뜨린다. 여유 있는 계층이라 해도 기후위기의 부정적 효과로부터 완전히 자유로울 수는 없다. 그런 면에서 기후위기는 '보편적'인 문제다.

그러나 폭염이 왔을 때 냉방기를 마음대로 틀 수 없는 사람이나 폭염 속에서도 생계를 위해 일할 수밖에 없는 사람에게 기후위기는 생사가 걸린 문제가 된다. 기후위기는 인간 사회의 조직 방식에 따라 특별히 더 어려움을 겪는 집단을 더 많이 공격한다. 기후위기의 차별성은 기후정책을 마련할 때 반드시 고려해야 할 요소다. 지금부터는 기후위기 때문에 다른 인구 집단보다 악영향을 더 받기 쉬운 대표적 집단들을 간략히 소개한다.

토착민

유엔은 전 세계 70여 개국에 약 3억 7천만 명의 토착민(원주민)이 있다고 추산한다. 이들은 서구 식민 지배의 수탈, 그리고 서구, 비서구를 가리지 않고 전 세계의 표준이 된 국민국가 체제 및 발전모델 때문에 여러 차원의 고통을 겪어온 존재다.

토착민들에게는 자신들이 뿌리내리고 살아가는 산림, 하천, 평원, 고산지대 등 자연환경이 특히 중요하다. 이들에게 자연은 단순한 거주지가 아니라 자신들의 문화, 생계, 경제활동, 그리고 정체성 자체라 할 수 있다. 토착민들은 흔히 토지와 자원을 소유의 대상으로 보지 않고 공유, 활용, 돌봄의 대상으로 본다.[397] 이들이 사는 지역은 주류사회로부터 지리적·경제적으로 멀리 떨어진 곳이 많은데 이런 곳일수록 기후위기의 영향을 크게 받을 가능성이 높다.

자신들의 생활 터전에서 빙하가 녹고 해수면이 상승하고 강우 패턴과 절기의 변화로 수확이 줄고 토양이 침식되고 동식물의 멸종이 진행되고 있으므로, 이들에게 기후변화는 곧 생명권, 생존권, 생계권의 박탈을 의미한다.[398]

또 이들은 주류사회와 거리를 두고 살기 때문에 평소에도 자신들의 목소리를 내기 어려운 처지다. 이런 상황에서 기후위기를 맞으면 이들은 자신의 고통을 정치적으로 대변해줄 세력도, 방법도 모르는 상태에서 위기의 악영향을 고스란히 받을 수밖에 없다.

브라질에서 극우파 보우소나루 대통령이 취임한 이래 아마존 산림이 막개발 되면서 킬롬볼라Quilombola 부족과 같은 토착민들의 삶이 크게 파괴되었다. 대두 농사를 지어 가축 사료용으로 수출하기 위해 개발업자들이 열대우림에 밀려 들어와 숲을 태우고 파괴한다. 결국 선진국들의 '탐욕스런 소비 욕구'가 아마존 토착민들을 파멸로 몰고 있는 것이다.[399]

자신의 생활 터전을 지키기 위해 활동하는 토착민 환경운동가들이 벌목업자, 지역 유지, 경찰의 탄압을 받아 살해되는 경우가 흔하다. 기후위기, 환경파괴, 생계 파괴, 생명권 파괴가 함께 일어나고 있다. 2002~2017년에 전 세계 50개국에서 총 1,588명의 토착민 환경운동가들이 살해되었다는 조사가 있으며, 2019년 한 해에만 212명이 살해되었다.[400]

환경보전은 인권을 위해 중요하고, 인권은 환경보전을 위해 필요하다. 기후위기 시대에 인간이 자연을 착취할 권리를 강조하지 않고, 자연에 대한 인간의 책임을 강조하도록 하는 연결 고리가 토착민들이라 할 수 있다.[401]

어린이·청소년

기후변화가 어린이·청소년의 건강에 미치는 악영향은 다양한 형태로 나타난다. 그중 폭염이 가장 직접적인 영향을 초래한다. 보건복지부는 폭염에 대비해 보육시설에서 취해야 할 사항을 매뉴얼로 보급하고 있다.[402] 이에 따르면 단기간의 고온도 어린이에게는 심각한 건강 문제를 일으킬 수 있다고 한다. 폭염에 노출된 어린이는 일사병, 열사병, 탈진, 근육강직, 열경련, 홍색 땀띠, 피부 화상과 물집, 탈수, 염분 부족, 식중독 등을 겪을 확률이 높다.

지구고온화로 폭염과 미세먼지가 늘어나면 영유아의 건강에도 치명적인 결과가 초래된다. 미국에서 2007년 이후 기후변화와 영유아 건강에 관한 연구들 전체를 리뷰한 논문에 따르면 이전에 알려졌던 것보다 기후변화가 태아와 영유아에 미치는 악영향이 훨씬 높다고 한다. 이런 영향은 특히 유색인종 집단에서 높게 발현되었다.[403]

기후변화와 관련해 어린이·청소년의 사망률이 성인 사망률보다 더 높게 나온다. 태풍, 사이클론, 대형산불 등 '급격한 개시' 사건으로 가족 구성원들이 죽거나 실종된 집안의 어린이·청소년은 분리불안장애와 우울증에 시달린다. 깨끗한 식수와 식량이 부족한 상황이 오면 2030년까지 전 세계에서 발육부전을 겪을 어린이·청소년이 750만 명이나 추가 발생할 것으로 추산된다.

대기오염과 미세먼지에 의한 피해도 어린이·청소년이 더 심하게 겪는다. 2012년 한 해 미세먼지로 전 세계에서 5세 미만의 어린이·청소년 70만 명이 사망했다. 말라리아, 뎅기열, 지카바이러스 감염증과 같은 매개체 감염질환에도 어린이·청소년이 특히 취약한데 그중에서도 장애를 가진 어린이·청소년이 입는 악영향은 더욱 심각하다.[404]

유엔 인권최고대표사무소의 연구에 따르면 극한 기상이변이 발생하여 사회적 조건에 급격한 변화가 오면 어린이·청소년들이 인권을 유린당할 가능성이 커진다.[405] 가족의 생계가 어려워지면 당장의 생계를 위해 자녀를 노동 현장으로 내보내기 쉽다. 여아의 노동은 인신매매로 이어지기 쉬운 경로가 된다.

이주자, 이산민, 연안 지방과 작은 섬나라 주민

흔히 기후난민이라 부르지만 국제법상으로 엄밀하게 보면 기후변화로 인한 이주자 혹은 강제 이산민이라 부르는 편이 정확하다.[406] 국제 「난민협약」이 제2차 세계대전 직후의 상황을 반영하여 상당히 협소하게 만들어져 있기 때문이다. 2008년 이래 전 세계에서 매년 2,170만 명의 국내-국제 이산민이 발생했다.

국제이주기구IOM는 2050년까지 2억 명의 환경 이산민이 발생할 수 있다고 경고하기도 했다. 세계은행은 2050년까지 사하라 이남 아프리카에서 8,600만 명, 남아시아에서 4천만 명, 라틴아메리카에서 1,700만 명, 도합 1억 4,300만 명의 국내 이산민이 발생할 것으로 추산한다.[407]

유엔은 '급격한 개시' 사건에 의한 이재민 그리고 '완만한 개시' 사건에 의한 국제 이주를 포함해 모든 기후변화 관련 이산민, 이주자가 어떤 상황에서도 최소한의 존엄을 지킬 수 있어야 한다고 강조한다.[408] 기후변화로 이주하는 사람들은 그 과정에서 폭력, 갈취, 강간, 인신매매, 강제 노동, 사기 등 온갖 인권침해에 노출된다.

특히 경제·사회적으로 취약한 사람들이 이산민이 되기 쉬우며 이들은 사회적 의미에서의 지하 생활자로 떠돌 가능성이 높다. 환경 이주민들이 국외로 이동할 때 그들의 입국 및 체류 자격 그리고 그것에 따르는 처우 및 권리 보장에 대한 인권기반적 법제가 마련되어야 하고, 이들이 자기 땅으로 귀향할 때에도 이동의 자유가 보장되어야 한다.[409] 또 이들이 타향에서 재정착할 경우, 인권원칙에 따라 최소한의 기본권과 생계권이 보장되어야 한다.[410]

작은 섬나라 국가에서도 기후변화에 의한 이주자가 나오기 시작했다.[411] 최근 남태평양의 섬나라 키리바시의 남타라와섬에 살던 이오아네 테이티오타Ioane Teitiota가 유엔 인권위원회(자유권위원회)에 뉴질랜드를 상대로 진정을 제기한 사건이 있었다. 남타라와섬의 인구는 1947년만 해도 1,641명에 불과했지만 2010년에는 5만 명으로 늘어났다. 다른 섬에 사는 사람들이 해수면 상승 때문에 이주를 해왔기 때문이다. 물 부족, 토양 염류화, 사람들 사이의 갈등과 범죄 등 사회문제가 극심해지자 테이티오타는 뉴질랜드에 기후난민 자격을 신청했다. 하지만 신청이 거부당하자 유엔에 진정을 넣었던 것이다.

자유권위원회는 일단 그의 진정을 기각했다. 당장 난민이 되어야 할 정도의 긴급성을 인정할 수 없다는 이유에서였다. 그러나 위원회는 앞으로 기후위기 때문에 난민 신청자의 인권이 침해될 가능성이 높다면 「난민협약」의 '강제송환 금지non-refoulement' 원칙이 적용되어야 한다는 역사적 결정을 내렸다. 정식으로 기후난민이 인정될 수 있는 근거가 마련된 것이다.[412]

키리바시, 몰디브 같은 작은 섬나라들은 해수면 상승으로 나라 자체가 지도상에서 사라질 운명에 처했다. 키리바시는 2014년 피지의 바누아레부섬에 약 20제곱킬로미터의 땅을 900만 달러에 구입했다. 서울의 구로구와 비슷한 크기다. 일단은 식량 조달을 위한 용도이지만 유사시에는 이주까지도 고려하고 있다. 국가의 영토 자체가 사라지는 일은 인류 역사상 전대미문의 사태다.[413]

키리바시의 타네티 마마우Taneti Maamau 대통령은 2020년 8월, 중국의 도움을 받아 산호초의 준설 작업을 통해 키리바시의 해발을 1미터 정도 높인다는 국토 보존 계획을 발표했다. 그렇게 하면 국민들이 이주를 하지 않아도 얼마 동안 더 버틸 수 있는 시간을 벌 수 있다고 한다.[414] 하지만 이러한 미봉책이 장기적으로 얼마나 효과가 있을지는 아무도 장담할 수 없다.

해수면 상승으로 가장 큰 위협을 받고 있는 섬나라들의 상황은 '영토-주민-정부'의 세 요소로 국민국가가 형성된다는 국제정치의 기본 전제를 무너뜨리는 현상이다. 국토 없는 국민, 국토 없는 국가를 상상할 수 있는가?

국가의 물리적 소멸로 인해 국토와 국민 간의 연계가 단절될 경우 이들의 국적과 국제사회에서의 대표성이 어떻게 될 것인가?[415] 이런 상황에서는 '현지 바깥의 국가Nation ex-situ'라는 새로운 국제정치 유형이 만들어져야 할지도 모른다. 이렇게 되면 '탈영토화된 국가'를 인정해야 할 것이고,

'현지 바깥의 국가' 출신의 국민들에게 단순한 난민이 아니라 일종의 국제 신탁통치 시스템을 제공해주어야 할 것이다.

해수면이 많이 상승하여 단순히 난민이라고 규정할 수 없을 정도의 큰 규모로—예를 들어 수억 명—인구가 이동하게 된다면 현재의 국제질서는 어떻게 될 것인가? 「세계인권선언」 15조는 모든 사람이 국적을 가질 권리가 있고, 어느 누구도 함부로 자신의 국적을 빼앗기지 않으며 자신의 국적을 바꿀 권리를 부정당하지 않는다고 선언한다. 특히 「자유권규약」 24조는 모든 어린이가 국적을 취득할 권리를 가진다고 규정한다. 이러한 인권원칙에도 불구하고 해수면이 지속적으로 상승하여 대규모로 무국적자가 발생한다면 이는 잠재적으로 국제정치의 지각판을 바꿀 정도의 문제가 될 것이다.[416]

장애인

기후위기는 장애를 가진 사람들이 인권을 누릴 수 있는 역량에 직간접적인 제약을 가한다. 유엔 인권이사회는 2019년에 발표한 「인권과 기후변화 결의안」에서 기후대책을 마련할 때 장애인에 대한 고려가 포함되어야 한다는 내용을 적시했다.[417] '급격한 개시' 사건이든 '완만한 개시' 사건이든 장애인의 생명, 안전, 건강이 심각하게 위협받을 수 있다. 예를 들어 음식과 영양, 식용수, 위생 시설 접근성, 의료와 의약품, 치료와 재활, 교육과 훈련, 거주 등은 장애인들에게 특히 필요한 사회권적 요소들이다.

재난 상황에서 장애인의 인권을 확보하기 위해서는 로컬, 국가, 전 세계 차원에서 리스크 관리가 이루어지고, 의사결정 과정에 장애인의 목소리가 반드시 포함되고 대변되어야 한다. 그 과정에서 장애인의 직접적 참여의 통로가 개설되고 특히 지도자의 역할을 수행할 기회가 보장되어야 한다. '리더십'을 발휘할 수 있는 기회도 일종의 인권으로 보아야 한다는 뜻이다. 집회나 시위와 같은 기후행동에 참여할 때에도 접근성이 보장되어야 한다.[418]

2020년 상반기에 유엔 인권이사회는 기후위기와 장애를 종합적으로 정리한 「기후변화의 맥락에서 장애인 권리의 증진과 보호에 관한 분석적 연구」라는 보고서를 채택했다. 보고서는 기후위기의 맥락에서 장애인을 위해 특별히 유념해야 할 사안들을 구체적으로 지적한다.[419]

장애인은 기후위기가 심해지면 건강상 영향을 받기 쉽고, 기존의 건강 불평등 및 의료 불평등이 악화될 가능성이 있다. 기후위기로 먹거리가 부족해지거나 식품 가격이 앙등하면 저소득층 장애인은 타격을 입는다. 바닷가 인근, 상습 침수지역에 거주하는 장애인은 경제적 형편 때문에 안전한 지역으로 이사하기가 어려울 수 있다. 안전한 주거 조건을 갖추기 위한 투자를 할 여력이 없는 경우도 많다. 물 부족과 위생 시설의 미비로 고통을 겪기도 한다.

전 세계 비장애 성인 중 약 60퍼센트가 취업을 하지만, 장애인의 평균 취업률은 36퍼센트 정도다. 기후위기로 경제 상황이 나빠지면 장애인의 일자리는 더 큰 피해를 입는다. 기후위기 상황이 너무 악화되어 사람들이 타지로 이주를 해야 하면 장애인이 겪어야 할 고통이 가중된다. 개인 보조, 의료 장비, 도우미 동물의 동반 등 추가로 고려해야 할 점이 많다.

코로나19 사태가 발생했을 때 장애인들이 공적 마스크를 확보하기 어려운 경우가 많았고, 사회적 거리두기와 자가 격리로 인해 일상생활의 리듬이 깨진 자폐장애인들이 불만과 답답함을 '공격적 행동'으로 표현하는 경우도 늘었다.

여성

유엔 인권최고대표사무소의 연구에 따르면 전 세계적으로 성인 여성과 여아가 남성보다 더 빈곤한 경우가 많다.[420] 이러한 상황 때문에 여성은 빈곤, 인권침해, 더욱 심한 빈곤, 더욱 심한 인권침해의 악순환 회로에 빠지게 될 공산이 크다. 인도를 비롯한 개도국의 농촌에서 공통적으로 여성이 식량 생산, 물 준비와 우물 관리, 재난 시 대처를 더 많이 전담하는 경향이 있다. 따라서 기상이변이 발생하면 여성들이 먼저, 더 많은 피해를 입는다.

'완만한 개시' 사건인 가뭄이나 토양침식은 토지의 수확량을 줄어들게 하고, 식량이 부족해지면 거의 언제나 여아나 성인 여성이 남아나 성인 남성보다 음식을 더 적게 섭취하게 된다. 동일한 기근 상황에서도 여성이 영양부족을 더 심하게 겪는다. 지진이나 쓰나미가 발생했을 때 같은 지역 내에서 여성의 사망률이 남성보다 최고 4배 이상 높은 경우도 있다.

기후변화와 '젠더에 기반한 폭력GBV'의 연관성을 조사한 연구에 따르면 기상이변과 장기적 기후변화로 여성과 남성 사이의 폭력이 대폭 늘어나는 것으로 나타났다.[421] 국가나 사회가 기후재난에 제대로 대응하지 못할 때 경제 시스템, 인프라, 사회서비스, 치안, 의료전달체계가 한꺼번에 무너지는 '복합 재난 스트레스'가 발생하곤 한다. 이런 상황에서 젠더 불평등이 악화되면서 젠더에 기반한 폭력이 함께 늘어난다.

대규모 기상재해가 발생한 후에는 외상후스트레스장애, 재산과 생계수단의 상실, 공동체의 결속 와해, 식량과 생필품의 품귀 현상이 나타난다. 이럴 때 사람들은 무기력에 빠지고 사회적 압박과 극심한 자원 경쟁의 스트레스에 시달릴 가능성이 높아진다.[422] 실증적 연구에 따르면 가족을 돌볼 책임을 지는 가장이 압박을 더 받는다고 한다. 이런 상황에서 주변에 대한 갈등과 폭력이 늘어날 확률이 높은데 가장이 남성일 경우에 흔히 가족 구성원 중 여성을 상대로 '젠더에 기반한 폭력'을 가하는 경향이 있다.

예를 들어 2011년 열대성사이클론이 남태평양의 바누아투섬을 두 차례 연이어 강타하여 큰 피해를 초래했다. 그 후 여성에 대한 폭력이 사이클론 이전보다 무려 300퍼센트나 늘었다. 오스트레일리아에서의 조사에 따르면 이상기후 때문에 가뭄이 장기화되어 농사를 망쳤을 때 농부들이 심리적 대응책으로 술과 마약에 빠지는 경우가 많고, 그것은 흔히 여성에 대한 폭력으로 이어졌다. 이러한 연구 결과는 기후변화와 젠더에 기반한 폭력 간의 상관관계가 명확히 존재하며, 앞으로 기후위기가 진행될수록 그 양상이 더욱 심각해질 것임을 보여준다.

미래세대

기후변화는 과거 및 현재 세대가 지속불가능할 정도로 자원을 남용하고 온실가스를 과다 배출한 결과로 미래세대의 권리가 박탈당한 사태라고 규정할 수 있다. 그러므로 기후위기와 인권을 논할 때에 미래세대의 인권을 위한 현재세대의 의무가 반드시 포함되어야 한다.[423] 이를 '세대 간 형평성'이라고 부른다.미래세대는 아직 태어나지 않은 먼 훗날의 인간만이 아니라 이미 태어난 자식, 손주들이 모두 포함된다.

'지속가능발전'의 개념이 만들어졌을 때에 세대 간 형평성이 포함됨으로써 본격적으로 미래세대의 인권을 구상할 수 있는 계기가 마련되었다. 1987년 지속가능발전 개념을 처음으로 체계적으로 제시했던 『우리 공동의 미래』(브룬틀란위원회 보고서)에 미래세대에 관한 유명한 구절이 나온다.

> 우리는 지금도 이미 너무 많이 써버린 환경자원 계좌로부터 계속해서 너무 많이, 너무 빨리 자원을 인출하고 있다. 조만간 그 계좌가 파산하지 않을 수 없을 정도로 말이다. 현세대의 대차대조표에는 수익으로 표시될지 몰라도 우리 자손들은 부채만 물려받을 것이다. 현재세대는 미래세대에게 빚을 갚을 의향도 없고 그럴 가망도 없지만 후손들로부터 환경 자본을 계속 빌리고 있다. 우리 후손들은 흥청망청하게 살았던 조상들을 원망하겠지만 조상들로부터 결코 빚을 돌려받지 못할 것이다. 현재세대는 우리가 한 행동에 대해 나중에 책임을 지지 않아도 되기 때문에 지금처럼 [무책임하게] 살아가고 있다. 하지만 미래세대는 오늘 투표할 수도 없고 정치적, 재정적 영향력도 없으며 조상 세대가 내린 결정에 반대하지도 못할 신세다.[424]

미래세대의 예상되는 인권침해 문제를 적절히 다루기 위해서는 미래 시점에 눈높이를 맞춘 새로운 형태의 민주주의가 반드시 필요하다. 이 점은 5부에서 다룰 것이다.

노동자

폭염과 같은 상황에서 제일 직접적 영향을 받는 직업군에 옥외 작업자, 건설노동자, 산업노동자, 이주노동자들이 있다. 이들은 거의 살인적인 작업 조건에서 일하고 있다. 기상청의 발표로 33도인 날에 건설 현장의 온도계가 41도를 가리키는 경우도 있다. 2019년 전국건설노조가 조합원들을 대상으로 실시한 설문조사를 보면 절대다수의 건설 현장에서 실정법을 위반하고 있었다. 응답자의 73.5퍼센트가 휴게실도 없이 아무 데서나 휴식을 취하며, 56퍼센트가 폭염 기간에 동료 작업자가 실신하는 등의 이상 징후를 목격한 경험이 있고, 78퍼센트가 가장 더운 시간대인 오후 2~5시에도 작업 중단 없이 계속 일해야 했다고 답변했다.

한 조합원에 따르면 "300명이 일하는 현장에서도 10여 명이 쉴 수 있는 휴게실이 전부고 (…) 폭염 경보가 발령되면 10~15분을 쉬어야 함에도 이를 지키는 현장은 거의 없고 (…) 철근 노동자와 형틀 노동자는 사방이 쇠로 된 철근에 둘러싸여 체감 40도가 넘는 곳에서 일해 열사병은 물론이고 체력 약화와 집중력 약화로 각종 사고가 일어날 수밖에 없다"고 한다.[425]

2020년 8월 건설노조가 실시한 조사에 따르면, 폭염으로 작업이 중단되거나 단축된 적이 있다고 응답한 노동자는 15.6퍼센트에 불과했고, 작업 현장에서 물을 제공받지 못했다는 노동자도 상당수인 것으로 나타났다.[426] 기후위기가 심화할수록 현장 노동자들의 인권침해는 기하급수적으로 늘어날 것이다.

화석연료에 의존한 산업구조를 재생에너지에 기반한 산업구조로 재편하는 과정에서 발생할 수 있는 실업, 직업훈련, 노동권 침해 문제 역시 기후위기의 인권 논의에서 앞으로 계속 중요해질 이슈다.[427] 노동자들은 기후위기에 대응하기 위해 화석에너지 생산을 줄이거나 신기술 산업을 도입하는 것에 미온적이 될 수 있다. 당장의 일자리 축소를 두려워하기 때문이다.

이 때문에 에너지 전환이나 산업구조 개편에 있어 노동조합의 역할이 절대로 필요하다.[428] 노동조합은 기후정의에 입각해 정의로운 전환의 방향으로 노동운동을 이끌 필요가 있다. 이 점은 4부에서 상세히 다룰 것이다.

기후위기는 쪽방 주민, 홀몸 노인, 환기 불량 주택 거주자, 저소득층,

기초생활수급자, 노숙인, 만성질환자, 심신쇠약자, 녹지 협소 지역과 재정 자립도가 낮은 지역 주민들이 기본권을 누리지 못하게 만드는 조건이 된다. 또한 인종과 계급과 젠더가 교차하는 영역에서 기후변화의 악영향이 가장 심각한 고통을 야기한다는 이론도 있다.[429]

기후변화 중에서도 기상이변에 취약한 계층을 유형별로 살펴보면 다음과 같다.[430] 첫째, 생물학적 요인에 의해서는 노인, 만성질환자, 치매환자, 임산부 등이 포함된다. 둘째, 사회경제적 요인에 의해서는 일반 농민, 축산농민, 과수농민, 시설재배 농민, 화훼농민, 임업인, 양식어민, 건설근로자, 캐디, 해운사, 택배 기사, 외국인노동자, 재래시장 상인, 그리고 기초생활수급자와 노숙자 등 저소득계층이 포함된다. 셋째, 거주 및 지리적 요인에 의해서는 상수도 미보급 지역 주민, 고지대 주민, 저지대 주민, 산간 마을 주민, 도서 주민, 해안 거주자, 산사태 위험 지역 거주자, 주택 노후화 주민 등이 포함된다.

기후위기가 특히 차별적으로 나타나는 취약 집단을 돌보는 직업군에서는 기후변화를 중심으로 직무를 새롭게 편성할 필요가 있다. 예를 들어 기후복지, 기후행정, 기후방재, 기후치안, 기후의료, 기후육아, 기후노동, 기후교육, 기후교통, 기후스포츠와 같은 접근이 직종별로 필요해질 것으로 예상된다.

17장 인권에 기반한 접근과 기후정의

기후위기를 인권으로 접근하는 논리

기후변화로 초래되는 피해를 전적으로 인권의 문제로 간주하는 나라는 아직까지 없다. 하지만 그런 쪽으로 국제사회가 빠르게 선회하는 추세가 있다. 우선 기후변화에 의한 피해를 인권문제로 간주하는 관점의 논리를 알 필요가 있다.

인권의 관점에서 보면 국가가 져야 할 의무에는 존중, 보호, 촉진 의무 등이 있다. 첫째, '존중' 의무는 국가가 사람들의 인권을 직접 침해하면 안 된다는 원칙이다. 예를 들어 고문이나 언론탄압은 국가에 의한 직접적인 인권침해다. 만일 기후변화가 사람들의 인권을 침해한다는 사실을 알면서도 국가가 운영하는 공기업에서 온실가스 감축 의무를 지키지 않는다면 국가가 인권 '존중' 의무를 위반한 것이다. 국가가 국민(과 세계인류)의 생명과 건강을 유린하는 '범죄'를 저지르는 셈이다.

둘째, '보호' 의무는 국가가 인권침해를 직접 저지르지 않더라도 국가의 관할권 내에 있는 개인이나 집단이 다른 개인이나 집단을 상대로 인권

침해를 저지르지 않도록 막아야 할 의무를 뜻한다. 예를 들어 국가는 자국 내의 민간기업이 온실가스 배출을 줄이도록 관리·감독할 의무가 있다. 그렇게 하지 않으면 국가는 민간기업의 인권유린을 방조하는 공범이 된다.

셋째, '촉진' 의무는 국가가 국민의 인권 증진을 위해 재생에너지 사용을 장려하고, 전환이 필요한 노동자들의 재교육과 구직을 주선하며, 기후변화에 취약한 계층에게 전기료 할인과 같은 조치를 제공하는 것을 말한다. 이런 것을 '충족' 의무로 설명하기도 한다.

국가가 인권에 관한 의무를 제대로 이행하느냐를 정치적으로 따지는 것을 '정치적 책무성' 혹은 그냥 '책무성'이라고 부른다. 사람들의 인권을 지켜줄 궁극적인 책무성 주체는 전통적으로 국가였다. 그러나 지구화와 기후위기 시대에 기업 특히 다국적기업에 대해서도 인권 책무성을 요구하게 되었다. 인권 발전사에서 중요한 변화이다.

책무성 원칙에 따르면 시민들은 '권리의 보유자'이고 국가는 시민들의 권리를 지켜줘야 하는 '의무의 담지자'다. 그러므로 기후변화에 있어 '권리의 보유자'인 사람은 '의무의 담지자'인 국가와 기업에 대해 온실가스를 감축하라고 요구하거나, 기후위기 적응 대책을 마련하라고 '인권의 이름으로' 주장할 수 있다.

인권운동과 기후문제의 만남이 늦어진 이유

앞에서 본 것처럼 기후위기로 다양한 인권침해와 피해를 입는 집단들이 발생하는데도 왜 인권에서 그동안 기후변화를 정식 의제로 다루지 않았던 것일까? 왜 환경운동과 인권운동이 더 가깝게 협업하지 못했던가? 기후위기가 목전에 닥친 요즘의 시각으로 보면 이해하기 어렵지만 여기에

는 몇 가지 이유가 있었다.[431]

우선 기후변화를 주로 다루었던 과학계에서는 기후변화의 생태적·환경적 그리고 경제적 측면에만 초점을 두는 경향이 있었다.

기후변화 협상은 정책적 해법을 추구하는 반면, 인권에서는 정의-불의의 관점에서 사법적 해법을 추구하는 경향이 강했다. 예컨대 유엔「기후변화협약」에서는 경제와 발전 문제를 중시했지만 정의와 인권을 전면에 내세운 적은 거의 없다.

기후변화는 과학적 시뮬레이션과 시나리오 분석을 통해 미래 예측이 가능하지만, 인권은 주로 사건이 벌어진 후의 상황을 다루는 데 익숙한 담론이다. 예를 들어 불평등이 어느 정도 심해지면 인권유린 사건이 몇 퍼센트 증가할 것이라는 식의 예측을 하기는 어렵다.

시민적·정치적 권리와 같이 시급한 문제를 다루는 데 익숙한 전통적 인권관으로서는 거대하고 장기적이고 사회경제적 함의가 큰 기후변화 사건을 다룰 수 있는 개념이 적었고, 그럴 수 있는 수단도 부족했다.

오랜 시간과 전 세계적 지리 범위에서 발생한 온실가스 배출에 대해 정확한 법적 책임을 묻기 어려운 데다, 국제적 책임 규명은 고사하고 자국 내에서조차 기후위기와 같은 문제를 정의의 관점에서 다룰 수 있는 법적 메커니즘이 거의 없다. 또 개도국의 경우, 기상이변이 발생했을 때 인권의 관점에서 가해자를 찾아 처벌하는 것보다 인도적 구호와 지원을 더 급하게 요구하는 경향이 있다.

환경운동은 생태적 시각을 가졌지만, 인권운동은 인간 중심적 시각에서 크게 벗어나지 못했던 측면도 있다.

마지막으로 두 영역에서 각각의 인식공동체, 행위자들, 이해당사자들, 제도가 별도로 발전해왔으므로 두 영역이 하루아침에 갑자기 만나기란 거의 불가능에 가까웠다.

그럼에도 인권은 기후위기가 일으키는 각종 악영향을 인간과 가장 가까운 자리에서, 가장 절실하게 문제를 제기할 수 있는 도덕적, 실천적 잠재력을 가지고 있다.[432]

인권에 기반한 접근

이런 식으로 기후위기를 인권의 관점에서 다루는 방안을 '인권에 기반한 접근human rights-based approach, HRBA'이라고 한다. 인권에 기반한 접근 원칙은 다음과 같은 요소로 이루어져 있다.

국가의 책무성 원칙

국가는 자국 영토 내에서 살고 있는 모든 사람을 '권리 보유자'로 간주하여 그들의 권리를 확실히 보장할 의무를 진다. 그런 권리를 충족시킬 의무를 지닌 국가 및 기업은 '의무 담지자'에 해당한다. 자국 내 모든 사람의 인권을 존중, 보호, 충족할 의무가 있는 국가는 기후변화로 발생하기 쉬운 불평등과 차별의 근본 원인을 해소하기 위해 노력해야 하고, 기후취약계층, 즉 '기후위기의 최전선에서 살아가는 사람들'에게 특별한 관심을 기울일 의무가 있다. 기후위기의 악영향뿐 아니라, 기후정책을 시행하지 않아서 발생할 수 있는, 의도하지 않은 인권침해에도 유의해야 한다.

기업의 기후대응 의무

전통적으로 국가가 인권에 최종적 의무를 가진 주체였지만 신자유주의적 지구화가 진행되면서 기업, 특히 다국적기업의 영향력이 웬만한 국가보다 더 커졌다. 유엔은 2011년 「기업과 인권 이행지침」을 발표했다. 인권의 발전사에서 큰 변화로 기록될 만한 일이었다. 지침의 주요 골자는, 책임 있는 모든 기업 행위자는 자기 행동이 인권에 끼친 부정적 영향에 대해 책무를 져야 하며, 필요한 경우 구제 조치를 취할 의무가 있다는 것이다.[433] 적어도 기업 활동으로 인해 사람들에게 해를 끼치지는 않겠다는 인권의 '존중' 의무를 강조한 내용이다. 이를 기후위기에 적용하면 모든 화석연료 기업은 기후변화를 억제하기 위해 온실가스 감축에 앞장서야 한다.

국제인권법의 기준과 원칙 적용

「세계인권선언」「자유권규약」「사회권규약」과 같은 인권 정전들canons, 그리고 「비엔나선언 및 행동계획」(1993) 「발전권선언」「지속가능발전을 위한 2030 의제」 등이 「기후변화협약」 내에 녹아들어야 한다. 모든 사람에게 인권을 보편적으로 보장해주고(보편성), 권리들을 따로 분리하지 못한다는 원칙(불가분성), 평등과 불차별, 참여와 포용, 법의 지배 등이 기후레짐에도 똑같이 포함되어야 한다.

참여의 원칙

기후정책의 영향을 받는 모든 사람, 특히 평소 목소리가 대변되지 못한 취약계층의 의견과 요구를 적극적으로 발굴해야 한다. 기후대책을 수립할 때 초기의 정책 디자인 단계에서부터 시행에 이르는 전체 의사결정 과정에 사람들이 민주적 의견을 표명할 수 있는 특별한 조치를 마련해야 한다.

기후행동에 따른 잠재적 인권침해 문제도 특별히 신경을 써야 한다. 자칫 선의의 의도로 시작한 정책이 시행 과정에서의 문제 때문에 사람들로부터 외면당해서는 안 된다. 예를 들어 수력발전, 풍력발전, 태양광발전 등은 온실가스 배출이 없다는 장점이 있는 반면, 그 적용에 있어 여러 문제를 야기하기도 한다.

투명성 원칙

기후위기를 다룰 때 시민들에게 정확한 정보를 제공하는 것이 대단히 중요하다. 투명하고 정확한 정보가 제공되지 않으면 대중의 참여권이 아무 의미가 없다. 정확히 온실가스 배출량을 측정하고, 기후변화 및 기후정책에 대한 인권 영향 평가를 시행하며, 비용 부담의 형평성을 투명하게 알려야 한다.

국제 협력 원칙

유엔 가입국들은 타국 국민들의 인권을 침해하거나 방해해서는 안 된다는 국가적 의무를 지고 있다. 그렇게 본다면 자국 이익을 명분으로 온실가스를 계속 방출하는 나라는 자국민뿐 아니라 타국민의 생명권, 건강권, 발전권을 유린하는 것이나 다름없다. 또 한전의 인도네시아 화력발전 투자와 같이, 자국 기업이 타국에서 온실가스를 배출하도록 묵인하거나 방조해서도 안 된다. 기상이변에 따른 재난 구호, 비상사태 대처, 난민과 이산민 지원 등을 체계적으로 다루기 위해 국제 기후협상에 인권적 차원을 포함시켜야 한다.[434]

유엔 「기후변화협약」에서 제시한 원칙을 최대한 고려

「기후변화협약」에서 인권과 직결된 주요 원칙은 두 가지다. 하나는, '세대 간 형평성과 정의' 원칙이다. 모든 당사국이 "형평성에 기반하여, 그리고 공통의 그러나 차등화된 책임과 각국의 개별적 역량에 따라, 현재와 미래세대 인류에게 혜택이 가도록 기후시스템을 보호해야 한다." 흔히 인권의 평등 원칙에서는 주로 현재세대에게 초점을 맞추는 경향이 있었지만 기후변화 시대에는 미래세대에게까지 인권을 확장해서 적용해야 한다.

다른 하나는, '사전예방원칙'이다. 과학적 증거가 완전무결하지 않다는 이유로 기후변화의 악영향을 줄일 조치를 지연시켜서는 안 된다. 인권에서는 '현존하는 명백한 위험'이 있다고 판명되지 않는 한, 사전예방원칙을 소송에서 적극적으로 활용하는 경향이 적었다. 그러나 기후변화의 실제적 위험과 시급성을 감안해 '재난적 피해 사전 예방조치'를 인권의 중요한 원칙으로 격상할 필요가 생겼다.[435]

기후정의의 기초

기후위기는 다양한 인권침해와 피해자 집단을 양산한다. 그런데 이런 피해자들일수록 기후위기를 초래한 온실가스 배출에 책임이 작다. 이러한 "기후변화에 대한 불공평한 책임 또는 기후변화 효과의 불공평한 경험"을 '기후불의'라 할 수 있다.[436]

기후변화를 논할 때 그것을 마치 인간 역사 및 사회와 동떨어진 과학적 팩트로만 다룰 수는 없다. 책임을 따져야 한다. 역사·사회구조적인 기후불의로 인해 기후취약성이 높아진 집단에 대한 기후정의가 그래서 필요한 것이다.[437] 그렇게 하지 않으면 애초 기후변화의 단초를 제공했던 식민 지배, 인종차별주의, 국익 추구 경쟁 체제, 에너지 기업의 생태 파괴 행위, 군사화와 맞물린 화석연료 사용 등의 폐해가 다른 형태로 나타날 가능성이 크다.

기후불의의 문제를 정면으로 다루지 않으면 감축과 적응도 늘 기술적인 토론에 머물 뿐, 근본적인 대책을 내놓기 어렵다. 만에 하나, 취약계층을 희생시키는 한이 있더라도 온실가스 전체 배출량만 줄이면 된다고 암묵적으로 가정한다면 그런 생각은 인권원칙에 비추어 단호히 거부되어야 마땅하다.

기후불의의 덫에 빠지지 않고 기후행동을 취하려면 온실가스 유발 국가와 기업의 책임을 추궁하고, 피해자에게 배·보상을 하며, 모든 예방 활동, 대응 활동, 감축 행동, 여타 모든 조처에서 기후정의의 원칙이 반드시 포함되어야 한다.[438]

제국주의 시절에 식민지에서 반출해 갔던 문화재를 반환하듯, 남반구 개도국에서 강탈해 갔던 지속가능성을 '기후채무'로 인정하여 적절한 형식으로 반환해야 한다. 과거 식민지들은 제국주의의 기후유산으로부터 '탈식민화'할 권리가 있으며, 남반구와 북반구 사이의 불공정 권력관계의 결과를 기후위기 시대에 더욱 첨예하게 부각하면서 '보상적 적응 채무'를 요구할 수 있어야 한다. 토착민 집단의 공동체 유지 권리와 유린당한 영토 사용권에 대해 정의를 회복하는 조처도 여기에 포함된다.[439]

세대 내 정의와 세대 간 정의

기후문제를 정의의 관점에서 볼 때 이론적 쟁점이 두 가지 있다.[440]

첫째, '분배 정의(세대 내 정의)'의 요점은 다음과 같다. 선진국들은 온실가스를 오래 배출하면서 '불공평한 혜택'을 입었다. 개도국은 온실가스 배출이 훨씬 적은 반면, 기후변화의 악영향은 훨씬 더 많이 경험하기 때문에

'분배 불의'를 겪는다. 이런 문제를 시정하기 위해 선진국이 개도국의 기후변화 적응 노력을 돕고, 기술이전과 재정지원을 해야 한다.

둘째, '세대 간 정의'의 요점은 다음과 같다. 온실가스 배출과 그것의 기후 악영향 사이에는 시간 차가 많이 난다. 현재세대가 온실가스를 많이 배출했을 때 그것으로 인한 기후 악영향은 미래 시점의 어떤 세대가 겪게 될 것이다. 미래세대 입장에서는 자기들이 배출하지 않은 온실가스의 악영향을 입게 되는 '세대 간 불의'의 피해자가 된다.

미래세대를 위해 현재세대가 온실가스를 대폭 줄인다고 가정해보자. 그것 역시 기후정의의 측면에서 문제가 될 수 있다. 산업 생산 활동에 소요되는 온실가스를 전 세계적으로 줄이면 현재 성장률이 높은 개도국들이 큰 타격을 입을 수 있다. 이렇게 되면 미래를 위해 현재를 희생시키는 상황이 된다.[441]

인권학자 헨리 슈Henry Shue는 세계 각국, 특히 선진국 정부들이 기후정책을 입안하고 이행할 때 다음 사항을 중시해야 한다고 제안한다.[442] 즉, 역사적 책임을 정책에 분명히 포함시킨다. 자국이든 외국이든 가리지 않고 모든 인간에게 적어도 '해를 끼치지는 않는다'는 최저 원칙을 준수한다.[443] 정상적인 국가라면 적어도 모든 인간의 신체적 통합성(예를 들어 생명권)을 보호해야 할 최소한의 의무는 반드시 지켜야 한다.

기후정의의 원칙

기후정의는 최근 국제 인권-환경운동의 핵심적 의제로 자리 잡았다. 아일랜드 대통령 출신으로 유엔 인권최고대표를 역임한 메리 로빈슨은 퇴임 후 '메리 로빈슨 기후정의재단'을 설립할 정도로 기후위기를 인권의 관점에서 다룰 것을 열렬히 주창해왔다. 기후정의재단은 기후변화에 대응하기 위한 정책 지침으로서 '기후정의climate justice' 원칙을 전 세계에 확산시켰다. 다음은 기후정의재단이 제시한 기후정의의 일곱 가지 원칙이다.[444]

(ㄱ) 기후변화에 대응하는 모든 차원에서 국제적 인권 기준을 준수해야 한다. 인권의 잣대에 따라 최저한의 기본권과 존엄을 반드시 보장해야 한다. 인권의 존중과 보호 원칙은 기후행동에서 빠져서는 안 되는 토대다.

(ㄴ) 개도국의 발전권을 지원해야 한다. 북반구와 남반구의 불평등을 해소하고, 남반구에 녹색기술을 이전하며, 저탄소 회복력을 높일 수 있도록 남반구를 지원해야 한다.

(ㄷ) 온실가스 배출로 인한 혜택과 부담을 공평하게 나눠야 한다. 온실가스 배출로 경제발전의 혜택을 제일 많이 입었고, 행동할 수 있는 역량이 가장 큰 선진국들이 기후행동에서 제일 큰 책임을 져야 한다. 선진국들은 온실가스를 가장 먼저 감축해야 하고, 온실가스 배출로 발생한 결실을 공평하게 나눠야 한다.

(ㄹ) 모든 기후행동과 정책은 참여적이고 투명하고 책무성이 있어야 한다.

(ㅁ) 젠더 평등과 형평성을 강조해야 한다. 기후변화는 빈곤층과 여성에게 더 큰 악영향을 끼친다. 기후행동에 있어 여성의 삶에 미칠 영향을 세심하게 살펴야 한다.

(ㅂ) 기후를 책임 있게 관리할 줄 아는 '기후 청지기 직분climate stewardship'을 기르기 위해 교육의 변혁적 힘을 끌어내야 한다. 기후의 안정화를 위해서는 개인의 삶의 양식도 스스로 바꿔야 한다. 그러한 변화를 위해 공교육 체계 및 평생교육에 필요한 교육의 변혁적 역량을 최대한 활용해야 한다.

(ㅅ) 기후정의를 확보하기 위해서는 효과적인 동반자 관계를 잘 활용해야 한다. 국내 그리고 국제적으로 국가, 기업, 시민사회의 역량을 모아야 한다. 이러한 동반자 관계는 개방적이어야 하고, 기후변화로 가장 큰 피해를 입으면서도 대처할 역량이 가장 낮은 빈곤층과 취약계층을 반드시 포함해야 한다.

결국 기후정의가 요구하는 바는 기후문제를 생각하는 관점, 그것에 대처하는 자세와 방법, 기후행동의 궁극적 목표에 있어 '공정함'이라는 가치판단이 그 바탕에 깔려 있어야 한다는 것이다. 정의롭지 않은 기후대책으로는 국가와 집단들 간의 관계가 더욱 불의롭게 될 가능성이 높고, 전 지구적으로 기후행동에 나설 수 있는 효율적인 행동 자체가 어려워지기 때문이다.

18장 기후환경과 인권의 만남

기후레짐과 인권레짐

기후위기에 대해 인권이 관여한다는 말은 결국 환경과 인권의 만남이라고 정리할 수 있다.[445] 원론적으로 말해 기후위기를 놓고 환경과 인권이 만날 수 있는 방식은 세 가지다.

첫째, 기후변화 레짐에 국제 인권 메커니즘을 포함시켜 기후변화 레짐에서 인권까지 모두 책임지게 하는 방식. 둘째, 기후변화 레짐과 관계없이 국제 인권 메커니즘에서 기후위기를 독자적으로 다루는 방식. 셋째, 기후변화 레짐 내에 인권원칙을 포함시켜 '기후위기-인권' 담론을 키우고, 동시에 국제 인권 메커니즘 내에서도 '인권-기후변화' 담론을 키우는 방식. 세 가지 모두 논리적으로 가능하다. 하지만 셋째 방식인 병행 전략이 현재 진화 중에 있다.

기후변화 레짐이란 기후문제를 다루는 국제관계 영역에서 행위자들의 기대가 모여서 만들어진 원칙, 규범, 규칙, 의사결정 과정을 모두 합친 국제 체제를 뜻하며, '국제 기후변화 체제'라고도 한다. 더 넓게 해석하면 레짐에 참여하는 행위자들도 포함된다. 요컨대 기후레짐은 기후위기에 대응하기 위해 국제사회가 필요하다고 합의한 넓은 의미의 실천 체계라 할 수 있다.[446]

국제 인권레짐도 이와 마찬가지다. 쉽게 말해서, 환경문제를 다루는 거대한 국제적 실천 체계와 인권문제를 다루는 거대한 국제적 실천체계, 그 전까지는 만난 적이 없던 두 체계가 만나서 본격적으로 협력하기 시작한 것이다.

1992년 유엔 「기후변화협약」이 채택되었을 때만 해도—지금도 그런 경향이 남아 있지만—기후변화 문제를 과학적, 기술관료적 담론이 주도했다. 그 후 협약에 인권의 차원과 사회적 차원이 점진적으로 포함되면서 기후·환경과 인권 간의 교차성을 더욱 인식하게 되었다.

그러나 두 영역의 만남이 처음부터 순조롭지는 않았다. 환경과 인권이 마치 별개의 왕국처럼 자체적인 개념, 원칙, 행위자, 제도적 기반을 갖추고 있었기 때문이다. 또한 기후레짐과 인권레짐 사이에는 국제적으로 정책을 만들고 이행하고 준수하고 평가하는 메커니즘에 큰 차이가 있었다.

그리고 「기후변화협약」에 인권원칙이 들어오면서 협약의 가입국들은 딜레마에 빠졌다. 만일 기후협약에 인권원칙이 너무 강하게 반영되면 자기들이 공식적으로 비준하지 않은 인권조약까지도 지켜야 하는 의무가 발생할까 봐 걱정하기 시작했다. 또 기후정책에 있어 자기 나라뿐 아니라 자국 관할권 바깥의 모든 인류에게 준수해야 할 추가적 의무가 발생할지를 걱정하는 소리가 나오기 시작했다. 이와 더불어 '보편적 원칙'을 강조하는 인권이 기후변화 영역에 들어오면 한 국가가 자국에서 독자적으로 환경정책을 마련할 수 있는 운신의 폭이 줄어들지도 모른다는 우려가 있었다.[447]

좀 더 근본적인 차원에서 보면 환경을 둘러싼 과학 정책적 가치관과, 인권을 둘러싼 형사 사법적 가치관 사이에 큰 차이가 있었다. 세상을 보는 눈과 성향이 서로 많이 달랐다. 앞에서 말했듯, 기후변화 레짐에서는 전통적으로 기후변화를 과학적으로 합의할 수 있는 정책 문제로 이해하는 경향이 강했다.[448] 기후정책을 토론할 때 정량적인 산출 결과를 어떻게 달성하며 그것이 경제와 발전에 어떤 영향을 줄 것인지를 항상 주요하게 다뤘다.

기후레짐의 전반적 분위기가 '시장에 기반한 규제적 접근'이었다면, 인권레짐의 기본적 정서는 '정의에 기반한 규범적 접근'이었다고 말할 수 있다. 두 레짐이 여러 면에서 많이 달랐지만 이 둘은 시간이 지나면서 조금씩 가까워지기 시작했다.[449]

이런 추세를 역사적으로 되돌아보면 전 세계 각국에서 환경법이 강화되어온 세계적인 트렌드와 밀접한 연관이 있다. 2018년 유엔 사무총장의 보고에 따르면 건강한 환경을 누릴 권리를 헌법에서 보장하는 나라가 100여 개국 이상, 환경권이 포함된 국제조약에 비준한 나라가 130개국 이상이었다. 이른바 '환경의 입헌주의적 접근'이 대세를 이룬 것이다. 전 세계에서 155개국이 환경 권리를 국내법에서 인정하고 있었다.[450]

현재 대한민국헌법은 1987년에 개정되었는데 제35조에 모든 국민의 "건강하고 쾌적한 환경에서 생활할 권리"를 규정하고, "국가와 국민은 환경보전을 위하여 노력"해야 한다고 했으며, 국가가 모든 국민의 "쾌적한 주거생활"을 위해 노력해야 한다고 명시한다.

인권운동과 기후운동의 협력

국제 인권운동에서도 자연, 환경, 생태, 지구 혹성 등을 언급하는 빈도가 늘어났다. 환경운동과 인권운동 사이에 전례 없는 협력의 분위기가 무르익는 것도 최근의 특징적인 동향이다.

예를 들어 2018년에는 「세계인권선언」 선포 70년을 기념하여 인권운동가와 환경운동가들이 「인권과 지구신탁관리 책임에 관한 보편선언을 위한 헤이그원칙」을 선포했다.[451] 「헤이그원칙」은 인간이 지구환경의 보전 의무를 성실하게 이행할 때 인권의 온전한 실현이 올 수 있다는 통합적 원칙을 제시한다. 이는 기후정의 원칙에 포함되어 있는 '기후 청지기 직분' 정신과 일맥상통한다.

2019년 9월 뉴욕에서 개최된 '기후, 권리, 인간 생존에 관한 민중정상회의'는 기후위기에 관한 선언문을 채택하여 환경운동과 인권운동 간의 대대적인 연대를 천명했다. 민중정상회의는 기후위기의 본질적 불의함을 지적하면서 다음과 같이 선언한다.[452]

> 우리는 오늘 경제적, 사회적, 법적, 정치적 시스템을 변혁해야 할 기회와 긴급한 필요성을 마주하고 있다. 형평성과 인권보호를 보장하기 위해서이고, 기후위기와 대량멸종을 중단시키기 위해서이고, 우리 자손들의 미래를 보호하기 위해서이고, 공해 유발자의 행동 책임을 묻기 위해서이고, 화석연료와 모든 지속불가능한 기업 활동을 과거지사로 만들기 위해서이다. 우리는 이 같은 비전을 달성하기 위해서 기후위기의 폭력으로부터 고통받는 사람들, 그리고 기후정의를 위해 싸우는 사람들을 보호하고 지원하고 그들과 연대해야 한다고 믿는다.

'서로 연결되고 다양하며 행동에 초점을 맞춘 대중운동'을 지향하면서 국가와 기업에 기후행동을 압박한다는 목적을 내세운 민중정상회의에는 국제앰네스티, 그린피스, 350.org, 멸종 저항, 지구의친구들, 비아캄페시나 등 주요 환경운동 단체와 인권운동 단체들이 참여하고 있다.[453]

국제앰네스티의 영국 지부가 2020년 3월 리버풀에서 개최한 전국 대회의 주제는 '기후변화와 인권'이었다. 유럽평의회[CoE]는 2020년 4월 '지구 혹성을 위한 인권'이라는 주제로 고위급 국제회의를 개최했다. 기후변화, 생물다양성 상실, 자연 자원 훼손의 시대에 유럽인권재판소[ECHR]가 어떤 역할을 수행할 수 있을지가 주요 의제였다.

그러므로 오늘날 환경과 인권의 관계는 다음과 같이 요약할 수 있다. '인권운동은 기후변화의 심각성을 인식하고, 환경운동은 인권담론의 유용성을 인정한다.' 인권의 관점에서 기후위기를 보면 기후정책을 마련할 때 어디에 우선순위를 두어야 할지에 관해 아이디어를 찾을 수 있다. 어떤 인권이 침해되는지, 어떤 집단이 특히 취약한지가 뚜렷이 확인되기 때문이다.

또 최근 전 세계적으로 큰 문제가 되고 있는 극우 포퓰리즘은 통상적인 의미에서의 극우적 정치 이념만이 아니라 기후위기와 코로나19 문제에 있어서도 극히 반과학적이고 반사회적인 색채를 드러내고 있다. 인권운동과 환경운동은 이런 경향을 저지하기 위해서라도 연대할 필요가 있다.[454]

19장 인권 메커니즘이 기후위기에 관여하다

풀뿌리 이니셔티브

기후변화를 직접 인권문제로 파악하기 시작한 역사는 21세기에 접어든 후의 이야기다. 새로운 권리주장이 흔히 그러하듯 이때에도 권리를 침해당한 풀뿌리 집단의 요구로 모든 일이 시작되었다.

2005년 북미의 극지방에 사는 토착민 이누이트족이 미주간인권위원회에 미국을 상대로 인권침해 진정을 제기했다. 빙하가 녹고 겨울이 없어지면서 자기 부족의 문화적 정체성, 생계, 영적 생활, 재산, 주거, 건강, 생명이 침해받고 있다는 이유에서였다.

실라 와트클라우티어Sheila Watt-Cloutier라는 토착민 활동가가 주창한 '추울 수 있는 권리'가 세계적으로 유명해졌다. 그녀에 따르면 '추울 수 있는 권리'란 "이누이트족의 전체 삶의 방식을 망가뜨리고 경제·사회·문화·건강권을 해치는 기온과 날씨 패턴의 엄청난 변화로부터 보호될 권리, 그리고 그들의 문화적·경제적 독립성과 북극지방의 야생생물이 의존하고 있는 추위, 얼음, 동토를 지킬 수 있는 권리"를 뜻한다.[455]

결국 진정은 각하되었지만 공청회를 개최하는 성과를 낼 수 있었다. 역사상 최초로 지구고온화와 인권에 관해 공론화가 시작된 것이다. 그 후 알래스카 토착민들이 원유 파이프라인 건설로 강제 이주를 당하게 되어 생존권이 침해됐다는 이유로 미국 정부를 상대로 소송을 낸 사건도 일어났다. 환경문제의 피해자들이 자연스럽게 인권의 이름으로 자신들의 요구를 내세우기 시작한 것이다.[456]

그 후 몰디브의 수도 말레에서 2007년 인권운동가, 환경운동가, 환경 전문가들이 모여 「전 지구적 기후변화의 인간 측면에 관한 말레선언」을 발표했다.[457] 이 선언에서는 환경이 인류 문명의 인프라이고, 기후변화는 인류 공동체와 환경에 대한 즉각적·근본적·광범위한 위협이며, 모든 사람은 인간 사회를 유지할 수 있는 환경에 대한 기본권이 있다고 주장했다.

유엔 인권기구들의 관여

기후위기에 대한 환경-인권운동의 경고가 확산되면서 유엔 인권이사회는 기후변화가 전 세계 인류와 지역사회에 즉각적이고 광범위한 위협이 되고 있다는 「인권과 기후변화 결의안」을 2008년에 발표했다. 유엔 인권역사상 기후위기에 관해 처음으로 공식적인 의견 표명이 나온 것이었다.[458] 「결의안」에서는 기후변화에 관해 정밀한 연구가 필요하다고 지적했다.

이에 호응하여 2009년 유엔 인권최고대표사무소에서 「기후변화와 인권의 연관성에 관한 연구보고서」를 발표했다. 기후변화의 인권침해 유형을 처음으로 확인하고, 기후문제를 다룰 때 '인권에 기반한 접근' 방식을 취해야 한다는 점을 제시한 역사적인 보고서였다. 이때만 해도 보고서는 대단히 신중하고 조심스러운 톤으로 기후변화에 접근했다.[459]

보고서가 나온 후 지난 10년 동안 유엔의 인권메커니즘에서 기후변화를 다루는 빈도와 강도가 대폭 늘어났다. 그리고 기후변화의 원인을 국가와 기업의 책임으로 분명히 지목하는 것이 대세를 이루게 되었다. 요즘은 유엔의 인권프로세스에서 기후변화를 언급하지 않는 경우가 드물 정도로 지구고온화에 대한 국제 인권공동체의 염려와 관심이 커진 상태다. 실제로 유엔 인권이사회는 2008년 첫 결의안을 낸 이후 지금까지 거의 매년 기후변화 결의안을 발표해왔다.[460]

인권이사회에서 임명한 인권 특별보고관들도 기후위기 문제에 열심히 나서고 있다. 현재 44개 주제 및 12개 국가에 대해 특별보고관들이 활동하고 있는데 그중 기후변화와 관련된 주제는 교육, 안전한 식용수, 주거, 발전, 여성 차별, 극빈, 식량, 보건, 토착민, 국내 이산민, 이주자, 장애인, 초국적기업, 여성에 대한 폭력 등이다.

2015년에는 기후위기와 환경을 인권과 접목하기 위한 노력을 상징하는 '인권과 환경' 특별보고관이 임명되었다. '인권과 환경' 특별보고관은 안전한 기후가 건강한 환경권의 핵심 요소이고 인간의 생명 및 안녕과 직결된다는 입장을 분명히 밝혀왔다.

'극빈과 인권' 특별보고관인 필립 올스턴Philip Alston은 2019년에 발표한 보고서 「기후변화와 인권」에서 "기후 아파르트헤이트 시나리오가 현실이 될 수도 있다. 이때 부유층은 돈을 써서 폭염, 기근, 갈등을 피할 수 있겠지만 세계의 나머지 사람들은 고통에 빠질 수밖에 없다"고 경고했다.[461]

아파르트헤이트는 과거 남아공에서 시행했던 반인도적인 흑백 인종분리 정책을 말한다. 언젠가는 기후위기에 책임 있게 대처하지 않은 정치지도자나 기업 대표가 반인도적 범죄 혐의로 체포되어 헤이그 국제형사재판소에서 단죄를 받을 날이 올 수 있게 되었다.[462]

국제 인권조약 기구들의 관여

지금까지 설명한 인권이사회, 인권최고대표, 특별보고관의 활동이 유엔 내의 상설기구에서 이루어지는 것이라면, 다음에 소개할 내용은 국제 인권조약법에 따라 설치된 '조약 기구'들의 활동이다.

인권에 관해 아홉 개의 핵심 국제조약이 있으며 그중 한국은 일곱 개 조약에 가입해 있다. 각각의 조약은 그 조약의 이행을 점검하는 상설 위원회를 두고 있으며, 이 위원회들이 조약 당사국으로부터 해당 분야 인권의 실천 상황에 관해 보고받고 검토하고 권고를 제시한다.

몇 가지 예를 들어보자. 2018년 사회권위원회는 특별 성명을 내고 기후위기가 인류의 인권에 심대한 침해를 초래하고 있다고 지적하면서 세 가지를 강조했다.[463]

> 첫째, 각국이 자발적으로 정하게 되어 있는 온실가스 '국가결정기여NDC'가 너무 미흡하므로 앞으로 각국이 NDC를 정할 때 반드시 인권의무의 차원을 포함시키도록 이행 지침을 내려야 한다. 이 과정에서 젠더 감수성, 참여, 투명성, 책무성이 반드시 들어가야 한다.
>
> 둘째, 국내의 사회정책과 예산편성에 기후변화의 악영향에 대처할 조치를 반드시 넣어야 한다.
>
> 셋째, 고소득 국가들은 개도국의 기후적응을 돕고, 녹색 기술을 이전하고, 녹색 기후기금에 기여를 해야 한다.

여성차별철폐위원회도 2018년에 「기후변화의 맥락에서 젠더와 관련된 재난 리스크의 감소」라는 권고문을 발표했다.[464] 권고 2항은 성인 여성과 여아가 기후변화의 악영향을 특히 많이 받을 가능성에 주목한다.

기후위기 상황에서 기존의 젠더 불평등이 더욱 악화된다. 그리고 기후위기는 빈곤 여성, 토착민 여성, 민족과 인종과 종교와 성적 지향에서 소수에 속하는 여성, 장애 여성, 여성 난민, 국내 이산민 여성, 무국적 여성, 이주 여성, 농촌 여성, 독신 여성, 여성 청소년 및 여성 노인에 대해 서로 교차되는 차별을 발생시킨다.

자유권위원회가 2018년에 발표한 「일반논평」은 기후위기와 인권의 관계 설정에서 획기적인 계기를 만들었다고 평가된다. 그 전까지만 해도 기후변화를 전통적인 자유권(시민적·정치적 권리), 그것도 생명권의 문제로 다룬 경우가 극히 드물었기 때문이다. 「일반논평」의 62항은 다음과 같이 선언한다.

> 환경훼손, 기후변화 그리고 지속불가능한 발전이야말로 현재세대와 미래세대가 생명권을 누릴 수 있는 능력을 가장 긴급하고 심각하게 위협하는 요인이다.[465]

기후변화가 사회권이나 환경권 영역에서뿐 아니라 고전적인 시민적·정치적 권리 영역에서도 심대한 인권유린으로 규정된 것이다.

한국에서는 아직도 자유권을 법적 기본권 정도로 협소하게 이해하는 경향이 적지 않다. 국제적으로 기후위기에 자유권 담론을 확장해 적용하는 것에서 새로운 영감과 통찰을 얻을 필요가 있다.

2019년에는 여성, 사회권, 이주노동자, 어린이·청소년, 장애인 등 5개 조약 기구 위원회들이 「인권과 기후변화에 관한 합동성명」을 발표하기에 이르렀다.[466] 대단히 예외적인 움직임이었다.

「합동성명」은 기후정책의 모든 단계에 인권규범이 포함되어야 하고, 예상될 수 있는 인권피해를 예방할 조치를 취하지 않으면 국가의 인권보호 의무 위반에 해당되며, 국가는 민간 행위자(기업)가 국내외에서 초래한 피해에 대해 책임을 묻고 규제해야 한다고 강조했다. 또 성명서는 온실가스를 적게 방출하는 조처를 취하지 않은 공적, 사적 행위자의 활동에 대해 국가가 금융 인센티브 철회나 투자 중단 조치를 취해야 한다고 촉구했다.

20장 기후레짐에 인권이 포함되다

기후레짐의 진화

공식적인 인권레짐에서 2008년부터 기후변화를 다루기 시작했다면 공식 기후레짐에서 인권을 언급하기 시작한 것은 2010년부터였다. 「기후변화협약」의 제16차 당사자총회에서 채택된 「칸쿤협정」에서 본격적으로 인권을 다루었다. 「칸쿤협정」은 인권에 관해 두 가지를 강조했다.

첫째, 기후변화의 악영향이 인권에 직간접으로 나쁜 결과를 초래하고, 특히 지리, 젠더, 노령, 장애 등의 면에서 취약한 입장에 있는 사람들과 토착민, 소수민족에게 더 나쁜 결과를 초래함을 인정했다. 둘째, "당사국들이 기후변화와 관련된 모든 행동에 있어 인권을 온전히 존중해야 함을 강조한다"고 못 박았다.[467]

많이 늦은 감이 있었지만 그래도 기후협약 체제에서 인권에 관해 처음 언급한 내용으로서 올바른 방향을 보여준 문헌이었다.

2015년 「파리협정」이 체결되기 직전 코스타리카의 제안으로 「기후행동에 있어 인권에 관한 제네바약정」이 비공식적으로 논의되었고 여기에

18개국이 동조했다. 「제네바약정」은 「파리협정」에 기후변화의 인권적 의미가 확실히 포함되도록 하는 데 상당히 중요한 역할을 했다. 원론적인 내용이지만 강력한 호소력이 있는 문헌이었다.[468]

그중 한 문장을 살펴보자.

> 우리는 기후변화의 악영향을 불공평하게 겪는 극빈층과 취약계층이 겪는 불의를 간과할 수 없다. 저탄소 경제로의 이행에 있어 우리는 그 누구도 낙오하지 않기를 바란다. 우리는 기후행동에 있어 인권을 증진하고 존중할 것이다. 우리는 민중 그리고 미래세대와 연대하여 기후변화에 있어 긴급한 행동을 취하고자 한다.

「파리협정」에 포함된 인권

「제네바약정」뿐 아니라 유엔의 각종 인권메커니즘이 총동원되어 「파리협정」의 문안에 인권을 포함시키기 위해 노력을 기울였다. 그 결과 「파리협정」은 기후와 관련하여 최초로 국제법적 의무를 부과한 공식적 약속이 되었다.[469] 게다가 기후와 인권 사이에 제도 간 협력이 아주 적었던 상태에서 처음으로 인권을 언급함으로써 기후인권의 물꼬를 튼 셈이 되었다.[470]

인권 전문가들은 「파리협정」에 인권이 포함된 점을 '게임 체인저'라고 부른다. 협정 전문의 열 번째 단락에는 인권이 당당하게 자리를 잡았다.

> 기후변화가 인류의 공통 관심사임을 인정하고, 당사국들은 기후변화에 대응하는 행동을 취할 때 젠더 평등, 여성의 자력화, 세대 간 형평성뿐 아니라, 인권, 건강권, 토착민·지역공동체·이주자·아동·장애인·취약한 상황에

놓인 사람들의 권리, 및 발전권에 관한 각국의 의무를 존중하고 촉진하며 고려해야 함을 인정한다.[471]

「파리협정」에 인권이 포함된 것은 잠재적으로 향후 기후레짐에서 인권이 중요하게 다뤄질 수 있는 핵심 연결 고리가 되었다. 법학자 박병도는 「파리협정」이 "인권에 대한 명시적 언급을 포함하는 최초의 법적 구속력이 있는 다자간 환경 협정으로, 국제사회가 지속가능한 발전을 인권과 통합하는 방식을 촉진하겠다는 약속을 재확인함에 따라 중요한 가치의 선례를 창출"했다고 의미를 부여한다.[472]

인권을 직접 언급한 부분 외에도 인권과 연관된 언급이 다수 포함된 점을 눈여겨볼 필요가 있다.[473] 식량안보와 기아 종식의 과제(전문 단락 9), 노동력의 정의로운 전환과 양질의 일자리 및 양질의 직업 창출의 필요성(전문 단락 10), 모든 생태계의 건전성 보장 및 어머니의 대지Mother Earth로 인식되는 생물다양성 보존의 중요성(전문 단락 13) 등이 대표적이다.

「파리협정」에서 기후와 인권 간의 제도적 협력관계가 설정되면서 다음과 같은 긍정적인 면이 발생했다. 첫째, 전 세계 차원에서 활동하는 인권기구들이 기후변화와 관련된 인권침해를 감시하고 제재하는, 제도화된 경로를 기후레짐에 제공해줄 수 있다. 둘째, 기후레짐에서 인권을 본격적으로 언급함으로써 그동안 기후위기로 피해를 입은 나라들에 어떤 보상과 구제를 해줄 것인가 하는 논쟁에 하나의 길을 열어준 셈이 되었다.

지역 인권체제와 국가인권기구

세계 각 지역의 인권체제 및 각국의 국가인권기구들도 기후위기를 다루기 시작했다. 현재 아프리카, 아메리카, 유럽 대륙을 관할하는 지역 인권 체제가 제도화되어 상설 운영되고 있다.[474] 앞에서 본 대로 2005년 이누이트족이 기후변화 진정을 낸 것도 아메리카 지역 인권체제(미주간인권위원회)를 통해서였다.

국가인권기구도 기후위기에 맞서는 중요한 역할을 할 수 있다. 필리핀 국가인권위원회는 기후변화에 관해 종합적인 국민 조사를 실시했다.[475] 이 조사의 목적은 다음과 같다.

첫째, 기후변화 및 기타 연관된 현상, 예컨대 해양 산성화에 관한 과학적 사실을 국가인권위원회에 보고한다. 둘째, 기후변화가 필리핀 국민에게 어떤 악영향을 주고 있는지 조사한다. 셋째, 환경보호 및 기후변화와 관련 있는 국제법적 의무를 정부가 얼마나 준수하고 있는지 평가한다. 넷째, 조사 결과에 따라 정책결정자와 행정가들에게 정책적 권고를 한다.

기후위기가 전개되는 속도와 심각성에 비추어 보아 한국의 국가인권위원회도 멀지 않은 시점에 기후위기를 대단히 중요한 인권의제로 다룰 수밖에 없을 것으로 예상된다. 국가인권위에서 격월간으로 발행하는 잡지 《인권》은 2020년 연간 캠페인으로 기후변화와 관련된 특집기사를 연재하기 시작했다.

기후레짐에 인권이 추가되면 한국 정부에 어떤 영향이 미칠 것인가? 두 방향의 '의무'가 발생하게 된다.

첫째, 기후협약에 따른 약속을 이행할 때에 인권의 차원을 고려해야 한다. 구체적인 절차와 제도를 만들기 위한 국제적 노력이 진행되고 있다. 둘째, 한국이 이미 가입한 유엔의 인권메커니즘에 따른 심의에 참여할 때에 기후위기와 관련된 내용을 포함시킬 의무가 발생한다. 그렇게 되면 한국이 가입한 각 국제 인권조약의 해당 위원회에 한국 정부의 기후 관련 이행 사항을 '인권의 관점에서' 보고해야 한다. 특히 모든 유엔 회원국들이 인권에 대한 상호 점검과 향후 개선 방향을 논의하는 과정인 '국가별 정례 인권검토UPR'에 기후 관련 내용을 반드시 포함시키려는 논의가 진행되고 있다.

21장 기후소송

기후소송의 세계적 현황

지금까지는 주로 국제 인권메커니즘이 기후변화에 관여해온 정책적 역사를 설명했다. 이 장에서는 인권-환경 운동에서 기후위기를 다루는 또 하나의 유력한 경로인 법적 소송을 다룬다.

기후소송climate litigation은 인권 규범 그리고 불법행위법상의 구제 조치와 같은 인권 외 규범을 결합하여 국내, 기후와 관련한 법적 송사를 제기하는 것이다. 기후소송의 현황을 종합적으로 정리한 연구에 따르면 소송을 개시하는 원고의 80퍼센트 이상이 시민들, 기업 및 NGO들이고, 소송을 당하는 피고의 80퍼센트가 정부 그리고 나머지가 기업이라고 한다.[476] 기후소송은 2019년 12월 현재, 전 세계에서 적어도 1,442건이 다루어졌고 그중 미국에서의 소송이 3분의 2 이상을 차지한다. 그다음으로 오스트레일리아, 유럽연합, 영국, 뉴질랜드, 캐나다, 스페인 순이다.

기후소송은 주로 온실가스 감축을 위한 공공정책에 영향을 주려는 목적에서 제기되거나(전체 소송의 80퍼센트), 기후변화의 악영향에 대응할 목적, 그리고 기후재난과 관련된 손실과 배·보상의 목적도 있다.

기후소송은 통상적 소송과 전략적 소송으로 나눌 수 있다. 통상적 기후소송은 온실가스의 배출 허용치를 결정하거나, 신규 개발사업 인허가 신청과 관련된 실무적인 재판이다. 대중과 언론의 관심이 크지 않고 상징성이 떨어지지만 통상적 소송의 결과가 누적되면 간접적으로 정부와 기업의 행동에 영향을 미칠 수 있다.

전략적 기후소송은 정부와 민간(특히 기업)의 기후책무성을 높이고, 대중의 여론을 환기하며, 정책 논의를 촉발하기 위한 목적으로 진행되는 법적 다툼을 뜻한다. 정부를 상대로 한 전략적 소송은 온실가스 감축을 적극적으로 시행하라는 시민사회의 압력을 송사의 형태로 상징화한 것이다.

에너지 기업을 상대로 한 전략적 소송의 경우, 초기에는 불법행위법으로 제소하는 경우가 많았으나 최근 들어서는 온실가스 배출에 책임이 있는 주체들의 법적 책임을 명확하게 정량화하는 방법을 활용하기 시작했다. 또 기후위기 리스크에 관한 정보를 주주나 투자자들에게 정확하고 투명하게 제공했는지를 따지기도 한다.

저소득, 중소득 국가에서도 기후소송이 늘고 있는 추세는 특히 의미심장하다. 파키스탄, 인도, 필리핀, 인도네시아, 남아프리카, 콜롬비아, 브라질 등에서 정부를 상대로 기후재난의 책임을 법적으로 묻기 시작했다. 이 점이 중요한 이유는, 개도국 국민들이라 해서 정부가 환경문제를 도외시하고 무조건 경제성장 노선만 추구하는 것을 더 이상 지지하지는 않는다는 점을 보여주는 증거이기 때문이다.

전 세계 기후소송 사례들

최근의 기후소송의 특징 중 하나가 명백한 인권침해를 이유로 제기되는 송사가 늘었다는 점이다. 기후소송의 패러다임이 피해보상에서 인권침해 사건의 권리구제로 변하는 추세가 엿보인다. 몇 가지 주요 사례를 살펴보자.

- 2015년 파키스탄의 판례는 기후소송의 이정표가 된 사건이었다.[477] 아쉬가르 레가리Asghar Leghari라는 농부가 파키스탄 중앙정부를 상대로 소송을 제기했다. 정부가 2012년에 발표했던 국가 기후변화 정책, 그리고 2014~2030년에 추진하겠다고 약속한 정책 이행 프레임을 제대로 실천하는지를 가려달라는 이유에서였다. 2015년 항소법원은 정부의 지연과 태만으로 인해 국민의 기본권이 침해당했다는 판결을 내렸다. 이 결정으로 파키스탄 중앙정부는 정부 각 부처에 기후변화 담당관을 임명했고, 정부 대표, NGO, 전문가들로 구성된 국가 기후변화위원회를 구성했다. 이 사건은 인권에 근거한 기후소송을 통해 정부에 승소한 세계 최초의 사례로 꼽힌다.

- 2018년 콜롬비아의 기후소송은 7~26세의 청소년, 젊은이들 25명이 '미래세대의 요구'라는 원고단을 구성해 환경부를 제소한 사건이었다.[478] '미래세대의 요구'는 정부와 지자체와 기업이 아마존 유역과 산림을 보전해야 할 의무를 방기하여 온실가스 순 제로 배출을 지키지 못하게 되어 원고의 기본권이 박탈당했다고 주장했다. 1심에서는 원고가 패소했지만 대법원은 결국 원고의 손을 들어주었다. "생명, 건강, 최소한의 생계, 자유, 그리고 인간존엄성이 환경 및 생태계와 실질적으로 연

결되어 있고 그것에 의해 결정된다"는 결정을 내린 것이다.

이 판례는 정부가 아마존의 산림 벌채 정책을 결정할 때 탄소 배출 순제로 정책을 우선시해야 한다고 강조했다. 콜롬비아 소송은 '미래세대'라고 하는, 법적으로 아직 존재하지 않는 '인격체'의 권리를 인정한 세계 최초의 사례로 큰 주목을 받았다.

- 2019년 말 네덜란드에서도 중요한 기후소송 결과가 나왔다.[479] 이 사건은 네덜란드의 환경단체인 위르헨다재단을 비롯한 900명의 원고인단이 네덜란드 국가를 상대로 지구고온화를 방지하기 위해 정부가 더 많은 책임을 져야 한다고 제기한 소송이었다. 이 소송에서 하급심, 상급심, 대법원까지 세 번 모두 정부가 패하는 결과가 나왔다. 대법원은 네덜란드 정부가 국제사회에 약속한 대로 2020년 말까지 1990년 기준에 비교해 온실가스 25퍼센트를 감축하지 않으면 「유럽인권협정ECHR」의 생명권 조항 등을 위배하는 것이고, 정부가 기후변화 적응 정책을 잘 시행한다 하더라도 그것이 감축 정책을 시행하지 않는 핑계가 되지 못한다고 결정했다.[480]

  위르헨다 소송은 특히 1심 하급법원에서 제시한 판결 기준이 주목을 받았다. 이에 따르면 유럽연합의 온실가스 감축목표, '치명적 과실' 방지 원칙, 「기후변화협약」의 공평-사전예방-지속가능 원칙 등에 비추어 보아도 네덜란드 국가가 환경을 위한 주의의무를 다할 책임이 인정된다고 했다. 기후변화와 관련해 기존 국내법의 의무 사항이 아닌 원칙을 근거로 자국 정부에 온실가스 감축을 명령한 세계 최초의 판례가 나온 것이다.[481] 위르헨다 결정이 나온 후 유엔 인권최고대표 미셸 바첼레트Michelle Bachelet는 판결을 환영하면서 기후변화로 침해되는 인권문제를 해결하기 위해 전 세계적으로 더욱 많은 기후소송이 뒤따르기를 기대한다고 논평했다.

- 미국에서는 줄리아나 청소년 소송건이 있다.[482] 켈시 줄리아나Kelsey Juliana 외 20명의 청소년, 환경단체, 그리고 미래세대를 대표하여 유명한 기후학자 제임스 핸슨이 원고로 참여한 소송이다. 이들은 적극적으로 온실가스를 줄이지 않아 자신들의 생명권과 자유권이 침해되었다는 이유로 미국 정부의 책임을 묻고자 했다. 어른들이 수십 년간 기후대책을 늦춘 바람에 그 비용이 청소년과 미래세대에게 전가되어 '평등한 보호' 원칙이 위배되었다는 논리였다.
그 전에 유사한 소송이 원고 패소로 끝난 적이 있지만 1심의 오리건주 지방법원에서 깨끗한 환경에 대한 접근성이 인간의 기본권에 해당한다는 판결을 내려 전국적인 주목을 받기 시작했다. 2020년 초 재심 법원은 원고의 소송 적격성을 문제 삼아 소송을 각하했지만 원고 측은 소송을 계속하겠다고 밝힌 상태다.

- 프랑스의 대표적인 석유 메이저인 토탈사도 현재 기후소송에 걸려 있다. 2020년 초 프랑스의 14개 지자체들과 환경단체들이 토탈을 제소했다. 프랑스에서 기후위기를 놓고 민간기업을 제소한 최초의 사례다.[483] 프랑스에서 2017년에 제정된 '기업의 상당주의 책임법La loi sur le devoir de vigilance'에 따르면 대기업들은 자신의 활동에 의한 인권침해 또는 환경훼손을 방지하기 위해 확실한 조처를 취해야 할 의무가 있다.[484] 원고 측은 토탈의 온실가스 배출 행위가 이 법을 위반한 것이라는 주장을 펴고 있다.

- 미국에서 엑손모빌사가 투자자들에게 기후변화의 리스크를 제대로 알리지 않았다는 혐의로 피소되어 뉴욕에서 재판을 받고 승소했지만, 다시 매사추세츠주에서 유사한 소송을 당한 상태에 있다.[485] 엑손모빌을 위시한 석유 메이저들은 특히 지구고온화의 과학적 사실이 확립된 후에도 기후행동을 저지하기 위해 온갖 방해 공작을 벌여온 행태로 인해 전 세계 기후환경운동과 인권운동으로부터 큰 비판을 받고 있다.[486]

- 한국의 청소년들도 2020년 봄, 정부의 소극적인 온실가스 정책 때문에 청소년들의 헌법적 권리가 침해당했다고 헌법재판소에 헌법소원을 청구했다.[487] 이들은 주말 행동, 결석 시위, 관련 부서에 대한 요청과 서한 발송 등 많은 시도를 해보았지만 정부의 미온적인 태도에 변화가 없음을 깨닫고 정부에 책임을 묻게 되었다고 한다. 정부와 정책결정권자들의 경각심을 일깨우겠다는 목표도 밝혔다.
  청소년기후행동의 원고 19명은 한국 정부가 정한 감축목표와 실제 행동이 워낙 부실하여 헌법에서 보장한 "생명권과 행복추구권, 정상적인 환경에서 살아갈 환경권 등을 심각하게 훼손"할 것이라고 주장했다. 한국의 헌법소송은 전 세계 기후운동에서 주목의 대상이 될 가능성이 크다. 기후위기의 헌법적 기본권 침해,[488] 국가의 책무성, 미래세대에 속하는 청소년들이 원고가 된 점, 정책을 변화시킬 목표 등 전략적 기후소송의 특성이 모두 들어 있는 소송이기 때문이다.

- 2020년 6월 미국 플로리다주의 탤러해시 지방법원은 주지사와 정치지도자들을 상대로 제기된 기후소송을 기각했다.[489] 12~22세인 어린이·청소년들 여덟 명으로 구성된 원고단은 플로리다주 관리들이 화석연

료 기업의 활동을 지원함으로써 자신들의 생명권, 자유권, 행복추구권 등 연방헌법상의 기본권이 침해당했다는 이유로 소송을 제기했다. 심리를 담당한 판사는 개인적으로 원고의 문제 제기에 공감하지만 법적으로 소송을 각하할 수밖에 없다는 취지의 발언을 함으로써 주목을 끌었다.

- 2020년 7월 오스트레일리아 멜버른에서 23세의 대학생 캐타 오도넬Katta O'Donnell이 연방정부를 상대로 집단소송을 제기했다.[490] 자기가 투자한 정부의 채권에 기후변화로 인해 어떤 환경적 리스크가 발생했는지를 정부가 공개하지 않았다는 이유에서였다. 오도넬은 연방정부와 재무부가 지구고온화의 물리적 위험을 밝히지 않음으로써 투자자의 권리가 침해되었다고 주장했다. 정부가 발행한 국채에 대해 기후위기와 관련된 리스크를 공개하라는 소송은 전 세계 최초의 사례였다. 기후변화는 한 나라의 경제성장, 화폐가치, 국제관계에 리스크를 발생시킬 가능성이 크기 때문에 정부 채권에 투자하는 사람은 향후 수익률에 미칠 리스크를 알 권리가 있다는 논리였다. 원고는 정부가 그 정보를 밝힐 때까지 국가 채권을 대중에게 광고하지 못하도록 하는 가처분신청까지 제기해놓은 상태다. 이 소송은 피해보상이 아니라 정부 채권에 대한 정보공개 소송인 데다, 집단소송 형식으로 진행되고 있어 국제적으로 관심을 끌기 시작했다.

- 2020년 7월 말 아일랜드의 대법원은 '아일랜드 기후소송CCI'이라는 운동 측이 아일랜드 정부를 상대로 낸 소송에서 대법원 판사 일곱 명 전원 만장일치로 CCI의 손을 들어주었다. 아일랜드 역사상 기후문제로

시민들이 정부에 대해 승소한 최초의 사건이었다.[491] 시민 원고 측은 정부가 2017년에 입안한 '국가 기후적응 계획NMP'이 2050년까지 저탄소 경제로 이행한다는 원칙만 세웠을 뿐 구체적 행동 계획이 부족하고, 시기별 감축목표 등이 제시되지 않았다고 주장했다. 원고는 또한 정부의 기후적응 계획이 기후위기를 막기에 부적합하며 시민들의 권리를 보장한 아일랜드 국내법과 「유럽인권협정」을 위반한 것이라는 논리도 제시했다. 대법원장 프랭크 클라크Frank Clarke는 정부의 계획이 "법률을 준수하기 위해 요구되는 구체성을 결여"하고 있다고 판결했다. 이 사건은 네덜란드의 위르헨다 소송에서 영감을 받아 제기된 기후소송으로서 아일랜드의 시민 기후행동에 획기적인 이정표가 되었다는 평가를 받는다.

- 국가인권기구가 기후소송을 지지한 사례도 나왔다. 필리핀 국가인권위원회의 로베르토 카디즈Roberto Cadiz 위원장은 2019년 말 화석연료 에너지 회사들이 필리핀 국민에게 고통을 초래한 법적, 도덕적 책임이 있으므로 이들을 인권침해 혐의로 제소할 수 있을 것이라고 밝혔다. 그린피스 동남아 지부 및 필리핀 국내 환경단체들이 전 세계 47개 석유 메이저 기업들의 온실가스 배출 때문에 필리핀 국민의 인권이 침해받고 있으므로 이들을 제소해야 한다고 낸 진정에 대한 답변이었다.[492] 국가인권기구와 같은 공식 기관이 기후소송을 뒷받침하는 입장을 표명해주면 기후행동의 정당성에 큰 도움이 될 수 있다.

기후소송의 효용성

기후소송을 포함하여 환경 소송의 일반적인 효과는 잘 알려져 있다. 헌법적 권리를 환경 영역에서 확실히 적용시키고,[493] 정책 변화의 물꼬를 틀 수 있고, 환경을 나쁘게 만든 피고의 평판에 큰 타격이 오며, 산업 관행이 변할 수도 있고, 금융권에서 환경과 관련된 리스크를 평가하는 기준이 달라진다. 무엇보다 미디어 담론이 변할 수 있다는 점이 환경 소송의 장점이다.[494]

변호사 지현영은 기후소송의 유형을 ① 규제법을 활용한 행정소송, ② 기본권 침해를 든 헌법소송, ③ 피해 배상을 구하는 민사소송, ④ 주주 또는 소비자로서 책임을 구하는 회사법 소송으로 나눈다. 그중 행정소송이나 헌법소송은 승소 사례들이 늘어나는 추세이나, 민사소송이나 회사법 소송은 그렇지 않다고 한다. 즉 원칙이나 규범을 다투는 소송일 경우에는 승소 확률이 높지만, 금전적 배상을 구하는 소송일 경우에는 성과가 적다는 것이다.[495]

기후소송은 환경소송의 의미에 더하여 그것의 지리적, 시간적, 법적 범위를 대폭 확장하는 의미가 있다. 또 그 어떤 윤리성, 도덕성, 논리, 토론, 설득도 통하지 않는, '사이코패스'와 같은 반사회적 기업이 있다면 기후소송을 포함한 강제력을 동원해 일벌백계로 다스릴 수밖에 없다는 견해도 있다.[496]

기후행동에 있어 소송이 극적인 효과를 낼 때가 있지만 그 과정이 쉬운 것만은 아니다. 법적 다툼에서 요구되는 엄밀한 인과적 입증이 어렵기 때문이다. 기후변화의 악영향을 일반적 차원에서 설명하고 이해하기는 쉽다. 그러나 기후변화와 어떤 구체적 피해 사이의 인과관계를 특정하기는 매우 어렵다. 더구나 역사적 책임을 정확히 가리는 것은 거의 불가능에 가깝다. 그리고 어느 한 지역에서 발생한 기상이변에 대해 전 지구적 기후변화가 어느 정도나 역할을 했는지를 가리기도 어렵다.

그럼에도 이제 기후변화에 의한 재난을 단순한 자연재해로 보지 않고 인간의 '불의한' 행위의 결과로 파악하는 시각이 전보다 커졌다. 기후소송 사례가 늘면서 기후변화에 의한 손실과 피해의 원인이 누구에게 귀착되는지, 그리고 배상책임을 어떻게 물릴 것인지 하는 점을 다루는 '귀책 연구attribution studies' 분야가 발전하고 있다.[497]

인권법학자 줄리 알버스Julie H. Albers는 기후위기로 침해당하는 실질적 권리—특히 생명권과 같은—를 보호하기 위해 인권시스템에서 세대 간 정의 개념을 반영한 공익소송을 더욱 적극적으로 활용해야 하고, 원고 적격성의 요건을 넓혀 기후소송을 용이하게 제기할 수 있는 환경을 만들어야 한다고 주장한다.[498] 한국에서 공익·인권 분야에서 활동하는 법조인들도 기후위기 시대에 법률 전문성을 어떤 식으로 가장 의미 있게 선용할 수 있을지를 본격적으로 고민해야 할 것이다.

22장 남반구 발전권, 근본 원인 분석, 자연의 권리

개도국 발전의 문제

기후위기 문제를 인권으로 접근할 때 가장 많이 나오는 질문 중 하나가 남반구 개도국에 대한 형평성의 문제다. 앞에서 이미 언급했지만 이 문제는 인권에 기반한 접근과 기후정의의 관점으로 기후변화를 다룰 때 피해 갈 수 없는 핵심 쟁점이다.

거대 개도국이든 중소 개도국이든 남반구 거의 모든 나라가 기후위기의 딜레마에 봉착해 있다. 한편으로 발전을 통해 빈곤에서 벗어나고 싶고, 다른 한편으로 이상기후의 재난을 스스로 많이 당하고 있기 때문이다. 이들은 기후위기로 인한 피해를 회피할 수 있는 권리, 그리고 자기결정권 및 발전권을 계속 행사하고 싶은 욕구('먹고살기 위한 온실가스 배출권') 사이에서 권리의 충돌을 경험한다.[499]

북반구와 남반구의 온실가스 감축을 놓고 극단적인 두 논리 사이에서 인류가 고민하고 있다. 한편으로, 장사꾼 같은 '선착순'의 논리를 적용하여 먼저 발전한 선진국에만 지금까지의 혜택을 인정한 후 빗장을 걸어버리는 방법이 있다. '이제부터는 더 이상 배출을 하지 말자'는 식의 논리다. 이는 후발국 입장에서 보면 아주 불공평한 방식이다.

다른 한편으로, '하늘이 무너져도 정의를 세우라'는 신성로마제국식 법리를 적용하여 후발 개도국 모두에 대해 무제한의 온실가스 배출을 인정하는 방법이 있다.[500] 이렇게 되면 논리적으로 공평하기는 하지만 기후위기가 더 심각해진다.[501]

남반구 중에서도 작은 섬나라나 빈곤국의 온실가스 배출은, 전체 배출량으로 따지든 1인당 배출량으로 따지든 큰 문제가 되지 않을 정도로 미미하다. 그러나 이른바 '전체 고배출, 1인당 저배출' 국가의 경우에는 기후행동과 발전권의 관계를 풀기가 복잡하다. 인구와 산업의 규모가 커서 국가 전체적으로는 온실가스 배출량이 많지만 1인당 배출량은 낮은 인도, 중국, 브라질 같은 나라들이 여기에 해당된다.

'전체 고배출, 1인당 저배출' 국가들은 현재 전 세계 온실가스 배출에서 차지하는 비중이 크므로 기후변화 악화에 일정한 책임이 있지만, 역사적, 현실적 이유로 기후레짐의 엄격한 적용을 따르지 않으려 한다.

결국 이 문제는 개도국 외부의 국제사회에서 기후정의를 적극적으로 실천해야만 해결의 실마리를 찾을 수 있다. 남반구에 대해 기후적응을 위한 재정지원과 신기술의 이전을 적극적으로 이행해야만 개도국 내의 기후 관련 인권침해를 해당 정부가 책임질 수 있는 여건이 마련될 수 있다. 또 그렇게 해야만 불공평한 경제개발 모델을 신봉하는 개도국 지배 엘리트의 이익과, 불평등 및 환경악화의 피해를 겪는 개도국 민중의 이익이 반드시 같지만은 않다는 점을 이야기할 수 있는 여지가 생긴다.[502]

근본 원인 분석

전통적으로 인권운동에서는 주로 기후변화가 초래한 구체적인 인권침해를 다루었다. 기후재난 이후에 정부가 어떻게 대응했는지를 따지는 것이 인권의 주 임무였다. 그러나 최근 들어 '감축'까지 요구하는 빈도가 크게 늘었다. 그와 함께 경제적, 정치적, 사회적 시스템의 차원에서 '인권의 이름으로' 기후변화의 근본 원인을 해결해야 한다는 목소리가 커졌다.[503]

앞에서 설명한 대로 유엔 사회권위원회의 특별 성명, 필립 올스턴 특별보고관의 보고서, 민중정상회의 선언 등이 모두 그런 경향을 반영한다. 개별적 권리침해를 하나하나 법적인 논리로만 다루는 패러다임에서 벗어나 기후위기를 초래하는 시스템 자체를 변혁해야 한다는 점에 동의하기 시작한 것이다.

학계에서도 이런 경향을 반영하는 연구가 나오기 시작했다.[504] 예를 들어 기후위기로 인한 건강권 침해의 근본 원인을 '소비촉발 체제 consumptagenic system'에서 찾아야 한다는 연구를 보자. 소비촉발 체제란 "불건강하고 불공정하며 환경파괴적인 생산-소비를 부추기는, 서로 연계된 정책, 과정, 인식 및 거버넌스 양식들"을 뜻한다.[505] 이런 체제는 기후위기와 건강 불평등의 공통 원인이 되고, 기후위기는 다시 건강 불평등을 심화한다.

샤론 프리엘Sharon Friel은 소비촉발 체제로 기후변화와 건강권이 함께 나빠지는 현실을 타개하려면, 보건의료인도 자신의 한정된 전문 분야를 넘어 근본적인 변혁을 고민해야 한다고 조언한다.

> 보건의료인들도 소비촉발 체제와 연관된 정책 논의, 그리고 에너지, 거시경제, 식량, 사회 인프라와 같은 이슈에 적극적으로 관여해야만 한다. 건

강 담론은 흔히 의료시스템과 개인의 행동에만 초점을 맞추는 경향이 있다. 우리가 기후변화와 건강 불평등을 일으키는 공통의 근본 원인을 풀려고 한다면 시스템상의 구조적 요인들에 개입하는 행동이 반드시 필요하다.[506]

기후위기가 저변에 깔린 사건이 발생하면 부유층은 풍부한 가용자원을 동원하여 그런 사건의 충격을 최소화하거나 보통 사람들과는 전혀 다르게 대응할 수 있다. 실제로 2020년 코로나19 사태 때 미국의 억만장자들은 개인 전세기로 이동했으며 개인 의사, 개인 병동, 종합병원의 개인 응급실, 전문의의 왕진 서비스 등 민영화된 초고가의 의료서비스를 이용했다. 돈만 있으면 '병균이 우글거리는 대중을 마주치지 않고도 살 수 있는' 사회적 분리의 삶을 실행한 것이다.[507]

기후변화를 초래하는 데 큰 원인을 제공했던 부국의 부자들이 막상 위기가 닥치니 자기 살 궁리만 하고 있다는 비판이 많이 제기되었다. 캘리포니아에서 산불로 주거지역이 불탈 때 부유층은 미리 들어두었던 특별 화재보험을 이용해 사설 소방대를 불러 자기 집 주변에만 참호를 파서 불길을 막았다. 마이애미에서는 해수면이 오르자 바닷가에 살던 상류층이 빈곤층 거주지역이던 산동네에 들어와 살면서 빈곤층은 다시 바닷가로 쫓겨 내려가는 '기후 젠트리피케이션' 현상이 벌어졌다.

그것도 모자라 핵전쟁 대피용으로 만든 지하 벙커를 매입하여 럭셔리 거주 시설을 마련하고 '종말 시나리오'에 대비해 만반의 준비를 하는 억만장자들도 있다. 이른바 '부유한 대비자들rich preppers'이 기후위기에 비교적 안전하다고 알려진 뉴질랜드에서 대규모로 부동산을 사들이는 바람에 뉴질랜드 정부는 2018년 외국인들의 토지 구입을 제한하는 법을 제정했다.

이런 현상을 두고 '기후변화는 계급 전쟁'이라고 단정하는 비판이 나오는 것도 무리가 아니다.[508]

"하루 종일 냉방시설에서 냉방시설로 이어지는 동선을 따라 살 수 있는 혜택받은 극소수와, 다양하게 폭염에 노출될 수밖에 없는 나머지로 이루어진 새로운 기후계급"이 이미 현실화되고 있음을 직시해야 할 것이다.[509] 이와 같은 기후위기의 상대성 그리고 기후위기가 악화시킬 불평등의 문제를 다루기 위해서 구조적 근본 원인에 대한 관심이 기후행동에 반드시 포함되어야 한다.

인권의 담론 확장

전통적인 인권담론으로 기후위기와 인류세가 등장한 우리 시대의 문제를 감당할 수 없다는 반성이 인권운동가와 인권학자들 사이에서 나오기 시작했다.[510] 이제 인간의 권리와 그 외 나머지를 구분하는 방식으로는 인간의 권리조차 보장할 수 없는 시대가 되었다. 인권이 시급할수록 인간과 자연이 전체 생태계의 공동 구성 요소라는 사실에 눈을 떠야 한다.[511]

기후위기와 인류세가 인권담론을 재구성할 수 있는 기회를 준 긍정적 측면도 있다.[512] 이런 배경에서 자연의 권리와 생태의 권리까지 포함해 인권담론을 근본적으로 재구성해야 한다는 주장이 등장했다.[513] 환경법학자 루이 코츠Louis J. Kotze는 인권과 환경의 관계를 다음과 같이 정리한다. 인권담론은 사회 세계 내에서 인간의 도덕적 기준을 다루어온 '인간중심주의'에 입각한 실천 사상이다. 인권은 개인의 존엄, 안녕, 복리에 초점을 맞추어왔다. 인권은 특히 경제발전이 인간의 복리를 증진한다는 점을 당연시하면서, 발전을 위해 인간이 자연 자원을 최대한 활용해야 한다는 점을 '인도적' 관점에서 정당화해왔다.

반면 환경담론은 물질의 자연 세계에 초점을 맞추며, 자연의 내재적 가치를 존중하는 '생태중심주의'에 입각한 실천 사상이다. 환경은 인간이 생명을 유지할 수 있는 조건을 이룬다. 인간의 존엄이 소중하다고 해서 인간의 자연 지배가 무한정 허용되지는 않는다. 자연은 인간의 욕구를 위한 자원의 제공처로만 존재하는 것이 아니기 때문이다.[514]

환경의 시각으로 볼 때 인권담론에는 분명 한계가 있다. 인권에서 말하는 환경권은 자연이 그 자체로 소중하다기보다(내재적 가치), 인간에게 도움이 되므로 그것을 잘 보전해야 한다는(도구적 가치) 논리로 이루어져 있다. 또 경제사회 발전을 억제하지 않는 한도 내에서 지속가능발전을 추진하기 위한 정당화 논리로서 인권담론을 활용하는 경향도 있었다.

전통적인 인권담론의 기본 전제를 충실하게 따르면, 특히 경제사회적 인권을 최대한, 지속적으로 보장하려면, 발전과 성장을 최대한, 지속적으로 추구해야 한다. 그러나 이런 논리를 끝까지 밀고 나가면, 무제한으로 발전과 성장을 추구할 경우에 '인권의 이름으로' 자연 생태가 파괴되고, '인권의 이름으로' 자연 생태계의 일부인 인간 스스로가 자멸할 수도 있다는 결론이 나온다.

이것은 풀기 힘든 딜레마다. 그러므로 "기후변화와 자원 고갈 시대에 가장 고통받는 전 세계 빈곤층의 욕구를 우선적으로 충족하면서도, 그런 자원배분이 무한정한 욕망을 충족하기 위한 도구로 악용되는 것을 미연에 방지"하기 위해서 무한성장이라는 지속불가능한 패러다임을 거부하는 "지속가능한 경제적·사회적 권리"를 고안해야 하는 과제가 우리 앞에 놓여 있다.[515]

새롭게 전환된 인권담론은 두 가지 역할을 수행해야 한다. 첫째, 정치,

경제, 사회, 생태의 근본적 구조 변화에 공헌할 수 있어야 한다. 둘째, 사회 세계의 도덕적 영역과 자연 세계의 물리적-생물적-지리적 영역 사이의 문턱을 조정하는 법적 규범을 마련하는 기능을 해야 한다. 이런 식으로 인권담론이 전환된다면 인류세의 인권에 크게 기여할 수 있을 것이다.

동물의 보호에 대해서도 전통적 인권담론에 이미 큰 변화가 왔다. 인권을 옹호한다고 해서 '인간'의 권리만 중요하게 취급하는 식의 사고방식은 더 이상 통하지 않는다. 백 보를 양보해 인간이 자신의 이익을 위해서라도 동물권을 인정해야 한다는 주장에 많은 사람이 공감한다.[516]

변호사 차병직은 '호모사피엔스가 아닌 친구들'인 동물에게서 인간 존엄성의 거울 이미지를 발견한다. "동물은 인간에게 은유다. 모든 동물은 인간에게 유추의 대상이다. 인간은 함께 사는 동물과 교감하면서, 야생의 동물을 바라보면서, 그것을 통해 자기의 정체성을 발견하고 수정하고 정립한다. 사람이 타인을 통해서 자기를 발견하는 것과 마찬가지 이치다."[517]

더 나아가, 인권학에는 국가이성으로 인간을 보호한다는 기본 전제가 있었는데 지구 대지를 보호하기 위해 지구 혹성의 이성을 상상할 수 있을 것인가 하는 질문도 제기되어 있다.[518] 연구자, 활동가들이 모여 결성한 '인권과 환경 연구를 위한 전 지구적 네트워크GNHRE'라는 단체에서 2017년 「인권과 기후변화 선언」을 발표했다.[519] 이 선언에는 '비인간 법인격체non-human persons를 포함한 자연의 권리'가 들어 있다.

> 인권에서 인간이라는 주제를 새롭게 상상하면 더욱 포괄적인 윤리적 역동성이 창출될 수 있으며, 상처받기 쉬운 온생명 질서의 물질적 특성에 대해 법이 더욱 폭넓게 대응하는 움직임에 인권도 참여할 수 있게 된다. 이런 접

근방식을 받아들이면 권리를 가진 여러 주체들—동물과 어머니 지구 대지를 포함한—중에서 인간도 하나의 주체로 자리매김할 수 있다. 이런 관점은 기후정의를 모색함에 있어 본질적으로 중요한 시각이라고 생각된다.[520]

뉴질랜드의 왕거누이강 유역에 사는 토착민 마오리족이 2012년 뉴질랜드 정부와 체결한 협정은 '비인간 법인격체'인 자연의 권리가 인정되었던 유명한 사례다. 뉴질랜드 역사상 가장 오랜 소송 끝에 도출된 결론이었다. 이 사례는 유럽인의 식민 지배 과정에서 '문명화'의 대상이 되었던 토착민이 자연의 권리를 되찾음으로써 '탈식민' 해방의 주체가 되었다는 점에서 각별한 의미가 있다.

인간과 자연을 이분법적으로 구분하지 않는 토착민들 입장에서는 자신들과 일심동체인 강 수역을 지키는 일이 바로 자신을 지키는 일이었기 때문이다. 왕거누이족을 뜻하는 '왕거누이 이위'에게는 왕거누이강이 자신들의 조상이고, 소중한 보물이며(타옹가), 살아 있는 생명(테 아와 투푸아)이다. 이런 입장은 왕거누이족의 격언에 생생하게 표현되어 있다.

코 아우 테 아와, 코 테 아와 코 아우(나는 강이고, 강은 나다).[521]

남미의 에콰도르는 2008년 헌법에 다음 조항을 신설했다. "다양성 속에서 자연과 조화를 이루는 '수마크 카우사이' 정신, 즉 '좋은 삶의 길(부엔 비비르buen vivir)'을 달성하기 위해 새로운 공적 공존의 형태를 구축할 것을 천명하는 바이다." '수마크 카우사이'란 안데스산맥 지역의 케추아족 원주민들이 애용하는 용어로서 '좋은 삶의 길'이라는 뜻인데 이를 스페인말로 옮긴 표현이 '부엔 비비르'다. 이웃 나라인 볼리비아 역시 2009년 부엔 비비르 원칙을 국정 지표로 삼는다는 조항을 헌법에 명시했다. 볼리비아의 노력으로 유엔은 그해 4월 22일을 '국제 어머니 대지의 날'로 선포했다. 안데스 지역에서 대지의 여신 파차마마를 기리는 풍습을 국제적으로 기념한 것이다. 볼리비아는 2010년 세계 최초로 자연의 권리를 인정한 「어머니 대지의 권리법」을 제정해 공포했다.[522]

인간뿐 아니라 자연물도 법과 거버넌스의 대상으로 보호되어야 한다는 사상이 등장하면서 최근 '지구법학'이라는 새로운 학문 분야가 탄생했고, 한국에서도 『지구를 위한 법학』이라는 연구서가 출간되었다. 이런 추세는 인간중심적 인권관, 인간중심적 법학의 패러다임을 극적으로 변화시킬 수 있는 잠재력을 지니고 있다.[523]

정리하자면 기후위기 초기에는 인권운동이 기후위기로 인한 인권침해에 국가의 책임을 물어 피해를 회복하는 데에 주력했다. 그러나 이상기후로 인한 인권침해의 뿌리를 추적하면서 온실가스 감축을 둘러싼 경제, 정치, 사회적 근본 조건에 관한 질문을 하기 시작했다. 즉 기후대응을 둘러싼 논의가 '자연과학/기술관료 담론'에서 출발하여, 전통적인 인권을 다루는 '사법 정의 담론'으로 발전했다가, 최근에는 구조적 근본 원인을 따지는 '사회과학 담론'으로 넘어가는 양상을 보인다.

이런 추세가 계속되면 전통적 인권담론에 비인간 인격체의 법적 권리가 어떤 형태로든 포함될 것으로 생각된다. 기후위기는 인권이 그런 방향으로 진화하지 않으면 안 되는 조건을 만들어 내고 있다.

4부

각자도생 사회를 넘어

사회적 차원에서 무엇이 필요한가

히로시마급 원자탄이
매일 40만 개씩 폭발할 정도로
지구가 뜨거워지고 있다.
빌 매키븐

기후변화에 있어 우리에게 새로운 정보는
단 하나밖에 없다.
그것은 위기가 예상보다
더 빨리 닥치고 있다는 사실이다.
토비아스 하버콘Tobias Haberkorn

기후위기는 극히 다양하게, 예상하기 어려운 모습으로 터져 나온다. 동일한 재난이라도 그것의 결과는 사회가 조직되어 있는 방식에 따라 천양지차로 달라진다.[524] 맥락성, 불확실성, 사회 불평등 등 기후위기의 여러 측면이 코로나19 사태에서만큼 명백하게 입증된 경우도 잘 없을 것이다.

기후위기가 팬데믹의 형태로 이렇게 인간 사회를 공격할 줄 누가 상상이나 했던가? 감염률이나 사망률과 같은 역학적 차원과는 별개로, 사회경제적 차원에서의 피해가 빈곤층, 비정규직, 배송 노동직, 일용직, 여성, 노약자, 소상공인, 서비스업, 영세자영업, 저소득층, 노숙인, 장애인 등 사회의 약한 고리를 이렇게까지 확실히 파고들 줄 누가 예상이나 했던가?

홈리스행동의 안형진 활동가는 바이러스 사태가 노숙인에게 끼친 영향을 이렇게 증언한다.

> 전염병이나 감염병이 발생했을 때는 민간 지원이 먼저 끊기고, 중단되었을 때 공공이 대처할 수가 없다는 겁니다. (…) [노숙인 치료 기관이] 국가지정병원으로 지정돼 있다 보니까 (…) 아무리 1종 수급자라고 해도 갈 수 있는 병원이 없어지기 때문에 (…) 이번에는 이런 것들을 누군가가 세심하게 점검해야 한다는 겁니다.[525]

기후위기가 기후의 문제이자 사회의 문제라는 점은 아무리 강조해도 지나치지 않다.[526]

지금까지 기후변화에 관한 논의에서 사회적 차원은 크게 인식이 안 되고 많이 주목받지도 못했다. 하지만 「기후변화협약」에도 사회적 차원이 정식으로 포함되어 있음을 기억해야 한다. 4부는 기후대응에 반드시 필요한 네 가지 사회적 차원에 대해 묻는다.

23장 사회적 응집력

사회적 응집력의 의미

기후행동에 사회적 차원을 포함시킬 때 어떤 영역을 우선적으로 고려해야 하는가? 지속가능발전, 도시계획, 지방자치 행정, 인권과 거버넌스, 공중보건과 영양, 의료전달체계, 여성·노동자·노약자·장애인 및 취약계층 대책, 사회복지서비스, 재난 리스크 관리, 국제 개발 협력,[527] IT-서비스 등 사회의 거의 전 분야를 망라한다고 해도 과언이 아니다.

이들 전체를 아우르는 원칙으로서의 '사회적 응집력'이 이 장의 주제다.

유럽평의회는 '사회적 응집력social cohesion'을 "가용자원에 대한 공평한 접근성, 다양성을 감안한 인간존엄성의 존중, 개인적·집단적 자율성, 그리고 책임 있는 참여를 포함하여, 그 사회 모든 구성원의 장기적 안녕을 보장할 수 있는 한 사회의 역량"이라고 정의한다.[528] 사회적 응집력은 구성원들 간의 격차를 최소한으로 줄이고 양극화를 막는 일이 중요하다는, 전체 사회의 의지가 반영된 개념이라 할 수 있다.

사회적 응집력은 인권과 민주주의에 기반하는 현대사회가 지향해야 할 정치적 전략이라고 유럽평의회는 강조한다. 사회적 응집력의 핵심은 "지속가능성, 공정함이 있는 자유, 다양성과의 공존, 인간 존엄을 지키기 위한 경각심, 개인으로서 그리고 공동체로서 현재와 미래에 자율성을 유지하고 의사결정을 내릴 수 있는 자유"에 있다고 본다.[529]

앞 문장의 마지막에 나오는 말, 개인 및 공동체로서 자율성과 의사결정의 자유를 누릴 수 있어야 한다는 부분이 의미심장하다. 개인적 차원의 자유만 중시하는 자유지상주의적 인권관으로는 사회적 응집력을 유지할 수 없다. 그렇다고 해서 무조건 집단만 우선시하는 관점도 정답이 아니다. 이것을 인권으로 풀이하자면 구성원 개개인의 이익과 집단 전체의 이익이 중첩되는 권리, 즉 '이익공유 집단권'이 사회적 응집력의 유지에 부합하는 인권이다.[530]

사회적 응집력은 중앙정부, 지방정부, 지역 행정과 일반 시민들이 함께 만들어가는 양방향적인 과정의 산물이다. 인류학자 백영경이 말한 대로 "시민들이 스스로 주체가 되고 지역이 단위가 되어서 주체적으로 구멍을 메우고 필요한 일을 찾아서 (…) 커먼즈를 함께 만들고 가꿀" 필요가 있는 과정인 것이다.[531]

2008년 전 세계 금융위기가 발생한 후 유럽평의회는 「사회적 응집력을 위한 유럽평의회 행동계획」을 발표했다.[532] 「행동계획」은 "응집력이 높은 사회라면 모든 사람의 안녕이 사회 전체의 목표가 되어야 한다. 불평등과 배제를 없애기 위해 모든 사람에게 적절한 수준의 자원이 보장되어야 한다"라는 불평등 관련 메시지를 핵심적으로 제시했다.[533]

사회적 응집력을 강조하는 이유

'사회적 응집력'의 유지를 특별히 강조해야 하는 이유가 무엇인가?[534]

첫째, 사회적 응집력이 '공정함'이라는 토대를 전제로 하기 때문이다. 지구온난화에 책임이 제일 적은 계층이 제일 많이 피해를 입고, 기후위기가 계속될수록 그 고통이 더 심해진다면 그것 자체가 사회정의 원칙에 위배되기 때문이다.

둘째, 기본적 사회질서가 무너지면 안 되기 때문이다. 실오라기들을 모아 천을 짜듯 사회의 구조도 수많은 요소로 촘촘히 구성되어 있다. 그런 사회적 직조물social fabric의 제일 안쪽에 있는 연약한 섬유질, 즉 사회의 고갱이가 풀어지면 겉으로 멀쩡해 보이는 옷감도 쉽게 으스러질 수 있다. 기후위기가 심해지면 사회가 붕괴의 위험에 놓일 수 있다. 사회의 붕괴란 사회의 기초 섬유질이 해체되어 내부에서부터 돌아가지 않게 된 상태를 뜻한다. 기후위기가 심해질수록 취약계층의 불공평한 고통은 '정상화'되어 잊히기 쉽다.

셋째, 경제사회적 조건이 나빠져 사람들의 삶이 팍팍해질수록 정치적 선동, 메시아적 약속, 음모론, 가짜 뉴스, 혐오와 차별이 횡행할 수 있는 풍토가 늘어난다. 여성혐오, 외국인 혐오, 소수자 혐오, 특정 집단 혐오 등이 그럴듯한 '설명'의 외피를 걸치고 등장하여 소셜미디어를 통해 무차별 확산된다. 코로나19 사태에서도 이런 현상들이 국내외에서 표출되었다.[535] 이런 분위기에서 극우 포퓰리즘과 유사 권위주의, 그리고 백인우월주의를 비롯한 극단주의 세력이 발호하기 시작하여 파시즘의 재등장을 걱정해야 할 정도가 되었다.[536]

증오의 불길은 세 요소로 이루어진다. '땔감'과 같은 증오 지지자들, '불꽃'을 지피는 선동형 지도자, '산소' 역할을 하는 사회경제적 악조건, 이 세

요소가 만나 증오의 불길을 타오르게 한다.[537] 사회적 응집력이 약해질수록 공기 중 산소가 많아진다. 폭력적 증오의 화염이 옮겨붙기 좋은 조건이 만들어지는 것이다.

인류 역사상 가장 극단적 증오 사건인 홀로코스트도 마찬가지였다. 우리는 흔히 나치즘의 사악한 인종주의 때문에 홀로코스트가 일어났다고 생각한다. 그러나 역사학자 피터 존 헤이스Peter John Hayes는 가해자들의 인종적 편견보다 상황적 요인이 더 중요한 원인이었다고 지적한다.

> 문명과 법질서의 전제 조건은 경제적, 정치적 안정이다. (…) 나치의 인종차별주의는 악선전과 무책임한 언행이 난무할 수 있는 배경이 되었던 경제적·국가적·이념적 위기 상황이 없었더라면 국가적 정책으로까지 구체화되지는 못했을 것이다. 정상적인 사회라면 그러한 위기 상황 또는 그러한 언행에 애초부터 연루되지 않겠다는 자세가 모든 사람의 우선순위가 되어야 한다.[538]

넷째, 사회적 응집력이 떨어지면 사람들이 생존경쟁에 매달리게 되면서 인식의 시간적 지평이 매우 좁아져 미래를 생각할 수 없게 되기 때문이다. 철학자 김명식은 이 점을 1980년대 이후 신자유주의가 기승을 부리게 된 미국 사회를 원용하여 다음과 같이 설명한다.

> 1980년대 이후 (…) 미국은 미래지향성을 상실해 시간 지평이 짧아지고, 이에 따라 [사회적] 할인율 또한 높아졌다. (…) 이는 **사회의 응집력이 약화되었기 때문에 발생**했다. 경제에 대한 관심이 증가해, 경제가 정치, 철학, 사회문화를 지배하게 되었다. 경제 중심 사회에서 모든 것이 상품화되

> 고, 노동, 가족 간의 유대, 전통적 의무, 교회, 지역 공간에 대한 헌신 등도 붕괴되어 갔다. (…). 이런 맥락에서 미래에 대한 의식도 설명될 수 있다. 사회적 책임 의식이 약화되면서 자기 자신의 경제적 이익을 위해 타자와 미래의 복지를 희생시키려는 경향이 나오고 있는 것이다.[539]

마지막으로, 사회적 응집력이 없으면 기후행동을 위한 기반 자체가 사라지기 때문이다. 전 사회적 동원이 필요한 감축과 적응을 효과적으로 추진하려면 적어도 기본 생계가 안정적으로 보장된 대중의 지지가 있어야 한다. 당장 호구지책이 급한 사람들을 방임한다면 사회질서도 무너지고 기후대응을 위한 동력도 나오지 않을 것이며 만인의 각자도생식 사회가 도래할 가능성이 커지기 마련이다.

지역사회 수준에서의 개입

기후변화는 국지적으로 서로 다르게 발생하고 국지적으로 서로 다른 악영향을 초래한다. 따라서 기후대응에 있어 기후변화의 최종적 결과를 경험하는 개인들과 그 개인들이 모여 사는 지역사회를 중심으로 사회적 응집력을 구상하는 편이 바람직하다.

사회적 응집력이 낮고, 빈곤율이 높고, 사회 불평등이 심하고, 실업률이 악화되어 있으며, 비공식 경제 섹터가 큰 공동체라면 기후재난이 왔을 때 훨씬 더 심각한 피해를 당한다. 전 지구 차원에서의 온실가스 감축과 지역사회 차원에서의 사회적 응집력 유지—사회 불평등 감축—가 함께 이루어져야 한다.

그렇다면 지역사회 수준에서 어떤 요인들이 기후위기의 리스크에 영향을 주는가?[540]

첫째, 기후변화의 물리적, 기상학적 위협 요소가 있다. 그 지역에서 오랫동안 경험하고 관찰하고 기록해왔던 기상현상으로부터 유추할 수 있는 요소들이다.

둘째, 사회적·경제적 취약 요소가 있다. 이는 사회적 응집력에 가장 큰 영향을 주는 요소들이다. 지역 주민의 빈곤 수준과 지리적 분포 양상, 주민들 중 주변화된 인구의 비중, 실업률, 비공식 경제 부문, 빈곤 그리고 사회 불평등을 들 수 있다. 여기서 사회 불평등이란 젠더, 인종, 계급, 연령 등의 특징, 자산 및 소득격차, 정치적 영향력의 차이, 공적 자원에의 접근성의 차이를 합친 개념이다.[541]

유네스코는「기후변화에 관한 윤리원칙 선언」에서 다음과 같이 지적한다. "기후변화에 대응함에 있어 취약계층의 욕구에 우선순위를 두어야 한다. 취약계층에는 이산민, 이주민, 토착민과 토착 공동체, 장애인 등이 포함되며, 이때 젠더 평등, 여성의 자력화, 그리고 세대 간 형평성을 고려해야 한다.[542]

셋째, 지역 공공 행정의 유능 또는 무능, 무기력, 관성, 관행, 특히 현상을 유지하려는 관료주의적 타성은 사회적 응집력을 서서히 약화시키는 요인이 된다.

넷째, 지역 행정 차원에서의 기후위기 대책은 '적응'에만 초점을 맞추는 것처럼 오해되는 경향이 있다. 그러나 지역사회에서도 온실가스 감축에 대한 분명한 의지와 목표가 설정되어야 한다. 도시녹지화와 식목 확대를 통해 온실가스를 가두는 노력이 필요하다.[543]

요약하자면 기후변화에 대비한 사회적 응집력 강화를 위해 지역 공공정책을 구축할 때 다음과 같은 점들을 고려해야 한다.[544] 첫째, 빈곤, 사회 불평등, 대량 실업, 비공식 경제 부문, 사회적 배제와 주변화 등 구조적이고 지속적인 의제를 다루어야 한다. 둘째, 20세기 후반에 등장한 젠더 평등, 사회연대, 공중보건과 역학, 이주민 차별과 같은 새로운 사회적 의제도 다룰 수 있어야 한다. 셋째, 기후변화와 관련된 사회경제적 비용을 감당해야 하는 21세기형 의제에도 대처해야 한다.

지방자치행정과 사회적 응집력

통상적인 지방자치행정도 기후위기를 중심으로 재구축될 필요가 있다. 예를 들어 다음과 같은 조처들이다. 대중교통과 이동 수단, 도로 시스템을 재조직한다.[545] 가옥과 공공시설 및 도시 인프라를 생태 효율적으로 구성한다. 공공의료 제도를 확대한다. 도시 내의 공적 공간과 녹지공간을 확충한다. 도시 바람길 숲을 조성한다. 지역사회 차원에서의 에너지 전환 정책을 시행한다. 기후감수성에 입각한 주민 참여 예산편성을 늘인다.

도시의 방재 대책, 재난 회복력과 지속가능성을 염두에 둔 도시계획을 실시하는 것도 중요하다. 예를 들어, 서울시는 최근 잦아진 돌발 강우에 대비하기 위해 상습 침수 구역을 선정하여 주거 취약지역 침수 예방 사업을 실시하고 있다. 장기적으로는 지속가능한 물순환 안전 도시가 목표라고 한다.[546]

한 번 더 강조하지만, 어떤 사회의 기본 바탕이 경쟁적, 배제적으로 구성되어 있으면 지역사회의 취약성이 늘어나면서 기후재난으로 더 나쁜 결과가 초래되기 쉽다.[547] 지역사회가 사회적 응집력을 유지하려면 제방, 가옥, 건물 보수 등 물리적 인프라 관리를 넘어 '사회적 인프라'의 구축으로까지 나아가야 한다. 사회적 인프라는 사회자본과 인적 네트워크를 기

반으로 하여 사회적 응집력의 강화에 초점을 두고 설계되어야 한다.[548]

또한 기후행동은 사회적 응집력을 높이기 위한 포용성을 지향해야 한다. 포용적 기후행동은 기후변화와 사회경제적 불평등이 만나는 지점에 개입하는 방식이다. 포용적 기후행동에서는 기존의 사회경제적 불평등을 줄이고, 취약한 계층이 경험하는 기후변화의 악영향을 줄이는 과제도 기후행동의 중요한 일부가 되어야 한다고 믿는다.[549]

사회적 불평등과 기후변화의 악순환

기후위기와 사회 불평등은 구조적으로 악순환한다. 이것을 설명하면 다음과 같다. 기후위기는 사회적으로 불평등한 처지에 놓인 기존의 취약계층에게 더 심하게 악영향을 준다, 그 결과 취약계층은 더 불평등하게 된다, 취약계층이 더 힘들어질수록 기후행동을 할 수 있는 시민적 역량이 줄어든다, 그리고 불평등한 사회일수록 기후변화를 더 악화시킬 가능성이 있다. 이 악순환의 고리는 국제적, 국내적으로 함께 진행된다.

취약계층에 대한 불평등 효과는 두 가지 경로로 전파된다. '경제적 경로'에 따르면 자신이 쓸 수 있는 자원이 부족할 때에 재난에 노출될 가능성이 높아지고, 피해를 당할 개연성이 늘어나며, 피해를 당한 후에 회복할 능력도 줄어들기 때문에 불평등이 악화된다.

'정치적 경로'를 통한 불평등 효과는 좀 더 간접적이고 점진적이다. 부유하고 영향력이 큰 집단은 정치권력에의 접근성이 높고 이른바 '연줄 사회자본'을 동원할 수 있는 반면, 취약계층은 그와 반대이므로 재난 상황에서 공적 자원을 지원받기가 상대적으로 어렵고 시간이 더 걸릴 때가 많다.[550]

전 지구 차원에서 기후변화가 불평등에 준 영향을 역사적으로 고찰한 연구에 따르면 지구온난화가 전 세계 불평등에 통계적으로 유의한 변화를 주었다고 한다.[551] 이 기간 중 부자 나라는 더 부자가 되었고 가난한 나라는 더 가난하게 되었다. 지구온난화가 없었다고 가정한 상태보다 부국과 빈국 사이의 불평등 격차가 25퍼센트나 더 벌어졌다.[552]

온실가스를 줄이고 에너지 전환을 추진할 때에 전 세계적으로 예상되는 불평등의 감소 혜택은 분명하다. "지구온난화에 의해 가난한 나라들이 불평등한 벌칙의 피해를 당했는데, 저탄소 에너지를 확대할 경우 이들은 두 가지 혜택을 받을 수 있다. 에너지 접근성이 좋아지는 일차적 혜택, 그리고 미래의 온난화 벌칙을 받지 않음으로써 오는 이차적 발전 혜택이 그것이다."[553]

기후변화는 가난한 나라 사람들의 이주와 이동 패턴에도 큰 영향을 끼친다. 기후위기로 인한 더위, 폭염, 물 부족으로 경제 상황이 나빠지면 이들의 출산율, 교육, 거주와 이동에 대한 선택이 달라진다. 농가소득이 줄면 농업인구가 처음에는 도시로, 그 후에는 외국으로 일자리를 찾아 떠난다.

한 연구에 따르면 21세기에 노동연령대에 속한 사람들 중 1억~1억 6천만 명(전체 인구로 따지면 2억~3억 명)이 자기 고향을 떠나 이주에 나설 것이라고 한다. 그중 20퍼센트는 국제 이주, 80퍼센트는 국내 이산민일 것으로 추산된다.[554]

3부에서 보았듯 작은 섬나라와 저지대 지역 거주자들에게 기후위기는 단순한 불평등이 아니라 생존의 문제가 된다. 작은 섬나라 개도국 중 37개국은 유엔 가입 국가이고 나머지 15개 섬은 '영토'로 분류되는데 이들은 모두 해수면 상승으로 경작 불능, 담수 부족, 이주 위기 등 큰 문제에 봉착해 있다. 방글라데시나 베트남과 같은 저지대 연안국가들도 비슷한 문제를 안고 있다.

내륙지방 거주민들도 기후위기로부터 안전하지 않기는 매한가지다. 수원지 역할을 하는 히말라야의 빙하가 녹으면서 그것에 의존해 살던 인도와 중국의 10억 명이 넘는 주민들이 물 부족 사태를 겪고 있다.[555]

이런 사태를 접하여 사회적 응집력이 낮아진 나라들은 살아남기 위해 경제성장 위주의 발전 전략에 더욱 매달릴 가능성이 높고, 그것은 다시 기후위기 해결에 큰 장애요인이 된다.[556] 지금까지 기후변화와 사회 불평등이 주로 전 지구 차원에서 많이 논의되었지만 최근 들어 국내외 차원을 합친 포괄적인 이론틀이 제시되기 시작했다.[557]

홍수의 예를 들어 기후변화가 사회 불평등에 미치는 효과를 설명해보자. 불평등한 사회에서 주택 가격이 낮은 상습 침수 지역이나 저지대에 거주하는 취약계층은 기후재난에 대한 '노출성'이 커진다. 이들이 기거하는 주거시설은 부실하게 건축된 경우가 많으므로 홍수 피해를 당할 '감응성'도 커진다. 부유층은 풍수해보험을 들어놓을 수 있지만 빈곤층은 그렇게 하지 못하며, 피해 복구를 위해 약간 모아둔 돈까지 쓰거나 빚을 져야 하므로 재난 이후의 '회복력'이 약해진다. 이런 일이 반복되면 사회 불평등은 더 벌어지고 악순환이 지속된다.

이러한 분석틀은 국내, 국제 차원에 모두 적용할 수 있다. 국내 차원에서 설정된 기후변화와 사회 불평등의 관계는 국제 차원에서의 불평등 악순환과 연결될 가능성이 크다. 북반구-남반구 차원의 불평등 해소와 국내 차원의 사회적 응집력 유지는 함께 추진되어야 할 동전의 양면과 같은 것이다.[558]

사회 불평등이 기후위기를 악화시킨다

지금까지는 주로 기후변화가 사회 불평등에 미치는 영향을 다루었다. 그러나 반대로 사회 불평등이 기후변화를 악화시킬 수 있음을 보여주는 연구가 나오기 시작했다.

예를 들어 OECD 국가들 중 불평등이 심한 나라일수록 1인당 쓰레기 배출량, 물 사용량, 육류 소비량, 1인당 온실가스 배출량이 높게 나온다는 보고가 있다.[559] 비슷한 예로 67개국의 소득 불평등과 온실가스 배출 사이의 상관관계를 조사한 연구가 있다.[560] 이에 따르면 저소득 국가군에서는 불평등과 탄소 배출 사이의 상관관계가 나타나지 않았다. 중위권 국가군에서는 불평등이 높으면 탄소 배출이 줄었다. 그러나 고소득 국가군에서는 불평등이 심할수록 탄소를 많이 배출했다. 부유층은 정치 시스템의 지원에 힘입어 자신의 이익을 보호할 수 있으므로 환경이 악화되더라도 경제성장이 되면 될수록 더 큰 이득을 볼 수 있기에 대량소비를 선호하는 경향이 있기 때문이다. 또 불평등이 심한 사회일수록 사회 지위에 기반한 과시형 소비가 만연하기 때문에 온실가스 배출이 늘어난다고 해석할 수도 있다.

이와 연관하여 사회가 불평등할수록 감염병이 더 많이 발생한다는 연구도 있다. 생태학자 피터 터친Peter Turchin이 2008년에 발표한 연구가 코로나19 사태 이후 다시 조명을 받으면서 세계적으로 큰 주목을 받았다. 터친은 역사 속에서 전염병이 발생했던 대표적 사례들의 조건과 배경을 분석하여 질병의 발생 유형을 추정했는데, 그것은 오늘날 코로나바이러스 사태를 이해할 수 있는 또 하나의 실마리를 제공한다. 터친은 역사를 통틀어 팬데믹이 유행하게 되는 공통적 설명 구조가 있다고 지적한다.[561]

인구가 증가하면 인구밀도가 높아진다, 질병이 발생할 수 있는 구조-인구학적 조건이 만들어진다, 인구 증가로 잉여 노동력이 늘어나면 임금과 실질소득이 줄어든다, 사람들이 물질적으로 곤궁해지면 건강이 나빠지고 면역력이 떨어져 병에 걸릴 확률이 높아진다, 사람들이 일자리를 찾으러 도시로 몰리거나 해외로 이주하면 질병도 함께 따라간다, 한편 지배계층은 노동자들의 임금이 낮아질수록 더 많은 부를 축적한다, 사치품과 명품을 찾게 되므로 원거리 교역이 늘어난다, 상인과 동물의 이동이 잦아지면서 전염병 또한 대륙 간 이동을 하게 된다. 근대 이전에 발생한 초기의 지구화와 사회 불평등이 당시에 전염병 확산의 주요 원인이 되었던 것처럼, 20세기 후반부터 가속화된 지구화와 사회 불평등은 새로운 바이러스 감염병을 폭증시키는 온상이 되었다.

여기서 우리는 사회 불평등이 온실가스 배출을 증가시켜 기후위기를 악화시키고, 그와 동시에 전염병 발생에도 일정한 영향을 준다는 점을 유추할 수 있다. 만일 기후위기/감염병이 사회 불평등을 악화시키고, 역으로 사회 불평등이 기후위기/감염병을 심화시킨다면, 환경정의와 사회정의를 함께 추진해야 한다는 결론이 나온다.[562] 이것이 기후위기 시대에 사회적 응집력을 유지할 수 있는 최소한의 안전장치다.

24장 정의로운 전환

기후대책에서 전환의 핵심적 역할

온실가스를 줄이려면 온실가스의 배출원을 통제하고 억제해야 한다. 그런데 우리가 알고 있는 거의 모든 산업형 경제활동은 온실가스 배출원이다. 그러므로 현재의 탄소 의존 경제에서 저탄소·탈탄소 경제, 지속가능 경제, 또는 순환경제로 옮아간다는 말은 우리가 알고 있는 거의 모든 경제활동을 근본적으로 바꾼다는 뜻이다.[563] '그린뉴딜'도 이 문제를 풀기 위해 나온 전략이다.

그런데 현재의 시스템을 다른 시스템으로 어떻게 옮겨 갈 것인가 하는 이행移行의 문제는 절대로 단순하지 않다. 탄소 경제체제를 완전히 다른 어떤 체제로 바꾸면 대다수 사람들, 특히 화석연료와 관련된 경제활동에 종사하는 노동자, 그리고 그들이 뿌리를 내리고 사는 지역사회에 직접적으로 생존 문제가 발생할 수 있기 때문이다. '아마추어는 전략을 논하고 프로는 병참을 걱정한다'는 격언이 딱 들어맞는 경우다.

기후위기에 대응하기 위해 탄소 경제에서 벗어나려는 움직임은 두 가지 목적을 가진다. 첫째는 일단 기후위기의 급한 불을 끄려는 것이고, 둘째는 현재의 경제체제가 지속불가능발전 체제임을 인정하고 지속가능발전 체제를 받아들이려는 것이다.

그런데 기후변화에 관한 논의에서 지금까지 주로 환경과 경제 이슈가 주목을 받았다. 사회적 이슈는 상대적으로 덜 중요하게, 부차적으로 다루어졌다. 사람의 생계와 생존이 걸린 '병참'을 해결하지 않으면 기후행동이니 경제체제 전환이니 하는 '전략'은 공허한 아이디어에 그칠 수도 있다. 앞 장에서 다룬 사회적 응집력이 '기후위기'의 악영향에 대처하는 문제라면, 지금부터 다룰 '정의로운 전환just transition'은 '기후대책'의 악영향에 대처하는 문제다.

기후변화의 이중적 영향

정의로운 전환을 설명하기 전에 기후변화가 노동자와 지역사회에 끼치는 이중적 영향부터 살펴보자.

우선 긍정적 영향도 있다. 기후변화로 인해 새로운 기회구조가 열릴 수 있다는 뜻이다. 긍정적 영향을 예측하는 전문가들은 환경친화적인 저탄소 산업의 등장으로 생산과 소비가 늘고 일자리와 산출물이 증가할 수 있다고 강조한다. 전체 고용의 순증가도 발생할 수 있다.

환경경제학자 홍종호는 현재 우리나라 전체 일자리에서 재생에너지 분야가 차지하는 비중이 0.05퍼센트 수준으로 매우 낮은데, 2050년까지 재생에너지 발전 비중을 67퍼센트 수준으로 늘린다고 가정하면 2030년에 15만 4천여 개의 재생에너지 부문 일자리가 만들어질 수 있다고 예측한다.[564]

또 농업, 건설, 재활용, 관광산업 등에서 일자리의 질과 소득이 나아질 수 있다. 특히 여성과 농촌지역 거주자에게 저렴한 지속가능 에너지의 접근성이 높아지며, 환경 서비스 급여 제도 등을 통해 사회적 포용력이 늘어날 수도 있다. 자연 자원 관리와 같은 저탄소 서비스 부문도 커질 가능성이 있다.

긍정적 영향이 미래상을 제시하는 것이라면 부정적 영향은 눈앞의 현실에 관한 문제다. 화석연료에 의존하는 에너지·자원 집약형 산업 부문 그리고 경제 다변화를 실행하지 못한 지역사회는 정체되거나 쪼그라든다. 기존 산업의 경쟁력 약화로 경제가 재편되면 재생에너지 산업에 의한 일자리 창출 효과가 크지 않고 노동자들의 실직과 해직이 늘어날 위험도 있다.

환경이나 기후변화 문제가 심각해졌을 때 유독 큰 피해를 받는 집단들이 있다. 석탄, 석유, 발전산업 그리고 핵발전 종사자들, 개도국 주민, 해수면 상승과 침수로 삶의 터전을 떠나게 된 사람들, 그리고 공해 발생 산업의 인근에 거주하여 피해를 당하면서도 그런 산업에 경제적으로 의존할 수밖에 없는 지역 주민들이 대표적인 예다. 채굴 산업, 벌목과 플랜테이션 경작지, 원유 파이프가 지나는 지역에 거주하는 농민과 토착민들도 마찬가지다.

에너지 전환으로 위협을 받게 될 산업 부문을 이른바 '좌초위기산업'이라고 한다.[565] 산업연구원의 조사에 따르면 2017년 현재, 제조업에 종사하는 전체 노동자 295만 4,811명 중에서 약 29퍼센트인 84만 3,451명이 석유화학, 자동차, 석유정제, 플라스틱, 시멘트, 철강, 조선 등의 분야에서 일한다. 원자력산업에 종사하는 3만 7,261명, 석유화력 발전산업의 1만 5,485명을 합하면 거의 100만 명에 가까운 노동자가 정의로운 전환의 잠재적 대상이 된다.[566] 온실가스 배출 비중이 큰 축산업도 마찬가지다.

예를 들어 그린뉴딜을 통해 전기차와 수소차를 양산하면 기존의 내연기관차를 생산하고 그 부품을 조달하던 노동자들의 생계가 불안해지기 쉽다. 전기차와 수소차가 많이 만들어질수록 부품이 단순화되고 산업구조가 변하면서 새롭게 창출되는 일자리보다 사라지는 일자리가 더 많아질 가능성이 있다.[567]

이와 함께 기후재난으로 자산 손실과 생계 타격이 올 수도 있다. 이렇게 되면 재난 복구와 비자발적 이주를 막기 위해 기업, 일터, 지역사회가 높은 수준의 기후적응 프로그램을 가동해야 한다. 재난에 따른 질병과 의료비 지출, 에너지 가격 상승에 따른 생필품 가격의 앙등으로 빈곤 가구의 소득에 악영향이 오고 불평등이 심해진다.

역사적으로 보아 대규모 경제 구조개혁 시기에 자본과 노동의 운명이 극적으로 갈리곤 했다. 기업들은 '대마불사' 논리에 따라 전환과정을 견뎌낼 수 있었고 심지어 위기 이전보다 덩치가 커지기도 한 반면, 노동자들, 부양가족, 지역사회는 일방적으로 실업, 빈곤, 사회적 배제를 당하는 패턴이 반복되었다. 1990년대 말의 아시아 경제위기, 2008년의 세계 금융위기 때도 마찬가지였다.

지금까지 기후에 관한 정책에서 정의로운 전환을 충분히 다루지 않았기 때문에 당사자들—노동자와 지역사회—의 피해는 물론이고, 예상하지 못한 정치적 결과가 발생하기도 했다. 사회적 응집력이 제대로 유지되지 않았을 때 나타나는 정치적, 사회적 후유증이 여기에서도 비슷하게 드러난다.[568] 물론, 아무리 상황이 나빠도 저탄소·탈탄소 경제로의 이행을 늦출 수는 없다.[569] 기후위기가 계속될수록 일자리는 더 줄어들고 노동조건이 더 나빠지며, 노동자와 지역사회를 보호한다는 명분을 내걸고 기후행동에 반대하는 정치인들의 집권이 늘어날 가능성도 있기 때문이다.[570]

정의로운 전환의 논리

이런 식으로 예상되는 온실가스 감축의 후유증과 기후재난 악영향에 대처하는 노력을 유엔 「기후변화협약」에서는 '정의로운 전환'이라고 부른다.[571] '공정한 전환' 또는 '공정한 이행'이라고도 한다. 정의로운 전환은 '존엄한 감축'과도 일맥상통한다. 온실가스를 줄이되 그 과정에서 피해를 입는 사람의 기본권을 보호해야 한다는 뜻이다. 정의로운 전환은 인권의 관점에서 접근해야 할 필요가 있는 중요한 사회적 의제이기도 하다.

환경운동가 김현우는 정의로운 전환을, "유해하거나 지속가능하지 않은 산업과 공정을 친환경적인 것으로 전환하도록 하면서, 이 과정에서 노동자들의 경제적 사회적 희생이나 지역사회의 피해가 발생하지 않도록 교육훈련과 재정적 지원을 보장한다는 원칙, 그리고 이를 뒷받침할 일련의 정책 프로그램"이라고 정의한다.[572]

유엔 「기후변화협약」 레짐에서 '정의로운 전환'이 공식적으로 논의되기 시작한 것은 비교적 최근의 일이다. 2010년의 「칸쿤협정」은 정의로운 전환에 대해 다음과 같이 선언한다.[573]

> 기후변화에 대처하기 위해서는 사람들에게 실질적인 기회를 제공하고, 지속적인 고도성장과 지속가능발전을 보장하는 저탄소 사회를 구축하기 위한 패러다임 변화가 필요하다. 새로운 패러다임은 혁신 기술, 지속가능한 생산·소비·삶의 양식에 기반하고 있으며, 양호한 노동과 양질의 일자리를 창출하도록 해주는 노동력의 정의로운 전환을 보장한다.

2015년의 「파리협정」 전문에는 다음과 같은 언급이 나온다.[574]

각국에서 자체적으로 정한 개발의 우선순위에 따라 노동력의 정의로운 전환과 좋은 일자리 및 양질의 일자리 창출이 매우 필요함을 고려한다.

2018년 폴란드 남부의 산업도시 카토비체에서 개최된 제24차 기후변화 당사국총회는 「파리협정」에서 약정했던 1.5~2도 목표치를 달성하기 위해서 정의로운 전환이 필수적임을 확인하는 「실레지아 선언」을 마련했지만 총회에서 정식으로 채택되지 못했다.[575] 이 사례는, 정의로운 전환이 중요함에도 국제적 합의에 이르기가 얼마나 어려운 과제인지를 역으로 입증했다.

국제 노동계의 적극적 대응

기후변화의 공식 협약 과정에서 정의로운 전환이 서서히 진화되어왔다면, 노동계의 대응은 좀 더 적극적이었다. 국제노동기구ILO는 2013년 「지속가능발전, 양질의 노동, 녹색일자리에 관한 총회 결의안」을 채택했다.[576] 결의안에 따르면 양질의 노동을 위해서는 네 개의 기둥, 즉 사회적 대화, 사회적 보호, 노동 권리, 고용 권리로 이루어진 의제가 필요하다고 한다. 또 결의안은 경제와 기업 활동과 일자리를 녹색화하려면 지속가능발전 및 빈곤퇴치의 맥락에서 그것을 고려해야 한다고 강조한다.

ILO는 2015년 「모든 사람을 위한, 환경적으로 지속가능한 경제와 사회를 향한 정의로운 전환 지침」을 발표하면서 '일자리냐 기후냐'와 같은 대립 관계가 아니라, 일자리와 기후목표를 함께 추구할 수 있다고 지적했다. 「정의로운 전환 지침」 13조에 '환경적으로 지속가능한 경제 및 사회로 전환하기 위한 7대 이행 원칙'이 나온다. 요약해서 소개하면 다음과 같다.[577]

(ㄱ) 지속가능성의 목표와 경로에 관해 강력한 사회적 합의가 절대적으로 필요하다. 모든 수준에서 정책 형성과 이행을 위한 제도적 틀을 짤 때 사회적 대화가 필수 요소로 포함되어야 한다. 모든 이해당사자들과 적절한 방식으로, 내용을 잘 설명하면서, 계속 협의를 해야 한다.

(ㄴ) 모든 정책은 작업장에서의 기본 원칙과 권리를 존중, 증진, 실현해야 한다.

(ㄷ) 모든 정책과 프로그램을 만들 때 환경과 관련된 수많은 도전과 기회에 있어 젠더적 차원을 필수적으로 고려해야 한다. 형평성 있는 정책 결과를 증진하기 위해 특정한 젠더 정책을 입안해야 한다.

(ㄹ) 경제, 환경, 사회, 교육과 훈련 등을 포괄하는 통일성 있는 정책을 통해 기업, 노동자, 투자자, 소비자가 지속가능하고 포용적인 경제 및 사회로 전환해야만 하는 현실을 받아들이고, 그것을 추진하는 데 도움이 될 수 있는 여건을 제공해야 한다.

(ㅁ) 또 이러한 통일성 있는 정책들이 양질의 일자리 창출을 위한 모든 사람의 정의로운 전환이라는 틀을 제공해야 한다. 정의로운 전환의 분석틀에는 전환이 고용에 미치는 영향의 예상, 실직과 해직에 있어 적절하고 지속가능한 사회적 보호, 직업 능력 개발, 그리고 노동자의 단결권과 단체교섭권 등 사회적 대화가 포함된다.

(ㅂ) 모든 경우에 두루 적용될 수 있는 하나의 정책은 없다. 정책과 프로그램을 만들 때 각국의 발전 단계, 경제 부문들, 기업 업종과 규모 등 각국의 특수한 조건을 감안할 필요가 있다.

(ㅅ) 지속가능발전 전략을 이행함에 있어 국제적 협력을 함양하는 것이 중요하다. 유엔의 지속가능발전 '리우+20' 회의에서 도출된 결론 문헌, 특히 그 6장의 '이행 수단'을 상기한다.

그 후에도 정의로운 전환을 위한 정책 아이디어가 여럿 제안되었지만 ILO의 7대 이행 원칙이 가장 포괄적이고 표준적인 원칙을 제시한 것으로 생각된다.[578]

노동계에서 기후변화 대응에 있어 정의로운 전환을 강조하게 된 배경에는 국제 인권 규범의 영향이 컸음을 지적해야 하겠다.

1966년 유엔에서 제정된 「사회권규약」 6조는 규약의 당사국이 노동권의 완전한 실현을 달성하기 위해 취해야 할 제반 조치에 "개인에게 기본적인 정치적, 경제적 자유를 보장하는 조건하에서 착실한 경제적, 사회적, 문화적 발전과 생산적인 완전고용을 달성하기 위한 기술 및 직업의 지도, 훈련 계획, 정책 및 기술"이 포함되어야 한다고 지적한다. 또 7조는 "공정하고 유리한 노동조건을 모든 사람이 향유할 권리"를 인정하면서 "모든 노동자에게 공정한 임금과 어떠한 종류의 차별도 없는 동등한 가치의 노동에 대한 동등한 보수"를 제공해야 한다고 강조한다.

그린뉴딜과 정의로운 전환

요즘 많이 회자되는 그린뉴딜에서도 정의로운 전환이 중요하게 취급된다. 미국 민주당의 알렉산드리아 오카시오코르테스Alexandria Ocasio-Cortez 하원의원이 2019년 발의한 「미 하원 그린뉴딜 결의안」에서도 정의로운 전환에 관한 언급이 나온다.[579] 미국 대선의 민주당 후보로 출마했던 버니 샌더스Bernie Sanders 상원의원이 대통령 공약으로 내걸었던 '강한' 그린뉴딜 정책에서는 정의로운 전환을 다음과 같이 소개한다.[580]

노동자를 위한 정의로운 전환. 정의로운 전환 계획은, 한 세기도 넘게 우리

경제를 위해 에너지를 생산했지만 기업과 정치인들에 의해 너무나 쉽게 무시되어온 화석연료 노동자들을 우선적으로 돌볼 것이다. 우리는 5년간 실업보험, 임금 보장, 주택 융자, 직업훈련, 의료보험, 연금 보조, 그리고 해직된 모든 노동자에게 우선적으로 구직을 알선할 것이다. 또 은퇴를 원하거나 더 이상 일하기 어려운 사람들에게 조기퇴직제를 실시할 것이다. 400억 달러 규모의 기후정의 회복 기금을 통해, 빈곤계층, 유색인종 지역사회, 아메리카 원주민 집단, 장애인, 기후재난의 영향으로부터 회복 중인 노약자에게 정의를 실현시킬 것이다. 그리고 기후변화의 영향을 극심하게 받는 지역공동체에 진짜 일자리, 회복력 강한 인프라, 경제발전을 포함한 정의로운 전환을 제공할 것이다.

정의로운 전환을 위해 네 가지 범주의 인간 집단 차원에서도 대응책과 행동 지침이 필요하다.[581] 이런 방향의 제안을 보면 정의로운 전환이 단순히 전환과정의 문제점을 줄이거나 사회안전망을 제공하는 것보다 더 넓은 범위의 정책임을 알 수 있다.

첫째, 노동자의 경우, 앞에서 보았듯, 고용의 변화상을 예측하게 해주고, 작업장에서의 권리를 보장하며, 사회적 대화가 가능한 여건을 조성해야 한다. 직업 능력 개발과 사회적 보호 및 연금의 보장도 필수적이다.

둘째, 지역사회의 경우, 경제 이행이 지역사회에 미치는 파급력을 인지하도록 홍보하고, 지역의 특성에 따른 취약성을 파악하며, 기후재난에 대비한 사회적 응집력을 유지해야 한다. 지역사회에 기반한 재생에너지원을 개발하는 것도 중요하다.

셋째, 소비자의 경우, 지속가능 상품과 서비스, 그리고 재생에너지의 접근성을 높여주어야 하고, 소비자의 소비 패턴 전환을 가로막는 장벽을 제거해야 한다.

넷째, 일반 시민의 경우, 풀뿌리와 지역과 국가 차원에서의 정책 추진에 시민들이 적극적으로 참여할 수 있는 통로를 마련해주어야 한다.

2020년 코로나19 사태가 발생한 후, 각국이 신속하게 조치를 취했던 것처럼 기후변화에서도 발 빠른 대응이 있으면 좋겠다는 의견이 많이 제시되었다. 그러나 두 위기의 성격이 다르기 때문에 일률적으로 판단하기가 어려운 점이 있다. 기후위기의 경우에는 정의로운 전환의 문제가 있기 때문에 바이러스 사태와 같은 속전속결식 대응이 쉽지 않다. 무조건 시간을 단축하자고 요구하기보다 빈곤층과 취약계층을 확실히 보호하는 '정의로운 기후전환'이 필요하다는 지적이 나온다.[582] 그렇게 해야만 장기적으로 기후재난을 더 잘 피할 수 있고 감염병의 리스크도 줄일 수 있다.

2020년 1월 유럽연합 집행위원회는 「유럽 그린딜 투자계획 및 정의로운 전환 메커니즘」을 발표했다. 녹색 경제로 전환할 때 가장 큰 피해를 볼 사람들, 사업체들, 지역들을 돕기 위해 "연대와 공정함의 약속으로서" 2021~2027년에 적어도 1천억 유로에 달하는 재정 및 기술 지원을 하겠다는 내용이었다.[583]

물론 정의로운 전환을 이끌어야 할 궁극적 책임이 중앙정부와 지방정부에 있음은 두말할 나위도 없다. 지속가능 경제로 전환할 때 일자리 창출, 일자리 대체, 일자리 손실, 그리고 일자리 변형 등 네 가지 형태로 고용변화가 나타난다. 이때 정부는 각종 정책 지렛대를 활용하여 바람직한 고용 형태를 유지하도록 노력해야 한다.[584] 또 투자자들도 투자활동에 사회적 차원을 포함시켜 정의로운 전환에 공헌해야 한다.[585]

기후변화로 인해 어디에서 어떤 현상이 발생할지에 따라 정의로운 전환의 내용과 접근방식이 달라질 수 있다. 정의로운 전환은 해당 부문이나 노동자를 넘어 전 지구적 공급 체계의 가치사슬과 함께 이해해야 한다. 또 정의로운 전환은 정치적으로 혼란하고 불안정한 시기에 추진하게 될 가능성이 크므로 그 과정을 세심하게 관리할 필요가 있다.

환경운동, 시민운동, 인권운동을 잇는 정의로운 전환

지금까지 본 대로 정의로운 전환을 향한 정책은 「기후변화협약」 그리고 노동계에서 제기한 의제 중심으로 발전해왔다. 그런데 정의로운 전환을 환경운동과 인권운동이 만날 수 있는 전략적 연결 고리로 활용하려는 움직임도 생겼다.[586] '인권에 기반한 정의로운 전환'에서는 노동자와 지역 주민이 전환의 주체로서 공정한 포스트-전환 사회의 비전을 쟁취하기 위해 노력해야 한다고 주장한다. 이 과정에서 지역 주민들의 다양한 결사체 특히 생활협동조합과 같은 조직이 중요한 역할을 할 수 있을 것이다.

세 가지 차원에서 조금씩 다른 초점을 두고 정의로운 전환을 주장하는 목소리들이 병존하고 있다. 첫째, 「기후변화협약」은 온실가스 감축을 잘 수행하기 위한 안전장치로서 정의로운 전환을 지지한다. 둘째, ILO 등 노동계에서는 노동자의 권익 보호를 중심에 놓고 정의로운 전환을 요구한다. 셋째, 시민사회에서는 정의로운 전환을 계기로 총체적인 사회변혁을 주창한다. 이렇게 되면 정의로운 전환은 세력화와 정치화를 위한 전략이 된다.

세 번째 흐름인 시민사회운동으로서의 정의로운 전환을 대변하는 대표적 단체로 기후정의동맹CJA이 있다.[587] 이들은 다음과 같은 전제를 두고 정의로운 전환을 주창한다.

불평등한 적응과 평등한 적응 중 후자를 선택해야 한다. 정의로운 전환은 원칙이고 과정이며 실천이다. 단순히 경제운용 방식의 전환이 아니라 경제 원리 자체의 전환이 되어야 한다. 새로운 경제 원리는 낭비 없이 돌아가는 생산과 소비 사이클을 지향한다. 전환과정이 공정하지 않으면 그 결과가 공정하기 어렵다. 노동자에게 피해를 주고, 지역 주민의 건강을 악화시키며, 지구를 병들게 하는 산업을 노동, 인권, 환경운동이 연대하여 단계적으로 퇴출시켜야 한다. 경제적 낙후 지역에서 주민들이 산업과 환경의 피해를 부당하게 받는 현실을 타파하기 위해 풀뿌리 상향식 환경정의 운동이 필요하다.

이런 관점을 한국의 현장에서도 실천해야 한다는 인권운동가 정록의 주장을 들어보자.

> 실직 위기에 처한 두산중공업 노동자들과 수많은 하청업체 노동자들이 재생에너지 발전산업으로의 전환을 요구하는 투쟁을 시민들과 함께 벌일 수는 없을까? 핵폐기장, 송전탑, 석탄화력발전소 건설과 연장을 반대하는 지역 주민들의 싸움은 언제나 지역이기주의 또는 지역 경제를 어렵게 한다는 비난을 받아왔다. 이 싸움이 지역이기주의가 아닌 기후위기 시대에 모두가 함께 살기 위한 싸움임을, 자본의 이윤에만 목매 자연과 인간을 희생시켜온 에너지산업을 바꾸는 싸움으로 만들 수는 없을까?[588]

기후정의동맹은 기존의 정의로운 전환 모델이 기대고 있는 정책 방향을 '허위의 해결책'이라고 비판한다. 탄소배출권 거래제와 기타 시장적 인센티브에 기반한 기후행동은 결국 사람과 지구를 희생시키고 수익 창출을 극대화하려는 시도이므로 이런 식의 비민주적 메커니즘으로는 정의로운 전환이 불가능하다고 본다. 전환의 명분으로 지역사회에 또 다른 형태의 문제적 시설을 도입하는 것도 차단해야 한다. 예를 들어 핵발전소나 이른바 '청정' 소각시설 유치를 통해서 전환을 이루려 한다면 그러잖아도 불평등, 암, 호흡기질환 등으로 시달리는 지역사회의 상황을 더 나쁘게 할 뿐이다.

시민사회운동과 정의로운 전환

시민사회운동이 제안하는 정의로운 전환의 구체적 예시로는 다음과 같은 것들이 있다. '화석에너지에서 에너지 민주주의로' '고속도로에서 대중교통으로' '소각장과 매립장이 아닌 쓰레기 배출 제로 시스템으로' '산업화된 식량 생산 시스템 아닌 식량주권으로' '젠트리피케이션이 아닌 지역사회 토지사용권으로', '군사주의적 폭력이 아닌 평화적 문제해결로' '파괴적 막개발에서 생태적 회복으로'. 이처럼 기후정의동맹이 주창하는 '정의로운 전환 원칙'은 시민사회운동 버전의 급진적 전환 아이디어라 할 수 있다.

여기서 더 깊은 차원에서 정의로운 전환을 생각해볼 필요가 있다. 어쩌면 정의로운 전환 자체가 기후행동의 '목적'이 되어야 할지도 모른다. 사람들이 덜 불평등하고 덜 불공정한 세상에서 살 수 있도록 하는 것, 그것이야말로 기후위기가 있든 없든 정치공동체와 시민사회가 추구해야 할 궁극적 목표가 아니겠는가?

기후위기에 대응하는 경제적, 사회적, 정치적 전환은 앞으로 인간이 계속해서 추진해야 하는 지속적인 과제다. 전 사회적인 운영 원리와 삶의 방식을 변혁해야 하는, 길고 거대한 전환인 것이다. 온실가스 배출을 줄이는 단계에서의 초기 전환은 그중 첫 단계의 전환에 불과하다.

만일 첫 단계에서부터 정의로운 전환이 지켜지지 않고 노동자와 지역 주민의 인권이 무시된다면, 그 후 수많이 이루어질 전환들의 고비마다 대다수 사람들과 집단의 인권이 차례대로 축소되고 잠식될 것이다. 정의로운 전환은 사회적 의미에서의 '전환 역량'이라 할 수 있다.

배고파서 제대로 몸도 가누지 못하는 사람을 억지로 대장정에 나서게 할 수는 없는 노릇이다. 적어도 걸을 힘은 있어야 한다. 전환의 대장정에서 누구는 개인 비행기를 타고, 누구는 기사가 모는 승용차를 타고, 누구는 기어가고, 누구는 자신도 어려운 처지에 다른 사람까지 업고 가야 한다면 그 여정이 제대로 이루어질 수 있을까? 게다가 설령 대장정을 끝내더라도 지금보다 더 힘든 삶이 기다리고 있다면 어려운 사람들을 그 길에 나서자고 설득할 수 있을까?

이 질문은 선진국의 평범한 사람들과 개도국의 절대다수 빈곤계층에게 모두 적용되는 질문이다. 저술가 조너선 닐Jonathan Neale은 "급격한 기후변화를 막기 위해 필요한 것은 평범한 사람들의 희생이 아니라, 정부의 개입과 규제, 막대한 세계적 원조와 수십억 개의 일자리 창출" 등 일정한 수준의 경제성장이라고 주장한다.[589]

만일 정의로운 전환을 이렇게 이해한다면 그것은 단순히 이행의 경로를 어떻게 관리하느냐를 둘러싼 문제만이 아님을 알 수 있다. 오늘 공정하지 않은 전환은 내일의 불공정한 세상으로 우리를 인도할 것이다. 그런 세상을 위해 사람들에게 기후행동에 나서자고 설득할 수는 없다. 기후위기에 대응하는 전환은, '지금 여기에서' 조금이라도 덜 불평등하고 덜 부조리한 세계와 사회를 만들기 위한 구체적인 움직임과 결부될 때에만 정의로운 미래를 보장할 수 있다.

25장 갈등의 극복과 인간안보

기후위기와 인간안보

기후위기는 인간안보에 직접적인 영향을 끼친다. 기후위기가 심해질수록 인간안보는 필연적으로 악화된다.[590] 기후위기는 인간의 생계를 위협하고, 지역공동체의 문화와 정체성을 잠식하며, 사람들에게 원하지 않은 이주에 나서도록 강제하고, 국가가 인간안보를 보장할 수 있는 역량을 약화시킨다. 인간안보 외에 환경안보와 생태 안보 개념도 나와 있지만 이 장에서는 사회적 차원을 강조하는 인간안보를 중심으로 논의를 풀어갈 것이다.[591]

인간안보는 여러 의미로 쓰이지만 IPCC는 기후위기와 관련하여 인간안보를 "인간 삶에 반드시 필요한 핵심 요소가 보호될 때, 그리고 사람들이 존엄을 갖추고 살 수 있는 자유와 역량을 가질 때에 형성되는 조건"이라고 정의한다.

인간안보는 국가와 시장과 시민사회가 어떻게 운용되는지에 영향을 받는다. 빈곤이나 여러 종류의 차별, 극단적 자연재해 및 기술적 재해는 인간안보를 저해한다.[592] 이 장에서는 기후위기로 인한 인간안보의 문제를 주로 갈등해소, 범죄 예방, 평화 구축의 측면에서 살펴볼 것이다.

기후위기와 분쟁-갈등의 증가

기후위기가 분쟁과 갈등을 부추긴다는 사실은 이제 상식으로 자리 잡았다. 이때 분쟁은 반드시 전통적인 국가 간 전쟁만을 의미하지는 않는다. 국내 갈등이 장기간 지속되어 국제관계에 불안이 조성되기도 하고, 국내 갈등이 국제분쟁으로 비화하거나 양자가 얽혀서 복잡하게 전개되는 경우도 허다하다.

유엔 세계식량계획은 '역사상 최초의 기후갈등'이 수단 다르푸르에서 발생했다고 확언한다.[593] 이 분석에 따르면 다르푸르 사태는 환경 요인과 정치 요인이 결합되어 무장 충돌로 이어진 분쟁이었다.

다르푸르는 북부의 삭막한 사막부터 남부의 아열대 환경이 공존하는 지역이다. 2003년 전쟁이 벌어져 30만 명 이상의 사상자를 내기 오래전부터 이미 수단 북부 사헬 지역에서는 사하라사막이 1년에 1마일씩 남하하고 있었고 연강수량이 15~30퍼센트나 줄어든 상태였다. 2007년 반기문 당시 유엔 사무총장이 다르푸르 사태를 기후변화와 관련하여 설명하기도 했다.[594]

2011년 무장 충돌이 일어난 이래 인도적 위기와 대규모 난민이 발생했던 시리아도 유사한 경우다. 이미 몇 해 전부터 기온 상승으로 극심한 가뭄이 들어 농사와 목축을 더 이상 유지할 수 없게 되어 150만 명 이상의 농민이 도시로 몰려들었고, 그로 인해 빚어진 사회적 긴장과 갈등으로 내전이 폭발해 수십만 명의 사망자가 발생했다. 그 후의 난민 위기는 우리가 잘 알고 있는 사실이다. 또 시리아를 위시하여 이라크, 터키에서도 물 부족 사태로 가축이 몰살당하고 식량 가격이 폭등하여 수많은 어린이가 영양실조와 죽음에 내몰렸다.[595]

예멘의 분쟁도 마찬가지다. 예멘 국내의 수많은 주체와 외부 세력이 뒤엉겨 무장 충돌로 비화한 정치적 성격의 사건이라고 해석하기 쉽지만, 이 모든 충돌의 바탕에는 수자원을 확보하기 위한 생존경쟁이 자리 잡고 있다. 수확량이 줄면서 비상식량을 비축할 수 있는 여력이 없어져 주민들의 고통이 가중된 데다, 계속된 물 부족으로 지역 간, 집단 간 갈등이 확대되었던 것이다.[596]

특히 이스라엘-팔레스타인의 갈등에는 기후변화의 영향이 그 저변에 깔려 있다. 원래 건조한 중동 지역에 기후변화로 강수량과 저수량이 더욱 줄어든 상태인 데다 팔레스타인에 대한 이스라엘의 불공평한 물 통제 정책까지 더해져 팔레스타인 주민들의 인권이 유린되고 있다. 1인당 하루 물 소비량으로 비교하면 팔레스타인은 80.9리터에 불과한 반면, 이스라엘은 245리터에 달하는 실정이다.[597] 이처럼 중동과 북아프리카에서 물과 기후와 안보 위기가 중첩되어 나타나는 현상을 '위기의 집합'이라고 한다.[598]

기후위기와 안보 위협

2부에서 보았듯이 미국의 상층부, 특히 백악관은 기후변화를 거의 전적으로 경제 위협 및 안보 위협 요인으로 파악하면서 그것을 '위협 승수요인'으로 간주한다. 2016년 백악관은 다음과 같이 발표했다.

기후변화의 영향은 기존의 위협 요인과 (…) 정치 불안을 악화시켜 해외의 테러활동을 조장하는 환경을 제공한다. 예를 들어, 농업과 수자원 같은 핵심 경제 부문에 대한 기후변화의 영향은 식량안보에 심대한 결과를 초래할 수 있으므로 국가의 총체적 안정에 위협을 가한다.[599]

미국의 싱크탱크인 전략국제연구센터CSIS가 2007년에 펴낸 「기후변화 결말의 시대」 보고서는 기후변화의 안보적 함의를 세 가지 시나리오로 그렸다.[600] 오늘의 눈으로 보아 비교적 정확한 예측이었다. 첫째, '예상되는 시나리오'에 따르면 기온이 2040년까지 1.3도 상승할 경우, 질병 창궐, 경제 충격, 국가들 간의 자원 경쟁, 지정학적 변동이 일어날 것이라고 한다. 둘째, '극심한 시나리오'에 따르면 기온이 2040년까지 2.6도 상승할 경우, 팬데믹 만연, 난민 급증, 광신적 종교 활동, 무장 충돌, 핵전쟁의 가능성이 있다고 한다. 셋째, '재앙적 시나리오'에 따르면 기온이 2100년까지 5~6도 상승할 경우, 인간 사회에 상상 불가능한 결과가 초래되고 기후붕괴와 극단주의자들의 테러가 동시다발로 터져 나올 것이라 한다.

이 시나리오는 2020년의 코로나19 팬데믹 사태에서 구체적인 모습으로 표출되었다. 미국, 독일 등에서 중국에 코로나 발생의 책임을 묻자는 요구가 나오면서 중국과의 외교 긴장이 높아졌다. 바이러스 확산을 막기 위해 각국이 봉쇄 조치를 취했지만 그런 조치가 중단기적으로 국내의 긴장과 갈등을 더 높이기도 했다. 콜롬비아, 부룬디, 모잠비크, 미얀마, 파키스탄 등이 그런 경우에 속한다. 봉쇄 조치가 내려진 후 두 달 동안 전 세계에서 적어도 66만 명 이상이 이산민이 되었다. 미국, 독일 등에서는 봉쇄 조치 해제를 요구하는 무장 시위대와 경찰 간의 충돌이 발생하기도 했다.[601] 아시아-태평양 지역에서도 코로나19로 인해 사회갈등이 고조된 국

가가 많았다.[602]

기후와 갈등이 본질적으로 연결된 상황을 '기후-갈등 연계climate-conflict nexus'라 하는데 그것의 특징을 정리하면 다음과 같다.[603]

> 태풍과 같은 급격한 개시의 극한 기상이변이 발생하면 사람들 사이에 순식간에 긴장이 고조되고 파괴, 상실, 지인의 죽음과 같은 일을 겪으면서 마음의 평온과 안정이 파괴된다. 물 부족, 식량 부족, 폭염과 같은 완만한 개시 사건에서는 부족한 자원을 둘러싼 각축이 점진적으로 심해진다.[604] 사람들이 국내 혹은 국외로 떠돌게 된다. 이산민들이 새 지역으로 옮기면 기존에 살고 있던 토착민들과 경쟁, 반목, 심하면 충돌이 발생할 가능성이 커진다. 사람들의 삶의 조건이 열악해져서 국가에 대해 더 많은 인프라, 식량, 재난 보호 등을 요구했는데도 국가가 이를 충족해주지 못하면 국가의 정당성이 위협을 받고 심지어 국가의 약화로 이어지기도 한다. 기후변화의 대응 방법, 감축과 적응, 재정 조달, 형평성을 둘러싸고 개도국과 선진국 사이에 갈등이 늘어날 수 있다. 기후변화로 빈곤과 불평등이 증가하면 국내에서 사회적 응집력이 줄어들고, 국가 간 불평등은 국제 체제의 안정성과 정당성을 위협하는 요인이 된다. 국제적으로 기후변화는 주권, 국가 통합성, 인간안보와 평화에 리스크 요인으로 나타나기 쉽고, 이런 리스크들은 서로 맞물리면서 서로를 강화하는 경향이 있다.

한국의 대통령은 2020년 5월 특별 연설을 통해 남북 관계의 교착을 인간안보로 풀겠다는 의향을 밝히면서 인간안보의 구체적 협력 사례로 코로나19, 말라리아, 아프리카돼지열병을 꼽았다. 큰 틀에서 기후위기를 한반도의 인간안보와 연결시킨 구상이었다.[605] 이 구상은 기후-갈등 연계를 단절시키고 그것을 새로운 기회구조로 반전하려는 시도라고 해석된다.

녹색 범죄학의 등장

개인과 지역사회의 대면 관계에서도 기후변화가 갈등을 확산시키곤 한다. 환경, 날씨, 기후변화와 범죄의 연관성을 탐구하는 분야의 수요가 늘고 있다. '녹색 범죄학'이라는 분과 학문도 등장했다.[606] 2부에서 소개한 생태살해와 기후변화 범죄학이 기후변화를 유발하는 '원인'을 범죄학적 관점에서 다루었다면, 아래에서는 기후변화의 '결과'로서 발생하는 범죄의 양상을 소개한다.

날씨, 기상, 기후가 범죄에 미치는 영향을 범죄학에서는 '일상활동 이론RAT'으로 설명하곤 한다. 예를 들어 기온이 올라 사람들이 야간에 활동을 많이 하게 되면 범죄율이 늘어나는 경향이 있다. 기후 악화로 작황이 나빠지면 식품비가 앙등하고, 온실가스 감축을 위한 에너지 전환으로 인해 연료비가 상승할 수도 있다. 이런 경제적 곤란으로 저소득층, 서민들의 일상적 어려움이 가중되면 대인관계에서 마찰이 발생할 확률이 올라간다. 가정 내 불화와 폭력이 늘어날 개연성도 커진다.

개인과 집단의 심리에 초점을 맞춘 '공격성 이론'도 있다. 날씨와 기후의 변화가 사람들의 정신 건강에 악영향을 주면서 갈등을 증가시킨다는 학설이다.[607] 날씨, 특히 기온 상승은 개인의 정신적 평형과 안정을 깨고 폭력성을 높일 가능성이 크다. 덥고 불쾌한 상태에서는 사람의 각성상태에 악영향이 오고, 주의집중도와 자기조절 능력이 떨어지기 쉽다. 부정적이고 적대적 사고가 늘어나며, 인지기능이 저하되고, 비폭력적이고 이성적으로 갈등을 해결할 수 있는 능력이 줄어드는 경향도 나타난다.

또 기온 상승은 집단 간 폭력의 증가로 이어지기도 한다. 기후변화로 개인의 공격성이 늘면 자기 주변의 변화를 위협 요인으로 인식하기 쉽다. 사회 구성원들 사이의 경쟁이 심해지고 사회제도를 신뢰하지 못하게 될 때 외집단을 적대시하는 방식으로 불만을 표출하는 경우도 늘어난다. 연구에 따르면 기온 상승은 사회의 지속성과 구성원들의 사회 귀속성에도 부정적 영향을 끼친다.[608]

한국에서 기상변화가 강력 5대 범죄에 어떤 영향을 끼치는지를 조사한 연구가 있다.[609] 여기서 기상변화란 날씨, 기온, 강수량, 풍속, 습도와 같은 요인의 변화를 뜻하고, 강력 5대 범죄는 살인, 강도, 강간, 절도, 폭력을 말한다. 조사 결과, 기온 상승과 습도 증가가 강력범죄와 상관관계를 이루는 것으로 나타났다. 또 다른 연구에 따르면, 평균기온이 범죄 발생에 가장 큰 영향을 끼쳤으며, 다음으로 불쾌지수, 구름의 양, 습도, 강수량의 차례로 범죄에 영향을 준 것으로 나타났다.[610]

날씨가 성범죄에 미치는 영향을 공격성 이론을 중심으로 조사한 사례도 있다.[611] 조사 결과에 따르면 강간 사건은 날씨에 영향을 받지 않는 것으로 나타났다. 그러나 강제 추행 사건의 경우 최고기온의 상승과 사건 발생이 정비례 관계로 드러났다. 외출 수준을 통제해도 이 점은 변하지 않았다. 이 결과는 기온 상승으로 야외 활동이 늘어나 범행 기회가 많아져 강제 추행이 발생한 것이 아니라, 기온 상승으로 공격성이 높아진 피의자의 '선택적 행동' 때문에 강제 추행 사건이 증가했다고 볼 수 있다.

날씨와 가정폭력 간의 연관성을 밝힌 연구도 있었다.[612] 가정폭력 신고 사건과 날씨 요인의 관계를 공격성 이론과 일상활동 이론을 활용하여 분석한 조사였는데, 날씨 요인 중 상대습도가 가정폭력 발생에 유의미한 영향을 미치는 변수로 확인되었다.

기후변화의 장기적 추세와 범죄와의 관계를 조사하려면 적어도 20~30년 이상의 시계열 분석이 필요하다. 장기 데이터에 따른 연구에서도 기후변화가 범죄 증가에 미치는 영향이 확실하다는 보고가 많다. 미국에서 1979~2016년의 범죄 기록을 조사한 연구에 따르면 겨울에 특히 추운 북동부와 중서부 지방에서 이상고온현상이 발생하면 범죄율이 올라갔다.[613] 이 추세를 미래에 적용시키면 2010~2099년에 기후변화로 인해 살인 3만 건, 강간 20만 건, 강도 320만 건이 추가로 발생할 것으로 예측된다.

온실가스의 감축 시나리오별로 미국의 폭력 범죄율이 달라질 가능성을 예측한 조사도 있다.[614] 이에 따르면 2020~2099년에 기온이 2도 상승하는 시나리오의 경우 320만 건의 추가 폭력 범죄가 발생하고, 가장 희망적인 1.5도 상승 시나리오로 따져도 230만 건의 폭력 범죄가 추가로 발생할 것이라 한다. 이는 기후위기 시대가 폭력 범죄의 시대가 될 수도 있다는 극히 중요한 경고다.

기후위기와 갈등의 실증적 연구

이처럼 전반적으로 보아 기후위기가 살인, 강간, 가정폭력과 같은 개인적 폭력, 집단 간 폭력과 정치 불안정, 그리고 통치 기구 등 제도의 붕괴를 초래할 수 있다고 인정한 연구가 많았다.[615] 그러나 기후변화와 갈등 사이의 인과관계를 뚜렷이 확정하기 어렵다는 견해도 상당수 있었다.[616]

이 문제를 풀기 위해 2019년, 정치학자, 경제학자, 환경학자, 지리학자 등 각 분야 전문가 11인이 '전문가 판단 조사 방법'을 활용해서 기후-갈등 연계를 종합적으로 분석한 연구가 발표되었다. 이들은 국가의 역량, 집단 간 불평등, 주변국과의 갈등, 소득 불평등, 정부 불신 등의 직접적 영향이 기후변화보다 더 즉각적인 갈등을 야기한다고 의견을 모았다.

그러나 이들은 20세기 동안 기후변화가 갈등 리스크를 3~20퍼센트가량 상승시켰다는 결론도 함께 내렸다.[617] 장기적 기후변화가 간접적이고 맥락적인 방식으로 영향을 끼친다는 점을 감안하면 이 수치는 기후-갈등 연계의 증거가 상당하다는 점을 시사한다.

이런 식의 영향은 '조절된 매개효과'라 할 수 있다. 어떤 독립변수가 종속변수에 영향을 미칠 때 어떤 매개변수를 통해서 그 효과가 조건부로 조절된다는 뜻이다. 이런 설명에 따르면 분쟁이 발생할 리스크를 증가시키는 요인이 독립변수가 되고, 분쟁이 종속변수가 되며, 기후변화는 중간에서 리스크 증가의 맥락을 조절하는 매개변수가 된다.

예를 들어 급격한 개시로 나타나는 기후재난이 간혹 직접적으로 폭력 갈등을 야기할 수 있음을 인정하면서, 그와 동시에, 기후변화가 기존의 사회적, 경제적, 정치적 요인을 통해 간접적(매개적)으로 갈등과 긴장을 초래할 수 있다는 점도 인정해야 한다는 것이다.[618]

스톡홀름국제평화연구소 역시 이러한 이원적 접근을 통해 기후변화가 갈등을 직접 촉발하기도 하지만, 갈등이 발생하는 맥락적 메커니즘에 영향을 주는 간접적 방식으로 작동한다는 분석을 내놓고 있다. 케냐를 비롯한 동아프리카 지역의 갈등을 기후변화와 연관해서 분석한 2017년의 보고서가 이런 접근을 잘 보여준다.[619]

첫째, 경작과 목축에 의한 수입이 줄면서 다른 유목민의 가축을 약탈하는 등, 생계 조건이 악화되면서 지역사회에서 갈등이 고조될 수 있는 조건이 조성된다.

둘째, 유목민들의 이동 패턴이 바뀌면서 폭력 갈등 리스크가 커진다. 그러잖아도 자원이 부족한 지역에 외부인들이 이주해 오면 토착민과 이

주민 사이에 자원 획득 경쟁과 갈등이 발생한다. 물과 목초지를 둘러싼 충돌이 대표적이다. 양쪽이 동의할 수 있는 갈등해소 제도의 완충장치가 없는 곳에서 이런 충돌이 더욱 격렬하게 나타난다.

셋째, 무장 집단이 활동하는 지역에서 기후변화는 그런 집단의 전술에 영향을 미친다. 예를 들어 녹음 우거진 수풀이 사라지면 병력의 은폐가 어려워진다. 병력과 군수물자의 이동도 기후패턴의 영향을 받게 되고, 폭우와 태풍은 군사작전에 장애요인이 된다.

넷째, 지배 집단들 사이에 강한 정치적 갈등이 이미 존재하는 나라에서 기후변화로 인한 갈등이 지역사회에서 발생하면 지배 집단들은 그 기회를 악용하곤 한다. 지역사회의 불만을 더 큰 차원의 정치적 갈등에 편입시켜 갈등을 증폭시킬 수 있는 호기로 삼는 것이다. 이렇게 되면 지역 내 불만, 안보 불안, 내전, 인종청소 등이 유기적으로 이어지는 연결 고리가 생긴다.

이처럼 기후변화는 갈등과 무장 충돌을 직접 발생시키지 않는다 하더라도 갈등이 발생하는 메커니즘의 맥락을 바꿔놓음으로써 갈등을 격화시키고 장기화하기 쉽다.[620]

갈등 발생 메커니즘의 미묘한 변화

범죄사회학자 로버트 애그뉴Robert Agnew는 자신이 창안한 '일반 긴장 이론GST'을 활용하여 기후-갈등 연계를 효과적으로 분석할 수 있음을 입증했다.[621] 이 분석은 다음과 같은 설명 구조로 이루어진다.

기후변화가 기온 상승, 해수면 상승, 극한 기상이변, 강우 패턴 변화를 일으킨다. 이때 거주지의 파괴, 건강 악화, 식량과 물 부족, 생계 상실,

이주, 사회갈등 등이 발생하기 쉽다. 이러한 상황은 다시 '범죄 유발 기제 criminogenic mechanisms'에 영향을 미친다. 범죄 유발 기제란 긴장 고조, 통제 약화, 사회적 지지 약화, 세상이 부당하다고 느끼는 불만감, 개인의 범죄 성향, 범죄가 일어날 수 있는 상황 조건과 사회갈등 양상 등을 뜻하는데 이러한 기제는 범죄 발생의 선행조건이 된다. 범죄 유발 기제가 촉발되면 개인, 집단, 기업, 더 나아가 국가가 저지르는 갈등과 범죄와 폭력이 더 늘어날 가능성이 있다.

> 기후변화가 진행되면 그 효과가 더 광역화되고, 더 빈번해지고, 더 극심해질 것으로 예상된다. 사람들은 다발적인 기후변화 영향을 더욱 강하게 경험할 것이다. 또한 기후변화의 영향으로 사회의 **맥락**이 달라질 공산이 크다. 개인, 집단, 국가가 기후변화의 악영향에 필사적으로 맞서느라 더 이상의 악조건에 법적으로 대응하기가 어려워질 수도 있다. 예를 들어 사람들이 더 쪼들리게 되고, 심신의 악영향으로 상황 대응능력이 떨어지며, 사회적 지지망도 잃을 것이다. 기후변화의 악영향을 **해석하는 방식**도 달라지기 쉽다. 시간이 갈수록 자기들이 부당하게 기후변화의 악영향을 뒤집어쓰고 있다는 불만을 품은 개인과 집단이 나타날지도 모른다. 이런 상황에서 기후변화는 더 많은 범죄를 낳을 가능성이 있다.[622]

젠더와 기후-갈등 연계

기후-갈등 연계가 뚜렷해진 현실을 분석할 때 반드시 고려해야 할 측면이 젠더의 차원이다. 갈등, 분쟁, 안보는 오랫동안 (남성성의 관점이 주도하는) 국제 안보 정치의 영역으로 치부되어왔다. 그러나 2000년 유엔 안전보장이 사회가 여성, 평화, 안보를 연계시킨 역사적인 「결의안 1325호」를 선포하면서 갈등과 안보를 다루는 패러다임에 큰 변화가 왔다.[623]

안보리 결의안은 국제 평화와 안전을 위해 여성의 권리보호와 참여를 장려해야 한다고 전제하면서 다음과 같은 점을 강조한다. 갈등 예방과 해소, 평화 협상, 평화 구축, 평화 유지, 인도적 대응, 갈등 종식 후의 사회 재건에 있어 여성의 역할이 필수적이므로 이 과정에 여성의 동등한 참여가 보장되어야 한다. 무장 충돌 상황에서 젠더에 기반한 폭력, 특히 강간과 성폭력으로부터 여성과 여아를 보호하기 위한 특별한 조치가 필요하다. 아울러, 유엔의 평화와 안전보장 노력의 모든 차원에 젠더 관점이 포함되어야 한다.

기후-갈등 연계에서 젠더 취약성이 특히 두드러지게 나타나는 이슈는 두 가지다. 첫째, 이주와 강제 이산의 문제가 있다. 전 세계적으로 난민, 국내 이산민, 비호 신청자 중 남성보다 여성이 훨씬 더 많다. 유엔 난민최고대표사무소에 따르면 지난 50년간 기후변화/자연재해로 인한 이산민이 몇 배나 증가했다.

둘째, 기후변화와 무장 갈등이 합해지면 성폭력 및 젠더에 기반한 폭력이 증가할 가능성이 커진다. 동아프리카의 예를 들어보자. 가뭄이 오래 지속되면서 유목민들 사이의 갈등이 격화되는 와중에도 여성들은 매일 먼 길을 걸어 물을 길으러 다니고 땔감을 마련해야 한다. 이 과정에서 건강 악화, 부상 위험, 공격과 폭력에 노출될 위험이 커진다. 경제적 어려움이 닥치면 가족들이 여자아이를 팔아넘기는 일도 생긴다. 또 여성이 생계를 책임져야 하는 경우에 성매매에 의존하거나 성적 착취를 당할 확률이 높아진다.

유엔환경계획과 유엔여성기구UN Women 등이 2020년 6월에 발간한 보고서 「젠더, 기후 그리고 안보: 기후변화의 최전선에서 포용적 평화 유지하기」는 '기후 취약성-국가 불안전-젠더 불평등'이 연계되는 메커니즘을 분석한다.[624]

첫째, 기후변화로 기온 상승, 가뭄, 극한 기상이변 등이 발생하면 여성과 남성의 삶에 새로운 어려움이 생기거나 기존의 어려움이 가중된다.

둘째, 안전의 결핍으로 가구, 지역사회, 국가, 국제 차원에서 불안이 조성되면 여성과 남성이 기후변화에 대처할 수 있는 능력이 떨어진다.

셋째, 사회 속에 존재하는 불평등한 젠더 규범과 남녀의 불평등한 권력관계에 따라 여성과 남성이 삶의 어려움을 서로 다르게 경험하거나, 기후변화에 대처하는 능력이 서로 달라진다. 예를 들어 기후변화로 생계가 곤란해지면 남성이 무장 집단에 가담하게 될 확률이 높아지고, 여성에게 발언권이 없는 상태에서 가뭄으로 흉작이 들면 가족 살림을 꾸려가기가 더욱 어려워진다.

그러므로 '젠더에 무감한gender-blind' 접근방식을 '젠더에 민감한' 접근방식으로 대체하고, '기후에 무감한climate-blind' 접근방식을 '기후에 민감한' 접근방식으로 대체해야만 포용적 평화를 달성할 수 있다.

평화를 위한 기후위기 대처

기후-갈등 연계를 논리적으로 확장시키면, 갈등을 넘어 평화를 이루려는 노력에 기후위기를 반드시 고려해야 한다는 결론이 나온다. 이때 많이 인용되는 증거가 있다.

유엔은 전쟁이나 내전을 겪은 뒤 상황이 아직 안정되지 않은 지역에 평화유지군을 파견하여 평화 구축의 여건을 조성하는 활동을 벌인다. 그런데 전 세계에서 국제 평화 유지 인력이 제일 많이 파견되어 있는 10개 나라 중 8개국이 기후변화의 영향에 크게 노출되어 있다고 한다. 소말리아, 콩고, 남수단, 아프가니스탄, 말리, 중앙아프리카공화국, 수단(다르푸르), 아베이Abyei(남수단)가 그런 나라들이다. 다시 말해 무력 분쟁이 벌어졌거나 아직도 불안한 지역일수록 기후변화와 연관성이 큰 지역이므로 이런 지역에서는 평화 구축을 위한 정책과 기후위기 대응 정책이 반드시 결합되어야 한다는 뜻이다.[625]

기후와 관련된 안보 리스크가 근년 들어 대폭 늘어났다는 사실은 평화 구축을 위한 국제 활동이 통상적 방법으로는 더 이상 실효를 거둘 수 없게 되었음을 뜻한다. 이런 배경하에서 그간 별개의 영역으로 간주되어온 3개 영역, 즉 재난과 긴급 상황에 대처하는 인도적 구호 활동, 장기적 개발 협력 활동, 그리고 지속가능 평화 구축 활동이 좀 더 긴밀하게 협력해야 한다는 '인도주의-개발-평화의 삼중 연계Triple Nexus' 아이디어가 나오고 있다. 이와 관련하여 유엔의 평화 구축 활동이 과거에는 사후 대응을 중심으로 이루어져왔지만, 기후변화 시대에는 사전 예방적 평화 구축 활동으로 전환되어야 한다는 주장도 나오고 있다.[626]

오스트레일리아 시드니에 본부를 둔 '경제 및 평화연구소IEP'에서 발간하는 《전 지구적 평화지수GPI》는 2019년부터 기후변화를 분석에 포함시키기 시작했다.[627] GPI는 기후변화와 평화의 관계를 '적극적 평화' 개념으로 설명한다. 적극적 평화를 유지하는 조건으로 GPI는 정부의 효과적 기능, 낮은 부정부패, 타인의 권리 인정을 꼽는다. 조사 결과, 적극적 평화의 수준이 높은 나라일수록 기후재난의 충격을 잘 관리하고 환경을 잘 보전하는 나라였고, '적극적 평화'의 수준이 낮은 나라는 정반대의 결과가 나왔다. 이 조사는 민주정치의 수준, 타자에 대한 관용과 수용도가 높을수록 기후변화에 대처하는 능력도 크다는 점을 분명히 보여준다. 기후위기에 대응하기 위해서라도 민주주의의 수준을 높일 필요가 있다는 뜻이다.

개인적, 집단적 갈등의 사례

기후-갈등 연계가 국제적 현실이라 해도 그것이 한국 사회와 어떤 관련이 있는지, 관련이 있다면 어떻게 대비해야 할 것인지를 따져보아야 한다.

우선 '갈등'이 여러 현상을 포괄하는 넓은 개념임을 상기해야 한다. 개인 차원의 긴장strain, 울분, 격분에 의한 대인관계 장애에서부터, 국가 차원의 갈등, 내전과 국제분쟁까지 모두 넓은 의미의 갈등에 속한다.

한국 사회는 특히 울분의 정도가 높다고 알려져 있다. '울분embitterment'은 부정적 인생 사건을 경험한 후 무력감, 고통, 굴욕감, 부당함, 모멸감, 좌절감을 해소할 수 없을 때 나타나는 부적응 현상을 뜻한다.[628] 울분이 심해지면 '외상후 격분(울분) 장애'로 이어질 수도 있다.[629] 울분은 실업, 낮은 직업안정성, 고용불안, 가족해체, 핵가족화, 산업재해 등에 의해 나타나기 쉽다.

앞의 '정의로운 전환'에서 살펴보았듯이 기후대책은 거대한 산업구조 재편을 의미하므로 전환과정에서 울분이 발생할 수 있는 선행조건이 형성될 여지가 크다. 태풍, 산불, 집중호우 등 '급격한 개시'에 의한 자연 재난을 당한 사람들이 높은 수준의 심리적 충격과 우울을 겪는다는 임상 보고도 있다.[630] 외상후 울분 장애가 심할 경우 폭력, 기물 파손, 방화, 복수, 자살과 같은 폭력적 양상으로 감정을 표출하기도 한다.[631] 유명순 교수 연구 팀의 조사에 따르면 코로나19가 재확산된 후 국민들은 불안, 분노, 공포의 감정을 느낀다고 응답했는데, 이전 연구와 비교해 분노와 공포의 비율이 2배 이상 늘어났다고 한다. 그러므로 감염병과 지구온난화로 인한 피해자에게 '심리 방역'과 심리 지원 체계를 갖춰야 한다는 지적을 경청할 필요가 있다.

3부에서 설명했듯이 식량의 부족은 인권문제로서 잠재적 갈등 요인이 된다. 특히 저소득층은 건강과 안전이라는 면에서 먹거리의 양극화 피해를 입고 있다. 앞의 '사회적 응집력' 장에서 보았듯이 사회 불평등은 감염병 발생의 호조건이 되며 그것은 사회적 응집력을 해체하는 방향으로 작용한다. 그러므로 먹거리의 해외의존도를 낮추고 식량자급률을 높이는 식량주권의 방향으로 농정을 전환하는 것이 기후위기 시대에 국가가 사회의 갈등을 줄이기 위해 추구해야 할 과제 중 하나라고 할 수 있다.[632]

기후위기의 특징 중 하나인 강수량의 변화와 물 부족 사태가 수자원을 둘러싼 지역 간 갈등으로 나타날 수도 있다. 환경문제를 둘러싼 갈등은 여타 사회갈등과 구분되는 특징이 있다. 첫째, 피해자·당사자의 구성이 다양하다. 환경악화는 인간과 자연에 대해 장기간으로 누적된 문제를 야기하기 때문이다. 둘째, 문제의 불확실성이다. 환경문제는 파급효과가 큰 데다 그 원인을 과학적 인과관계로 확실히 밝히기 어려운 경우가 많다. 셋째, 사람들이 환경과 자연을 이해하고 평가하는 가치관이 서로 크게 다르다. 따라서 환경 이슈에 관한 갈등은 인간의 도덕적, 신념적 가치를 둘러싼 분쟁으로 확대될 소지가 커서 합의를 이루기가 대단히 어렵다. 물 관리의 거버넌스가 필요한 이유다.[633]

예를 들어 물 관리를 둘러싼 부산과 경남 간의 오랜 분쟁은 유명한 사례다. 남강댐을 식수원으로 활용하고자 한 부산은 '깨끗한 식수 확보권'을, 경남은 '홍수조절 능력을 지킬 생존권'을 주장하면서 대립했다. 이슈와 이해관계 등도 중요했지만 감정적 차원도 중요했다. 상호 존중과 공감대, 역사적 피해의식과 소속감과 연대감, 자율성의 부여, 지위의 인정, 당사자 간의 역할 분담 측면 등이 복잡하게 얽히면서 갈등해소를 어렵게 만들었다. 이 사례는 기후변화가 새로운 갈등 요인을 유발하기도 하지만, 기존의 갈등 유발 요인을 악화시키기도 한다는 것을 보여준다.[634]

에티오피아와 이집트도 강물을 둘러싸고 갈등에 휘말려 있다. 온실가스를 배출하는 화력발전을 줄이기 위해 에티오피아가 나일강 최대 규모의 그랜드 르네상스댐을 건설하자 나일강 하류의 이집트가 수자원 부족, 유속 변화, 생태계 파괴를 이유로 댐 건설을 강력하게 반대하고 나선 것이다. 거의 10년 가까이 지속된 갈등은 이제 강 수역의 중간에 위치한 수단 그리고 이집트를 외교적으로 지원하는 미국까지 개입된 지역분쟁의 양상을 띠게 되었다.[635]

이처럼 물 부족이 갈등에 미치는 리스크 때문에 "기후변화가 상어라면 수자원은 이빨이다"라는 말이 있다. '물, 평화, 그리고 안보WPS'라는 국제 연구기관의 발표에 따르면 물 부족은 소요 사태의 가능성을 높인다. 당장 농사를 지을 수 없게 되고 식량이 부족해지면 사회 안정이 깨진다. 이라크는 이런 위험이 세계에서 가장 큰 나라 중 하나로 지목된다. 특히 가난과 불평등이 물 부족과 결합하면 사회의 '위협 변수'가 될 수 있다.[636]

기후위기가 가중될수록 범죄 발생의 빈도와 양상이 달라지면서 치안 수요가 크게 변할 것으로 예상된다. 앞에서 예시한 대로 지구온난화로 기온이 상승하여 피의자의 공격성이 늘어나 강제 추행 사건이 증가한다면 그것은 공격자의 '선택적 행동'에 의한 것이므로 경찰의 활동을 기후변화에 맞춰 디자인할 필요가 있다.

즉, 일상활동 이론에 따라 범행 기회를 차단하기 위한 예방 활동에 집중하기보다, 범인을 직접 검거·단속하는 형사 활동을 강화하는 편이 효율적인 방안일 수 있다는 뜻이다.[637] 이처럼 기후변화는 경찰 인력의 수급, 예산, 훈련에까지 큰 영향을 끼칠 조건이 되고 있다. 이런 사례는 기후변화의 범분야적 특성을 여실히 보여준다.

기후변화의 범죄학적 영향은, 다른 사회 분야와 마찬가지로, 계급과 계층에 따라 차별적으로 나타날 가능성이 크다.[638] 국제적 차원에서도 기후변화가 한국 사회에 갈등의 요인으로 작용할 수 있다. 만일 이산민과 난민의 규모가 폭발적으로 증가한다면 한국에도 그 여파가 심각하게 올 수 있다. 이런 사태를 순전히 일국적 시각으로만 다룰 수는 없다. 인도적 고려, 인권원칙, 국제법상의 의무, 한국의 국제사회 기여를 감안해 전향적으로 대비하는 편이 최선의 방책이다.

해수 온도 상승으로 어종이 변하면서 한반도 근해에서 국가 간 분쟁의 가능성이 늘어난 점도 고려해야 한다. 기후변화로 인해 수산자원이 이동하고 이에 따라 국가 간 갈등까지 우려되고 있다. 미국 럿거스대학의 생물학과 말린 핀스키Malin L. Pinsky 조교수는 최근 「수온 상승으로 인해 평균적으로 10년에 약 70km씩 수산자원이 극지방으로 이동한다」는 논문을 통해 "한국, 중국, 일본 등은 해양 경계가 밀집돼 있고 향후 수산자원으로 국가 간의 갈등 가능성이 매우 크다"고 경고한 바 있다.[639]

기후위기와 한반도

지금까지 기후위기에 의한 갈등 가능성을 간략히 살펴보았지만, 역설적으로 기후위기가 한반도에서 남북한 긴장 완화와 협력의 계기를 제공할 수 있을지도 모른다.[640] 2020년 4월 27일 판문점선언 두 돌을 맞아 한국 대통령은 "남북은 생명 공동체"이며 코로나19 위기가 남북 협력의 새로운 기회가 될 수 있다고 말했다. 코로나19에 대한 공동 대처 협력에서 시작하여 "가축전염병과 접경지역 재해 재난, 기후환경 변화에 공동 대응하는 등 생명의 한반도를 위한 남북 교류와 협력이 이루어지기를 바란다"고 강조했다.

이런 입장은, 기후변화를 자연 재난으로만 인식하지 않고 더욱 폭넓은 이슈로 프레임할 때 사람들 사이의 평화적 공존과 화해를 증진하는 계기가 될 수 있다는 통찰과 연결된다.[641]

환경연구자 황준서는 북아일랜드의 접경지역 협력 사례를 원용하여 '환경-평화-안보 넥서스'로써 한반도의 평화 정착을 꾀할 수 있다고 제안한다.[642]

국제정치학자 장희경은 젠더적 국제정치론의 렌즈를 활용하여 한반도에서 국가 차원의 안보 접근을 넘어 남북한 사람들의 일상적인 삶에서 평화와 인권을 정착시킬 수 있는 인간안보를 상상하자고 역설한다. 이때 여성은 평화를 적극적으로 상상하고 주도하는 주체로 부각된다.

남북한 간의 물리적, 군사적 안보 문제를 해결하기 위해 평화 체제를 거론하는 경우가 많다. 그러나 "분단체제로 발생한 여성과 소수자의 안보, 북한 핵개발 과정에서 인간의 삶과 연관된 경제 부문을 소외시킴으로써 경제위기를 초래하고 개별 인민들이 직면하게 되는 경제 안보, 또 탈북 과정에서 발생하는 안보 문제"도 젠더적 관점에서 본다면 우리가 지속적으로 해결해야 할 실천적 과제로 인식할 수 있게 된다.[643] 그리고 '환경-평화-안보의 삼중 연계'가 젠더적 접근과 결합된다면 한반도에서 기후위기를 평화를 위한 기회로 선용할 수 있을 것이다.

정리하자면, 기후위기에 대처하기 위한 모든 정책은 '갈등에 민감한' 시각, '젠더에 민감한' 관점, '평화에 민감한' 목표를 추구해야 한다.[644] 그렇게 될 때 인간안보를 위협할 요인을 내장하고 있는 기후위기의 특성을 순화할 수 있고, 인권 실현에 호의적인 여건을 마련할 수 있다.

26장 기후위기 커뮤니케이션

기후변화 커뮤니케이션

기후변화에 관한 정부간 협의체 즉 IPCC가 전 세계인의 이목을 끌기 시작한 것은 비교적 최근의 일이다. 기후위기에 관심이 있는 사람들은 IPCC가 어떤 조직인지, 어떤 활동을 하는지를 어느 정도 알고 있다. 예전에는 그러지 않았다. 초창기에는 IPCC가 과학자, 연구자들이 집필한 보고서를 주로 전문가, 정책결정자들을 상대로 보급하는 활동을 했기 때문이다. 이런 전문적 보고서를 일반인이 이해하기란 쉽지 않았다.

예를 들어, 1990년에 나온 IPCC의 『1차 평가종합보고서AR1』의 목차를 보자.[645] 온실가스와 에어로졸, 기후의 복사강제력, 과정과 모델링, 기후모델의 타당성, 평형 기후 민감도, 시간의존성 온실가스 유발 기후변화……. 예상 독자층과 청중을 매우 좁게 잡았다는 인상이 든다.

그러나 시간이 지나면서 기후변화에 대해 언론과 대중의 관심이 늘어났고, 그와 함께 기후변화에 관한 전문지식을 효과적으로 전달하는 방식도 중요하다는 점이 드러났다. 아무리 과학적 팩트를 잘 제시한다 해도 사회와 대중이 그것에 직선적으로 반응하지 않고, 그것을 즉각 수용하지도 않고, 그것에 따라 곧바로 행동에 나서지 않는다(또는 못한다)는 점 또한 분명해졌다. 즉, 사회의 작동 방식과 과학 지식의 논리가 반드시 일치하지는 않는다는 사실을 깨닫게 된 것이다.

이제 기후변화에 관한 정치적 행동을 끌어내기 위해 '기후변화 커뮤니케이션climate change communication, CCC'이 중요하다는 점에 대다수 사람들이 동의한다. 기후변화에 관한 대중의 인식, 대중의 인식에 영향을 주는 요인, 리스크 인식, 메시지의 프레이밍 효과, 미디어 보도의 효능 등에 관한 연구가 미국을 비롯해 서구에서 많이 나왔고, 최근 한국에서도 관련 연구들이 발표되고 있다.[646]

CCC는 정보의 원활한 유통을 위한 테크닉만이 아니다. 기후위기에 관한 모든 정보, 지식, 담론, 규범의 확산, 그리고 주창 활동이 벌어지는 장으로 이해해야 한다. 1부에서 강조한 기후위기의 인간화와 사회화는 CCC가 없으면 불가능하다. 민주적 절차가 생태주의를 보장하지 않는다는 이유로 기후행동에서 커뮤니케이션의 역할을 과소평가해왔다는 지적이 있다.[647] 그러나 CCC는 기후위기에 대한 공중의 민주적 합의를 위해 반드시 필요하며, 공익의 실현에 있어 필수 불가결한 요소다. 수용자를 고려하는 효과적 커뮤니케이션은 갈등의 해소에도 도움을 준다.

이재영은 소셜미디어의 영향이 극대화된 시대에 그린뉴딜을 포함한 기후위기 대책을 실시할 때 정책의 틈새를 노리는 정보 조작자, 갈등과 혼란을 부추기는 세력이 나타날 가능성에 대비해야 한다고 경고한다. 그러므로 그린뉴딜과 기후행동이 성공하려면 "가짜 뉴스의 생산과 확산을 막고, 커뮤니케이션 능력을 갖춘 전문가 집단을 운영하고, 시민들의 환경 문해력(그린 리터러시)을 높이기 위한 투자를 확대해야" 한다고 제안한다.[648]

대중의 기후변화 인식

우선 대중의 기후변화 인식에 영향을 주는 요인을 알아보자. 여기에는 다양한 인구학적 특성이 포함된다. 일반적으로 교육 수준이 높을수록, 그리고 여성일수록 기후변화 메시지에 더 민감하다고 한다. 지지 정당과 정치 이념 역시 기후변화 인식에 영향을 끼친다. 특히 미국에서는 기후변화의 실체와 원인에 대해 민주당 지지자들의 인식 수준이 높은 반면, 공화당 지지자들의 인식 수준은 낮은 편이다.[649] 인간이 지구온난화를 유발했다는 사실에 대해서도 민주당과 공화당 지지자들 사이의 인식 격차가 크며, 시간이 지나도 그것이 줄어들지 않는다.[650]

이와 관련하여 가치관과 세계관이 기후변화 인식에 큰 영향을 끼친다는 사실이 잘 알려져 있다. 이타적 가치, 평등주의, 공동체적 세계관을 가질수록 기후위기 리스크를 더욱 우려하고, 기후위기에 대한 대응책을 더욱 요구하며, 규제적인 정책을 지지할 가능성이 높다.[651]

정치적 성향과 연령 간의 관계는 복잡하다. 한국에서의 조사에 따르면 기후변화 대응을 위해 재생에너지를 개발하고 에너지 전환비용을 부담하겠다는 응답이 모든 연령대 중 19~29세에서 가장 낮은 28.2퍼센트로 나왔다.[652] 이 점을 어떻게 해석할 수 있을까? 젊은 세대의 보수화를 의미하는가, 아니면 이 세대가 느끼는 생계, 구직, 미래 전망의 암울함이 나타난 결과인가?

흔히 한국인이 기후변화에 무관심하다고 하지만, 기후변화의 심각성을 인식하는 수준이 상대적으로 높다는 국제 비교 조사도 있다. 퓨 리서치센터는 2019년 전 세계 26개국 시민들을 대상으로 "기후변화가 인간에게 중요한 위협 요인인가?"라는 질문을 던졌다. '큰 위협이다' '사소한 위협이다' '전혀 아니다' 중에서 한국인은 응답자의 86퍼센트가 '큰 위협'이라고

답했고, '전혀 아니다'는 3퍼센트에 불과했다. 이는 전 세계에서 그리스 다음으로 높은 수준이다.[653]

CCC에서는 사람들이 어떤 상황의 리스크를 인식하는 정도에 따라 기후변화에 대한 태도와 행동 유형이 달라진다고 전제한다.[654] 또한 인간은 인지적이면서 동시에 의지적인 존재다. 자신의 의지가 관철되기를 바라는 경향이 강하며 그것이 의식과 인식에 영향을 끼친다. 자신의 행동이 유의미한 결과를 낳을 수 있다는 확신이 서지 않으면 사람의 행동 동기가 약화되기 쉽다. 믿음과 동기 사이에 부조화가 생기기 때문이다. 기후변화 정책에 있어 경제적 형평성을 강조하는 논리, 그리고 행동하면 좋은 결과가 나올 수 있다는 긍정적 과학 증거가 사람의 인식 변화에 효과적이라는 연구도 있다.[655]

에너지 기업의 기후커뮤니케이션

2부에서 보았듯이 기후위기에 상당한 책임이 있는 화석연료 에너지 기업들은 기후에 대한 대중의 관심과 인식이 높아진 현실에 따라 커뮤니케이션 전략을 다르게 구사해왔다.

1990~2010년에 전 세계 에너지 기업들이 사용한 커뮤니케이션 방식을 조사한 연구가 있다.[656] 첫째, 화석연료 기업들이 초기에는 기후변화의 과학적 근거가 불확실하다는 메시지를 중점적으로 퍼뜨렸다. 둘째, 1997년의 「교토의정서」 협상 시기에는 기후변화의 과학적 근거를 인정하면서도 온실가스 감축을 했을 때 심각한 경제적·사회적 문제가 초래된다고 경고하는 메시지를 많이 내보냈다. 셋째, 최근에는 기후보호를 위해 화석연료 기업들이 선도적으로 대응하고 있으며, 화석연료 기업이 기후위기의

원인 유발자가 아니라 해결 촉진자라는 식의 긍정적 메시지를 주로 내보내고 있다.

한국 정유회사들의 CCC는 그중 세 번째 메시지를 중심으로 이루어지고 있다. '대한민국 에너지 책임지겠습니다' '녹색 미래를 함께 열어 갑시다' '친환경 종합 에너지' '대한민국을 빛내겠습니다' '자연의 깨끗함을 에너지로 담겠습니다' '옳은 미래' '삶의 원천을 제공' '무에서 유油를 창조한다' '대한민국 경제를 움직이는 에너지' '우리는 모두 누군가의 에너지다' 등 친환경, 친녹색, 에너지 안보, 인간적 감정, 국가 수호와 국위선양 등의 프레이밍을 활용하는 경향이 있다.

기후위기 커뮤니케이션의 도전

커뮤니케이션 학자 수잔 모저Susanne C. Moser와 리사 딜링Lisa Dilling은 CCC가 네 가지 잘못된 가설에 근거했기 때문에 효과가 부족했다고 지적한다.[657] 첫째, 기후에 관한 정보와 이해가 부족하므로 대중의 기후행동 참여가 부족하다. 둘째, 잠재적 재앙에 대한 공포와 환상이 있으면 대중이 행동할 것이다. 셋째, 과학적 프레이밍이 대중 설득에 효과적일 것이다. 넷째, 매스컴의 활용이 대중의 기후변화 인식에 효과적일 것이다.

이들의 지적은 CCC에 관심이 있는 운동가, 교육가, 커뮤니케이터들이 경청해야 할 통찰을 담고 있다. 그러나 CCC가 어떤 맥락에서, 어느 정도의 관여 의식을 가진 청중에 대해, 어떤 식으로 수행되는지에 따라 이 가설들의 효과가 크게 달라지곤 한다.

연구에 따르면 대다수 일반인들은 기후위기를 접했을 때 처음에는 반신반의와 부인, 그다음에는 외면과 동기화된 무관심에 빠지기 쉽다고 한다. 그런 마음 상태에서는 아무리 수치와 통계를 제시해도 큰 효과가 없다. 과학적인 팩트만으로는 사람의 마음을 사로잡기 어렵다. 오히려 정서적 접근이 필요한 경우가 더 많다.[658] 과학자들의 정보가 대중에게 전달될 때에는 복잡한 정치적, 사회적, 심리적 맥락에서 해석되고 이해되고 특정한 방향으로 행동 동기가 형성되기 때문이다.

이런 점은 한국 사회의 CCC에서도 확인된다. 기후위기의 리스크를 알릴 때에 수용자가 중심이 되기보다 전문가가 중심이 되는 CCC가 아직도 대부분을 차지한다. 전문가들은 '전문적이고 객관적인' 정보를 제공하는 것이 효과적인 커뮤니케이션이라고 믿는 경향이 있다. 이렇게 되면 수용자의 상황을 고려하지 않은 비효율적 커뮤니케이션이 되기 쉽다. 이런 점을 감안하여 전문가와 대중 사이에 존재하는 인식의 격차를 좁히려는 노력이 아직은 많지 않다.[659]

부정적 감정에 호소하는 '공포-재앙 서사'와, 긍정적 감정에 호소하는 '극복-희망 서사'의 커뮤니케이션 효과에는 일장일단이 있다. 간혹 두려움과 걱정을 자아내는 서사가 효과적일 때도 있다. 실제로 기후위기의 심각성을 알게 되면 친환경적 행동 의지가 커지곤 한다.[660] 기후변화 예방에 대한 태도, 기후위기 심각성의 인식, 기후대응의 효과, 기후변화 예방에 관한 자기효능감이 높으면 친환경적 행동을 할 의도가 올라간다.[661]

그러나 기후변화가 너무 부정적인 '재난과 죽음'이라는 서사로 표현되면 역효과를 낼 수도 있다. '공포관리 이론'에 따르면 사람들이 기후변화의 심각성에 대해 많이 알면 알수록 그것을 '죽음의 인식'으로 받아들일 가능성이 크다. 그렇게 되면 죽음에 대한 방어 심리 기제가 발동하여 기후변화 메시지를 의식에서 아예 차단하기도 한다.[662]

요즘은 기후위기에 대한 부인과 외면을 극복하고, 될 대로 되라는 식의 체념에서 벗어나게 할 수 있는 CCC를 강조하는 경향이 있다. 긍정적인 '희망 호소hope appeal'를 접했을 때 기후 관여 수준이 올라가고, 기후변화 메시지에 더욱 주의를 기울이며, 기후보존에 흥미를 갖고, 환경친화적 행동을 하거나, 기후정책을 지지하는 비율이 높아진다고 한다.

기후위기의 프레이밍

강조 프레임의 효과에 관한 쟁점도 있다. '지구온난화'와 '기후변화' 중 어떤 용어를 사용하는 것이 더 효과적인가? 연구에 따르면 '지구온난화'가 정부의 강력한 환경규제 정책과 예방 조처에 대한 지지를 끌어내기가 용이하다고 한다.[663] 지구온난화는 염려, 확실성, 인간이 유발한 문제라는 느낌이 드는 반면, 기후변화는 걱정의 정도가 약하고 불확실하며 자연적으로 발생한 문제라는 느낌이 들기 때문이다.

그러므로 동일한 현상이라도 어떤 식의 강조 프레임을 사용하느냐에 따라 기후행동 효과가 달라지는 기제를 확인할 수 있다. 최근 지구고온화global heating, 기후위기climate crisis 또는 기후비상climate emergency이라는 용어를 쓰는 경우가 늘었는데 이 역시 강조 프레임의 효과를 기대하는 움직임이다.

기후변화를 흔히 환경 이슈로 프레이밍해왔지만 공중보건, 건강, 국가안보 이슈로 프레이밍하는 것이 더 효과적일 수도 있다. 코로나19 사태로 건강과 질병에 대한 대중의 관심이 크게 늘어난 현실을 감안하면 이 부분이 특히 중요하다.[664]

한국인은 기후변화에 대해 구체적이고 직접적인 행동을 제시하는 것보다 '환경적인 행동'을 위한 총체적인 변화를 설득하는 예방 메시지에 더 효과적으로 반응한다고 한다.[665] 다시 말해, 에너지 절약이나 탄소 배출 감축과 같은 특정한 메시지보다, 여타 요인과 결합된 종합적 환경 캠페인을 기획하는 편이 낫다는 말이다. 보통 사람이 좋아하는 것들을 일거에 억제하라고 강조하는 '환경 청교도'식의 프레이밍은 역효과를 낼 수 있다.[666]

기후변화에 관한 메시지를 효율적으로 관리하자는 '전략적 기후커뮤니케이션'에 대한 관심이 최근 높아졌다.[667] 전략적 CCC의 기본 전제는 다음과 같다. 아무리 바람직한 행동이라도 그 사람이 처한 사회적·경제적 맥락이 바뀌지 않는 한 달성되기 어렵다. 기후위기 커뮤니케이션의 본질은 과학적 사실에 대한 동의를 끌어내는 것이라기보다 사람들의 정서적 공감을 이끌어 내는 것, 즉 사람들의 '가슴과 마음'을 사로잡는 데에 있다.[668] 2019년 여름 아이슬랜드에서 빙하 장례식을 거행했던 행사가 좋은 사례다.[669]

정책결정자들이 수행하는 전략적 CCC는 특히 중요하다. 따라서 '기후위기는 심각하지만 극복 가능하다'는 공식적 메시지를 반복해서 전파해야 한다.[670] 2020년 봄 오스트레일리아 산불 사태에서 드러난 것처럼 기후위기에 대한 허위 정보 유포와 가짜 정보의 확산은 심각한 커뮤니케이션 왜곡을 초래할 수 있다. 기후위기에 관해 소셜미디어를 다루는 방법이나 미디어 리터러시(문해 능력)를 함양하는 방법이 중요해진 것이다.[671]

한국의 주요 종교들은 오랫동안 자연보전과 환경운동에 참여했던 역사가 있다. 종교와 신앙의 이름으로 발표되는 환경 메시지는 사회 내에서 종교인과 비종교인들에게 독특한 권위와 영향력을 지닌다.[672] 2020년 9월, 주요 6개 종단이 합심하여 기후위기에 공동 대응하자는 「종교인 기후행동 선언」을 최초로 발표하기도 했다. 특히 종교 지도자의 환경 관련 호소는 전략적 CCC에서 중요한 역할을 수행할 수 있다.

예를 들어 2015년 프란치스코 교황은 「찬미받으소서」라는 회칙을 발표하여 기후변화가 생태 문제일뿐 아니라 사회적·도덕적 이슈 즉, 정의의 문제이기도 하다고 강조했다.[673] 조지메이슨대학 기후변화 커뮤니케이션센터의 연구진은 교황의 이 같은 메시지가 전 세계에 영향을 끼쳤고, 특히 기후위기를 도덕적 문제로 인식해본 적이 없던 미국인들에게 각성의 계기를 제공했다고 평가한다.[674]

CCC의 수용자인 청중을 세분화하여 접근하는 것도 고려해야 한다. 예를 들어 기후변화에 대한 청중을 기후변화를 걱정하는 '진지한 청중', 중간자적 입장을 취하는 '중도적 청중', 거부하거나 믿지 않는 '회의적 청중'으로 나눌 수 있다. 이렇게 청중을 구분한 후 각 유형에 적합한 CCC 메시지를 전달하면 그 효과를 극대화할 수 있다고 한다.[675]

'진지한 청중'은 이미 기후변화에 관한 견해가 확고한 편이므로 여론주도자, 사회적 롤 모델, 기후행동가로 전환하도록 안내하는 커뮤니케이션이 필요하다.

'중도적 청중'의 경우, 이들의 인식을 바꾸기는 쉽지 않지만 행동을 바꿀 수는 있다. 신뢰성 높은 출처를 인용하여 간단명료하고 명백하고 반복적인 메시지를 전파해야 한다. 수행하기 쉽고, 혜택을 많이 볼 수 있으며, 사회규범상 바람직한 행동이라는 식으로 제시하는 것도 이들의 행동 변화에 도움이 된다.[676]

'회의적 청중'은 기후변화 메시지를 전하기 어렵고, 행동 변화가 일어나기 어려운 대상이다.[677] 이들은 기후변화의 근본적 해결을 요구하는 진보파의 정책을 무조건 싫어할 공산이 크고, 과학적 증거나 환경 캠페인보다 자신들이 신봉하는 정치적 신념이나 이념의 메시지를 따르며, 자기들을 대변하는 지도자의 메시지를 신뢰한다. 그러므로 회의적 청중을 설득하기 위해서는 그들에게 영향을 끼칠 수 있는 정치지도자 혹은 종교 지도자를 먼저 설득하는 편이 효과적일 수 있다.

과학계는 기후위기 대처에서 CCC가 핵심 역할을 한다는 점을 인정하면서 두 가지 방식으로 CCC를 수용하기 시작했다.

첫째, 기후위기와 같은 위급한 환경문제에 대처하려면 생태시스템과 사회시스템이 긴밀하게 연결되어 있다는 점을 인정하고, 사회과학과 생태론을 통합해야 한다는 흐름이 발생했다. 기후변화 연구에서 인류학, 인문지리학, 사회학 등의 참여가 필요하다는 인식이 출현한 것이다.

둘째, 과학자들이 직접 대중과 소통하는 CCC를 개발하려는 움직임도 나타났다. IPCC는 2018년 IPCC 보고서 작성자들을 위한 커뮤니케이션 편람을 최초로 출간했는데 여기에 여섯 가지 원칙이 제시되었다.[678]

㈀ 과학 전문가들이 전문성에 입각하여 자신 있게 메시지를 전달하되, 대중의 여론과 의식조사의 결과를 염두에 두어야 한다. 과학계의 합의와 사회적 합의 사이에 거리가 있음을 인정해야 한다.

㈁ 추상적 개념보다 현실 세계를 이야기해야 한다. 일반인의 언어와 일상의 사례를 활용하는 편이 낫다. 기후위기를 프레임하는 방식도 중요하다. 특히 건강, 깨끗한 공기, 원활한 교통 등의 프레임은 모든 청중에게 효과적이다. 보수적이거나 종교적인 청중에게는 효율적 에너지 사용이나 자연계의 균형을 강조하는 편이 낫다. 은유와 비유를 활용하는 것도 좋은 방법이다.[679]

㈂ 기후위기 메시지를 전할 때 청중의 가치관이나 정치적 성향을 감안한 세분화가 필요하다. 지역의 역사와 경제와 특성, 실제적 기후재난 경험 여부, 에너지 비용에 대한 태도 등을 고려해야 한다.

㈃ 기후위기를 인간화하여 살아 있는 인간의 스토리로 접근하는 편이 효과적이다. 지금까지의 기후변화 서사에서 객관성, 사실성, 과학성을 강조해왔다면 새로운 기후변화 서사는 인간성, 접근성, 심리적 거리 단축, 직관성, 사회문화적 정체성, 경험과 체험, 공감, 몸의 느낌, 감정의 역할을 인정하는 경향이 있다.[680]

'그런데And……' '그러나But……' '그래서Therefore……'로 이루어지는 A-B-T 형식의 스토리텔링을 개발하면 청중에게 깊은 인상을 남길 수 있다. "**그런데** 나는 원래 기후위기에 관심이 없었습니다(A)." "**그러나** 미세먼지 때문에 천식이 심해지면서 생각을 바꿨습니다(B)." "**그래서** 요즘에는 기후행동을 조금이라도 실천하려고 노력 중입니다(T)."

㈄ 기후위기에 있어서 과학적으로 확실한 점과 아직도 불확실한 점이 함께 섞여 있는 사실을 명심해야 한다. 그리고 같은 이야기라도 확실한 각도에서 강조하는 커뮤니케이션 방식이 효과적이다. "우리나라에서 그런 재난이 꼭 발생한다는 법은 없지만 그래도 대비해야 합니다"라고 말하는 것보다 "그런 일이 우리나라에 닥치면 분명히 큰 피해가 발생할 것입니다"라고 말해야 한다.

㈅ 효과적인 시각 자료를 활용하는 것이 대중용 커뮤니케이션에서는 절대적으로 유리하다.[681]

과학자들의 솔직한 마음

지금까지 설명한 바를 실제로 적용한 CCC 사례를 보자. 과학 커뮤니케이터이자 기후활동가인 조 더건Joe Duggan은 2014~2015년에 전 세계 과학자들에게 "기후변화에 대해 어떤 느낌이 드십니까?"라는 편지를 보냈다. 마흔 명이 넘는 기후 전문가들이 답장을 보내왔다. 직접 손으로 써서 휴대폰으로 찍어 보내준 편지에는 감동적인 내용이 많았다.

그로부터 5년 뒤 더건은 그들에게 다시 연락을 취해 그동안 기후변화에 대한 감정이 어떻게 바뀌었는지 물었다. 많은 이들이 다시 답장을 보내왔다. 더건은 새로 도착한 편지와 원래 편지들을 한자리에 모아 "당신은 이렇게 느끼시나요?"라는 사이트를 열었다.[682] 여기에 실린 편지들은 과학자들이 '개인적으로' 기후변화를 어떻게 느끼고 있는지, 기후변화를 왜 인간화하여 대중에게 전달할 필요가 있는지를 보여주는 희귀한 자료다. 그중 몇 편을 발췌해 소개한다.

- "기후변화에 대해 알면 알수록 그것의 위험 때문에 두려워집니다. 기후변곡점이 지나면 지구상에 도미노효과가 일어나면서 재난이 한꺼번에 몰려올 겁니다. 제일 두려운 것이 이것입니다. '돌아오지 못할 다리'를 건너 우리 아이들이 지옥과 같은 세상에서 살게 될 것이라는 사실입니다."

- "간혹 이런 꿈을 꿉니다. 어떤 시골 농가에 불이 났습니다. 아이들이 이층 창문에 매달려 살려달라고 비명을 지릅니다. 즉시 소방서에 신고했지만 장난 전화라고 소방차가 출동하지 않습니다. 상황이 아무리 절박해도 도대체 믿어주지를 않습니다. 이런 악몽에서 헤어나지 못하고 있습니다."

- "기후변화에 관해 과학계의 결론은 이미 끝난 상태입니다. 우리 과학자들은 미지의 사실을 연구하도록 훈련받은 사람이지, 이미 합의가 내

려진 문제를 대중에게 다시 설명하고 설득하도록 훈련받은 사람이 아닙니다. 그래서 피곤합니다. 기후변화에 관해 사람들이 너무나 논쟁적이고 교조적이고 무관심하게 반응하는 것에 더욱 피로를 느낍니다."

- "흔히 사람들은 과학자들에게 어떻게 '생각하느냐'고 묻지 어떻게 '느끼느냐'고 묻지는 않습니다. 연구실에서 퇴근한 후 집에 돌아와 아이들을 보면 많이 슬퍼집니다. 지금보다 훨씬 나쁜 환경에서 살아야 한다는 점을 아이들에게 어떻게 얘기해줄 수 있을지 막막하기만 합니다."

- "비유를 들어보겠습니다. 의사가 오랫동안 알아온 환자에게 위중한 병에 걸렸음을 알려주었습니다. 심각한 상태이지만 열심히 치료하면 나을 수 있는 병입니다. 그런데 환자는 화를 내면서 자신의 상태를 부정합니다. 인간적으로 그럴 수도 있겠지요. 하지만 의사는 환자의 병환이 계속 나빠지는 것을 지켜보면서 깊은 무력감에 빠집니다."

- "아무도 내 말을 듣지 않는 것 같습니다. 특히 우리나라의 지도자들이 귀를 기울이지 않습니다. 중요한 결정을 내리고 우리의 삶에 큰 영향을 줄 수 있는 지도자들이 이런 이야기를 무시하는 겁니다. 나는 스스로 세상에서 제일 나쁜 사람 같습니다. '이미 말했잖아요'라는 말을 더 이상 반복하는 것도 지겹습니다. 매일같이 듣기 싫은 소리만 하는 노인이라는 눈총을 받는 것도 이제 힘듭니다. 음모가들이 돈을 벌기 위해 기후변화를 꾸며냈다고 말하는 사람도 있습니다. 만일 내가 돈을 벌 목적이었다면 광산업을 하는 지질기사가 됐을 겁니다. 경악과 개탄밖에 안 나옵니다. 이런 편지를 썼다고 소셜미디어에서 또 온갖 욕을

하겠지요. 그저 입 다물고 사는 것이 좋을지도 모르겠네요."

- "가장 압도적인 감정은 분노입니다. 미래세대를 희생시키면서 탐욕과 수익 올리기에만 몰두하는 작태에 대한 분노입니다. 일곱 살짜리 딸을 둔 아버지로서 하는 말입니다. 인간이 만든 기후변화가 인류세의 대멸종을 앞당기고 있습니다. 대중의 무관심과 근시안적인 태도는 일단 논외로 칩시다. 화석연료 기업들로부터 온갖 혜택을 받으며 사리사욕을 채우고 있는 이 나라의 총리와 그 주위의 반환경론자들을 보고 있으면 분노가 치밀어 오릅니다. 내 아이의 미래를 훔치면서 희희낙락하고 있는 자들입니다."

- "기후변화 생각만 하면 슬픔이 밀려옵니다. 무서움도 밀려옵니다. 그 어떤 것보다 더 두렵습니다. 강에서 사람들이 보트를 타고 있는 모습이 보입니다. 행복하게 손을 흔들며 사진을 찍습니다. 보트가 조금 뒤에 천 길 낭떠러지 폭포로 떨어져 모두가 죽을 수도 있는데 아무도 눈치 못 채는 것 같습니다. 아직도 물에서 빠져나올 수 있는 시간이 있는데도 말입니다."

- "지구 귀하, 지난 40억 년 이상 정말 고마웠습니다. 당신은 모든 생물의 생명유지장치 역할을 해주었습니다. 하지만 지난 200년 동안 인류가 당신에게 저지른 짓에 대해 정말 미안하게 생각합니다. 엄청나게 온실가스를 뿜어댔으니까요. 아무도 기후학자들의 이야기를 귀담아듣지 않았습니다. 그저 새 광산을 개발해 석탄을 캐는 데만 신경을 썼습니다. 우리로서는 최선을 다했지만 정말 미안합니다."

이성적이고 객관적으로 연구에 임해온 과학자들이 이렇게 인간적인 모습을 보여줄 때 대다수 대중은 과학적 지식에 의한 계몽과는 또 다른 차원에서 신뢰를 느낀다. 인간의 감정을 강조하는 이유는 단순히 정서적 카타르시스 때문만은 아니다. 그것을 통해 행동으로 나아갈 수 있는 길을 효과적으로 찾을 수 있기 때문이다.

지금까지 기후위기에 대처할 때 반드시 고려해야 할 네 가지 사회적 차원—사회적 응집력과 불평등, 정의로운 전환, 분쟁과 갈등, 기후변화 커뮤니케이션—을 알아보았다. 다음 5부에서는 이 책의 최종 결론으로 우리가 어떻게 이 위기를 헤쳐나갈 것인지를 생각해보려 한다.

5부 전환을 위한 여섯 가지 제언

어떻게 할 것인가

현재 기후위기에 대응할 수 있는,
늦지만 마지막인 이 기회를 놓치지 않기를 바란다.
미래를 경제성장과 바꾸는 일이 있어서는 안 된다.

김아진(초등학생)

유한한 세상에서 무한한 성장이 가능하다고
믿는 사람이 있다면 광인 아니면 경제학자다.

케네스 볼딩Kenneth E. Boulding

당신은 기후변화를 부인하는 견해를 가질 수 있다.
그러나 기후변화는 당신의 견해에 관심이 없다.

대니얼 오렌스타인Daniel Orenstein

사람들은 세상의 종말은 상상해도
자본주의의 종말은 상상하지 못한다.

프레드릭 제임슨Fredric Jameson

2020년 1월, 코로나19 사태가 막 시작되었을 무렵 지구 종말 시계doomsday clock가 종말을 뜻하는 자정 0시에서 겨우 100초를 남기고 있다는 보도가 나왔다. 1947년 냉전 시기에 지구 종말 시계를 도입한 이래 역사상 최악의 상황이라고 했다.[683]

한 세대 전 유엔 「기후변화협약」이 처음 등장했을 때부터 국제사회가 이 문제에 집중했더라면 21세기는 '고난의 세기'—상황이 대단히 어렵지만 대처가 가능한—로 보낼 수 있었을 것이다. 그러나 인류가 골든타임을 놓친 것 같다는 암울한 진단이 나온다.[684] 현재 우리가 목격 중인 21세기는 파국의 리스크를 계속 높여가면서도 그것에 대해 무신경해진 양상을 보인다. '고난의 세기'와 '실존의 세기' 중간 어디쯤에 접어들었을 가능성이 커졌다.

5부에서는 이 실존의 세기를 건너기 위해 무엇을 해야 할지를 묻는다. 기후행동의 목표를 한마디로 요약하면 '지속불가능성의 해체'라 할 수 있다. 즉 기후위기라는 실존적 리스크를 극복하기 위해서는 기존 체제의 '전환'을 통해 지속불가능성을 해체해야 한다. 여기서는 전환의 구체적인 여섯 가지 방법을 제시하는 것으로 모든 논의를 마무리하려 한다.

27장 지속불가능성의 해체

실존적 리스크를 걱정해야 하는 시대

'파국적', '재앙적' 등의 표현으로도 부족해서 이제 기후위기는 인류의 생존 자체에 의문을 던지는 '실존적' 위협으로 묘사된다.[685] 인류세 시대의 가장 큰 실존적 리스크가 기후변화라고 단언하는 학자들도 나왔다.[686] 오스트레일리아 국립기후복원센터가 2019년에 발표하여 세계적으로 주목받은 보고서의 제목이 '기후 관련 실존적 안보 리스크'였다.[687]

'실존적 리스크'가 정확히 무슨 뜻인가? 이 주제를 오랫동안 천착해온 옥스퍼드대학의 닉 보스트롬Nick Bostrom은 다음과 같이 정의한다.

> 실존적 리스크는 지구에서 기원한 지성적 생명체의 때아닌 멸종을 위협하거나, 그 생명체의 바람직한 미래 발전을 위한 잠재성을 영구적이고 급격하게 파멸시킬 수 있는 리스크를 말한다. (…) 이 문제를 연구한 대다수 학자들은 21세기에 완전히 실존적인 리스크가 발생할 확률을 10~20퍼센트 정도로 추산한다.[688]

실존적 리스크가 이번 세기 내로 인류가 다 없어질 수 있는 위험만을 가리키는 것은 아니다.[689] 보스트롬도 지적하듯이 이른바 '정상적'인 삶의 양식이 뿌리째 흔들리는 상황, '발전'의 잠재성이 사라진 상황, 심각한 문제들이 일시에 터져 나와 사회질서가 흔들리는 상황도 실존적 리스크라 할 수 있다.

다음과 같은 상황을 상상해보라. 몇 년째 계속되는 바이러스 사태 와중에 이상기온과 가뭄 탓에 전 세계적으로 흉년이 든다, 곡물 생산국들이 수출을 줄이거나 통제한다, 간신히 수입을 할 수 있게 되었지만 바이러스로 해상운송과 교통 시스템에 문제가 생겨 곡물 반입이 잘 안된다, 역대 최대 규모로 사람들이 일자리를 잃고 상거래·무역·결제 시스템이 큰 타격을 받는다, 정부는 역사상 처음으로 식량 배급제를 고려한다, 아사한 사람들의 소식이 언론에 보도되기 시작한다.

이런 일은 현시대에 얼마든지 발생할 수 있는 현실적 시나리오다. 가냘픈 막에 불과한 지구 표면의 생물권biosphere에서 모든 자연계가 생명을 유지하고 있는 것처럼, 인류가 전 지구적으로 연결되면서 삶의 위험성을 극히 높여놓은 상태이기 때문이다. 코로나19 사태 이후에는 '도저히 상상할 수 없고 일어날 가능성이 없는' 상황이란 이제 더 이상 존재하지 않음을 많은 사람이 실감한다. 이런 일들이 계속되면 그것이 바로 실존적 리스크다.[690]

그러나 기후위기가 실존적 위협의 상황까지 와도, 모든 사람이 그것을 지구고온화로 인해 발생한 위기라고 인정하지는 않을 것이다. 사람들의 인식과 행동은 사회적으로 형성된 가치관에 의해 결정되므로 그 어떤 '객관적' 위기 상황도 자동적으로 위기라고 인정되지는 않는다.[691]

수평적 대안과 수직적 대안

기후위기가 진정으로 '위기'가 되려면 대다수 사람들이 자신의 관점에서 그것을 '위기'로 간주해야만 한다. 하나의 기후위기가 있는 것이 아니라 수많은 기후위기'들'이 있기 때문이다. 기후위기의 최전선에서 살아가는 사람들에게는 그것이 이미 생살여탈권을 지닌 현실인 반면, 위기의 후방에서 안락하게 살아가는 사람들에게 기후위기란 뉴스에 나오는 먼 나라 이야기—자신은 약간 불편한 정도에 그치는—에 불과하다.[692]

기후위기에 대한 평가는 사람에 따라 하늘과 땅 차이로 벌어진다. 예를 들어, 트럼프 행정부가 「파리협정」에서 탈퇴한 소식을 두 사람이 동시에 접했다고 가정해보라.

A는 그것을 기후위기와 생태살해를 더 악화시킬 수 있는 무책임한 행위로 간주하여 실망과 분노를 나타낸다. B는 그런 뉴스에 별 관심이 없을 뿐 아니라 그것의 심각성을 설명해줘도 손톱만큼의 신경도 쓰지 않는다. B는 A가 화내는 것을 이해하지 못한다. 만일 B와 같은 사람이 절대다수라면 기후문제의 대처는 거의 불가능에 가깝다. 결국 기후위기에 대한 대처의 출발점은 우리가 기후문제의 책임을 어떤 관점에서 보느냐 하는 것에서 출발해야 한다. 이 점은 다음 장에서 자세히 다룰 것이다.

그렇게 본다면 파국이 결국 어느 지점으로 환원되는가, 즉 기후위기의 최종적 원인이 무엇인지를 따지는 일이 21세기 실존적 논쟁의 핵심이라 할 수 있다. 크게 보면 탄소 에너지 사용이 근본 원인인지, 무한성장을 가정하는 자본주의 발전모델이 근본 원인인지가 대립한다. 이 둘은 서로 연결되면서도 강조점이 다르다. 단순하게 말해 전자를 강조하면 탄소 에너지만 재생에너지로 대체하면 된다. 후자를 강조하면 발전 체제 자체를 문제 삼아야 한다.[693]

이런 이유 때문에 두 가지 대안적 경로가 경합 중이다. 녹색 경제로의 신속한 이행, 그리고 탈성장이 그것이다.[694]

첫째, 녹색 경제로의 신속한 이행을 추구하는 노선에서는 탈탄소 에너지 생산과 효율적인 기술개발, '생태적 근대화'로 기후위기를 신속히 벗어날 수 있다고 가정한다.[695] 녹색 경제로의 이행 아이디어 중 대표적인 것이 그린뉴딜이다.

그린뉴딜은 논자와 정책 행위자에 따라 강조점이 많이 달라진다.[696] 전 세계적으로 그린뉴딜 논의에서 많이 회자되는 노선은 '녹색 케인즈주의'에 가까운 그린뉴딜 버전이다. 탈탄소 에너지 전환, 대규모 공공투자, 고용창출 등으로 기후위기를 극복할 수 있다고 보는 발상이다. 녹색당이나 미국 대통령 후보로 출마했던 버니 샌더스 상원의원이 제시한 그린뉴딜은 이보다 좀 더 강한 버전의 그린뉴딜에 속한다. 그러나 한국 정부가 2020년 7월에 발표한 그린뉴딜은 '그린'뉴딜이라고 부르기 어려울 정도로 아주 약한 수준의 정책이라는 비판을 받았다.[697]

약한 버전의 그린뉴딜에서는 '저탄소' 경제로 이행할 수만 있으면 인간 사회의 미래가 상당히 낙관적이라고 가정하는 경향이 있다.[698] 기후위기로 상황이 나빠지기는 하겠지만 진행 상태를 잘 조절하면 연착륙을 할 수 있다고 보는 것이다.

녹색 경제론과 약한 버전의 그린뉴딜은 본질상 기존 경제사회 체제의 목표와 가치를 그대로 유지하면서 그것의 이행 수단을 바꾸는 '수평적 전환'이라고 할 수 있다. 그러나 이렇게 했을 때 기온 상승을 획기적으로 제한할 수 있는가라는 근본 질문에 대해 확고한 대답을 하기 어렵다.

둘째, 탈성장 노선은 기술적 방식으로 경제 운용의 수단만 교체하는 것을 반대한다.[699] 오히려 경제·사회·문화 시스템 전체가 기존의 성장 체제적 발상에서 벗어나야 한다고 주장한다.[700] 과거 패러다임에서는 경제의 생산과 소비가 늘면 인간의 계발啓發과 포부도 함께 상승한다고 가정했었다. 그러나 탈성장 노선에서는 경제성장과 인간 계발 사이의 관계를 분리한다.[701] 요컨대, 경제성장 없는 삶을 상상할 수 있고, 실천할 수 있어야만 진정으로 민주적인 인간-사회-환경을 유지할 수 있다는 것이다.[702] 이것은 '수직적 전환'이라 할 수 있다.

코로나19 위기가 한창이던 2020년 5월, 전 세계에서 1천 명이 넘는 지식인·활동가들이 「탈성장—경제의 새로운 뿌리」라는 공개서한을 발표하여 인간과 자연을 함께 착취하는 '성장에 집착하는 전 지구적 자본주의경제'가 코로나19 사태와 기후변화 폭력을 초래했다고 비판했다.[703]

녹색 경제와 탈성장 중 어느 노선이 기후위기의 대응에 적절한지를 놓고 세기의 논쟁이 벌어지고 있다. 녹색 경제를 지지하는 시장주의자도 있고 탈성장을 반대하는 진보주의자도 있다.[704] 녹색 경제와 탈성장 간의 연계 고리를 설정하려는 전환적 아이디어들도 나오고 있다. 사회적 차원을 중시하면서 광범위한 개혁을 지향하는 강한 버전의 뉴딜이 어떤 방향으로 진화할 것인지가 실질적으로 이 논쟁의 향배를 좌우할 공산이 크다. 성장 중심 경제 패러다임에 대한 비판과 지속가능한 발전을 급진적으로 해석하는 여성주의 경제학도 이런 맥락에서 논의할 수 있을 것이다.[705]

전환의 목표—지속불가능성의 해체

유엔사무총장의 의뢰로 유엔 지속가능성 보고서 작성을 위한 기본 토론자료를 제공한 핀란드의 연구 팀은 현재의 경제체제를 탈바꿈해야만 지속가능성을 제대로 논할 수 있다는 결론을 도출하여 큰 반향을 불러일으켰다.[706] 기존 자본주의 체제의 작동 방식 내에서는 아무리 개선책을 내보아도 궁극적으로 지속가능한 체제로의 전환이 불가능하다는 주장이었다. 실존적 리스크를 안고 있는 이 시대에 '전환'은 선택이 아닌 필수, 그것도 화급한 필수 조건이 되었다.

'녹색 전환'을 주창하는 최병두에 따르면 두 단계의 전환을 거쳐 탈성장으로 갈 수 있다고 설명한다. 우선, 자연에 대해 인간의 의식 전환이 있어야 한다. 자연을 인간 사회와 분리해 지배의 대상, 성장의 수단으로만 인식해서는 안 된다. 그리고 사회경제 전반의 체제 전환이 있어야 한다. 자연의 사적 독점과 기업 중심의 산업화를 넘어 "공정한 배분과 시민사회의 생활 경제에 기반한 사회경제 체제를 지향"해야 한다.[707]

강한 버전의 그린뉴딜, 탈자본, 탈성장, 여성주의 경제학, 에코페미니즘, 생태 사회주의 등 디양한 기후위기 대책들이 지향하는 공통분모를 찾으면 '지속불가능성의 근본적 해체'로 정리할 수 있을 것이다.[708] 어쩌면 탈탄소 경제로의 수평적 전환과 탈성장으로의 수직적 전환을 병행하여, 통합적인 '지속불가능성의 해체'를 추구할 수도 있을 것이다.

2020년 6월에 타계한 녹색사상가 김종철은 지속불가능성의 비극을 이렇게 지적한다.

> 오늘날 우리의 일상생활은 근본적으로 지속불가능한 토대 위에 구축되어 있다. 대다수 사람들은 이 사실을 인식하면서도 깊은 무력감 속에 빠져 있다. 잘못된 길을 걸어왔다는 것은 알지만, 이미 되돌아가기에는 너무 늦었다는 체념이 지배하고 있는 것이다. 우리 시대의 거의 모든 지적, 정신적, 문화적 영위 속에 내포된 근원적 니힐리즘의 주된 원인이 여기에 있다고 할 수 있다.[709]

지속불가능성의 해체가 전환의 궁극적 목표라면, 그러한 전환을 위한 방법을 모색하는 것은 실천적 지혜에 해당한다. 다음 장들에서는 그것을 위한 여섯 가지 방법을 제안한다. ① 전환의 관점을 바로 세우고, ② 언론·미디어의 역할을 정립하고, ③ 전환을 위한 사회적 동력을 확보하고, ④ 젠더 주류화를 실행하고, ⑤ 새로운 인권담론을 설정하며, ⑥ 기후위기를 극복하기 위해 민주주의를 재발견하자는 주장이 그것이다.

28장 첫째, 전환을 위한 관점 세우기

관점 없는 기후정책의 한계

전환을 위한 관점을 바르게 세워야 하는 이유는 기후위기가 본질적으로 개인이 세상을 이해하는 시각과 실천을 인도하는 윤리관, 그리고 집단의 의사결정이 복합적으로 얽힌 성격의 문제이기 때문이다.[710] 지구 행성이 하나뿐이라는 단순한 진실을 정직하게 인정하고 그것이 함축하는 논리적 회로를 따라가보는 것, 그러한 지향을 가진 사람이 많아지는 것이 기후대처의 관건이 된다.[711]

개인이 평등주의적 성향과 세계관을 갖고 있다면 기후행동에 나설 가능성이 커진다는 것은 경험적으로 알려져 있다.[712] 다양한 세계관의 차이—예를 들어 평등주의, 위계주의, 개인주의 등—가 교통수단의 선택이나 자동차의 구입에까지 영향을 미친다는 사실도 잘 알려져 있다.[713] 결국 인간은 가치판단을 내리는 존재라는 사실을 기억한다면 실존적 리스크의 문제가 아무리 급박하다 해도 일정한 관점을 세우는 것에서부터 모든 논의를 시작할 수밖에 없다.

그러므로 우리가 '왜' 기후문제에 신경을 써야 하고, '왜' 그것에 대처해야 하는가, 하는 근본적 질문을 사람들이 제기해야만 한다. 어떤 문제의 본질적 성격, 문제를 해결하려고 하는 이유, 공통의 가치에 대한 이해와 합의 없이, 목표 달성에만 먼저 매달리면 목적과 수단이, 지향과 방법이 헝클어지기 쉽다. 이렇게 되면 결국 시간도 더 든다.

환경교육의 예를 들어보자. 조성화는 환경문제를 해결하기 위해 환경교육이 생겼다면, 그 환경교육은 문제의 기술적 해법이 아니라 환경문제가 일어난 근본 원인을 찾고 환경에 대한 '관점을 바꾸는' 환경철학적 질문에서 출발해야 한다고 역설한다.[714]

기후문제의 대처에 있어서도 마찬가지다. 일종의 '기후철학'이 먼저 설정되어야 한다. 그린뉴딜이 애초 탄생하게 된 배경은 기후위기다. 그래서 그린뉴딜은 온실가스 감축이라는 핵심 목표를 달성하기 위한 '수단'으로서 에너지 전환 등을 추진하는 정책이다. 하지만 2020년 한국 정부가 발표한 '그린'뉴딜에 대해 환경단체들의 반응 중에는 실망스럽다는 평가가 많았다. 환경 NGO 그린피스는 정부가 탄소 중립을 지향한다고 선언했으면서도 그린뉴딜에서 "온실가스의 대대적인 감축을 위한 어떠한 목표와 실행 방안도 찾아볼 수 없다"라고 개탄한다.[715]

기후위기 대처를 위한 목표와 관점이 실종되었으므로 그것에 필요한 재생에너지 목표나 탈석탄 발전 계획이 빠져 있으며 기후대응과 함께 추구해야 할 생물다양성 보호를 위한 구체적 계획도 없다. 대기업들에 유리한 사업 구도를 조성하면서, 근본적인 관점 없이 그저 정책들을 나열형으로 제시했을 뿐이다. 환경운동가들의 모임인 기후위기비상행동은 이런 한계를 "목표 없는 그린뉴딜로는 기후위기 대응할 수 없다"라고 정리한다.

이런 현실을 비판하는 지현영은 한국판 그린뉴딜의 담론부터 다시 세워야 한다고 역설한다. 그린뉴딜의 목적이 지속가능성을 확보하는 것이어야 하는데 기업만 있고 국민은 없는 뉴딜이 되어버렸다는 것이다.[716]

그런데도 정책결정자들은 이런 식의 정책 추진에 문제가 없다는 입장을 견지한다. 청와대의 한 고위 관계자는 뉴딜의 방향성만 맞으면 "어떻게 속도를 낼 것인가, 어떤 것을 앞세울 것인가 하는 **실천 방법과 속도에 논의를 집중**해야 한다"라고 말했다고 보도되었다.[717]

정책 집행의 방법과 속도에 집중하자는 말에는 현재 상황이 급하므로 관점, 비전, 목표, 가치와 같은 '한가한' 토론을 할 틈이 없다는 뉘앙스가 깔려 있다. 그러나 반드시 본질적 토론을 끝낸 후에 방법론을 논의해야 하는 것은 아니다. 바쁘더라도 두 가지를 함께 논의할 수 있다. 오히려 시간이 없다는 핑계를 앞세워 가치와 비전에 관한 논의 자체를 부차적인 것으로 주변화하는 반지성적 태도, 효과적인 방법론만 있으면 정책이 성공할 것이라는 무모한 기대, 마치 메달 따는 식으로 정책을 추진하는 돌진형 가치판단이 문제의 핵심이다.

이런 것만 보더라도 기후행동에서 기후문제에 관한 관점(입장)이 얼마나 중요한지 드러난다. 명확한 관점과 비전이 부실한 상태에서 구체적 방법과 목표 달성만을 서둘러 내놓다 보니 '그린'이라고 부르기 민망하고, '종합계획'이라 할 수도 없으며, 평가를 내리기 어려운 수준의 정책 패키지들만 나열된 것이다.[718] 관점의 정립 없이 방법론에 대한 고민을 먼저 시작하면 어떻게 정책 선후가 뒤바뀔 수 있는지를 보여주는 사례다.

현대판 기후종말론의 본질

기후위기에 대한 관점이 중요한 이유는 기후위기의 실존적 성격 때문이기도 하다. 학계에서는 '붕괴학collapsology'이라는 연구 분야까지 생겼을 정도다.[719] 문명 붕괴론 또는 종말론은 넓은 스펙트럼의 다양한 입장을 포함하고 있다.[720]

현대판 기후종말론은 전통적 종말론이었던 예고된 파국의 경고와는 조금 다른 면이 있다. 기후위기의 시간적 지평이 비교적 길다 보니, 파국이 올 가능성을 인정하면서도 그것이 당장 올 것이라고는 생각하지 않는 인식이 사람들 사이에 널리 퍼져 있다.

내심 '기후위기? 그럴지도 모르지. 하지만 내 살아생전에만 오지 않으면 괜찮아!'라고 생각하는 사람이 적지 않을 것으로 짐작된다. 이런 식의 현대판 종말론은 잠시 유예된 것처럼 보이는 위기 앞에서 일종의 허무주의가 빚어낸 특수한 형태의 '문제 떠넘기기' 현상이라고 할 수 있다.[721]

다음과 같은 물음에 어떻게 답할지 스스로 상상해보라. '왜 내가 죽은 뒤에도 세상의 앞날이 중요한가?' 또는 '나는 자식도 없는데 미래에 대해 왜 신경을 써야 하는가?' 또는 '나는 어차피 나이도 많은데 기후위기와 무슨 상관이 있는가?' 이런 냉소적 생각을 넘어 '미래 생명도 소중하다Future Lives Matter'는 사회 전체의 지향과 가치관 없이 기후정책을 제대로 추진할 수 있을 것인가?

만일 사람들이 인간 사회의 지속성에 대한 믿음을 포기하고 자기가 살아 있는 동안에만 종말이 오지 않기를 바란다면, 그리고 살아생전의 욕구 충족에만 몰두한다면, 그런 상태 자체가 곧 인간 '사회'의 종언을 의미할 것이다. 문명의 붕괴란, 문명이라는 어떤 객관적인 실체가 겉에서 붕괴되는 것이 아니라, 상호적인 기대에 기반한 인간 '사회'가 미래에도 이어질 것이라는 암묵적 전제가 사라진 상태를 뜻할 것이기 때문이다.

실존적 위기 속의 실천적 지혜

기후변화를 설명할 때 흔히 '진보의 덫'이라는 표현을 쓴다. 화석연료에 의존한 산업문명이 물질적 번영을 가져오므로 영원한 진보가 가능할 것 같은 환상이 들지만, 어느 선을 넘으면 그것이 오히려 번영을 파괴하고 역진시키는 현상을 말한다. 그렇다고 해서 그 번영을 뿌리치기에는 이미 우리 존재가 화석연료 체제의 일부가 되어 있다. 불가능에 가까운 딜레마에 빠진 것이다.

탄소 자본주의의 무한성장 시스템은 인간의 삶과 지구 행성의 모든 것에 영향을 미치는 절대적 '규정력'으로 자리 잡았다. 하지만 그 막강한 시스템이 지구의 생물권biosphere에 남긴 것은 결국 탄소 분자 쓰레기로 가득 찬 농도 짙은 공기층이다. 4대 강에 진득한 녹조 라테가 발생했다면, 지구 대기권에는 무채색의 자욱한 탄소 라테가 가득 찬 상태다.

발터 베냐민Walter Benjamin은 파울 클레Paul Klee가 1920년에 완성한 그림 〈새로운 천사Angelus Novus〉를 구입하여 평생 애지중지하면서 죽는 순간까지 지니고 다녔다. 베냐민은 이 작품에 대해 다음과 같은 해설을 남겼다.

> [역사의] 천사는 과거 속에 남아 있으면서 죽은 자를 일깨우고 몰락한 것을 일으켜 세우려 애쓴다. 그러나 폭풍이 불어오는 곳은 바로 천당이다. 폭풍은 천사의 날개 끝까지 들이닥쳐 있다. 그 바람이 어찌나 거센지 천사는 날갯짓을 하기가 벅찰 정도다. 폭풍으로 인해 천사는 지금까지 외면하던 미래 쪽으로 휩쓸려 간다. 그러는 동안 천사 앞의 쓰레기는 산더미처럼 높이 쌓여만 간다. 이런 폭풍을 우리는 흔히 진보라고 부른다.[722]

한 세기 전의 그림이 오늘날 인류가 발전과 진보의 이름으로 맞닥뜨린 기후위기의 실존적 상황을 이렇게 시각적으로 보여주다니 놀랄 수밖에 없다. 발전과 사회 진보가 이제 부메랑이 되어 우리를 공격하고 있다. 하지만 도망갈 곳이 없고, 도망갈 방법도 찾기 어렵다.

이 때문에 기후변화는 일원론적 해결 방식—어느 한 가지를 해결하면 나머지가 따라서 해결될 것이라는—으로 대처할 수 없다. '지속불가능성'이라는 철옹성을 해체하기 위해서는 모든 분야에서, 수많은 주체가 이성적 판단, 공생의 윤리, 정의의 관념, 문화적 변혁, 정치적 세력화 등을 동원해 '실천적 지혜', 즉 '프로네시스'를 찾아가야 한다.[723]

인간이 자연을 지배하는, 화석연료 발전 양식은 인간이 인간을 지배하는 차별주의, 식민주의, 제국주의, 가부장제와 연결되는 거대한 인과의 그물망을 형성한다.[724] 그러므로 인간이 타 인간을 비지배하고, 인간이 자연을 비지배하는 양 겹의 '비지배' 생태 공화주의 사상은 실천적 지혜의 출발선이 될 수 있다.[725]

한국은 경제정책에서 사회정책으로 기조를 옮기는 것이 매우 어려운 나라라고 한다. 하물며 흔히 환경문제라고 간주되는 기후위기에 초점을 맞춘 국가정책으로 나라의 방향을 바꾸는 것이 얼마나 어렵겠는가!

그렇지만 이렇게 어려운 문제라 해도 궁극적으로 인간의 관점을 바꿈으로써 문제 극복의 단초를 찾을 수 있다. 로버트 제이 리프턴은 인간 집단이 환경을 보는 관점, 정치적 가치관, 이념적 세계관, 문화적 심리 구조를 극복하여 '종으로서의 자각'에 이르면 기후위기를 극복할 수 있는 '기후의식의 대선회'가 일어날 수 있다고 주장한다.[726]

기후의식의 대선회가 일어날 수 있을 정도로 인류가 종적 자각을 한다면 그때의 인류는 더 이상 '지배하는 사람Homo dominatus'이 아니라 진정한 의미에서 '지혜로운 사람Homo sapiens'이 되어 있을 것이다.

윤리와 종교의 역할

그런 점에서 보면 기후위기 시대에 사람들에게 요청할 수 있는 최소한의 기대치는 '내가 죽고 난 후에도 사회공동체가 지속될 것을 바라는 의식, 그리고 그것에 부합하는 현세의 최소한의 행동'이라고 할 수 있다. 윤리, 종교, 교육이 이러한 '최저 기준'을 확고하게 방어하면서 더 높은 수준의 인식과 행동을 안내하는 역할을 수행해야 한다.[727]

기후변화 상황에서 '윤리적 정의'를 모색하고 실천하는 것이 민주시민의 기본 덕목이 되어야 한다.[728] 전 지구적 문제이자 세대 간 정의의 문제인 기후위기의 시대에 도덕적 행위 주체로서의 인간형이 그 어느 때보다 필요해졌다. 스티븐 가드너Stephen Gardiner는 지금 세대의 이익만을 중시하는 도덕적 단견을 '당대의 폭정 지배'라고 표현하면서, 기후위기에 관한 결정을 내릴 때 다른 어떤 점보다도 '어떤 도덕적 틀을 적용할 것이냐'를 물어야 한다고 주장한다.[729]

윤리적 측면에 대한 이해는 기후정책과 행동의 저변에 깔려 있는 판단 기준의 '온도'를 판별할 수 있는 중요한 열쇠가 된다. 국제 기후협상 과정에 참여한 외교관들과 활동가들이 기대고 있는 가치관의 윤리적 성격을 조사한 연구에 따르면, 뚜렷이 구분되는 두 가지 윤리적 지향이 기후정책 논의의 목적과 접근방식을 실질적으로 가른다고 한다.[730]

첫째, '결과론적 윤리관'은 기후행동과 정책이 긍정적 결과를 초래하느냐를 주로 따진다. 결과론적 윤리관에서는 '좋은' 기후정책을 선호한다. 좋은 결과를 내는 기후정책이 곧 도덕적으로 바람직한 정책이다. 아무리 '옳아도' 그것의 효과가 좋지 않으면 좋은 정책이 아니다.

둘째, '의무론적 윤리관'은 어떤 기후정책이 도덕규범, 도덕적 정언명령에 부합하는지를 따진다. 의무론적 윤리관은 '옳은' 기후정책을 선호한다. 정책 효과의 좋고 나쁨을 떠나 그것이 옳다면 반드시 실천해야 한다고 생각한다. 기후위기를 다루는 학자와 이론가들 사이에서 이런 입장을 많이 발견할 수 있다. 이들은 온실가스 '배출의 정의', 그리고 기후정책 시행상의 '부담의 정의'를 중요하게 생각한다.

학계에서 의무론적 윤리관이 많이 논의되는 것과는 달리, 국제적 협상 과정에서는 결과론적 윤리관이 큰 영향을 끼친다. 국제 레짐의 논의 과정에서는 도덕적 의무가 아니라, 각국 사이의 안정적 관계 설정, 정보 취득 비용 절감, 그리고 국익의 극대화와 같은 결과론적 윤리관이 대세를 이룬다.

이렇게 기후대책 논쟁의 밑바탕에 의무론과 결과론이 경쟁하고 있지만, 현실에서는 두 입장을 반드시 구분해야 하는 것은 아니다. 기후행동에 있어 개인이 할 수 있는 역할이 무엇인지를 예로 들어보자.[731] 결과론적 윤리관으로 평가하면 개인의 텀블러 사용은 별 효과가 없는, 사소한 행동에 불과하다. 온실가스 배출을 적극적으로 감축하는 일이 훨씬 더 중요하다. 정치적 압력과 정책 변화로 해결해야 할 문제를 개인의 행동 변화로 해결할 수 있다는 식의 잘못된 시그널을 줄 수도 있다. 게다가 온실가스의 대폭적 감축을 원하지 않는 세력이 이런 식의 메시지를 대중에게 전파하여 기후행동의 주의를 분산시키는 방해 공작을 한다는 의혹도 있다.

그러나 의무론적 윤리관에 따르면 개인의 실천은 그 효과가 아무리 적다 하더라도 그것 자체로 '옳은' 일이 된다.[732] 다만, 개인의 실천만 강조하면서 온실가스 감축을 위한 구조적·정치적 변혁을 애써 외면한다면 그것은 합당하지 않다고 할 수 있다. 여기서 판단의 핵심은 텀블러 사용이 '얼마나 효과가 있느냐'가 아니다. 개인윤리의 실천이 시민적·정치적 행동과 이어지느냐가 문제의 핵심이다.

정리하자면 기후행동에 있어 '뜨거운 의무론과 차가운 결과론'이 최적의 상태로 결합해야 한다. 국제 인권운동에서도 오래전부터 이런 논쟁이 있어왔다. 인권운동가들은 양자택일이 아니라 양자 합일이 바람직하다는 점을 경험적으로 체득했다. "단일한 해결책이 없을 수도 있음, 그리고 그것과 함께 살고 그것을 실천함으로써 두 개의 반대되는 대안을 한자리에 모을 수 있음을 인정하는 것이 자각이다. 행동은 '**이것 그리고 저것**'이라는 식으로 해결해야지, '이것 아니면 저것'이라는 식으로 해결해서는 안 된다."[733]

또한 종말론 혹은 유사 종말론이 횡행함으로써 인간 집단 내에 분열과 갈등의 씨앗을 뿌리기 쉬운 기후위기 시대에 종교가 수행할 수 있는 사회적 역할에 주목할 필요가 있다. 종교사회학에서의 연구에 따르면 한국의 신앙인들은 자기 종교의 지도자·성직자들에게 비교적 높은 신뢰를 보이는 경향이 있다고 한다. 따라서 종교 지도자들이 기후위기 및 그것이 신앙생활에 함축하는 바를 깊이 인식하고 설파하는 것은 대단히 중요하다. 신학자 김기석은 「기후변화와 인류의 미래」라는 글에서 종교의 사회적 역할을 다음과 같이 제시한다.

> 전 지구적 규모의 변화로 인한 위기가 닥쳐온다면 과학과 종교의 협력이 필수적이다. 과학기술의 지식은 위기에 대한 정확한 진단과 해결책을 제시하는 역할을, 종교는 **위기 앞에 자기 혼자만 살려는 사람들의 이기심을 극복하고 모든 시민들이 함께 위기를 극복**하여 새 하늘과 새 땅을 바라보도록 인도하는 역할을 담당할 수 있을 것이다.[734]

만일 종교계가 기후문제에 적극 개입한다면 세속적 종말론의 어둠을 넘어 종교가 제공할 수 있는 최선의 '사회 공헌' 모델, 즉 최고 수준으로 행해진 종교의 사회적 책임 행동이 될 것이다.

기후교육이 곧 기후행동

이미 인터넷과 소셜미디어 등을 통해 번지고 있는 기후 관련 허위 정보와 음모론 등은 기후위기가 심화되어 더욱 과감한 조치가 필요해질수록 더욱 기승을 부릴 가능성이 높다. 이런 현상이 근절되지 않는 데에는 사람들의 신념 체계, 사회적 규범, 확증편향 등의 토대적 조건도 큰 역할을 한다.[735] 이런 경향에 대처하기 위해서는 교육을 통해 이러한 선전선동에 휘둘리지 않을 지성적 분별력과 의지를 기르는 것이 대단히 중요하다.[736]

세계 여러 나라에서 공교육 커리큘럼에 기후교육을 넣기 시작했다. 이탈리아에서는 2020년부터 전 학년에서 매년 기후교육을 33시간 필수로 이수하도록 법제화했다.[737] 이러한 변화를 로버트 메이너드 허친스Robert Maynard Hutchins가 주창한 '학습하는 공화국 사회'의 이상에 대입하여 해석하면, '전체 시민들이 기후위기를 공동선으로써 극복하기 위해 학습하는 공화국 사회'가 우리가 지향해야 할 기후교육의 비전이라 할 수 있을 것이다.[738]

교육·연수·훈련 프로그램, 인문학 강좌, 민주시민교육, 공교육, 평생교육, 세계시민교육, 공무원·교원·사회복지사 연수, 노동조합원 교육 등 모든 수준의 교육과 훈련에 기후대응이 포함되어야 한다. 한국형 국가지속가능발전목표K-SDGs의 13항 '기후변화 대응'에 기후변화 교육의 강화가 포함된 점을 적극 활용할 필요가 있다.

기후문제의 교육적 대처에 대해 유네스코는 「기후변화에 관한 윤리원칙 선언」에서 다음과 같은 제안을 한다. 선언 11조에 나오는 기후변화 교

육에 임하는 원칙을 요약해서 소개하면 다음과 같다.[739]

(ㄱ) 유네스코 지속가능 교육 및 기후변화 교육 관련 문헌들, 「기후변화협약」 6조, 「파리협정」 12조 등을 참조하여 커리큘럼을 구성한다. 학습자들이 지구 기후시스템 및 생태시스템과 인류의 관계를 더 잘 깨닫게 하고, 미래세대에 대한 현재세대의 책임을 더 잘 인식하도록 한다.

(ㄴ) 젠더, 나이, 출생 신분과 상관없이 모든 사람, 장애인, 이주자, 토착민, 어린이, 청년, 특히 취약한 상황에 놓여 있는 모든 사람이 평생교육 기회를 가짐으로써 기후변화 대응에 필요한 지식, 기술, 가치, 태도를 획득하도록 하고, 자신들도 지속가능발전에 기여할 수 있게 한다.

(ㄷ) 기후변화의 도전 및 해법과 관련하여 공식, 비공식, 약식 교육을 증진하고, 전문직 종사자의 재교육에도 이런 교육 요소가 들어갈 수 있도록 고무한다.

(ㄹ) 이 원칙들을 유치원부터 대학교까지의 모든 교육과정에 포함시키도록 교육기관과 교육자들을 고무한다.

(ㅁ) 문화적, 사회적, 젠더적 다양성을 인정하는 것이 소중하다는 점, 그리고 그것이 기후변화에 대응하는 데 있어 필요 불가결한 지식을 교환하고 대화를 촉진하는 데 있어서도 중요한 원천이 된다는 점을 모든 수준, 모든 형태의 교육에서 장려한다.

(ㅂ) 교육, 과학 역량 구축, 그리고 재정지원, 친환경적 기술개발의 촉진을 통해 개도국을 지원한다.

결론적으로, 이러한 당위론에 입각해 환경교육도 한국 사회의 환골탈태를 위한 실천적 관여 속에서 이루어져야 한다. 이재영에 따르면 환경교육은 현실의 정치·경제적 조건과 권력의 역학 관계에 의해 영향을 받고, 동시에 그런 조건과 구조를 변화시키면서 진화하는 것이라 한다.[740] 즉, 기후·환경 교육은 관점의 변화를 통해 이루어지는 기후행동의 또 다른 이름이라 할 수 있다.[741]

29장 둘째, 전환을 위한 언론·미디어의 역할

언론·미디어의 중추적 역할

언론, 미디어, 매스컴은 기후변화 커뮤니케이션 중에서도 전통적으로 큰 영향력을 발휘해왔다. 전 세계적으로 언론·미디어가 대중에게 기후위기에 관한 정보와 평가에 어떤 영향 또는 악영향을 주는지 연구가 많이 이루어졌다.[742] 언론·미디어는 기후위기에 관한 정보를 전달하는 데 핵심적 역할을 한다.

미디어는 기후위기를 둘러싸고 정치인, 기업, 사회운동, 과학자, 유명인 등의 행위자들이 각자의 메시지를 띄우기 위해 경쟁을 벌이는 각축장이다. 특히 사회운동은 언론보도의 프레임을 형성하는 과정에 큰 영향을 발휘한다.[743] 하지만 언론매체는 그 자체의 내적 규범, 정체성, 이념 지향, 사업 논리 등 다양한 맥락적 필터를 통해 기후위기에 관한 보도를 취사선택한다.[744]

그런 필터 중 첫째로 경제적 요인을 꼽을 수 있다. 연구에 따르면 화석연료 산업이 강한 나라일수록 언론이 기후변화의 불확실성을 강조하는 경향이 있으며, 항공 여행, 육류 소비, 자동차 관련 광고가 많을수록 기후변화에 관한 보도가 적은 경향이 나타난다고 한다.

특정 매체가 사용하는 기후변화 보도 프레임도 중요하다. 기후위기에 대해 언론이 흔히 사용하는 프레임에는 세 가지가 있다. 기후정책의 비용과 효과를 따지는 프레임, 자유시장의 가치와 원칙 내에서 기후문제를 다뤄야 한다는 프레임, 그리고 기후변화의 불확실성과 리스크를 강조하는 프레임. 이 중에서 어떤 프레임으로 접근하여 어떤 식의 결론을 내느냐에 따라서 대중의 기후행동 인식과 실천에 큰 영향을 끼친다.[745]

언론사가 지향하는 이념에 따라 기후변화의 근본 원인, 책임 비중, 바람직한 정책 방향 등이 달라질 가능성이 높다. 연구에 따르면 보수적 독자층일수록 기후과학의 불확실성과 미완의 논쟁점에 관심을 기울이는 경향이 많다고 한다.

미디어 재벌인 루퍼트 머독Rupert Murdoch이 소유한 《월스트리트저널》에서는 「파리협정」을 전후해 관련 보도가 쏟아져 나오던 2012~2016년에 총 303편의 칼럼과 사설을 게재했다. 그중 95퍼센트가 "오해의 소지가 있거나 기후변화를 부인하거나 기후 음모론에 기우는 내용"이었다. 머독이 소유한 또 다른 미디어인 폭스뉴스는 역사상 가장 더웠던 해 중의 하나인 2016년 전체를 통틀어 기후변화에 관해 방송한 총분량이 6분에 불과했다.[746] 또 머독은 오스트레일리아의 일간지 중 60퍼센트를 소유하고 있는데 그중 다수가 2020년의 궤멸적 산불 사태 때에도 산불과 기후변화의 연관성을 부정했다.

기술 중심적이고 위계적, 개인주의적 성향의 언론일수록 온실가스 배출 규제에 소극적인 반면, 생태 중심적이고 평등과 공동체적 성향의 언론일수록 온실가스 통제의 사회적·공적 책임, 그리고 부유한 서구의 더 많은 책임을 강조하는 경향이 있다.[747] 전체적으로 보면 기후변화를 다루는 언론의 보도 방식에는 신자유주의의 헤게모니가 강하게 작동하고 있다.

허위 정보를 가려내는 언론의 기능

언론·미디어가 특정한 이념을 반영하는 보도를 하는 경향이 있지만, 적어도 명백한 허위 뉴스나 근거 없는 선전선동을 가려내는 언론 본연의 기능은 기후위기 보도에서 각별히 요구되는 덕목이다. 코로나19 이후 '인포데믹(거짓 정보 유행)'이 소셜미디어를 휩쓰는 와중에 바이러스가 5G 이동통신망을 타고 번진다는 괴소문에 영국과 벨기에 등에서 5G 기지국에 방화가 잇따르는 황당한 일까지 벌어졌다.[748]

새로운 미디어의 출현은, 기존의 언론·미디어가 속보 경쟁을 할 것이 아니라 진실 경쟁을 벌여야 함을 가르쳐준다. 기후변화 논쟁에 있어 허위 정보는 소셜미디어 시대의 정보 유통 패턴을 유사하게 반복한다.[749] 몇몇 부인론자, 회의론자, 반대를 일삼는 논쟁가 등이 허위 주장을 시작하면 블로거, 일부 미디어, 소셜미디어의 인플루언서 등이 그것을 소개·인용·토론한다. 그것이 대중에게 폭넓게 전달되면 유유상종, 양극단화, 울림방 효과가 발생하기 쉽다. 이런 분위기에 휩쓸리지 않으려면 책임 있는 언론·미디어를 통해 취득한 지식과 정보로써 기후에 관해 균형 잡힌 입장을 미리 형성해놓을 필요가 있다.

언론·미디어의 기후커뮤니케이션은 딜레마에 빠지기 쉽다. 기후변화에 대한 이해도가 높지 않은 사람에게 기후위기의 위험을 사실 그대로 전달하면 공포감과 반발심을 자극하여 그런 메시지 자체를 거부할지도 모른다. 그러나 위험의 수위를 조절하여 정보를 전달하면 반발심은 덜하겠지만 기후위기에 대한 경각심을 낮춰 커뮤니케이션 목적을 달성하기 어려워진다. 두 방법 사이의 적절한 타협점이 무엇일까?

한국 언론의 기후보도

한국 언론의 기후변화 보도는 어떠한가? 우선 기후변화 자체를 노골적으로 부정하는 언론은 드물다. 한국 언론의 특징적인 유형은 '강 건너 불구경하듯'이라는 표현으로 요약될 수 있다. "외신을 인용해 우리나라와는 상관없는 다른 별에서 일어나는 이야기처럼 보도"하는 경우가 많다.[750] 이것은 기후위기가 우리 자신의 문제라는 실감이나 절박함을 전달하지 못하는 제삼자적 태도다.

환경학자 윤순진은 한국 언론이 기후변화에 관심이 적고, 그것의 회의론이나 부정론을 보도하는 경우가 드물며, 진보-보수 언론을 막론하고 보도 틀의 차이가 적고, 주로 대응과 적응을 강조하는 태도를 보인다고 지적한다.[751] 기후변화와 관련해 언론인의 역할을 묻는 질문에 대해 '중립성'이라는 응답이 제일 많았다고 한다. 기후문제에 있어 '중립성'이 정확히 무엇을 의미하는가?

구시대적 성장 논리와 패러다임에 사로잡혀 있는 모습도 눈에 띈다. 한국인의 강력한 경제성장형 가치관이 기후위기 보도에도 그대로 투영된다. 환경과 경제를 제로섬 관계처럼 설정하거나, '기후변화도 중요하지만 경제발전을 감안해서 속도와 수준을 조절해야 한다'는 식의 완곡어법으로 기후행동에 제동을 건다.

정파적 이유로 기후행동을 위한 정책을 공격하는 태도도 일부 관찰된다.[752] 예를 들어 정부가 태양광이나 풍력과 같은 재생에너지를 보급하려고 할 때 새로운 제도의 도입 과정에서 생길 수 있는 실수를 거세게 비판하는 경우가 있다. 문제는 그것이 새로운 제도의 안착을 위한 건설적 비판을 넘어 그 제도 자체를 거부하는 방향으로 귀결될 수도 있다는 점이다. 이렇게 되면 '목욕물이 더럽다고 아이까지 버리는' 결과가 나올지도 모른다.[753]

일부 언론은 환경보호를 위해서는 온실가스를 배출하지 않는 핵발전이 대안이라는 논리를 제시한다. 핵발전소의 각종 문제에 대해서는 눈을 감고 탈핵에 따르는 문제만 부각하는 경향이 있다. 탈핵을 해서는 안 된다는 논리가 태양광 사업을 반대하는 논리와 연결되곤 하는 특징도 확인된다.[754]

결론적으로, 한국의 미디어 지형은 최근 약간의 변화가 보이기는 하지만 전체적으로 기후위기에 대해 무관심하거나 소극적이며, 구체적인 에너지 전환 정책에 부정적인 태도를 보이는 경향이 있다고 할 수 있다. "정파적, 경제적 이해관계에 얽혀 기후변화에 따른 경제·사회적 패러다임 전환의 발목을 잡는다면 [1990년대의 경제위기와] 똑같은 실책을 반복할 수 있다."[755]

기계적 균형에서 증거 비중 보도로

저널리즘의 관행도 기후행동에 부정적 영향을 미친다. 기후변화 부인론자를 포함한 모든 취재원의 견해를 마치 동등한 가치를 가진 견해인 것처럼 취급하여 양쪽의 기계적 균형을 맞추는 보도 태도가 그것이다.[756] 절대다수의 과학자들의 견해와 극소수 부인론자의 견해를 '균형 있게' 다룬다는 말은 기후위기를 편향적으로 보도한다는 고백에 지나지 않는다. '중립성'의 의미를 되새겨볼 대목이다.

또 과학적으로 이미 결론이 난 사안을 마치 토론을 통해 '합의'해야 할 문제인 것처럼 보도하는 방식은 구체적 행동을 지연시키는 결과만 초래한다.[757] 특히 기후변화 문제에서 이런 현상이 자주 일어나는데, 그것을 피하기 위해 '증거의 비중에 따른 보도Weight-of-Evidence reporting' 이론이 등장했다.[758]

이 이론은 '진실의 연속선상에서 증거의 무게추와 다수 전문가들의 생각이 어디쯤에 위치하는지를 판별'해서 그 점을 청중에게 전달해야 한다고 강조한다. 단순한 객관성과 기계적 균형성에만 집착하기보다 팩트의 실질적인 밀도를 독자들에게 공정하게 보도할 의무가 있다는 입장인 것이다.

기후위기의 보도에 있어 언론이 진실을 말하고 있는지, 그리하여 대중이 언론을 신뢰할 수 있을지가 대단히 중요하다. 기후변화 리스크에 관한 정보를 찾고 그 정보를 처리하는 과정을 연구한 바에 따르면 한국인은 기후변화에 관한 정보 출처를 높게 평가할수록 정보를 체계적으로 처리하고 탐색한다고 한다.[759] 이 사실은 단순히 정보 전달에만 집중할 것이 아니라, 미디어가 객관적이며 올바른 보도를 하고 있다는 믿음을 심어주는 '신뢰 커뮤니케이션'을 해야 한다는 뜻이다.

미디어의 책임

여러 번 강조한 것처럼 기후위기의 사회적 측면을 다루는 사회적 응집력과 정의로운 전환에 있어 핵심 개념이 사회 불평등이다. 그런데 언론·미디어와 저널리즘 연구에서는 전통적으로 불평등 문제를 많이 다루지 않았

다고 한다. 이렇게 되면 두 가지 문제가 발생한다.[760]

첫째, 정보 획득의 불평등은 민주제도의 작동을 위태롭게 한다. 민주제도가 건강하게 작동하려면 세상사에 관심이 많고 양질의 정보로 무장한, 의식 있는 시민이 많아져야 한다. 둘째, 매스컴이 자신의 영향력을 사회 불평등을 줄이는 데 사용하지 않고 외려 증가시키는 목적에 활용한다면 그 사회의 문화는 갈등적, 배타적으로 형성되기 쉽다.

만일 기후변화 커뮤니케이션을 위한 핵심적 정보와 지식이 공중에게 평등하고 충분하게, 적시에 제공되지 않는다면, 왜곡되고 편향된 정보가 그 공백을 차지하기 쉽다. 그렇게 된다면 그러잖아도 위태로운 사회적 응집력과 정의로운 전환은 더 어렵게 된다.

우리는 대중의 인지, 의식, 선호, 판단, 심리가 어떻게 형성되는지에 따라 인류의 운명이 뒤바뀔 수 있는 실존의 시대에 살고 있다. 언론·미디어는 기후위기의 대처에 있어서 중추신경의 역할을 하며, 민주주의의 '거대한 대화'를 촉진할 수 있는 극히 중요한 위치에 있다. 기자, 언론인, 저널리스트, 방송인, 프로듀서, 방송작가, 커뮤니케이션 전문가들은 전문직 종사자로서 기후문제에 있어 생명의 편에 서서 이 위기의 극복에 큰 힘을 보태야 할 책무가 있다.

30장 셋째, 전환을 위한 사회적 동력

성장 신화의 늪에 빠진 사람들

과학적 팩트만 놓고 보면 온실가스를 얼마나, 언제까지 줄여야 하는지에 관해 이미 정답이 나와 있다. 그러나 2부에서 보았듯이 기후변화는 수많은 사람의 이해관계와 가치관이 충돌하는 영역이다. 과학의 결론으로는 깔끔하게 정리될 수 있지만, 사회의 현실에서는 복잡하게 뒤엉겨 있는 난제 중의 난제다. 오죽했으면 지구고온화 문제와 평생을 씨름해온 환경운동가 빌 매키븐이 기후위기는 과학의 문제가 아니라 "권력과 돈과 정의의 문제"라고 결론을 내렸겠는가?[761]

인간은 사회구조라는 땅속에 '파묻혀 있는(배태된)' 조약돌 같은 존재다. 인간의 '사회적 배태성'을 고려하지 않고 곧바로 골리앗(화석연료 자본주의)을 향해 조약돌을 던질 수는 없다. 우리가 탄소 체제를 거부하려면 땅속 깊이 묻힌 조약돌을 캐내듯, 불공평한 사회구조에 갇혀 꼼짝달싹하지 못하는 사람들을 일단 풀어 내주어야 한다.

그것을 위해서는, 인간의 선택과 행동이 전 지구적 환경문제와 동전의 양면을 이룬다는 생태학적 상상력과, 과학적 팩트에 근거한 해법이 왜 인간 사회에서 곧이곧대로 적용되지 않는지를 일깨워주는 사회학적 상상력이 맞물려야 한다.[762]

바로 이 지점에서 기후위기를 사회적 관점으로 보아야 할 이유가 도출된다. '지속불가능성의 해체'라는 목표가 아무리 논리적으로 타당하다 해도 사람들이 그것을 받아들이지 않거나, 받아들이고 싶어도 실천할 수 있는 힘이 없으면, 그것을 강제로 시행하기가 대단히 어렵다. 기후행동을 통해 전 사회적인 전환을 이루려면 사람들에게 전환을 할 수 있는 역량이 필요하다. 사회적 전환 역량은 정신적, 물질적 차원에서 함께 작동한다.

2020년 코로나19 사태로 많은 사람이 초유의 고통을 겪고, 국가가 전국민 재난지원금을 지급한 직후에 전국 성인남녀 1천 명을 대상으로 '포스트코로나 관련 인식 조사'를 실시한 결과가 발표되었다. 코로나19 이후 한국인의 물질주의 성향이 변했는지를 알아보기 위해서였다.[763] 조사자들은 코로나를 겪은 한국인들이 생태환경과 삶의 질, 공동체적 연대 의식을 중시하는 쪽으로 삶의 태도를 바꿨을 가능성이 있을 것으로 예상했다. 상식적으로 온당한 가설이었다.

그러나 예상은 크게 빗나갔다. '분배와 성장 중 무엇이 중요한가'라는 질문에 '성장'(43.6퍼센트)을 택한 사람이 '분배'(25.7퍼센트)를 택한 사람보다 더 많았다. '개인 간의 능력 차를 인정하고 경쟁력을 중시하는 사회'(61.1퍼센트)를 택한 사람이 '개인 간의 능력 차를 보완한 평등사회'(14.7퍼센트)를 택한 사람보다 압도적으로 많았다. '세금을 적게 내는 대신 위험에 대한 개인의 책임이 높은 사회'(50.4퍼센트)를 선택한 사람이 '세금을 많이 내더라도 위험에 대한 사회보장 등 국가의 책임이 높은 사회'(22.3퍼센트)를 택한 사람보다 2배 이상 많았다.

그뿐만이 아니었다. '경쟁과 자율' 그리고 '연대와 협력' 간의 선택에 있어서 '경쟁과 자율'이 더 많이 나왔고, '경제적 성취'와 '삶의 질' 간의 선택에 있어서도 '경제적 성취'가 더 높게 나왔다. 이런 응답은 2년 전 동일한 문항으로 조사했던 결과보다도 더 심해진 경향을 보였다. 즉, 한국인들은 코로나19와 같은 역사상 유례가 없는 미증유의 사태를 겪고 나서도 각자도생형, 경제성장 지향형 사회를 더욱 선호한다는 사실이 확인된 것이다.

이런 결과는 기후행동의 핵심이라 할 수 있는 온실가스 감축, 에너지 전환, 녹색 전환, 무한 경제성장 모델의 탈피, 지속불가능성 해체와는 정반대인 가치관을 한국인이 강고하게 유지하고 있음을 한번 더 각인시킨다.[764] 한국에서 기후행동이 더딘 이유가 정부의 정치적 의지 부족, 그리고 국민의 광범위한 성장적 경제관, 이 두 가지가 결합된 탓이 아닌가 생각한다.

이것은 기후행동과 관련하여 두 가지 심각한 함의를 시사한다. 첫째, 4부에서 본 대로 기후위기에 대응하기 위해 사회적 응집력을 유지해야 한다는 명제를 실천하기가 쉽지 않다. 둘째, 2부에서 언급한 대로 한국인의 성장주의적, 물질주의적 가치관 때문에 탄소 의존형 경제성장 모델과 결별하기가 지극히 어려울 것이다.

코로나19와 같이 '국난 극복'이 필요할 정도의 난리를 겪고도 가치관이 바뀌지 않는다면 다른 어떤 계기로도 작금의 가치관을 바꾸기 어려울 것이라는 암울한 전망이 가능하다. 바로 이 점에서 복지국가와 민주주의와 기후행동과의 연결 고리가 필요해진다. 성장 만능의 가치관을 그대로 둔 채 에너지만 전환하거나 그린뉴딜만 추진한다고 해서 기후위기에서 벗어나기는 어렵다.

녹색 전환에 필요한 노잣돈

4부에서 상세히 설명했듯이 빈곤과 불평등을 개선하여 사회적 응집력을 높일 필요가 있다. 심리적으로 느끼는 공정함도 중요한 요소다. 인천국제공항 사태에서 보듯, 정규직화를 둘러싼 불공정 시비가 거세게 표출되는 이런 현실 속에서 기후행동을 외치는 소리가 얼마나 받아들여질지 냉정하게 생각해봐야 한다.

바로 이 때문에 사회적 개입 과정을 생략한 상태에서는 기후행동이 효과적으로 이루어지기 어렵다는 것이다. 인간은 자신이 속한 사회체제 내에서 만들어지고, 적응하고, 진화해왔으므로 그 체제의 문제점이 아무리 많더라도 대다수 사람들은 그것과 쉽게 절연하지 못한다. 탄소 경제체제와 결별하기 위해서는, 역설적으로, 탄소 경제체제에서 생산된 '군자금'이 있어야 한다.

일정한 소득, 타인 앞에서 비굴함을 느끼지 않을 정도의 '존엄을 위한 최소한의 물적 조건'이 필요하다. 그것 자체가 목적이 아니라 녹색 전환과정에 필요한 노잣돈이라 할 수 있다. 강상구는 이를 '버틸 수 있는 힘'이라고 표현한다.[765] 백낙청은 지금의 경쟁사회에 문제가 많지만 "경쟁에서 탈락해서 짓밟혀버리면 아무것도 못 하니까 이 사회를 바꾸는 인간으로 살기 위해서라도 먹고살 만큼"의 물질적 기반이 필요하다고 지적한다.[766]

예를 들어, 재생에너지로의 전환은 반드시 실천해야 하는 당위이지만 그것과 함께 '에너지 빈곤층'의 사정을 감안해야 하는 것이다. 특히 폭염과 기후재난이 일상화되는 시대에 '에너지 복지'의 문제는 전환의 사회적 동력을 확보하는 데 반드시 고려되어야 할 과제다.

이런 관점은 생태 경제학에서 말하는 '수축-수렴C&C' 모델과 이어질 수 있다.[767] 선진국들은 온실가스 배출량을 큰 비율로 줄이고, 개도국에 대해서는 2도 상승 한계까지 남아 있는 탄소 배출 잔여분량(탄소 예산) 내에서 온실가스를 어느 정도 배출할 수 있도록 인정해주자는 것이 골자다. 원래의 이론에서는, 선진국이 탄소를 줄이고, 개도국이 빈곤퇴치와 발전에 필요한 적정선의 탄소를 배출한다면 80년 정도의 기간을 두고 선진국과 개도국의 탄소 배출량이 수렴될 것이라고 가정했다.

개발학자 볼프강 작스Wolfgang Sachs는 틸만 산타리우스Tilman Santarius와 함께, 온실가스 배출에 관한 '수축-수렴' 모델을 자원 사용에까지 확대해서 적용했다.[768] 즉, 선진국은 경제발전을 위한 자원 사용을 줄이고, 개도국은 경제발전을 위한 자원 사용을 늘릴 수 있게 하면, 장기간에 걸쳐 국제적 불평등이 줄어들 것이라고 가정한다.[769]

그러나 '수축-수렴' 모델이 이론적으로 설득력이 있다 해도, 그것을 실천하는 것은 전혀 다른 문제다. 선진국에서 소비를 줄여 경제성장이 낮아지면 생활수준이 떨어질 것이고, 그것은 정치적으로 도저히 수용할 수 없는 압박이 될 것이기 때문이다. 이런 생각의 바탕에는 경제성장과 인간의 행복 사이에 확고한 상관관계가 있다는 믿음이 깔려 있다.

하지만 현대 생활에 필요한 기본적 물적 조건이 일단 달성되면 소득이 증가해도 행복이 무한정 증가하지는 않는다는 '이스털린의 역설Easterlin Paradox'과 비슷하게, 작스와 산타리우스도 1인당 국민소득의 증가와 개인의 행복 증가 사이에 직선적인 상관관계가 없다는 점을 강조한다.[770] 예를 들어, 인간개발지수HDI가 0.8이 될 때까지는 1인당 국민소득이 오를수록 행복이 증가하지만, 지수가 그 이상이 되면 국민소득이 올라도 행복이 그만큼 오르지 않는다. 여기서도 수확체감의 법칙이 적용되는 것이다.

이런 생각을 '포스트 성장' 시대의 경제사회적 권리로 설명할 수도 있다.[771] 빈곤과 불평등을 해소하기 위해서는 빈곤층, 취약계층의 물질적 조건을 향상시키면서 그와 동시에 고소득자, 고자산가의 탄소 배출을 줄여야 하는 것이다. 퍼트리샤 퍼킨스Patricia E. Perkins도 "사회 모든 구성원의 안전, 사회적 지위, 생계가 보장될 때에만 기후변화를 차단할 수 있는, 그리고 기후변화의 악영향을 줄일 수 있는 자발적, 민주적 의사결정이 가능해진다"라고 지적한다.[772]

물질적 빈곤을 포함하여 인간에게 필요한 여러 자원이 부족할 때 사람들의 판단 능력이 떨어진다. 연구에 따르면 형편이 쪼들리는 사람은 발등의 불에만 신경을 쓰게 되므로 삶의 다른 여러 가지 문제를 종합적으로 판단할 수 있는 인지적 여유가 없어진다.[773]

어떤 극심한 '결핍'이 발생한 사람은 '주의집중의 감금attention capture' 상태에 빠진다.[774] 어떤 핵심적 결핍은 블랙홀처럼 다른 모든 사안을 빨아들인다. 부족한 것만 생각나고 다른 문제들은 인식 속에 끼어들 틈이 없어진다. 한 실험에 따르면 배고픈 상태에서 영화를 본 사람은 영화의 다른 내용에는 관심이 없고, 먹는 장면만 기억하는 것으로 나타났다.[775]

결핍이 인지능력에 미치는 영향이 이 정도라면 우리가 왜 기후행동에 있어서 사회적 차원을 결정적으로 고려해야 하는지를 알 수 있다. 지금 당장 생활이 어려운 사람에게 기후위기가 귀에 들어올 리 만무하다. 여유가 없는 사람에게 다른 어려운 문제까지 고민하라고 또 강요한다면 그것 자체가 '인지적 세금'을 부과하는 것이나 다름없는 고통이 된다.

기본소득을 통한 기후위기 극복

기후위기와 환경파괴에 대응하여 사회적 차원에서의 전환 역량을 갖출 방안으로 보편 기본소득을 제안하는 논자가 많다. 그중 대표적인 아이디어를 들어보자.

김종철은 궁극적으로 탈성장을 위해 노동시간을 대폭 단축하고, 되도록 많은 사람이 생산노동을 분담하며, 좀 더 많은 여가를 누릴 수 있도록 점진적으로 기본소득을 도입하자고 제안하면서 특히 농촌을 살리고 소농을 보호하기 위해 농민 기본소득제를 실시하자고 주창한다.[776]

기후학자 사이먼 루이스와 마크 매슬린은 인류세 시대에는 시대적 문제의식을 반영하는 실천 방안이 필요하다고 역설하면서 두 가지 아이디어를 제시한다.[777] 첫째, 에드워드 오즈본 윌슨의 아이디어를 빌려와서, 인간과 비인간 생물종들이 지구에서 공존하기 위하여 인간이 지구의 절반을 쓰고 나머지 절반을 자연에 돌려주자는 '일구양제一球兩制, Half-Earth Project'를 제안한다. 2050년이 되면 전 세계 인류의 3분의 2가 도시에서 거주하게 될 것이므로 인간이 지리적으로 지구 전체를 차지할 필요가 없다는 이유에서다.

둘째, 보편 기본소득을 통해 노동이 소비로 끝없이 이어지는 악순환의 회로를 차단함으로써 현재의 위기를 극복하자고 제안한다. 자본주의 체제는 열심히 일할수록 더 큰 물질적 보상이 주어지는 인센티브 구조로 이루어져 있다. 이런 구조하에서는 노동, 소비, 자원추출, 환경파괴, 지속불가능이 계속 악화될 수밖에 없다.

> 우리는 종종 (…) "열심히 일했으니, 자격이 있다!" 이렇게 여긴다. 기본 소득의 장점 가운데 하나는 이런 일과 소비의 연결고리를 끊고, 그에 따라 환경에 미치는 영향을 줄이는 것이다. 우리는 일을 더 적게 하고, 적게 소비하면서도 여전히 필요한 것들을 충족시킬 수 있다. 그러면 미래에 대한 두려움은 사라질 테고, 미래에 할 일이 없을 것이라 두려워하며 지금 더 열심

히 일할 필요가 없어진다.[778]

자신이 환경적으로 나쁜 일을 하고 있다는 사실을 알면서도 호구지책으로 그 일을 할 수밖에 없는 사람들도 있다. 보편 기본소득은 그런 딜레마를 없애줄 수도 있다. 또 기본소득이 보장되면 그동안 먹고살기 바빠서 기후행동이나 환경운동에 참여하지 못했던 사람들도 그런 활동에 힘을 보탤 수 있는 사회적 '여유'가 생길 수 있다.

강상구는 양극화를 해소하기 위해 기본소득을 지급하는 것이 소비 증가로 이어져 결국 기후위기가 심화되는 결과가 나올 수도 있다고 우려한다. 그런 점을 시정하기 위해 걷기, 자전거 타기, 대중교통 이용하기를 조건으로 기본소득을 지급하자는 '녹색 기본소득'을 제안한다. 긴 노동시간, 자동차로 꽉 찬 도시, 자전거 타기가 불편한 도로와 같은 요인 때문에 인간이 걷지 않는 존재가 되었지만 녹색 기본소득이 실현되면 '인간 존재의 본령'을 되찾을 수 있다는 것이다.

이렇게 하면 기후행동이 촉진되는 효과, 그리고 정의로운 전환을 지원하는 효과가 함께 발생할 수 있다는 주장이다. 그러므로 녹색 기본소득은 "기본소득과 기후행동의 오작교"가 될 수 있는 잠재력을 지니고 있다.[779] 녹색 기본소득 아이디어는 주목받을 가치가 있는 매력적인 정책 제안이다.

요컨대, 지금까지 기후문제 대처의 양대 축이던 감축과 적응은 주로 기후과학적인 패러다임에서 비롯된 것이었다. 온실가스를 줄이는 감축, 그리고 기후위기에 대처하기 위한 적응은, 방어적이고 대응적인 논리로 구축되어 있다. 그러나 사회 불평등을 감축하고, 녹색사회로의 적응을 모색하는 적극적이고 능동적인 사회적 행동도 동시에 필요하다. 즉, 온실가스 감축과 사회 불평등 감축을 함께 추진하는 '이중 감축', 그리고 기후변화에 대한 적응과 녹색사회로의 적응을 함께 추진하는 '이중 적응'이야말로 전환을 위해 꼭 필요한 사회적 전략이라 할 수 있다.

31장 넷째, 전환을 위한 젠더 주류화

젠더 평등 없는 기후대응은 허구

기후위기에 대처함에 있어 인권과 사회의 역할을 강조하는 것이 이 책의 기본 구도다. 젠더만큼 이 구도가 잘 맞아떨어지는 영역도 드물다. 1부, 3부, 4부에서 강조한 대로 사회적으로 구조화되어 있는 젠더 차별로 인해 여성이 기후위기의 악영향을 더 많이 받을 뿐 아니라, 인구의 절반을 차지하는 여성의 중심적 역할을 부각하지 않는 기후변화 논의는 분석의 적실성도 떨어지고 정책 효과도 반감될 수밖에 없다.[780]

이런 관점에서는 기후위기가 젠더 불평등을 강화하고 여성에 대한 폭력을 증폭한다는 사실로부터 논의를 시작한다. 또 젠더 평등이 이룩될 때 기후정의의 달성이 용이해지고 갈등해소에 도움이 된다고 간주한다. 여성의 완전한 참여 없는 기후대응은 그 자체로서 형용모순이 된다. 기후위기 대응에 있어 젠더 평등의 힘은 넓고 깊다.[781]

젠더적 관점을 분석과 정책에 포함시키고, 젠더를 주류화한다는 말이 여성에게만 해당되는 것은 아니다. 정책의 디자인과 이행에서 여성과 남성의 관점, 전문성, 욕구, 포부를 통합하고, 모든 과정에서 여성과 남성의 평등한 대표성과 참여를 증진할 비전을 추구하는 것이 젠더 주류화의 주요 목적이다.

젠더와 기후위기의 공통점—사일로효과

젠더와 기후위기 간에는 공통점이 많다. 우선 쟁점의 실제 범위와 정책 영역 간의 불일치가 비슷하게 나타난다. 지금까지 누누이 강조한 것처럼 기후변화는 모든 영역을 가로지르는 범분야 이슈다. 그러나 흔히 기후변화는 주로 '환경' 영역의 문제인 것처럼 다루어진다. 수평적 교류 없이 수직적 독자 영역처럼 취급되는 이른바 '사일로효과'가 발생한다. 젠더 문제도 마찬가지다. 수평적 성격의 이슈가 수직적 개별 영역의 분류법에 갇혀버리곤 한다.

기후문제의 범분야적 성격을 감안하지 않은 정책이 좋은 결과를 내기는 어렵다. 예를 들어, 환경부와 기재부와 산업부를 가로지르면서 그린뉴딜을 조율하지 않으면 '회색뉴딜'로 귀결되기 쉽다. 마찬가지로 젠더 이슈의 수평적 성격을 감안하지 않은 기후정책은 여성과 남성 모두에게 별로 득이 되지 않는 정책을 낳는다. 여성가족부가 참여하지 않는 그린뉴딜 정책 결정은 남녀 모두에게 미흡한 '젠더맹' 뉴딜로 귀결될 개연성이 크다.

젠더가 주류화되지 않은 기후정책의 비대표성과 저효과성은 오랫동안 강조되어온 것이지만 아직도 기후-젠더 정책에서 사일로효과는 해결되지 않고 있다. 부서 간의 칸막이 의식과 행동도 문제이지만, 더 중요한 장애는 현실 세계의 상호연결성과 복합성을 인정하지 않은 채 한정된 영역 내에서만 정책 효과를 논리정연하게 다루려고 하는 인식론적 태도, 그리고 행정적 관행이라 할 수 있다. 그러나 그런 방식으로는 기후대응에 있어 치명적인 결과가 초래될 수도 있다.

젠더와 기후정의

우선 기후위기가 젠더에 따라 불비례적인 악영향을 초래하는 사례를 정리해보자. 우선 전 세계적으로 여성의 빈곤율이 남성의 그것보다 훨씬 높은 현실을 기본으로 전제해야 한다. 낮은 임금, 공식 경제활동 부문에서의 낮은 고용률, 돌봄노동 수행, 임금 없는 가사노동과 장시간 노동이 마치 정상처럼 되어 있다.[782] 이런 현실에서 여성은 남성에 비해 기후위기의 고통을 불평등하게 경험한다.

여성은 기후변화로 자신의 고향에서 뿌리 뽑혀 이산민이 되는 경우가 많다. 공해로 인한 건강 문제를 더 심하게 겪는다. 극한 기상이변이 발생했을 때 소득 확보가 더 어려워진다. 기후재난으로 인한 고통에 더해 다양한 형태의 폭력을 겪는 경우가 많다. 기후재난이 발생했을 때 생필품의 가격 상승으로 더 취약해진다. 재난 후의 복구 과정에서 노동 부담이 대폭 늘어난다. 기후변화가 진행될수록 물과 땔감을 구해 와야 할 의무가 늘어난다.

남반구 빈곤국일수록 이런 현상이 더 폭넓게 나타난다. 기후변화 현상 그리고 기후정책, 두 가지가 모두 젠더적 관계에 폭넓은 영향을 끼친다. 그러므로 젠더 평등을 위해서나, 기후정책의 실행을 위해서나 젠더에 고유한 차별적 장벽을 없애는 것이 필요하다.[783]

이런 문제의식에 기반하여 페미니즘은 다음과 같은 질문들을 통해 이론과 실천 간의 간극을 좁히려 하고 있다. 여성의 취약성이 내재적인 것인가 사회적 조건에 달려 있는 문제인가, 분석의 범주를 여성으로 할 것인가 젠더로 할 것인가, 여성은 창의적 변화의 주체인가 수동적 피해자인가 혹은 둘 다인가, 여성의 노동이 정태적인가 동태적인가, 관습법적 권리와 법적 권리의 차이가 무엇인가, 여성의 사회적 지위와 이동을 어떻게 촉진할 것인가 등.[784]

한국과 같은 사회는 남반구 개도국과 맥락이 많이 다르기는 하지만 기후변화가 진행될수록 빈곤층 여성의 삶이 더욱 어려워질 것은 명약관화하다. 따라서 기후대응의 4대 축이라 할 수 있는 감축, 적응, 기술이전, 재정지원의 정책 전반에 젠더 차원을 포함시켜야 할 당위성이 있다.[785] 즉, 수평적 기후정책의 전 영역에서 수평적으로 젠더 이슈가 통합되어야 한다.

유엔「기후변화협약」초기에는 기후정책과 젠더 이슈를 연결시켜야 한다는 시각이 적었다. 자연과학이 주도하는 기후담론에서 사회과학적 시각이 반영될 수 있는 여지가 부족했던 점도 한몫했다. 그러나 세계 여성운동의 노력과 젠더 전문가들의 연구에 의해 젠더적 관점을 포함하지 않은 기후정책은 대단히 불충분하고, 효과도 반감한다는 사실이 밝혀졌다.

젠더에 민감하지 않은 기후정책에 젠더 주류화 원칙을 포함시키는 순간, 변화의 가시성과 효과가 단기간에 나타난다고 한다. 특히 그동안 인구의 50퍼센트를 적극 고려하지 않고 설정했던 '남성 기본값' 중심의 규칙과 규정이 얼마나 허술한 조치였는지, 그리고 젠더와 여타 기후문제들이 어떤 식으로 상호 악화적(또는 상호 보완적) 관계로 이어지는지 잘 드러난다. 이런 배경에서 코로나19 사태가 발생했을 때에도 젠더 주류화 관점을 반영한 정책을 촉구하는 주장이 등장했다.[786]

기후위기가 기존의 젠더 불평등을 악화시킨다는 사실은 기후정의의 관점에서 대단히 중요한 측면을 드러낸다. 여성이 기후위기에 책임이 적은데도 기후위기의 악영향을 더 겪는 결과가 나오기 때문이다. 여성의 책임이 적은 이유는 다음과 같다. 우선, 전 세계적으로 여성의 빈곤율이 높으므로 그것과 연계하여 온실가스 배출량이 적다. 또 전 세계적으로 여성의 사회 진출이 아직 남성보다 덜하므로 사회적 활동량에 따른 온실가스 배출이 적다. 그리고 친환경 활동이나 에너지 절약 등의 활동에 여성이 평균적으로 더 열성적으로 참여하는 경향이 있으며, 온실가스 감축 정책을 더욱 지지하는 경향도 관찰된다.[787]

이런 경우에도 앞에서 설명한 '수축-수렴' 모델이 적용될 수 있을 것이다. 온실가스 감축을 위한 기존 발전모델의 하향식 변화가 추진되어야 한다. 동시에 젠더 주류화 정책을 통해 여성 권리의 신장을 위한 상향식 변화도 있어야 한다. 종국에는 하향식 변화와 상향식 변화가 수렴되어야 한다.

젠더 평등을 통한 기후대응

세계경제포럼WEF은 여성의 경제활동 참여, 교육적 성취, 건강, 정치적 자력화 등 네 차원으로 젠더 격차를 평가하는 연구를 해왔다. 세계경제포럼의 「전 지구적 젠더 격차 보고서 2020」에 따르면 한국은 건강 분야에서는 세계 최고를 기록했지만, 경제활동 참여는 153개국 중 127위, 교육적 성취는 101위, 정치적 자력화는 79위에 머물렀다.[788]

이런 결과에 대해 지표에 포함되는 구성 요소와 조사 방법을 놓고 상이한 평가가 있을 수 있다. 그러나 전체적으로 보아 젠더의 기준으로 평가한 기후대응에서 한국이 긍정적인 상태에 결코 도달하지 못했다는 점은 분명하다. 젠더 평등이 기후위기 대처에 효과적이라는 점을 감안하면 이런 현실은 기후대응을 위해 전혀 바람직하지 않다.

예를 들어 여성의 정치참여 비율이 높을수록 온실가스 배출이 성공적으로 이루어지는 경향이 있다. 130개국에서 이루어진 한 연구에 따르면 여성 공직자의 비율이 높을수록 기후변화와 관련된 국제협약 가입률이 늘어난 것으로 나타났다.[789] 또 젠더 불평등이 큰 나라일수록 환경훼손이 커질 가능성이 크다. 반면, 젠더 평등과 환경 양호성 사이에는 긍정적 관계가 성립한다.

요컨대 기후위기의 심각성 때문에 기후위기를 조금이라도 줄일 수 있는 모든 여건과 환경을 마련하는 일이 사활적인 과제가 되었다. "기후변화에 효과적으로, 효율적으로, 실질적으로 대응하려면 모든 사람들의 참여가 절실히 요구된다."[790] 이런 방향의 노력 중 가장 중요한 일이 기후대응에 있어 젠더 평등의 힘을 동원하는 것이다.

19세기의 여성참정권 운동 이래 여성운동의 공헌에 힘입어 전 세계 인권운동은 그 범위와 효능이 크게 넓어지고 깊어질 수 있었다. 여성 인권운동 덕분에 "새로운 보편 인권 이론"이 구축될 수 있었던 것이다.[791] 마찬가지로 21세기의 여성운동은 기후운동에 영감과 통찰을 제시할 수 있는 역량이 있고, 기후행동을 위한 중요한 전략적 우군이 될 수 있다.[792]

유엔 인권최고대표를 지낸 메리 로빈슨은 여성이 기후정의를 밀고 나가는 주체가 되어야 한다고 역설한다.[793] 2016년 모로코 마라케시에서 개최된 유엔 「기후변화협약」 제22차 당사국총회COP 22에서 채택된 '젠더와 기후변화 결정문'은 협약 당사국들이 기후협상, 이행, 그리고 감시를 위해 국가별로 젠더에 초점을 맞춘 '기후변화 젠더 책임자 또는 책임부서focal point'를 지정하라고 결의했다.[794]

2017년 본에서 개최된 유엔 「기후변화협약」 당사국총회COP 23는 「젠더 행동계획GAP」을 채택했다.[795] 「행동계획」에서는 기후변화 대처에 있어 젠더에 기반한 노동력의 정의로운 전환이 절대적으로 중요하다고 지적한다. 패러다임 전환을 이유로 여성 노동자가 먼저 감원된다거나 부당한 처우의 대상이 되어서는 안 된다는 뜻이다. 이와 연관하여, 코로나19 사태가 장기화되면서 여성 노동자의 3분의 1이 가족 돌봄노동의 부담 때문에 직장을 그만둘 위기에 처했던 사례도 있었다.

「행동계획」 2조는 각국 정부가 "기후행동의 모든 요소에 젠더 관점을 주류화할 목표를 진전시키기 위한 젠더행동계획의 이행에 참여하고 관여해야 한다"고 강조한다. 또한 「행동계획」의 부속서 2항은 '젠더 대응적 기후정책'을 통해 모든 기후행동과 기후정책의 의사결정에 젠더 관점을 포함시켜야 함을 상기시킨다.

지금까지 설명한 점들을 김양희는 한국의 기후정책 과정과 관련해 다음과 같이 정리한다.

> 현재 국내의 기후변화와 관련한 정책 과정은 남성 중심이고 관료적이며, 그 내용도 다분히 산업기술 중심이다. 가장 기본적으로 기후위기를 다루는 녹색성장위원회, 기후변화 적응협의회, 기후변화 적응실무협의회, 환경부의 관련 부서 등 핵심 정책 기구에 성별 균형 참여를 담보해야 한다. 젠더 거버넌스의 궁극적인 목적은 단지 성별 참여자의 숫자를 맞추려는 것이 아니라, 정책 과정 전반에 성별 가치와 관점의 균형을 이루기 위한 것이다.[796]

앞으로 모든 기후정책에서 젠더의 중요성은 더욱 커질 것이며, 기후대응을 위한 여러 움직임을 여성이 주도적으로 이끌어갈 날이 조만간 올 것이다. 상식적으로 생각해보라. 모든 사람의 힘을 한데 모아도 버거운 일인데, 세상 절반의 참여와 도움 없이 기후문제를 풀 수 있겠는가? 또 젠더 평등과 젠더 주류화는 기후대응이 궁극적으로 희구하는 정의로운 미래의 초석이 되기도 한다.

32장 다섯째, 전환을 위한 새로운 인권담론

인권 실현의 조건을 따지는 인권담론

만일 기후위기가 현대 인권이 형성되던 초기인 1945~1966년에 발생했더라면, 인권에서 기후문제에 관여하는 것을 거의 당연하게 생각했을 것이다. 그때만 해도 인권을 이해하는 시각이 지금과는 많이 달랐기 때문이다.

제2차 세계대전이 끝나고 1945년 유엔이 창설된 다음 해에 유엔 인권위원회가 만들어졌다. 인권위원회에서 작성한 「세계인권선언」이 1948년 유엔총회에서 선포되었다. 그 후 1966년에 국제인권법의 효시가 된 양대 규약, 「자유권규약」과 「사회권규약」이 탄생했다.

이 시기에는 인권을 개별 권리에만 국한해 생각하지 않았다. 개별 권리들을 실현할 수 있는 구조, 여건, 환경을 뜻하는 '인권 달성의 조건'에 대해서도 큰 관심을 기울였다.[797]

1945년 「유엔헌장」의 전문前文은 다음과 같이 시작된다. "국제연합의 인민들은 우리 일생에 두 번이나 말할 수 없는 슬픔을 인류에 가져온 전쟁의 불행에서 다음 세대를 구하고, 기본적 인권, 인간의 존엄 및 가치, 남녀 및 대소 각국의 평등권에 대한 신념을 재확인하며, 정의와 조약 및 기타 국제법의 연원으로부터 발생하는 의무에 대한 존중이 계속 **유지될 수 있는 조건들**을 확립함으로써, 더 많은 자유 속에서 사회적 진보와 생활수준의 향상을 촉진할 것을 결의했다."

1948년에 나온 「세계인권선언」의 제28조는 대단히 의미심장한 통찰을 제시한다. "모든 사람은 이 선언에 나와 있는 **권리와 자유가 온전히 실현될 수 있는 사회질서 및 국제질서**에서 살아갈 권리가 있다."(강조 추가) 개별 권리들이 보장되려면 국내의 민주적 사회질서 그리고 국가 간 협력과 국제 평화가 필요하다는 것이다.

예를 들어, 미국과 같은 초강대국이 「파리협정」에서 탈퇴하거나 코로나19 사태의 한복판에서 세계보건기구WHO에 대한 지원을 중단한다면 그것은 그 자체로서 반인권적 국제질서의 표현이라고 할 수 있다.

1966년의 「자유권규약」과 「사회권규약」의 전문에는 다음과 같은 내용이 공통적으로 포함되어 있다. "세계인권선언에 따라 공포와 결핍으로부터의 자유를 향유할 수 있는 자유인의 이상은 모든 사람이 자신의 시민적, 정치적 권리뿐만 아니라 경제적, 사회적 및 문화적 **권리를 향유할 수 있는 조건들이 형성**되는 경우에만 달성될 수 있음을 인정하며……."(강조 추가)

따라서 제2차 세계대전이 끝난 후 20여 년 동안, 현대 인권의 초기 단계에서는 인권이 실현되거나 (혹은 실현되기 어려운) 역사·구조적 조건을 인권의 중요한 차원으로 인정했었다는 사실을 반드시 기억해야 한다. 기후위기는 이런 조건의 가장 극적인 사례다.

1966년 이후 냉전이 격화되면서 인권 실현의 근본 조건을 따지는 사회과학적 관점은 인권담론에서 많이 사라졌다. 그와 동시에 인권을 법적 논리로만 해석하는 풍조가 대세를 이루었다.

그러나 냉전이 끝나고 1993년 유엔이 개최한 세계인권대회에서 발표된 「비엔나선언 및 행동계획」 13조는 인권 실현을 위한 조건 형성의 중요성을 다시 환기시켰다.

> 국가와 국제기구는 NGO와 협력하여 국내·지역·국제 차원에서 온전하고 효과적인 **인권의 향유를 보장할 수 있는 호의적 조건**을 형성할 필요가 있다. 국가는 모든 인권침해와 그 원인들, 그리고 그러한 **권리를 누리지 못하게 가로막는 장애 요인들을 제거**해야만 한다.[798]

코로나19와 기후위기로 인해, 인권을 개별 권리들로만 파악하기보다 개별 권리들의 실현에 영향을 미치는 조건과 환경을 조성하는 것이 더욱 중요하다는 점이 다시 주목받기 시작했다. 예를 들어, 2020년 한전이 인도네시아의 석탄화력 발전에 투자하여 자회사인 한국중부발전과 25년간 발전소를 운영하게 되었다.[799] 또 삼성물산이 베트남의 석탄발전소 건설에 참여하기로 결정하기도 했다. 이런 보도를 접하고 이런 활동을 단순히 기업의 비즈니스로 볼 것인지, 인권을 대규모로 침해하는 조건을 형성하는 데 일조한 잠재적 범죄행위로 볼 것인지를 판별하는 능력이 새로운 인권 담론의 핵심이 되었다.[800] 또 이러한 활동을 승인, 묵인, 방조한 정부 역시 인권유린의 책임에서 자유롭지 않다는 점을 볼 줄 아는 시각이 필요해졌다.[801]

불가양도 원칙의 새로운 해석

인권원칙에서는 인간이 자기 삶의 목적을 스스로 판단하는 최종적 존재이기 때문에 존엄한 가치를 지닌다고 전제한다.[802] 그토록 중요한 가치이므로 자신의 존엄을 남에게 빼앗길 수 없고, 설령 '자발적이라' 해도 남에게 줄 수 없다는 것을 인권의 불가양도성inalienability이라고 한다.

기후위기 시대에 인권의 불가양도 원칙이 새롭게 해석되기 시작했다. 이러한 해석에서는 우선 인간이 배출한 온실가스로 기후위기가 발생했다는 점을 명백한 사실로 인정한다. 그런데 인간의 '자발적' 행위로 인해 기후위기와 코로나바이러스가 발생하여 인간의 존엄과 인권이 침해되는 결과가 초래되었다. 그렇다면 애초에 그런 행위를 하지 말았어야 인간의 존엄이 보장될 수 있었다는 말이 된다.

그러므로 온실가스 배출은 인권의 불가양도 원칙을 정면으로 거슬러 인간이 '자발적'으로 자신의 존엄을 파괴하는 반인권적 행위를 자행한 것이라는 결론이 나온다. 단순히 말해 인위적인 탄소 배출은 그 자체가 인권유린이며, 탄소 배출을 막는 것은 그 자체가 인권 증진이라 할 수 있다.

인간과 자연환경을 개념적으로 구분할 수는 있지만, 오늘날 둘 사이에는 운명공동체와 같은 연결성이 설정되었다. 인간이 자연을 지배하고 착취하고 수익 창출의 대상으로만 간주해온 탓에 자연이 훼손되면서 인간에게 실존적 리스크가 늘었다. 우리는 생태계의 순환과 사회경제 체계의 순환이 맞물려 돌아가는 공동진화co-evolution의 순환 체계에 살고 있다.

인간이 자연을 지배하면 그것은 돌고 돌아 인간에게 다시 해를 끼치고, 결국 인간이 인간을 지배하는 결과가 초래된다. 인간이 '자발적으로' 스스로의 존엄을 파괴하는 인권유린을 구조적 차원에서 지속하고 있는 것이다.

그러므로 이제 인간만의 인권, 인간 중심적인 인권이라는 개념 자체를 쓰기 어렵게 되었다. 비인간 자연계에 대한 침해와 인간에 대한 침해가 함께 일어나는 '이익 침해의 융합'이 발생했기 때문이다. 따라서 이제 순수한 의미에서 '인간'만의 권리를 주장할 수 없는 시대가 되었다.

즉, 인간과 자연환경의 이익 침해가 하나로 수렴되었고, 반대로 인간과 자연환경이 '권리'를 보유함으로써 파생되는 효과를 공동으로 향유하게 된 것이다.[803] 하지만 상황을 이렇게 만든 것은 인간이고, 인간과 자연환경의 공존을 실천해야 할 책임과 행위 주체성을 가진 것도 결국 인간이다. 인류세 시대에 인간은 자연과 인간 사이의 연결성을 직시해야 하며, 자신의 행동에 대해 가장 넓은 의미에서의 책임을 지는 것이 불가피하게 되었다.[804]

요컨대 '인간 중심적 권리 주장'은 더 이상 가능하지 않지만, '인간 주도적 의무 이행'은 절대적으로 필요한 상황이 현시대의 특징이 되었다. 결론적으로 인간은 자연과의 관계에 있어 **'공동 피해-공동 권리-공동 이익-단독 의무'**라는 인권의 새로운 패러다임을 받아들여야 한다.

탄소 폐지 운동

이 장을 마치기 전에 기후위기를 단순한 정책 선택의 문제가 아닌 도덕적 선악의 문제로 보면서 탄소를 폐지해야 한다는 주장을 소개하려 한다. 인권담론과 동일하지는 않지만 기후정의와 관련해 여러 면에서 참고할 만한 시각이기 때문이다.

기후변화를 인권의 문제로 보는 관점을 논리적으로 끝까지 밀고 나가면 결국 화석연료에 의존하는 것이 도덕적으로 정당한가의 문제로 귀결된다. 단순한 정책적 선택의 차원이 아닌 원칙적 규범의 문제가 되는 것이다.

최근 온실가스 감축을 과거의 노예제폐지운동처럼 다뤄야 한다는 주장이 나오기 시작했다.[805] 온실가스 배출을 줄이는 정도가 아니라 아예 '불법화'해야 한다는 것이다.[806] 노예제 폐지가 인간의 자유를 향한 도정에서 큰 이정표가 되었던 것처럼, 온실가스 문제해결이 인류에게 큰 이정표가 될 것이라고도 한다.[807] 다음 내용은 에릭 바인호커Eric Beinhocker가 주창한 탄소 폐지 운동의 논리를 요약한 것이다.[808]

인류는 현재 두 가지 변곡점을 맞고 있다. 기후위기와 대멸종으로 생태계가 파국을 맞을 변곡점, 그리고 기후행동이 진정한 전 세계 사회변혁운동으로 승화될 변곡점, 이 둘 사이에 인간과 생태계의 운명이 걸려 있다.

파국의 변곡점과 변혁의 변곡점, 두 흐름이 모두 강해지고 있는데 애초에 사태가 이렇게까지 악화된 근본 원인은 오랜 세월 이어진 탄소 자본주의가 막강한 기득권 세력을 탄생시켰고, 시스템이 쉽게 변하지 못할 만큼 고착 상태에 빠졌으며, 사람들이 위험을 지각하지 못하고 대안도 상상할 수 없을 만큼 강력한 이데올로기의 덫에 갇혀버렸기 때문이다.

역사를 통틀어 근본적 차원의 모든 사회변혁은 단순한 개량, 개혁만으로 이루어지지 않았다. 노예제 폐지, 여성참정권, 아동노동 금지, 민주화운동, 반전운동 등은 모두 도덕적인 핵심 메시지 위에서 근본적인 변화를 요구했기에 결실을 거둘 수 있었다.

"흑인의 생명도 소중하다" "여성에게 평등한 투표권을" "아이들을 개돼지처럼 부리지 말라" "독재 타도" "베트남전 거부" 등 모든 변혁운동은 분명한 도덕적 비전에서 출발했다. 시스템 내의 작은 개선을 요구한 것이 아니었다. "노예를 인간적으로 대우해달라"고 말하지 않았다. 무조건 "흑인 노예를 해방하라"고 요구했다.

기후변화도 비슷하게 설명할 수 있다. '기후행동을 취했을 때 미래에 예상되는 혜택이 현재 행동을 취했을 때 드는 비용보다 크다, 그러므로 지금 행동에 나서야 한다'는 식의 설명으로 대중의 도덕적 공분을 불러일으킬 수 없다. 비용-편익의 경제적 분석으로 사람들의 가슴이 뜨거워지지는 않는다.

탄소를 단계별로 줄이자는 말은 노예를 단계별로 풀어주자는 주장과 비슷하다. 탄소 배출권을 거래하자는 말은 착한 노예주에게 노예를 한 사람 더 부릴 수 있는 특혜를 주자는 말과 비슷하다. 노예는 단계적으로 풀어줄 것이 아니라 지금 당장 해방해야 한다. 착한 노예주에게 보상할 것이 아니라 모든 노예주의 활동을 금지해야 한다.

그러므로 기후위기 앞에서 우리에게 진정 필요한 것은 '탄소 사망, 생명 수호!'와 같은 선명한 도덕적 주장이다. 그레타 툰베리가 말한 '당신들을 용서하지 않겠다'는 메시지도 이런 관점에서 보면 비수와 같은 도덕적 비난이라 할 수 있다.

물론 규제당국의 정책, 입법 절차, 기업의 협력 등 '내부에서 노력하는 게임'도 어느 정도는 필요하다. 민주정치의 제도적 경로도 활용할 수 있어야 한다. 그러나 도덕적 구호를 내건 '외부에서 요구하는 압력'이 있어야만 대중의 동기를 강렬하게 유발할 수 있다. 아프리카인들을 착취하면서 경제적, 사회적 이득을 취하던 백인들은 모든 방법을 동원해 저항했지만 노예제폐지운동의 압력으로 결국 노예를 해방할 수밖에 없었다.

현세대 사람들이 미래세대의 삶을 훔치고 심지어 멸종 가능성으로까지 몰아넣으면서 경제적, 사회적 이득을 취하는 것은 극단적으로 부도덕하고 파렴치한 범죄행위다. 바인호커는 그러므로 "기후행동은 도덕적 탄소 제로 운동을 지향하는 엔진이 되어야 한다"고 주장한다.[809]

결론적으로, 기후대응과 정의는 동전의 양면을 이룬다. 2부에서 본 대로 기후위기를 몰고 온 원초적 원인인 식민주의 및 그것과 연관된 인종차별주의와 가부장제의 폐해를 직시할 수 있어야 한다. 기후행동과 정의 행동이 함께 가야 한다는 점이 새로운 인권담론의 핵심이다.

33장 여섯째, 전환을 위한 민주주의의 재발견

민주주의 바깥의 효율적 체제라는 환상

민주주의는 정치체제의 정당성을 보장할 뿐 아니라 인권, 평화, 환경과 같은 보편적 공동선을 추구하는 데 있어 비민주 체제보다 우위에 있다.[810] 그러나 기후위기에는 이런 일반화를 뛰어넘는 점이 많다. 기후문제를 민주주의로 풀기 어려운 이유는 2부에서 다루었다.

이 때문에 '민주주의로는 도저히 이 위기를 극복할 수 없어, 어떤 특단의 조치가 필요해'라는 유혹에 빠지기 쉽다. 가이아가설로 유명한 제임스 러브록James Lovelock은 지구환경 위기 앞에서 민주주의를 잠시 유보해야 한다는 견해를 내놓기도 했다.[811] 유럽의 젊은이들을 상대로 실시한 조사에서 응답자의 53퍼센트가 기후대책을 세워준다면 권위주의 정부를 더 선호하겠다고 했을 정도다.[812]

위기의 순간에는 민주주의가 아니라도 좋으니 과단성 있게 문제를 '화끈하게' 해결해주는 정부에 대한 기대가 생기기도 한다. 이런 생각은 흔히 두 가지를 가정한다. 첫째, 민주적이지 않은 정부라도 대다수 보통 사람들의 평등한 미래를 위해 탄소 자본주의 체제를 과감하게 거부할 수 있다. 과연 그럴까? 둘째, 그런 식의 정책 추진이 효과적일 수 있다. 과연 그럴까?

특히 두 번째 가정은 공적 차원의 문제를 풀기 위해 하향식으로 정책을 실현할 수 있다는 잘못된 믿음에 기반을 두고 있다. 이런 관점을 비행기 조종석(콕핏)에 비유해 '조종석 사고방식cockpit-ism'이라 한다. 조종석 사고방식이란 "각국 정부와 정부 간 기구들이 톱다운 방식으로 전 지구적 문제를 다루기만 하면 그것이 해결될 수 있을 것으로 믿는 환상"을 뜻한다.[813] 이는 전문주의와도 연결되는 '소망적 사고'다.

파일럿이 첨단 장비를 이용해 항공기를 유능하게 조종하듯, 최신 지식, 정보, 전문성으로 무장한 전문가와 정치지도자들이 도탄에 빠진 세계를 안전한 미래로 안내해줄 것이라는 믿음은 환상에 불과하다. 전 세계 시민사회, 개인들, 도시들, 비즈니스가 협력하지 않으면 기후위기에 대처할 수 없다. 기후위기는 보통 사람들이 신경 쓰지 않아도 정부가 어쨌든 처리해줄 수 있는 그런 문제가 아니다.

기후위기를 민주정치의 관점에서 다룬 경험적, 규범적 연구가 많이 나와 있는데 그중 몇 가지만 들어보자. 민주주의와 공기 질 사이에 상관관계가 있다는 연구가 있고,[814] 민주주의가 온실가스 배출을 낮추지만 부정부패가 심한 곳에서는 그 반대라는 연구도 있다.[815] 선출직 대표들이 기후위기에 무능하다고들 하지만 그래도 민주 지도자가 환경문제 대처에 있어 더 유능하다고 한다.[816] 기후위기를 전 지구적 문제로 프레임할 경우 국내 유권자들에게 어필하기 어려우므로 기후문제를 국익의 관점에서 재구성하여 추진하는 편이 정책 시행에 효과적이라는 견해도 있다.[817]

참여민주주의와 숙의민주주의

그런데 기후위기를 민주정치로 접근할 때 가장 큰 문제는, 역사적으로 누적된 온실가스 및 현재세대의 결정에 의해 배출된 온실가스의 악영향을 가장 크게 받을 것으로 예상되는 미래세대에게 제대로 된 발언권과 결정권을 부여하지 못한다는 점이다. 데이비드 런시먼David Runciman은 이런 현실을 두고 "지구 혹성의 가장 큰 적이 민주주의"라고 비판하면서 청소년들을 위한 민주주의 보완책이 특별히 필요하다고 강조한다.[818]

대의민주주의가 기후위기에 효과적으로 대처하지 못하고, 시민들의 우려에 덜 반응적이며, 특히 미래세대의 이익을 원천적으로 차단한다는 비판을 받기 때문에 기존의 대의민주주의를 보완하는 참여민주주의와 숙의민주주의의 장점을 거론하는 경우가 많다.

예를 들어, 미래세대를 위해 지속가능발전을 해야 한다는 주장에 당위성이 있다 하더라도 현재세대의 정책 의사결정에 미래세대의 참여가 없다면 그 결정이 그들의 의사를 진정으로 대변한다고 자신할 수 없다. 기후위기와 같은 장기적, 총체적 문제에서 미래세대의 뜻과 선호를 반영하지 않는다면 그 어떤 결정이 나와도 정당성의 충족이라는 면에서 부족하다는 평가를 받을 수밖에 없다.

이런 문제를 환경철학으로 접근하는 김명식은 공공정책으로 인해 발생할 것으로 예상되는 미래의 비용과 편익을 현재 기준으로 그 가치를 깎아서 평가하는 '사회적 할인율'이 기후변화의 경우에는 미래세대에게 매우 불리하게 책정될 가능성이 높다고 지적한다.

사회적 할인율 논쟁은 주로 경제학자들이 주도했지만 윤리적 차원에서는 비용편익 분석과는 다른 방안이 필요하다. 그러므로 사회적으로 중대한 사안에 대해 시민들이 대화와 토론을 통해 결정을 내리는 숙의민주

주의로 기후위기를 다뤄야 한다는 지적이 나온다.[819]

이때 숙의민주주의에서는 충분한 토의에 기반하여 숙고된 판단을 내려야 하고, 공동체의 미래와 미래세대의 입장을 고려할 필요가 있다. 또 미래세대의 입장이 되어 '감정이입적'으로 문제를 바라보고, 도덕적 상상력을 발휘하여 미래세대의 이익을 창의적으로 사고할 수 있어야 한다.

미래세대를 위한 숙의민주주의를 국제적 차원에서 실천하기 위한 아이디어도 이미 나와 있다. '미래세대를 위한 전 지구적 수호자'라는 제도를 유엔 내에 마련하여, 현재세대가 미래세대를 대신해서 그들의 예상되는 이익과 희망을 발언해주는 제도를 고안해야 한다는 제안이다.[820]

대안적 민주주의 아이디어들

기후위기 앞에서 대의민주주의를 보완하거나 확장하려는 여러 대안적 민주주의 아이디어들이 제안되어 있다. 그중 몇 가지만 알아보자.

첫째, 가장 잘 알려진 대안은 기후대응 직접행동이다. '직접행동'이란 대의민주주의하에서 나타나는 민주주의의 결손을 메꾸고, 사람들의 좌절감을 회복시키기 위해 통상적인 제도와 절차의 바깥에서 시민들이 비폭력 저항과 시민불복종을 행사하는 것을 뜻한다. 기후위기와 관련된 직접행동의 특징은 다음과 같다.

기후 직접행동은 개인 차원과 전 지구적 차원이 곧바로 연결된다. 기후행동에 관한 한 본질적으로 로컬 수준, 국가 수준, 국제 수준, 전 지구적 수준의 차이가 없다.[821] 탄소의 배출과 감축은 개인, 집단, 국적을 가리지 않고 전 지구적 대기권에서 공통적으로 적용되기 때문이다. 또 기후위기의 세대 간 정의의 문제 때문에 특히 미래세대가 열성적으로 참여하는 특징이 있다. 마지막으로 기후 직접행동은 단순히 환경운동만이 아니라 모든 영역의 운동에서 활용할 수 있는 범분야적 활동이다.

직접행동은 여러 영역에서 이루어져왔지만 특히 녹색운동에서의 직접행동은 전 세계적으로 특기할 만한 장점과 성과를 냈다.[822] 대중교육, 정치 로비, 녹색당의 정치 진출 등 광범위한 활동 방식과 직접행동이 결합했다. 환경운동은 대중의 이목을 끄는 창의적이고 도발적이고 극적인 직접행동형 저항 문화를 개척했다. 또한 국제, 국내 차원의 입법이나 제도화에도 큰 영향을 끼쳤다.

특히 기후 직접행동에는 국익, 그리고 탄소 경제체제의 이해관계라는 양대 시스템과 싸워야 하는 어려움이 있다. 선진국의 경우 환경 직접행동은 사람들이 당연시하는 경제발전 그리고 자본주의적 소비문화와 정면으로 부딪치는 도전을 감내해야 한다. 또 기후운동은 기후위기의 특성상 국가의 경계, 시간의 경계를 넘어서야 하는 가장 넓은 범위의 시민사회운동이다.[823] 기후 직접행동에서 우리에게 잘 알려진 사례는 그레타 툰베리가 주도한 '기후를 위한 학교 파업'과 '멸종 저항' 운동이라 할 수 있다.

둘째, 기후정책의 영향을 받지만 그 정책에 영향을 주지는 못하는 미성년의 미래세대에게는 제도적 차원에서 의사결정에 참여할 수 있는 방안을 제공해야 한다. 전 세계 청소년들이 학교 파업 직접행동을 이끌었지만 항구적으로 그런 방식에만 의존하기는 어렵다. 이런 문제의식에 기반하여 가칭 '미래세대를 위한 제2 국회'의 설립을 고려해보면 어떨까 한다.

미래세대를 위한 제2 국회는 현재의 '성인' 국회에 더하여 기후위기 대처를 위한 '상설 미래세대 대표자 회의'를 병렬적으로 두는 제도다. 입법권은 없지만 법적으로 대표성을 보장받는 심의-자문-권고형 기구의 지위를 갖는다. 현재의 대의민주주의는 '선출 대표제'에 기반하지만 엘리트에 의한 정치적 기회 독점, 여론에 대한 낮은 반응성, 시민들의 진정한 선호에 대한 정보 부족 등의 이유로 많은 비판을 받아왔다.

이런 한계를 보완하기 위해 고안된 '선택 대표제'는 여론조사의 표본추출과 비슷한 방식으로, 모집단의 특성을 기준으로 각 집단의 비율을 산정해 대표자를 뽑는다.[824] 이 아이디어를 기후위기 대책을 위한 제2 국회에 원용하면, 미성년자들을 대상으로 그 안에서 모집단을 세분화하여 무작위로 대표자들을 선정할 수 있을 것이다.

선택된 대표자들은 선출되지 않았기 때문에 통상적 의미에서의 대의적 정통성과 입법 권한을 행사할 수는 없다. 그러나 이들은 법적 공식성을 부여받고 일정 기간 대표자로 활동한다. 이들은 숙의 과정을 통해 도출된 의견을 성인 국회에 공식적으로 전달하고 권고할 권한이 있다. 또 숙의 내용과 권고를 대대적으로 보도하고 홍보하는 기능도 법적으로 보장된다.

만일 성인 국회에서 미래세대 국회의 권고를 받아들이지 않으면 어떻게 될까? 바로 이 지점에서 기후위기의 특성을 반영한 '세대 간 민주주의'에 대한 새로운 접근이 요구된다. 입법의 최종 권한을 성인 국회가 독점하기는 하지만, 자기들의 결정에 대한 역사적 책무성을 지는 메커니즘이 필요하다. 성인 국회는 미래세대 국회의 권고를 신의 성실로 다루되, 만일 미래세대의 권고를 거부한다면 그 이유를 상세하게 설명할 의무가 있다.

제2 국회는 대표자들의 심의 외에도 아카이브와 교육 홍보 기능을 수행하는 부서를 둔다. 심의에서 다룬 내용과 성인 국회의 권고 수용 결과를 있는 그대로 전국의 학교에서 가르치도록 법적으로 보장한다. 이런 활동은 미래 어느 시점에 '기후 과거사 청산 운동'이 일어날 때를 미리 대비시키는 교육이 될 수 있다. 현재 실현되지 못한 정의를 나중에라도 기억하고 그것을 '역사적으로' 심판함으로써 우리 공동체의 교훈으로 삼겠다는

것이다. 가수 전범선은 기후위기를 '세대 전쟁'의 관점에서 비판하기도 한다.[825]

국제사회의 기후변화 협상 과정에서 개도국들이 역사적 온실가스 배출에 관한 과거사 청산 이슈를 제기하려는 움직임이 있었다. 이른바 '탄소 진실과 화해 위원회'를 가동하여 국제 기후협상에 '이행기 정의'를 포함시켜야 한다는 주장이 그것이다.[826] 이런 움직임은 주로 남반구-북반구 간의 기후정의 맥락에서 제기되었지만, 우리가 2부에서 본 대로 세대 간 기후정의 맥락에서도 '후손살해' 범죄에 대하여 정치적·형사적·역사적 단죄의 가능성을 논의하기 시작했다는 점을 기억해야 한다.[827]

셋째, 각성된 시민들이 기후과학-기후정책의 진로를 민주적으로 토론하고 감시하고, 그것이 함축하는 바를 실천하는, 기후과학-정책 시민운동이 더 활발해져야 한다. 이런 시민운동은 통상적인 환경운동이나 기후행동보다 더 넓은 범위에서 벌어질 수 있다.

「파리협정」을 체결하기 위한 협상이 한창이던 2015년 6월, 전 세계에서 동시다발적으로 열린 기후변화 세계시민회의와 같은 민주주의 모델도 좋은 예다. 이때 전 지구적 관점에서 시민들이 자발적으로 기후변화에 대응해야 할 필요성, 기후행동의 수단, 유엔 협상에 대한 제언과 국가별 결의, 기후행동의 공평성과 분배정의, 기후행동의 공약과 실천 등을 논의했다. 이런 노력은 국제 기후협상이 단순히 정부 간 협상에 국한될 것이 아니라, 전 세계 차원의 시민 숙의에 기반해야 한다는 '과학기술 시티즌십'을 입증한 민주주의 모델이라 할 수 있다.[828]

과학기술 시티즌십을 논리적으로 확장하면 시민 참여를 통해 기후위기 리스크를 시민들이 스스로 결정한다는 말이 된다. 예를 들어 기후과학계에서 1.5도 혹은 2도를 마지노선으로 제시하고 있지만, 각국이 기온 상승에 대응할 수 있는 리스크의 기준은 각각 다를 수밖에 없다. 각국의 경제사회적 발전 수준, 적응 역량, 인프라 수준, 회복력을 위해 동원할 수 있는 자원, 불평등의 정도, 시민들의 관심과 각오 수준 등을 감안하여 관리 가능한 리스크 수준을 시민들이 결정할 수 있어야 한다는 것이다.[829]

요컨대 과학적 팩트 논쟁이 끝난 지점에서 사회적 해법 논쟁이 시작된다고 할 수 있다. 기후논의에서 가장 중요한 방식으로 인정되는 기술관료적 접근방식에서는 흔히 정답이 이미 나와 있고 그것을 어떻게 실행할 것이냐 하는 방법만 고민하면 된다고 하는 문제해결식 관점이 팽배하다. 그렇게 되면 실용적·기술적·도구적 합리성만을 합리성으로 보는 오류에 빠지기 쉽다.[830]

그러나 예를 들어 그린뉴딜 정책이 발표되었을 때, 그것의 기표만 볼 것이 아니라 그것의 기의, 즉 본질과 지향과 의미를 물어야 한다. 김상현의 질문은 바로 그런 지점을 겨냥한다.

> 당신들의 그린뉴딜은 어떠한 그린뉴딜인가? 탄소 환원주의로부터 벗어나고 있는가? 녹색성장론에 갇혀 있지 않은가? 기술관료주의에 빠져 있는 것은 아닌가? 자본주의 정치경제체제의 변화를 지향하는가? 그렇다면 이를 어떻게 담아내고 있는가? 기후 불평등으로 나타나는 사회·경제·환경 불평등을 어떻게 이해하며 또 대처하고 있는가? 풀뿌리 사회운동은 어디에 있는가? '정의로운 전환'을 고용, 보상과 구제의 제공 차원으로 제한하고 있는 것은 아닌가? 에너지의 공적 소유와 민주적 통제는 어떻게 이루어갈 것인가?[831]

전 세계 차원의 기후정책 실천에 있어서도 각국 정부와 세계의 시민들이 민주적 원칙에 기반하여 선의의 역할 분담을 할 수 있다. 국민들로부터 권한을 위임받은 국가대표들에 의한 정부 간 국제 협상의 결과를 각국이 실천하는 것은 '국제 협상의 수직적 위임'이라 할 수 있다. 그러나 다른 한편으로 전 세계 시민사회의 집합적 행동을 횡적으로 조직하는 '수평적 책임의 실천'도 있을 수 있다.[832]

탄소 배출 기업에 대한 불매운동(보이콧) 혹은 환경친화 기업에 대한 구매운동(바이콧) 등 정치적 소비자운동, 개인 차원의 탄소배출권 거래제(이산화탄소 신용카드), 전환도시 운동, 기후변화 적응 네트워크, 규범적·인지적 패러다임 전환, 종교계의 참여 등이 수평적 시민 책임의 실천 사례들이다.

'거대한 대화'로 열어가는 민주주의

넷째, '거대한 대화Great Conversation'에 기반한 민주주의가 필요하다. 이것은 세 번째 제안에서 소개한 민주시민의 기후정책 통제보다 더 넓은 차원에서의 행동이다. 기후위기에서 제일 많이 나오는 이야기는 아마 온실가스 감축목표치 달성 그리고 1.5~2도 내에서의 기온 상승 저지일 것이다. 그러나 이를 위해 제대로 된 기후·환경의 대화와 토론이 더 필요하다. 무조건 기한 내 목표치 달성 여부만이 모든 논쟁의 핵심이 되어서는 안 된다.

감축목표만 달성하면 그것으로 우리의 미래가 보장되는 것이 아니기 때문이다. 이 책을 통해 여러 번 강조한 것처럼 감축목표치는 정말 최소한의 한계라도 지키자는 방어적 논리로 구성되어 있다. 그보다 더 나빠지는 것을 막아야 한다는 마지노 선의 목표일 뿐이다. 그것만 지키면 장밋빛 미래가 올 수 있다는 비전이 전혀 아니라는 사실을 기억해야 한다. 감축목표를 추구하되, 그것을 포함하여 기후사태가 함축하는 다양한 문제점을 함께 논해야 하는 것이다.

이러한 현실 인식에서 요구되는 '거대한 대화'는 앞에서 살펴본 참여민주주의와 숙의민주주의보다 훨씬 범위가 넓은 전 사회적 그리고 세대 간의 의사소통을 뜻한다. 우선, 우리는 왜 기후문제가 잘 풀리지 않는지에 대해 근본적인 질문을 할 필요가 있다.

자신과 당장, 직접 상관이 없다고 생각하는 일에 신경을 끈 채 살아가는 의도적 시야 좁히기, 고슴도치식 자기방어, 어떤 일을 깊게 파고드는 진지한 자세 자체를 경멸하는 '학습된 냉소', 그러잖아도 골치 아픈 일이 많은데 '황당하게' 기후 운운하는 것에 격하게 반응하는 '적대적 귀차니즘' 등이 사회 전체에 만연해 있지는 않은지 자성해보아야 한다.

또는 반대로 기후변화에 대해 크게 아는 바가 없으면서 그것에 대해 확고한 견해를 가진 사람도 있다. 이런 이들일수록 단순 논리로 일반화하고, 극단적으로 부인하거나 극단적으로 비관하곤 한다. 실력이 부족한 사람이 자신을 과대평가하는 '더닝-크루거 효과Dunning-Kruger effect'를 우리 주변에서 흔히 관찰할 수 있다.[833]

국제 비교연구에서 한국인들이 기후변화를 '염려한다'고 응답하는 비율이 비교적 높게 나오기도 한다. 그러나 실제로 체감하는 수준에서 유추해보면 기후행동에 큰 관심이 없다고 보아도 무방할 것이다. 기후변화를 인정하고 우려한다고 답변하면서도 실제로는 무관심하다는 말이 무슨 뜻인가?

기후변화에 관한 여론조사에 임할 때, 객관식 시험에서 정답 고르듯이 모범답안을 말했을 수도 있다. 우리는 너무 쉽게 모범답안으로서의 기후위기 '팩트'만을 받아들인 것이 아닐까? 영혼 없는 모범답안이 풍기는 무기력 같은 분위기가 느껴지지 않는가? 만일 이런 추측이 옳다면 한국 사회에서의 기후 비상사태는 기후의 '물리적 비상사태'일뿐만 아니라, 기후의 '소통적 비상사태'일 가능성이 크다.

대화와 의논은 가장 깊은 차원에서 지혜와 통찰을 찾아가는 방법이기도 하다. 북아메리카의 인디언 사회를 깊게 연구한 여치헌에 따르면 청년 인디언에게는 광야의 외딴곳에서 단식하면서 자신의 길이 무엇인지에 대해 응답을 구하는 '비전 탐구'가 중요한 의식이었다고 한다. 비전은 마음의 평화와 조화를 찾는 모색이기도 하고, 특정한 문제에 대해 답을 구하는 것이기도 했다. 그런데 비전 탐구를 통해 얻으려는 힘이나 능력은 개인적인 야망이 아니라 공적인 것, 공공의 이익이었다. 비전 탐구의 여정을 마친 사람은 부족의 어르신과 함께 자신이 겪은 체험이 진짜 비전인지 아니면 환영에 불과한 것인지에 관해 '대화'를 나누었고, 지혜로운 어르신은 늘 조심스럽게 대화를 끌어가면서 조언을 해주었다고 한다.[834]

이런 사례를 통해 우리는 개개인이 집단 전체에 속한 공적인 문제에 관해 수평적 대화와 경청을 통해 그것의 의미를 찾아가는, 그리고 그런 과정들이 모여 공동체 전체가 나아갈 방향성으로 제시되는 '거대한 대화'에 바탕을 둔 민주주의의 씨앗을 발견한다.

이렇게 본다면 기후위기에 대해 말문을 열고, 말귀를 열고, 이야기 나누는 행위 자체가 기후행동의 시작이라 할 수 있다. 당장의 기후대책에 아무런 도움이 안 되는 것처럼 보여도, '말문 열기' 자체가 기후행동의 단초를 제공해줄 수 있다는 뜻이다.[835]

유네스코는 2017년에 발표한 「기후변화에 관한 윤리원칙 선언」에서 '사회적 대화'를 기후변화 대응 방안의 중요한 일부로 강조했다.[836] 또한 2050 저탄소 사회비전 포럼이 내놓은 네 가지 제안 중 두 가지—공정하고 체계적인 대국민 사회적 논의 추진, 그리고 사회적 논의를 계기로 기후변화에 대한 범국민 인식 확산 필요—가 거대한 대화와 직접 관련이 있는 내용임을 기억해야 한다.[837]

다양한 차원의 거대한 대화

사회적 차원의 거대한 대화에는 여러 수준이 있을 수 있다. 일상에서의 비공식적 '정치 대화'의 형식으로 기후변화의 말문을 트는 방법이 있다.[838] 또 찬반 논쟁이 아니라 자유로운 형식의 열린 대화를 통해 관용과 신뢰의 정신으로 기후대화를 진행할 수도 있다. 이런 식의 열린 대화야말로 "민주주의의 영혼이자 심장"이라 할 수 있다.[839]

또는 공공 정치철학에서 권장하는 본격적인 '거대한 대화'도 있을 수 있다.[840] 이때 거대한 대화란 특정 사회집단의 구성원들이 자기들끼리 익숙한 방식으로 이야기하는 '세밀한 대화'보다 훨씬 더 규모가 큰 대화를 말한다.[841]

IPCC 과학자들 혹은 기후정책 결정자들이 논하는 전문지식이 '세밀한 대화'라면, 비전문가들—일반 시민들과 비과학 계열의 지식인들—이 기후위기에 관해 나름의 견해, 논리, 해법을 제시하는 '거대한 대화'가 있을 수 있다.

과학 지식이 부족하다고 해서 기후위기에 자기 의견을 내지 못한다는 법은 없다. 반드시 과학적 패러다임 내에서만 기후대응에 관해 논의해야 한다는 법도 없다. 과학 정보 앞에서 위축되거나 압도될 필요 없이—물론 기후변화의 기본 팩트는 당연히 인정하는 선에서—많은 사람들이 자유롭고 진지하게 의견을 나누는 것이 필요하다.

이런 대화는 그것이 중요하다는 점에서 거대하고, 다루는 견해들이 다양하다는 점에서도 거대하며, 지속 기간이 길다는 점에서도 거대하다. 기후위기처럼 인간 사회의 모든 영역이 다 포함되는 '실존적' 문제는 특히 이러한 유의 거대한 대화에 적합한 이슈다.[842]

예컨대 비과학 분야의 연구와 출판 활동, 언론 미디어의 기사, 탐사보도, 칼럼, 토론 프로그램, 토크쇼, 연예프로그램, 스포츠 중계, 심지어 코미디 프로에서도 기후와 관련된 대화가 자연스럽게 나올 수 있어야 한다. 이와 비슷한 취지로 리베카 윌리스Rebecca Willis는 기후정책이 아무리 훌륭해도 "민주적이지 않으면 현실성이 없다"고 지적한다.[843] 기후운동가 빌 매키븐도 "모든 곳에서 모든 이들이 참여하는 길고, 깊고, 진지한 대화"를 시작해야 한다고 역설한다.[844]

지금까지 기후위기 담론의 이론적 토대가 주로 '스템STEM'에 속하는 자연·기술·공학·수학 계열을 중심으로 형성되었다면, 앞으로는 '셰이프SHAPE'에 속하는 인문·사회·경제·예술 계열이 기후담론의 토대를 넓혀갈 필요가 있다.[845]

기후위기 앞에서 '한가하게' 대화나 하고 있을 수는 없다는 반론이 나올지도 모른다. 하지만 행동과 대화는 양자택일이 아니라 둘 다 동시에 추진해야 할 과업이다. 기후위기는 워낙 광범위한 영역들에서 생각지도 못한 영향을 끼칠 문제이기 때문에 이것에 관심을 갖는 사람들의 저변이 넓어지는 것이 절대적으로 필요하다.

이것을 시민운동의 '압핀 이론'으로 설명할 수 있다.[846] 크게 보아 사회 변화를 위한 행동의 흐름은 두 가지로 나타난다. 압핀의 머리에 해당하는 폭넓은 사회의 압력이 있고, 핀 끝에 해당하는 전문화된 시민운동이 있다. 예리한 핀 끝이 있어야 압핀을 꽂을 수 있다(구체적 기후정책 효과). 그러나 압핀을 꽂으려면 우선 넓은 머리가 있어야만 강한 압력을 가할 수 있다(대중적 지지).

"제대로 된 기후위기 대응은 다양한 사회 구성원들의 힘과 의지를 모아낼 때에만 가능한데, 이를 가능케 해주는 유일한 길이 민주주의의 복원"이라고 한 기후연구가 김선철의 지적은 정확히 이 점을 겨냥한다.[847]

시민들의 확신으로 기후행동 임계점을 넘어야

기후위기의 암울한 전망 속에서 한 가닥 희망의 방법이 제시되어 있다. 한없이 단단하게 보이는 전반적 사회 풍조가 의외로 빨리 바뀔 수도 있다는 최근의 연구 결과가 그것이다. 이에 따르면 사회의 관행과 의식이 바뀌는 역학 관계에도 변곡점이 존재한다고 한다.

지금까지는 새로운 견해를 가진 집단이 세상을 바꾸려면 인구 집단의 과반수를 넘긴 51퍼센트가 필요하다고 보았다. 그래야 '다수결' 원칙에 따라 사회 사조가 유의미하게 변할 수 있다고 가정했다. 그러나 실제 연구에 따르면, 경우에 따라 다르기는 하지만, 소수 의견이 전체 인구 집단의 10~40퍼센트 수준에 도달하기만 해도 사회 전체가 갑자기 바뀔 수 있다고 한다.

이런 변동의 비결은 소수 의견 집단의 '내적 응집력'이다. "보통 사람들과 비슷한 정도의 사회적 권력과 자원을 가진 개인들로 이루어진 작은 집단이라 해도 얼마든지 사회 사조의 변화를 몰고 올 수 있다. 이런 견해에 따르면 작은 집단의 힘은 권위나 돈에서 나오는 것이 아니라, 어떤 **대의에 대한 신념**에서 나온다."[848] 소수 의견 집단 구성원들은 다수 의견 집단 구성원들과 비교해 능력과 자원은 비슷하지만, 그들에게는 어떤 대의를 굳게 믿고 그것에 대한 애착과 의지가 강하다는 특징이 있다.

전체 인구 중 기후문제를 진심으로 염려하고 기후행동의 대의를 확신하는 사람을 10퍼센트만 확보할 수 있어도 사회변혁이 일어날 수 있다는 주장을 한국 사회에 대입해보자. 2020년 총선에서 전국 유권자 숫자 중 10퍼센트라면 440만 명이 된다. 이런 규모의 시민들 마음을 바꾸는 것은 쉽지는 않겠지만 불가능한 과업도 아니다. 대통령 탄핵 촛불집회에 참여한 사람들이 연인원 1,500만 명 정도였다. 그중 3분의 1만이라도 기후위기에 확신을 가진다면 탄소 자본주의를 억제하고 기후행동을 위한 사회적 통념과 관행을 일거에 바꿔놓을 수 있다.

2020년 6월 말 코로나19 사태 와중에 프랑스에서 지방선거가 열렸다. 그 결과를 프랑스 현지 통신원은 이렇게 전한다. "10개 대도시에서 생태주의자 시장이 탄생했다. 파리, 마르세유, 리옹, 스트라스부르, 보르도, 안시, 푸아티에, 투르, 브장송, 그르노블. 우리로 치면 서울, 부산, 인천, 대전, 울산, 대구, 광주, 세종, 강릉 등에 녹색당 시장이 당선된 셈이다."[849] 프랑스의 전통 깊은 녹색사상과 시민의식이 임계질량을 형성해 순식간에 녹색정치의 변곡점을 넘었던 것이다.

한국의 정치권에서도 약간의 변화 조짐이 나타나기 시작했다. 2020년 9월 말 대한민국 국회는 사상 최초로 「기후위기 비상대응 촉구 결의안」을 발표하여 2050년까지 탄소 중립 목표를 달성하겠다는 의지를 표명했다. 10월 말 대통령은 국회 시정연설에서 "국제사회와 함께 기후변화에 적극 대응해 2050년 탄소 중립을 목표로 나아가겠다"고 선언했다. 이런 움직임을 지렛대 삼아 기후문제를 염려하는 민주시민들이 탄소 감축의 규모와 속도를 최대한 높일 수 있는 방안을 적극 모색해야 한다.

한국인의 높은 정의감, 평등 지향성, 민주 역량, 권리의식, 사회 전체의 신속한 학습 능력, 시끌벅적하지만 절제력 있는 집합적 행동, 자신의 미래를 개척하려는 청소년들의 열의, 녹색 가치를 지키려는 헌신적 운동가들, 젠더 평등 세상을 열어가는 페미니스트들, 세계 최고 수준의 인터넷 접근성, 포화 상태를 한참 넘은 IT 커뮤니케이션 등의 요소들이 적절히 결합된다면 빠른 시일 내로 유의미한 변화가 분명히 올 수 있다.

한번 더 강조하지만 기술적인 논의를 넘어 백화제방과 같은 '거대한 대화'를 장려하는 민주주의로 출발하여 기후문제를 돌파해야 한다. 기후위기의 급박한 현실을 인정하면서 필요한 대응을 취하되, 궁극적으로는 시민들의 자유로운 의사소통과 민주주의를 통해 문제의 근원적인 해법을 찾아야 하는 것이다.[850]

다른 길은 없다. 모든 사람의 민주적 총의를 모아 기후위기에 대응하고, 민주주의로 결말을 보아야 한다. 그것이 존엄을 가진 인간이자 불의를 거부하는 민주·인권 시민이 지혜롭고 의연하고 용기 있게 기후위기에 맞서는 정석이다.

| 나오며 |

"인류세의 지구는 쉽게 찢어질 수 있는 겉봉투 같은 것이다."
브뤼노 라투르Bruno Latour

"그저 손 놓고 있으면 세상만사가 피할 수 없는 숙명이 된다."
조디 윌리엄스Jody Williams

1990년 8월 말 IPCC는 기후변화에 관한 첫 번째 「1차 평가종합보고서」를 발간했다.[851] 당장 탄소 배출을 중단하더라도 온실가스의 누적효과 때문에 기후가 안정되려면 수십 년이 더 걸릴 것이라는 충격적인 경고가 이때 공식적으로 등장했다. 그 후 보고서에서 우려한 바가 계속 입증된 역사가 되풀이되었다. 보고서가 나오고 정확히 30년 뒤, 2020년 8월 말 한국을 비롯한 전 세계가 팬데믹의 쓰나미로 멈춰 서 있었다.

그렇다면 앞으로 30년 후는 어떤 모습일까? 국회미래연구원과 중앙일보가 펴낸 「2050년에서 보내온 경고」에 다음과 같은 시나리오가 등장한다.

저는 2019년 2월에 태어난 올해 31살의 직장인입니다. 오늘은 2050년 8월

1일 오후 2시, 서울 도심 온도가 섭씨 43도까지 올랐습니다. 게다가 사흘 연이어 찌는 듯한 폭염입니다. 오존경보는 이제 일상화가 됐습니다. (…) 매년 여름철이면 주변 고령의 어르신들 부고訃告가 많이 들려옵니다. 물론, 살인적 더위 때문입니다. 더 심각한 것은 앞으로도 해가 갈수록 더 더워질 거라는 겁니다. 온실가스로 인한 지구온난화는 이미 돌이킬 수 있는 임계점을 넘어버렸습니다.[852]

1992년 「기후변화협약」이 체결되었을 때 한국은 감축 의무를 부담하지 않는 비부속서 개도국으로 분류되었다. 그때 이미 1인당 국민소득이 6천 달러를 넘었고 GDP로는 세계 20위권에 진입한 상태였다. 지금은 당시와 비교할 수 없을 만큼 경제 규모가 늘었다. 온실가스의 역사적 책임은 적지만 현재 영향력은 대단히 큰 나라로서의 양면성이 한국의 기후대응 방식에 큰 영향을 끼쳤다.

오늘날 한국은 객관적으로 보면 '선진국'에 걸맞은 책임을 져야 마땅한 나라다. 하지만 '감축 의무를 지고 싶지 않은 정서' 그리고 '기후대응의 전 세계적 움직임에 가능한 한 늦게 승차하고 싶은 정서'가 지배적인 나라다. 정부는 기후변화를 '위기'로 보기보다 "새로운 경제성장 동력 창출의 기회"로 인식한다고 스스로 내세운다.[853]

환경운동, 인권운동, 청소년, 일부 언론에서는 기후문제를 심각하게 다룬다. 그러나 사회 전체적으로는 무관심, 반신반의, 외면, 체념의 분위기가 많다. 한 국제 비교 조사에서 한국 응답자의 67퍼센트가 "기후변화를 막기엔 늦었다"고 했다. 평균치 46퍼센트보다 훨씬 높은 결과였다. 기후활동에 나서는 젊은이들에게 가해지는 부정적 시선, 오해, 편견도 상당하다.[854]

한국 사회에서 아직 기후문제는 중심부의 의제가 아니다. 기후문제를 적극적으로 부인하거나 호도하는 극우파, 포퓰리스트, 음모론자가 아직까지는 적다. 이런 현상은 좋은 점이 있지만 불안한 점도 있는 양날의 칼이다. 격렬한 기후논쟁을 거친 후 만들어지는 기후'항체'가 아직 형성되지 않았기 때문이다. 기후대응에 반대하는 공세에 맞설 수 있는 집단면역이 부족한 상태다.

이것은 앞으로 한국에서 필히 전개될 것으로 예상되는 기후논쟁에서 유념해야 할 점이다. 노골적으로 기후변화를 부인하는 사람은 많지 않을 것이다. 정식으로 '기후위기'라는 간판을 달고 논쟁이 일어나지 않을 수도 있다. 훨씬 은밀하고 간접적이고 교묘한 반대 논리가 등장할 가능성이 크다.

국제사회에 대한 약속 뭉개기, 현실론으로 포장된 탄소 에너지산업 감싸기, 재생에너지 헐뜯기, 근본 대책은 멀리하면서 '그린'이라고 작명하기, 소외계층 지원하는 척하기, 논점 흐리고 정치적 공격거리 삼기 등의 양태가 나타날 것이다. 2020년 여름에 물난리가 났을 때 태양광 설비 때문에 수해가 악화되었다는 논란이 제기되기도 했다.

이 때문에 시민들의 관점을 바로 세우고, 상황의 핵심을 꿰뚫어 볼 줄 알게 하고, 공평하고 정의롭고 개방적인 가치관을 설정하고, 기후 민주시민교육, 기후 세계시민교육, 기후 평생교육을 실시하는 것이 대단히 중요해졌다. 인권의 관점은 이런 교육 활동을 기획할 때 크게 도움이 될 것이다.

기후위기는 가장 전 지구적 문제다. 전 세계 모든 나라에서—특히 책임이 큰 나라들은 더욱—필사적으로 노력해야 하는 문제다. 그러나 정책적 함의가 있는 행동은 각국 내에서 각국 정부와 기업을 상대로 이루어질 수밖에 없다. 자국 내에서 행동할 때 '과연 다른 나라들이 약속을 지킬 것인가'라는 의구심이 들곤 한다. '남들이 하지 않는데 우리만 열심히 하면 무슨 소용이 있는가'라는 회의가 들 수도 있다. 전형적인 죄수의 딜레마 같은 상황이다.

하지만 다른 방법은 없다. 국제적 논의에 적극적으로 참여하면서 다른 나라들도 열심히 할 것이라고 믿고 기대하면서 우리가 할 수 있는 바를 최선을 다해 수행하는 수밖에 없다. 그렇게 하지 않으면 최악의 결과만이 나올 뿐이기 때문이다. 끝으로 결론을 대신해 몇 가지를 기록해둔다.

우리 마음과 현실에 존재하는 각 부문 사이의 칸막이를 허물어야 한다. 기후위기를 주로 환경문제로 인식하고, 주로 환경부에서 다루고, 주로 환경운동가들이 주도하고, 주로 환경 전문기자들이 기사를 쓰고, 주로 지구과학/기상과학/해양학 서가에 책들이 모여 있는 한, 기후대응은 어렵다.

기후는 인간이 상상할 수 있는 가장 넓은 범분야적 쟁점이기 때문에 여러 기후위기'들'이 있고, 여러 기후행동'들'이 있을 수 있다. 환경뿐만 아니라 경제, 산업, 언론, 여성, 인권, 사법, 복지, 노동, 아동, 보건의료, 장애, 노인, 교육, 치안, 지방자치, 도시행정, 정보기술, IT 기술, 시민사회, 이주, 국제 개발 협력, 문학, 문화, 예술, 학문 등 모든 분야에서 관심을 가지고 자기 분야에서 할 수 있는 고유한 방식으로 힘을 보태야 한다.

예를 들어보자. 디지털 게임에 필요한 전력 때문에 전 세계에서 매년 자동차 500만 대분의 온실가스가 배출된다. 국제 게임산업에서는 탄소중립 게임 개발을 고민하고 있다. 한국에서도 기후소설을 일컫는 '클라이파이' 작품들이 나오기 시작했다. 색깔이 다른 털실로 표시한 기후 태피스트리를 뜨개질하여 보급하는 기후 공예운동도 출현했다.

모든 생명의 연결성을 상상하고, 확률과 개연성 그리고 근본 원인의 관점에서 사회문제를 파악하는 교육과 사고방식이 필요하다. 아무리 복합적인 재난 상황이 와도 "공통의 근본 원인을 생각하고 어떤 방향으로 무엇이 가능한지 성찰하는 것이야말로 이 시기에 필요한 정치적 실천"임을 잊어서는 안 된다.[855] 홀로코스트의 교훈 중 하나가 단순히 명령에 복종했다는 것이 인권유린의 핑계가 되지 못한다는 원칙이다. 마찬가지로, 단순히 탄소 자본주의 시스템을 따르기만 했다는 것이 기후문제의 면책이 되지 못한다.

시간을 새롭게 상상하는 관점도 필요하다. 먼 경치를 카메라의 줌으로 당겨 촬영하는 것처럼, 먼 미래를 사회학적 상상력의 줌으로 당겨 긴 시간상의 추세와 인과관계를 꿰뚫어 볼 수 있어야 한다. 단기적 평가를 위해 설계된 제도들—주기적 선거, 분기별 경영 실적 등—을 대체, 보완할 수 있는 혁신적 아이디어들이 나와야 한다.

인권에서도 시간의 지평을 길게 잡아야 한다는 견해가 많다. 눈앞의 직접적 차별과 인권침해에 대해서는 그렇게 감수성을 강조하면서, 인간의 장기적 생존에 대한 감수성에는 관심이 없다면 시대적 적실성이 부족한 인권담론이 된다.[856]

얼마 전까지만 해도 국제 인권운동의 주 관심사는 인권의 보편성을 공간적으로 확장하는 것이었다. 그러나 기후변화, 유전자조작 등 인권침해가 대를 이어 전해지는 시대에는 인권의 보편성을 시간적으로 확산시키는 일이 더욱 중요해졌다.[857]

눈앞의 이익을 위해 미래를 '식민화'하는 나쁜 조상, 탄소 자본주의에 중독되어 미래세대를 희생시키는 범죄적 조상이 되어서는 안 된다. 말끝마다 자식을 사랑한다고 하면서도 팬데믹이 계속 덮치는 세상을 물려주는 우를 범해서야 되겠는가? 미래세대에 의해 기후 과거사 청산의 대상으로 전락하는 비극이 없어야 한다. '착한 조상'이 되려면 세대 간 정의 관념, 그리고 자신의 삶 후에도 이어지는 장기적 계획의 관점, 즉 '대성당 건축식 사고방식cathedral thinking'이 절대적으로 필요해졌다.[858]

기후위기는 전문가, 정치인, 행정가에게만 맡길 수 없는 문제다. 모든 시민이 참여하고 발언해야 한다. 이 사태는 전문가와 지도자가 이끄는 대로 따르기만 하면 되는 그런 차원의 문제가 아니다. 과학의 기본 팩트를 존중하되 위기의 리스크를 가늠하고, 함의를 해석하고, 실천에 따르는 책임과 부담을 시민들이 민주적으로 결정해야 하는 문제다.[859]

보통 사람이 기후행동을 시작하기는 아주 쉽다. 일단 지인들과 기후 이야기를 나누는 첫 단추를 끼우면 된다. 기후문제를 풀기 어려운 이유는, 이 주제를 일상 대화에 올리기 어렵게 만드는, 어떤 사회적·문화적·심리적 '기후침묵'의 장벽이 있기 때문이다. 이 벽을 허물기만 하면 작은 '기적'이 일어나는 것은 시간문제다. 한 중학생의 청원이 6,868명의 호응을 얻었다면, 그 바통을 이어받아 유권자의 10퍼센트가 기후청원을 넣는 날이 의외로 빨리 올 수도 있다.

마지막 질문으로 마무리하자. 기후위기 상황에서 희망을 말할 수 있는가? 기후과학의 계측치는 어두운 전망 쪽을 가리킨다. 탄소 농도와 비관의 눈금은 정비례한다. 그러나 희망은 객관적 조건의 산물이 아니라 실천적 행동의 창조물임을 기억하자. 한편에 과학의 법칙이 있다면, 다른 한편에는 인간의 연대심, 정의감 그리고 창의적인 적응력이 있다. 양쪽 끝을 민주시민의 행동으로 잇는다면 실존의 세기를 건너는 희망도 말할 수 있을 것이다.

| 미주 |

1 Cadham(2020).

2 WMO(2020). 2015~2019년의 종합적 평가는 다음을 보라. WMO(2019b).

3 지구 대기가 온실가스에 반응하는 민감도를 조사한 최근의 연구에 따르면, 21세기 말에 2.6~4.1도 정도로 기온이 상승할 가능성이 크다고 한다. Sherwood et al.(2020).

4 Gibb et al.(2020), Patsavoudi(2020), Vidal(2020), WWF(2020).

5 UNEP(2016: 22).

6 롭 윌러스(2020).

7 노마(2020). Funes(2020), Global Virus Network(2019).

8 반기성(2020), 반기성·반기석(2018), Goldfinger(2020), Rosenblatt and Schmitz(2014).

9 Harris(2020), Patz et al.(2003: 124), Worland(2020).

10 최재천(2020a).

11 반기성(2020), 최우리(2020b).

12 Brooks et al.(2020).

13 Goudarzi(2020), Harvey(2020a).

14 Naicker(2011).

15 IPBES(2019). 2020년 4월 《네이처》에 발표된 연구에 따르면 기후변화로 인한 생물다양성의 감소 시기와 속도를 추정할 수 있다고 한다. 생태계가 군집성을 이루는 경향이 있으므로 대다수 생물종이 생존하지 못할 정도로 기후위기에 노출되는 현상은 거의 동시적으로 발생할 것이다. 온실가스를 가장 많이 배출하는 시나리오에서는 2030년부터 적도권 해양에서 급격한 생물종 멸종이 시작되고 2050년까지 다른 지역으로 확산될 것으로 예상된다. Trisos, Merow and

Pigot(2020).

16 이혜경(2020: 4).

17 UNEP and ILRI(2020: 4).

18 최용락(2020).

19 최우리(2020c).

20 정대희(2020).

21 Marks(2011).

22 Monbiot(2019a; 2020).

23 조효제(2016a; 2018a).

24 이런 통합적 접근은 코로나19 사태를 대하는 방식에서도 동일하게 적용되어야 한다. 인류와 자연이 함께 살 수 있는 '지구 혹성 건강planetary health' 개념이 나와 있다. Steffen et al.(2015). 세계보건기구은 인간-동물-환경을 포괄하는 '하나의 건강One Health' 개념을 주창한다. 조효제(2020a), Amuasi et al.(2020), WHO(2017).

25 생태학자 앤드루 돕슨은 코로나로 전 세계 경제가 입은 피해를 약 8~16조 달러로 추산하면서 그 액수 중 극히 일부에 해당하는 180~270억 달러 정도만 산림 남벌과 야생동물 거래 금지, 팬데믹 조기 경보 체제 구축에 써도 팬데믹을 막을 수 있다고 추산한다. 산림 훼손을 막으면 기후변화 저감에도 도움이 되므로 일석이조의 효과가 발생한다. Dobson et al.(2020).

26 신호성·김동진(2008: 97).

27 박정렬(2014).

28 신나리·백수진·유효순·신인식(2019: 125).

29 Fankhauser(2019).

30 Rudd(2020), Turzi(2020).

31 선정수(2020), UNEP(2019a).

32 황보연(2020).

33 다음을 참조하라. Thunberg et al.(2020).

34 기후변화에 관한 기본 자료 중 일부만 소개하면 다음과 같다. 김현우(2014), 나오미 클라인(2016), 데이비드 월러스웰스(2020), 마이클 만·톰 톨스(2017), 스펜서 위어트(2012), 양해림 외(2015), 윤순진(2009), 이승은·고문현(2019), 이유진(2010), 전의찬 외(2016), 조너선 닐(2019), 조천호(2019), 조효제(2019b), 한재각 외(2019).

35 기후변화에관한정부간협의체(2015: 2).

36 이 글은 《국제 지질계-생물계 프로그램IGBP 뉴스레터》에 실린 2페이지짜리 의견 기사였다. Crutzen and Stoermer(2000). 이 기사는 거의 동일한 내용으로 2년 뒤 《네이처》에 크뤼천의 단독 기고 형식으로 전재되었다. Crutzen(2002).

37 김기석(2018b: 291).

38 Maslin and Lewis(2019).

39 Crutzen(2002: 23).

40 기후변화에 관한 정부간 협의체(2015: 2).

41 자본세Capitalocene에 관한 제이슨 무어의 분석은 다음을 보라. Moore(2017: 13, 15-16). 그러나 기후변화를 둘러싼 논쟁을 자본주의 정치경제학 논쟁으로 환원시킬 수 없다는 반론도 있다. 디페시 차크라바티(2019).

42 고독세Eremocine에 관한 설명은 다음을 보라. Subramanian(2015).

43 화염세Pyrocene를 소개한 자료는 다음을 보라. Pyne(2015). 산불이 더욱 빈발해지는 것도 기후변화 시대의 특징이다. 고온건조한 날씨가 산불을 대형화하고 있다. 2019년은 '세계 산불의 해'라고 불릴 정도로 기록적인 규모로 산불이 발생하여 남한 면적의 34배가 소실되었다고 한다. 서현우(2020).

44 여성세Gynocene에 관한 데모스의 설명은 다음을 보라. Demos(2015).

45 술루세Chthulucene의 간명한 해설은 다음을 보라, 백영경(2020a: 23-25).

46 생태세Ecocene 개념은 다음을 보라. Boehner(2013).

47 동질세Homogenocene는 찰스 만이 고안한 개념이다. Mann(2011).

48 학살세Caedemocene는 필자가 고안한 개념이다. 루돌프 러멜은 제노사이드보다 더 포괄적인 개념인 데모사이드로 20세기에 2억 6200만 명이 살해된 것으로 추산한다. 조효제(2016: 313-315). 대멸종과 생태학살을 연결시킨 주장으로는 다음을 보라. Ceballos et al.(2015), Dawson(2016).

49 백영경(2020a), Kotze(2014).

50 Cho(2019), Logan(2018).

51 Bonneuil(2015), Zinn(2016).

52 Borunda(2020).

53 관계부처합동 (2020).

54 최우리(2020a).

55 환경부(2020).

56 이근영·박기용·최우리(2020).

57 산림청(2020).

58 반기웅(2020), 조효제(2020a), 최재천(2020b), Harvey(2020), Ryan et al.(2019), Sengupta(2020). 세계보건기구의 종합적 연구는 다음을 보라. Patz et al.(2003: 103-132).

59 이 절의 설명은 다음 연구들을 종합한 것이다. IPCC(2018), McKie(2018), World Bank Group(2012), World Bank Group(2014), WMO(2019a), WMO(2019b), WMO(2019c).

60 Steffen et al.(2018).

61 Xu et al.(2020: 5).

62 Alter et al.(2019).

63 Shindell et al.(2018).

64 Wallace-Wells(2019: Section I. Cascades).

65 Ahmed(2018), Roberts(2015).

66 Jamieson, Oppenheimer and Oreskes(2019).

67 Forster(2018), Lombrana (2019). 1.5도 이내로 억제하는 것이 목표지만 현실적으로는 4도 상승을 예상하고 대비해야 한다는 견해도 있다. 다음을 보라. Haberkorn(2018).

68 기후행동추적자Climate Action Tracker의 다음 사이트를 보라. 〈https://climateaction tracker.org/〉(검색: 2020. 3. 11.)

69 UNEP(2019a).

70 Wang, Jiang and Lang(2018).

71 Aisch(2019).

72 IPCC(2018), P.A. Media(2020).

73 기후위기 시대에 온실가스를 배출하지 않는 핵발전을 선호하는 목소리가 있지만, 핵발전도 미래를 위한 선택이 되기는 어렵다. 고온, 산불, 해수면 상승, 해일과 같은 기상이변에 극히 취약하기 때문이다. 실제로 2015년 체르노빌 인근에서 발생한 산불로 대기의 방사능 검출량이 늘었다는 보고도 있다. Hunter and Cirino(2019).

74 Parenti(2001).

75 김해동(2020).

76 Watts(2019b).

77 Markowitz and Corner(2019).

78 Billi, Blanco and Urquiza(2019).

79 Heymann(2018).

80 Limon(2009: 451).

81 Moloney et al.(2014).

82 Fox and Rau(2017).

83 Jaspal, Nerlich and Cinnirella(2014).

84 Leahy(2019), Russell(2019).

85 Fox and Rau(2017: 16).

86 Pahl et al.(2014).

87 아래의 내용은 다음을 요약한 것이다. Elliott(2019).

88 구형찬(2017).

89 Ro(2019).

90 성석제(2017: 91-92).

91 McKibben(2019a: Ch.3).

92 Huntley(2020).

93 클라이파이로 분류될 수 있는 문학작품의 예를 들면 다음과 같다. 리처드 파워스(2019), 마거릿 애트우드(2019). 클라이파이의 추세를 설명한 기사로 다음을 보라. Waldman(2018).

94 Wright Mills(1959/2000).

95 기후변화의 이해와 분석에 있어 사회학적 상상력의 중요성에 대해서는 다음을 보라.Abbott(2012), Norgaard(2017).

96 Dunlop and Brulle(2015).

97 Dunlop and Brulle(2015), Norgaard(2017). 기후변화를 과학적으로 연구하는 행위와 기후과학의 지식을 각 지역의 특성을 반영하는 지리적 공간성 개념으로 설명할 수 있다고 한다. Mahony and Hulme(2018).

98 Wetts(2019), Zehr(2015).

99 아래의 설명은 다음을 요약한 것이다. WHO(2011).

100 기후변화와 경제성장 간의 기본적 설명으로는 다음을 보라. Nunn et al.(2019).

101 Crockett and Robbins(2012).

102 Boykoff, Goodman and Curtis(2010).

103 WHO(2011: 18).

104 기후변화의 사회구조적 측면에 대해서는 다음을 참조하라. Crenshaw and Jenkins(1996).

105 Chowdhury et al.(1993: 301).

106 Neumayer and Plümper(2007).

107 Allen(2007: 466).

108 다음 사이트를 보라. 〈https://www.arcgis.com/apps/Cascade/index.html?appid=2106693b39454f0eb0abc5c2ddf9ce40〉(검색: 2020. 3. 17.)

109 이런 점을 가장 잘 설명한 도서로 다음을 보라. 존 C. 머터(2016).

110 Kaijser and Kronsell(2014).

111 Beck(2010: 171).

112 인간의 온실가스 배출이 인간에게 다시 돌아와 심각한 영향을 끼치는 것처럼, 내가 취한 행동에 의해 예상하지 못한 문제가 발생했을 때 그것에 대응하기 위해 취한 행동이 또 다른 차원의 재귀적 상황을 만들어 내는 '중층적 재귀성'이 기후위기의 특징이다. Boström, Lidskog and Uggla(2017), Davidson(2012), Davidson and Stedman(2017).

113 윤순진(2002: 10).

114 Dunlop and Brulle(2016: 34).

115 Billi, Blanco & Urquiza(2019).

116 Stetler(2020).

117 Urry(2010: 1).

118 지그문트 바우만·스타니스와프 오비레크(2016: 318).

119 Wright Mills(1959/2000: 3-4).

120 기후변화에관한정부간협의체(2015: 78).

121 Romm(2009).

122 기후위기의 '해법'으로 과학적 접근, 전체 사회의 변혁, 전 지구적 거버넌스 개선, 시장 메커니즘의 활용과 규제, 에너지 기술개발, 대기 중의 탄소 포집 등이 제안되어 있다. Ramanathan et al.(2017), Saran(2009).

123 감축과 적응의 정치적 프레임을 둘러싼 논쟁은 다음을 보라. Dupuis and Knoepfel(2013), UNFCCC(1992: Article 4, 1(e)).

124 Wingfield-Hayes(2015).

125 대기 중의 탄소를 직접 포집하여 지하에 가두거나, 대기권 상층에 화학물질을 뿌려 태양 빛을 굴절시킴으로써 지구온난화를 막자는 등의 지구공학적 아이디어가 나와 있다. 현실적, 윤리적 쟁점이 많은 이슈다. 원래 기후의 인위적 조절은 미국이 베트남전에서 처음 시도했다. 미 공군은 호치민 통로에 폭우를 내리게 하여 도로를 침수시킬 목적으로 인공강우를 실험했다. 그런 시도에 위기감을 느낀 국제사회는 1978년 유엔에서 「군사적 환경수정기술 사용금지 협약」을 체결하기에 이른다. Rosen(2019).

126 1990년의 IPCC 1차 『평가종합보고서』에서 이미 이 문제를 예견했다. "지금부터 온실가스를 현재 수준으로 동결시킨다 하더라도, 향후 수십 년 동안 기온이 10년당 0.2도 정도 계속 상승할 것이다." Houghton, Jenkins and Ephraums(1990: xxii).

127 Dalby(2014).

128 Myllyvirta(2020a).

129 Myllyvirta(2020b).

130 Gohd(2020).

131 다음 사이트를 참조하라. 〈https://roadtoparis.info/top-list/mitigation-vs-adaptation/〉(검색: 2020. 3. 26.)

132 Shalizi and Lecocq(2010).

133 다음 사이트를 참조하라. 〈http://www.un-rok.org/ko/%EC%86%8C%EA%B0%9C/%EC%82%AC%EB%AC%B4%EC%86%8C/gcf/〉(검색: 2020. 3. 26.)

134 신기섭(2020).

135 Sterman(2013).

136 Ritter(2015).

137 Bendell(2018). 심층 적응에 관한 루퍼트 리드의 제안은 다음을 보라. Read(2019).

138 언론인 데이비드 로버츠도 심층 적응과 비슷한 논리를 제시한다. 1.5도 유지는 현실적으로 가망이 없으므로 2도를 목표로 하되 4도 상승에 대비하는 편이 최선책이라는 것이다. Roberts(2020).

139 국제사회의 적응에 관한 최신의 보고서로 다음을 보라. GCA(2019).

140 Beck(2010).

141 Mahlstein et al.(2011: 4).

142 Dey(2019).

143 Burkett(2013: 634).

144 Stoknes(2014).

145 Ogunbode et al.(2019).

146 Dahlstrom and Scheufele (2018).

147 Jamieson(2006). 이런 역설은 합리적 행위자 모델의 해석에 따르면 일종의 '합리적 판단에 의한 불합리한 결정'이라 할 수 있다. Humphrey(2008).

148 Haberkohn(2018).

149 앤서니 기든스(2009: 205).

150 Jensen et al.(2015), Ploeg(2017).

151 박유경(2020), Bauer et al.(2018).

152 Bawden(2015).

153 Larson(2019).

154 Ayers(2010).

155 Lifton(2017).

156 필립 맥마이클(2013).

157 Dickinson(2009).

158 Wallace-Wells(2019).

159 Dupuis and Knoepfel(2013).

160 기후위기와 직접 관련은 없지만 '페르미의 역설'로 이 문제에 접근하는 분석도 있다. 통계학적으로는 외계 문명이 존재할 가능성이 높은데 왜 그 증거가 아직 없느냐고 반문했던 천문학자 페르미의 질문을 기후변화의 시각으로 접근하는 이론이다. 천체물리학자 애덤 프랭크Adam Frank는 문명이 태동하려면 에너지 집약적 시스템이 필수적이므로 외계의 문명도 이 패턴을 따를 것이지만 물리학적 법칙을 적용하면 모든 에너지 집약형 문명이 언젠가는 기후변화로 붕괴하게 된다고 추정한다. 즉 어떤 외계 문명이라 해도 본격적으로 외부와 접촉하기 전에 기후변화로 인해 그 수명이 끝나기 때문에 지구인이 외계인을 발견하지 못한다는 이론이다. 사이언스타임즈(2018).

161 Tilly and Goodin(2006).

162 Sophocles(BC441/1984: 135).

163 정홍수는 한 문학평론가의 업적을 평가하면서, 그가 "현대성의 담론을 한국문학의 현장에 심도 있고 폭넓게 맥락화"하는 작업을 통해 1990년대 문학을 현대적으로 재해석하는 길을 찾았다고

설명한다. 정홍수(2014: 149).

164 Tilly and Goodin(2006: 19).

165 다음 설명을 참고하라. Thomas et al.(2014).

166 The Climate Institute(2016), Lamberts(2019), Nguyen, Andersen and Davis(2019). Smith and Myers(2018).

167 조천호(2019: 143, 강조 추가).

168 산림청(2020: 48).

169 다음 사이트를 보라. 〈https://www.isthishowyoufeel.com/this-is-how-scientists-feel.html〉(검색: 2020. 3. 14.)

170 Sandberg(2019).

171 이수경(2020: 26).

172 박기용(2020a).

173 Haas(1992).

174 Shongwe(2017).

175 이런 점을 강조한 연구로는 다음을 보라. 조효제(2016; 2018a).

176 이번 절의 내용은 다음 설명들을 종합하고 요약한 것이다. CIEL(2019), Di Paola and Kamal (2015), Knox(2015), Limon(2009), OHCHR(2009), SIDA(2015),

177 Kotze(2014).

178 마크 프레초(2020: 228-229; 316).

179 Limon(2009: 458).

180 Caney(2010b: 171-172).

181 Humphreys(2009).

182 김종철(2020).

183 Schmidt(2018).

184 Haberkorn (2018).

185 이준호(2019).

186 이준호(2019: 432).

187 Koch et al.(2019).

188 사이먼 L. 루이스, 마크 A. 매슬린(2020).

189 Rathi (2019).

190 Voskoboynik(2018).

191 Voskoboynik(2018).

192 Dawson(2016: 48).

193 필립 맥마이클(2013: 79).

194 Crosby(1986).

195 Foster, Holleman and Clark(2019).

196 Pigrau(2014).

197 Mahony and Endfield (2018). 저자들은 제국주의 시대의 자연 기후 통제 사상이 오늘날까지 이어져 기후변화를 지구 공학적 기술 개입으로 해결할 수 있다는 생각의 한 가닥을 이루었다고 지적한다.

198 조효제(2007: 57-63).

199 Friedrich Engels의 이 문장은 다음에서 재인용했다. 사이먼 L. 루이스, 마크 A. 매슬린(2020).

200 Hobsbawm (1987: 50-55).

201 Malm(2016).

202 Dehm(2016).

203 Chambers(2010).

204 울리히 브란트·마르쿠스 비센(2020).

205 Sealey-Huggins(2017).

206 Borras(2019).

207 오기출(2015).

208 Eckstein et al.(2020: 9-10).

209 Voskoboynik(2018).

210 McKibben(2020).

211 McKibben(2020).

212 기후위기 문제의 역사사회학적 배경을 파악하기 위해서는 다음을 보라. 비자이 프라샤드(2015), White(2014).

213 Tollefson(2019).

214 안병옥-백낙청(2015: 239).

215 송유나(2010).

216 2050 저탄소 사회비전 포럼(2020), 한재각(2020).

217 이찬송·윤순진(2010), Halden(2007).

218 Tomlinson(2019), Allan(2017).

219 Battistoni(2018), Dalby(2017), Giddens(2009), Lieven(2019), Tomlinson(2019).

220 Lieven(2019).

221 '석탄기 자본주의carboniferous capitalism'란 문명비평가 루이스 멈퍼드Lewis Mumford가 1934년에 처음 사용한 용어로서 사이먼 돌비가 차용한 것이다. Dalby(2014).

222 Dalby(2015).

223 Shea(2019), Steinicke(2020).

224 앤서니 기든스(2009: 205).

225 Tooze(2020).

226 Harvey(2019b).

227 Darack(2019). 앞에서 설명했듯이 미군은 날씨를 무기화하기 위해 기상조절기술ENMOD을 오랫동안 개발해왔다. 이런 논리에 따르면 기후위기는 인간 삶의 문제라기보다 기상조절기술을 개발하고 실험할 수 있는 새로운 조건이 출현한 것으로 간주된다. Chossudovsky(2020).

228 The White House(2017: 22).

229 Nagel(2011).

230 SIPRI(2019).

231 Buxton(2018).

232 황인철(2020).

233 Urry(2010: 1).

234 Crawford(2019).

235 Neimark, Belcher and Bigger(2019).

236 Buxton(2018).

237 안병진(2019).

238 Hussain (2019), McKibben(2019b).

239 Brzoska(2015). 미군은 특히 전 세계에 산재해 있는 기지 중 해안에 가까운 시설물에 대해 크게 우려한다. Femia(2018). 미군은 특히 해수면 상승에 의해 육군의 활주로가 침수되거나 해군의 조선소가 피해를 입거나 해병대 훈련장이 손상될 가능성에 대비하고 있다. 특히 핵발전 선박의 수리와 재급유를 담당하는 항만시설의 보존을 우선순위로 여긴다.

240 UNEP(2019b).

241 국제무역을 하기 위해서는 운송 수단이 반드시 필요한데 국제 해운과 항공운송은 국가별 온실가스 배출 집계에 잡히지 않는다. 「기후변화협약」에서는 한 나라의 국경 내에서 일어나는 배출만 계산하기 때문이다. 국제민간항공기구ICAO와 국제해사기구IMO는 협약의 테두리 바깥에서 '자발적' 노력을 기울이게끔 되어 있다. 환경부(2016: 29).

242 Monbiot(2019b).

243 가장 대표적인 연구로는 다음을 보라. Heede(2014).

244 김민정(2014: 227).

245 Taylor and Watts(2019).

246 다음 사이트를 보라. Climate Accountability Institute(2019). 〈http://climateaccountability .org/carbonmajors.html〉(검색: 2020. 2. 19.)

247 Heede(2014).

248 Wiles(2018). 엑손모빌 측이 온실가스 배출에 의한 지구고온화를 알면서도 그 사실을 수십 년 동

안 부인하고 왜곡했던 역사를 파헤친 탐사보도로는 다음 사이트를 보라. Inside Climate News "EXXON: The Road Not Taken." 〈https://insideclimatenews.org/content/Exxon-The-Road-Not-Taken〉(검색: 2020. 6. 24.)

249 정치적으로도 미묘한 관점의 변화가 생긴다. 오늘날 기후위기의 책임이 먼저 발전을 이뤘던 선진국에만 있지 않고, 원유를 생산하는 개도국을 포함한 더 넓은 지역으로 확산된다. 사우디아라비아, 베네수엘라, 멕시코, 이란, 쿠웨이트, 아랍에미리트, 리비아, 나이지리아, 인도네시아, 브라질 등으로 책임의 범위가 커지는 효과가 발생한다. 다음을 보라. Harvey(2019a).

250 Watts et al.(2019a).

251 Maslin(2019).

252 Jacques, Dunlop and Freeman(2008).

253 다음에서 재인용했다. McKibben(2019a: Ch. 7).

254 Lawrence, Pegg and Evans(2019).

255 Ceccarelli(2011).

256 Timperley(2020). 다음 사이트를 보라. 〈https://business.financialpost.com/commodities/energy/exxon-rex-tillerson〉(검색: 2020. 6. 24.)

257 InfluenceMap(2019).

258 Kelly(2019).

259 기업경쟁력연구소CEI, 마샬연구소, 카토연구소, 헤리티지재단 등 대표적인 보수 싱크탱크들도 반기후행동에 직간접으로 가담했다. 이런 점을 사회학적으로 연구한 자료로는 다음을 보라. Bonds(2016).

260 Grasso and Vladimirova(2020).

261 Higgins, Short and South(2013: 257). 이 정의에서 '거주자들inhabitants'은 인간과 비인간 생물종을 모두 포괄하는 개념이다.

262 Skillington(2012).

263 생태살해를 국제법상의 범죄로 규정하기 위한 활동을 하는 NGO 'Stop Ecocide'의 사이트를 참조하라. 〈https://www.stopecocide.earth/〉(검색: 2020. 7. 21.)

264 Glikson(2019).

265 International Criminal Court(1998: Article 7).

266 Engelhardt(2013).

267 McKinnon(2019).

268 McKinnon(2019: 11).

269 McKinnon(2019: 12).

270 White(2018: 143).

271 화이트는 히긴스의 생태학살 아이디어를 더 구체화하여 생태학살이란 "생태계, 그리고 인간을

포함하여 생태계 내에 살고 있는 모든 생물종의 안녕과 건강을 파괴하고 위축시키는 인간의 범죄적 활동"을 일컫는다고 정의한다. White(2018: 22-23).

272 데이비드 헬드 외(2002: 665).

273 Huwart and Verdier(2013).

274 '산림 전용deforestation'이란 "직접적이고 인위적으로 산림을 산림 이외의 용도로 전환하는 것"을 뜻한다. 산림청(2009: 88).

275 최근 유엔의 보고서는 세계적으로 생물종이 '역사상 유례없이 빠른 속도로 소실'되고 있는 이유로서 ① 토지와 바다 활용 양상의 변화, ② 생물종에 대한 직접적 위해, ③ 기후변화, ④ 오염과 공해, ⑤ 외래종의 침입을 꼽았다. IPBES(2019).

276 Gore(2020).

277 Randall(2018).

278 Lukacs(2017).

279 Ciplet and Roberts(2017).

280 Kamarck(2019).

281 기후변화의 정치와 외교에 관한 설명은 다음을 보라. 김성진(2019).

282 Green(2020).

283 국회미래연구원(2019a).

284 Carton(2019).

285 다음의 내용을 요약했다. Otto and Breitmeier(2012).

286 World Commission on Environment and Development(1987).

287 Paterson(1996).

288 「자유권규약」과 「사회권규약」의 1조 2항은 다음과 같다. "모든 인민은, 호혜의 원칙에 입각한 국제 경제협력으로부터 발생하는 의무 및 국제법상의 의무에 위반하지 아니하는 한, 그들 자신의 목적을 위하여 그들의 천연의 부와 자원을 자유로이 처분할 수 있다. 어떠한 경우에도 한 인민은 그들의 생존 수단을 박탈당하지 아니한다."

289 Agarwal and Narain(1991).

290 Dehm(2016: 141).

291 Pauw et al.(2014).

292 김성진(2016: 397).

293 Wimmer and Schiiler(2002).

294 Bacevich(2019).

295 김영욱·박단아·민혜민(2018).

296 Piper(2019).

297 Hornsey and Fieldong(2017).

298 Butler(2018).

299 Liu and Ditto(2013).

300 음모론적 시각으로 기후변화를 다룬 책으로 이토 키미노리·와타나베 타다시(2009)의 『지구 온난화 주장의 거짓과 덫』을 보라. 이 책은 '사상 최악의 과학 스캔들'이라는 부제를 달고 있으며, 첫 문장을 "지구가열화 문제는 환경 테러리즘이다"로 시작한다.

301 Hornsey and Fielding(2017).

302 Kahan(2016: 5).

303 Klein(2011).

304 퓨 리서치센터의 조사 결과는 다음을 보라. Kennedy and Hefferon(2019). 다음을 참고하라. (The) Guardian(2019).

305 Newman et al.(2020: 51-55).

306 스웨덴의 극우 정당인 '스웨덴민주당'은 2010년 이래 「파리협정」을 포함한 모든 종류의 기후정책에 반대해왔으며, 그것을 자신들의 주요한 정치적 정체성으로 내세운다. Andi and Painter(2020).

307 Lipset (1955).

308 장덕진(2016: 89).

309 아래 내용은 미국심리학회가 펴낸 공식 보고서 「심리학과 전 지구적 기후변화」를 바탕으로 하여 여타 연구 성과를 추가한 것이다. Bell(2016), Fisher(2019), Swim et al.(2011).

310 Jamieson, Oppenheimer and Oreskes(2019).

311 강수돌(2020).

312 Whiting(2019).

313 기후변화를 '과학적'으로 부인하는 책으로 다음을 보라. 프레드 싱거·데니스 에이버리(2009). 기후변화의 부인에 관한 포괄적인 설명으로 다음을 보라. 마이클 만·톰 톨스(2017).

314 Booth(2012).

315 스탠리 코언(2009).

316 부인 현상을 기후변화에 적용하여 설명한 글로는 다음을 보라. 마이클 만·톰 톨스(2017: 87-107), Maslin(2019).

317 McKie(2019). 마이클 만의 저서는 다음을 보라. 마이클 만·톰 톨스(2017)

318 Pastreich and Krabbe(2019).

319 Joshi(2020), Knaus(2020). 기후변화에 관한 음모론의 원인과 양상에 대해서는 다음을 보라. Uscinski, Douglas and Lewandowsky(2017).

320 Ertelt(2018).

321 이나경·임혜숙·이영애(2008: 637).

322 박혜영·김영욱(2017).

323 김수진·김영욱(2019).

324 운명을 거론하지 않으면서 냉정한 현실주의로써 기후위기의 암울한 미래를 경고하는 길도 있을 수 있다. 마지막 장에서 언급할 것이다.

325 Mayer and Smith(2019).

326 Turrentine(2018).

327 Eilperin, Dennis and Mooney(2018).

328 Jericho(2020).

329 Nuccitelli(2018).

330 Cohen(2019), Marshall(2019).

331 하지만 보통 사람이 개인 차원에서 설령 도덕적 허무주의자라 하더라도 그것이 기후행동에 나서지 못하게 할 정도의 강력한 억제 기제가 되지 못한다는 철학적 해석도 있다. Poelzler(2015).

332 Kalmus(2019).

333 Nordhaus(2018; 2019). 이 주장에 대한 반박은 다음을 보라. Keen(2019), Ward(2019).

334 기후위기의 현실을 받아들이고 자기 삶과 가까운 생활 속에서 자신이 할 수 있는 일에 집중하면서 운명을 받아들이자는 비관적 현실주의자도 있다. Franzen(2019).

335 Haskins(2019).

336 김종석(2020).

337 Adger et al.(2013).

338 Swim et al.(2011: 123, 표현 수정, 강조 추가).

339 Geiger, Middlewood and Swim(2017).

340 Graves(2018).

341 Hulme(2015a; 2015b).

342 Haluza-Delay(2012).

343 Norgaard(2017: 174).

344 Mailbach(2016).

345 Ehrhardt-Martinez et al.(2015), Shove(2010).

346 Elliott(2020).

347 국회미래연구원(2019a).

348 2017년 조사에서 기후변화가 '국민들이 우려하는 환경문제' 6위로 꼽혔으며, 2019년 조사에서는 '기후변화와 기록적 횟수의 태풍'이 환경문제 7위에 올랐다. 김현석(2017), 김동수(2019). 2020년 조사에서 유권자의 77퍼센트가 총선에서 기후위기 대응 공약 제시 후보 또는 정당에 투표 의향이 있다고 밝혔고, 86.5퍼센트가 기후위기 비상사태 선언의 필요성에 공감했다. 그린피스 동아시아 서울사무소(2020).

349 Bloomfield(2019).

350 기후변화와 인권에 관한 포괄적인 설명으로 박태현(2011), 그리고 유엔환경계획의 다음 보고서를 보라. UNEP(2015).

351 기후변화가 인간 기본권에 미치는 악영향에 관한 간략한 해설은 다음을 보라. Zampas and Elgie(2019).

352 CIEL(2011: 6).

353 조효제(2011).

354 이 절의 설명은 유엔 인권최고대표사무소의 분류 방식을 수정·보완한 바탕 위에 관련 내용을 추가한 것이다. OHCHR(2015).

355 Saran and Mishra(2015).

356 김일우(2019).

357 관계부처합동(2020: 164).

358 연합뉴스TV(2019).

359 이재호(2019).

360 국립재난안전연구원(2014).

361 UN Human Rights(2018).

362 Carleton(2019), McMahon(2019).

363 Burke et al.(2018).

364 Thakur and Bajagain(2019).

365 농업진흥청 국립농업과학원(2012).

366 IPCC(2019).

367 농림수산식품부(2011).

368 Tanner et al.(2015: 23).

369 기후변화가 인간 건강에 미치는 리스크를 가장 포괄적으로 집대성한 연구로 세계보건기구의 다음 보고서를 참조하라. McMichael et al.(2003). 유엔 인권이사회의 보고서는 다음을 보라. UN Human Rights Council(2016).

370 생태계 서비스의 관점에서 기후변화에 의한 건강권 침해를 고찰한 연구는 다음을 보라. 안소은(2013).

371 기후변화에 의한 건강권 침해의 가장 포괄적인 연구로 「랜싯 보고서Lancet Report」를 참조하라. Watts et al.(2019a). 진드기에 의한 라임병에 대해서는 다음을 보라. Pfeiffer(2018).

372 Parncutt (2019).

373 Castelloe(2018), Charlson(2019; 2020), Clayton et al.(2017). BBC 방송의 조사에 따르면 8세에서 16세 사이의 어린이 중 다섯에 한 명이 기후위기 악몽을 꾸고, 다섯 중 두 명이 어른들의 기후문제 해결 능력을 불신하는 것으로 나타났다. Wollaston(2020).

374 민주언론시민연합(2020), 허규형(2020).

375 바이러스 학계에서는 '지구화와 기후변화는 바이러스의 여권'이라는 표현을 쓰기도 한다. 조효제(2020), Samaranayake(2019).

376 박상욱(2020), 반기성·반기석(2018), Patz et al.(2003).

377 Cho(2014), ClimateState(2020).

378 세계보건기구의 다음 사이트를 보라. 〈https://www.who.int/globalchange/resources/countries/en/〉(검색: 2020. 2. 22.)

379 다음 기사 내용을 요약한 것이다. 조효제(2019a). 유엔의 인권과 환경 특별보고관이 대기오염에 관해 인권이사회에 보고한 내용을 보도한 기사는 다음을 보라. 〈https://news.un.org/en/story/2019/03/1034031〉(검색: 2020. 2. 21.)

380 김수현(2020).

381 이주영(2017).

382 지속가능발전SDG 13조의 현황은 유엔의 관련 사이트를 참조하라. 〈https://sustainabledevelopment.un.org/sdg13〉(검색: 2020. 2. 26.)

383 Diffenbaugh and Burke(2019), Klepp(2017).

384 Paul(2019).

385 Stone(2020).

386 Timmermann and Félix(2015), Conway(2019).

387 조효제(2013).

388 Nestle(2020).

389 장경호(2016).

390 세계자원연구소의 다음 사이트를 참조하라. 〈https://www.wri.org/applications/aqueduct/country-rankings/〉(검색: 2020. 5. 6.)

391 정재호(2020).

392 신지영 외(2013: 7).

393 이 절의 설명은 상당 부분 다음 자료를 요약한 것이다. 환경부(2020: 290-292).

394 Pantazatos(2015).

395 Goldblatt(2020). 스포츠 권리에 대해서는 다음을 보라. 조효제(2019c).

396 Goldblatt(2020: 10-11).

397 이 때문에 집단을 위한 3세대 연대권에 속하는 '문화권'을 개념화할 수 있는 중요한 사례가 토착민 집단이다. 마크 프레초(2020: 233-259).

398 Pearl(2018).

399 Williams(2019).

400 Butt et al.(2019), Greenfield and Watts(2020).

401 Magallances(2017).

402 보건복지부 보육기반과(2010).

403 Bekkar et al.(2020).

404 Watts et al.(2019a).

405 UN Human Rights Council(2017).

406 국제법상 환경 난민을 인권의 관점에서 연구한 논문은 다음을 보라. 서원상·이준서(2009). 기후난민과 '점유'에 관한 문제는 다음을 보라. Pellegrino(2015). 기후변화와 난민에 대해서는 다음을 보라. Parekh(2015).

407 Rigaud et al.(2018).

408 UN Human Rights Council(2018).

409 장민영(2018).

410 '기후난민'의 수용과 정착은 한국 사회의 머지않은 미래에 닥칠 수 있는 현실적 문제다. 기후난민이 한국에 기회가 될 수 있다는 주장도 있다. 박노자는 2028년부터 인구 감소가 시작되는 한국 사회에서 이주민들은 한국민의 일손을 받쳐줄 '소중한 사람들'이며, 이들을 포용하는 진정한 다문화의 백년대계를 준비해야 한다고 지적한다. 박노자(2020).

411 1990년에 결성된 작은 섬나라 연합(군소도서국가연합, AOSIS)에는 현재 44개국이 가담하고 있다. 기후변화 대응, 지속가능발전, 해양환경보전을 주목적으로 하며 기후변화에 대처하기 위한 국제적 노력에 열성적으로 참여하고 있다. 다음 사이트를 참조하라. 〈https://www.aosis.org/home/〉(검색: 2020. 2. 27.). 작은 섬나라들과 기후변화에 대해서는 다음을 보라. Adelman(2015), Keating(2018), Lyons(2019).

412 Lyons(2020), UN Human Rights Committee(2020).

413 Keating(2018).

414 Pala(2020).

415 조슈아 키팅(2019).

416 Burkett(2011).

417 UN Human Rights Council(2019a). 결의안 중 일부를 소개하면 다음과 같다. "기후로 인해 비상사태가 발생했을 때 장애인은 비장애인보다 이환율, 부상률, 사망률이 높게 나오는 경향이 있다. 또한 응급 구호의 수요가 가장 크지만 그런 서비스에의 접근성이 가장 낮은 집단이 장애인이다. 다중적인 취약 요소를 가진 장애인들, 예컨대 성인 여성, 여아, 노인 장애인들은 기후변화의 악영향에 적절히 대처할 수 있는 특별한 조치를 필요로 한다. 그리고 비상사태나 대피가 필요한 상황, 인도적 응급 상황, 의료 개입이 필요한 상황을 위해 재난 대응 계획을 수립할 때 장애인 스스로가 참여할 수 있는 권리를 인정해야 한다."

418 Dines(2019).

419 UN Human Rights Council(2020: para.40). 이 보고서는 '장애 포용적이고, 인권에 기반한 접근'을 위한 핵심 원칙을 제안한다. 원칙을 요약해서 소개하면 다음과 같다. (ㄱ) 장애인을 위한 모든 정

책과 프로그램을 마련할 때 특히 「세계인권선언」, 「장애인권리협약」, 여타 국제 인권 조약들, 「발전권선언」에 나오는 원칙과 기준을 포함시켜야 한다. (ㄴ) 장애인의 적극적이고 자유의사에 근거한 의미 있는 참여, 그리고 의사결정과 행동의 모든 수준에서 장애인과 다양한 장애인 대변 단체들이 포함되어야 한다. (ㄷ) 장애인과 다양한 장애 대변 단체들의 역량과 자력화가 강화되어야 한다. (ㄹ) 기후행동에 장애인이 평등하게, 차별받지 않고 참여할 수 있어야 한다. (ㅁ) 정보와 커뮤니케이션 접근성에 더하여 쉽게 다가갈 수 있고 포용적인 논의 환경이 필요하다. (ㅂ) 정책결정자와 기후운동은 장애인에게 실제로 필요한 바, 그리고 장애인의 역량을 더 깊게 이해해야 한다. (ㅅ) 장애인에게 실제로 필요한 바를 고려하는, 증거에 입각한 의사결정을 해야 한다. (ㅇ) 기후행동에 있어 인권에 기반하고 장애 포용적인 접근을 증진하기 위하여, 자원의 동원을 통한 국제협력이 필요하다.

420 UN Human Rights Council(2019c).

421 IUCN(2020).

422 아래 내용은 다음을 정리한 것이다. IUCN(2020: 139-140).

423 Shue(2015b).

424 World Commission on Environment and Development(1987: para.25).

425 전국건설노동조합(2019).

426 원태성(2020).

427 CIEL(2019: 21-22).

428 Labor Network for Sustainability(2018).

429 MacGregor(2010).

430 신지영 외(2013).

431 조효제(2016: 104-116), Gasper(2015), Savaresi(2018).

432 Savaresi(2018: 38).

433 OHCHR(2011).

434 기후변화는 다차원적 성격을 지니므로 다양한 규범적 메커니즘이 필요하다. 예컨대 각국이 참여하는 조약이나 국제관습법 등은 이미 시도하고 있는 것들이다. 그러나 그런 식의 전통적 접근만으로 부족한 경우에는 국가들만이 아니라 여러 다양한 이해당사자들이 토론과 대화를 통한 의견 수렴 과정을 거쳐 국제규범을 창출해 내는 '대안적 정당성'에 기반한 국제법 원칙도 고려할 필요가 있다. Ugochukwu(2015: 4).

435 '재난적 피해 사전예방원칙catastrophic harm precautionary principle'에 관한 대표적인 연구로 다음을 보라. Sunstein (2007).

436 Marcotullio(2015).

437 박병도(2013). 기후정의를 포괄하는 '환경정의'의 법적 규범성을 다룬 연구로는 다음을 보라. 한상운(2009). 한국 환경운동 내에서 기후정의를 규정하는 방식에 관한 연구로는 다음을 보라. 김

민정(2015: 129-131).

438 Adams and Luchsinger(2009), UN Human Rights(2018).

439 Warlenius(2017).

440 Lucke(2019).

441 재정 부담의 측면에서 기후정의에 관한 아이디어들이 나와 있다. 그중 대표적인 것을 들어보면, 오염자부담원칙PPP, 수익자부담원칙BPP, 부담능력원칙APP 등이 있다. Caney(2010a).

442 Shue(2015a; 2015b).

443 심영규(2010).

444 Mary Robinson Foundation Climate Justice(2015a).

445 Kotze(2014).

446 환경부(2016: 14).

447 Savaresi(2018).

448 Foster and Galizzi(2016)

449 인권레짐과 기후레짐이 만난 것은 기후변화 문제가 국제사회에서 '제도화'된 흐름 속에서 발생했다. 과학적 합의, 정치적 행동, 기후대책을 위한 국제적 재원 마련, 다자간 제도 구축 등이 기후변화 제도화의 특징을 이룬다. 세계보건기구WHO, 유니세프UNICEF, 국제이주기구IOM, 유엔난민최고대표사무소UNHCR 등에서도 각 기구의 프로그램 내에서 기후변화를 제도화해왔다. Hall(2016).

450 UN Secretary General(2018: para. 54).

451 「헤이그원칙」의 원문은 다음을 보라. 〈https://www.earthtrusteeship.world/the-hague-principles-for-a-universal-declaration-on-human-responsibilities-and-earth-trusteeship/〉(검색: 2020. 3. 13.)

452 민중정상회의의 선언문은 다음을 보라. 〈https://www.climaterights4all.com/peoples-summit-on-climate-rights-and-human-survival/〉(검색: 2020. 2. 14.)

453 Piven(2019).

454 Butler and De Kroon(2020).

455 Watt-Cloutier(2018: 230).

456 이 점은 인권의 순환이론에서 첫 단계에 해당되는 '권리 조건'과 유사하다. 마크 프레초(2020).

457 조효제(2015a).

458 UN Human Rights Council(2009).

459 OHCHR(2009: para. 96).

460 UN Human Rights Council(2019a).

461 UN Human Rights Council(2019b: para. 50).

462 Lingaas(2015).

463 〈https://www.ohchr.org/en/NewsEvents/Pages/DisplayNews.aspx?NewsID=23691&LangID=E〉(검색: 2020. 2. 15.)

464 UN Committee on the Elimination of Discrimination against Women(2018).

465 UN Human Rights Committee(2018: para. 62).

466 〈https://www.ohchr.org/en/NewsEvents/Pages/DisplayNews.aspx?NewsID=24998&LangID=E〉(검색: 2020. 2. 16.)

467 UNFCCC(2011: para.8).

468 The Geneva Pledge for Human Rights in Climate Action(2015). 〈file:///C:/Users/echos/Downloads/The%20Geneva%20Pledge%20(1).pdf〉(검색: 2020. 3. 3.)

469 UNFCCC(2015).

470 Savaresi(2018: 38).

471 세계법제정보센터의 번역본을 따랐다. 그러나 원문의 'gender equality'를 '양성평등'으로 번역한 부분을 '젠더 평등'으로 다시 수정했다. 〈https://world.moleg.go.kr/web/wli/lgslInfoReadPage.do?A=A&searchType=all&searchPageRowCnt=10&CTS_SEQ=44466&AST_SEQ=309&ETC=8〉(검색: 2020. 3. 3.)

472 박병도(2020: 22).

473 박병도(2020: 16).

474 백태웅(2017).

475 필리핀 국가인권위원회의 '기후변화에 관한 국가조사' 사이트를 보라. 〈http://chr.gov.ph/nicc-2/〉(검색: 2020. 2. 19.)

476 Setzer and Byrnes(2019).

477 다음 판례를 보라. "Leghari v. Federation of Pakistan." 〈http://climatecasechart.com/non-us-case/ashgar-leghari-v-federation-of-pakistan/〉(검색: 2020. 2. 19.)

478 다음 판례를 보라. "Demanda Generaciones Futuras v. Minambiente." 〈http://climatecasechart.com/non-us-case/future-generation-v-ministry-environment-others/〉(검색: 2020. 2. 19.)

479 다음 판례를 보라. "Urgenda Foundation v. State of the Netherlands." 〈http://climatecasechart.com/non-us-case/urgenda-foundation-v-kingdom-of-the-netherlands/〉(검색: 2020. 2. 19.)

480 박시원(2019), Schwartz(2019).

481 박시원·박태현(2015).

482 다음 판례를 보라. "Juliana v. United States." 〈http://climatecasechart.com/case/juliana-v-united-states/〉(검색: 2020. 2. 19.)

483 Chrisafis(2020), Savage(2019).

484 나현필(2017), Brabant and Savoury(2017).

485 Carpenter(2019).

486 Kimmell(2019).

487 이정은(2020).

488 예를 들어 캐나다 헌법상 권리장전인 「캐나다 권리자유헌장」의 '생명권, 자유권, 인신의 안전권'에 의거해 기후소송을 제기할 수 있다는 논리도 제시되어 있다. Chalifour and Earle(2018).

489 Sampson(2020).

490 Kwai(2020).

491 Frost(2020).

492 Kaminski(2019).

493 González-Ricoy(2015).

494 기후소송의 역효과도 있다. 기후위기에 대응하기 위해 안전성이 확인되지 않은 지구공학적 기술을 강조하는 결과가 나온다거나, 오히려 환경운동가들이 반대로 소송을 당하기도 한다. 이것을 '대중 참여 억제를 위한 전략적 소송strategic litigation against public participation'이라 하며 줄여서 'SLAPP suit'라 칭한다. 뺨 때리기slap라는 단어의 발음과 같아서 '뺨 때리기 소송'이라는 연상을 불러일으킨다.

495 지현영(2020b).

496 Rich(2018; 2019).

497 Bindoff and Stott(2013), Faure and Peeters(2019), Gupta(2015). 극한 기상이변이나 국지적 재난이 발생했을 때 그것이 어느 정도나 기후변화 때문에 일어났는지를 확률적 리스크에 기반해서 따지는 것이 전통적 방법이었다. 이 방법은 기후변화의 영향을 과소평가하는 경향이 있었다. 그러나 최근 기후변화가 특정한 기상이변 사건을 야기할 수 있는지를 이야기로 설명하는 '스토리텔링' 방법론이 제안되어 격렬한 논쟁을 불러일으켰다. 이 방법은 기후변화의 영향을 과대평가할 수도 있기 때문이다. 그러나 리스크에 기반한 방법과 스토리텔링에 기반한 방법이 상호 배타적이 아니라 맥락에 따라 달리 적용될 수 있는, 상호 보완적 방법이라는 절충적인 주장도 있다. Lloyd and Oreskes(2018).

498 Albers(2017).

499 Foster and Galizzi(2016).

500 '하늘이 무너져도 정의를 세우라Fiat iustitia, et pereat mundus'는 신성로마제국의 페르디난트 1세 황제가 애용한 모토였다.

501 Di Paola and Kamal(2015).

502 이 점과 관련해 '인민 자기결정권'의 토대를 이루는 집단권에 대해서는 다음을 보라. 조효제(2015b).

503 Humphreys(2015b).

504 조효제(2016a).

505 Friel(2019: 57).

506 Friel(2020: 667, 강조 추가).

507 Bromwich and Williams(2020).

508 Whyman(2019).

509 조효제(2019b: 67-68).

510 인류세와 간학제적 연구를 제안하는 다음 글을 참조하라. 심효원(2020).

511 Dalby(2014).

512 Shue(2017).

513 김준수는 "동물, 무생물, 사물 등과 인간의 상호 관계에 주목하고자 하는" 인식론적·방법론적 틀을 '인간 너머의 접근'이라고 부르면서, 비인간을 포괄하는 총체적 사회인식이 인류세의 특징이 되었다고 주장한다. 김준수(2019: 82). Davies et al.(2017), Humphreys(2015a).

514 Kotze(2014).

515 다음 책의 "포스트 성장 시대의 경제적·사회적 권리" 절을 참조하라. 조효제(2016a: 362-366). 인권사회학자 마크 프레초도 현재의 인권담론이 경제발전의 패러다임 위에 구축되어 있는 딜레마를 인정하면서 이 문제를 치열하게 고민하는 일이 향후 인권담론의 핵심 과제가 되어야 한다고 지적한다. 마크 프레초(2020: 249-250). 한상운(2009), Gonzales(2015).

516 Saetra(2014).

517 차병직(2020: 442).

518 Delmas-Marty(2019), Pigrau et al.(2014).

519 Davies et al.(2017).

520 Davies(2017: 236-237).

521 Hsiao(2012: 371).

522 이 부분은 다음 책의 각주에 나온 설명을 그대로 재인용한 것이다. 마크 프레초(2020: 249). 에콰도르와 볼리비아에 대한 사례연구는 다음을 보라. Calzadilla and Kotzé(2017).

523 강금실 외 7인(2020).

524 자연 재난이 사회의 불평등한 상황에 따라 상이한 결과를 초래하면서 그것을 더 악화시킨다는 점을 잘 지적한 도서로 다음을 보라. 존 C. 머터(2016).

525 오인환(2020).

526 WHO(2011).

527 김지윤(2019).

528 Council of Europe(2005: 23).

529 Council of Europe(2005: 23-24).

530 조효제(2011: 241-246).

531 백영경(2020b). 보건학자 김창엽도 재난 시기에 공동체 전체의 역량을 모아 사회적 응집력을 유지해야 한다고 강조한다. "한 사회가 보이는 종합적 능력은 하늘에서 뚝 떨어지지 않는다. (…)

하루아침에 축적할 수 없으며 생략과 비약도 어림없다. 우리가 보고 경험하는, 그리고 스스로 한 주체인 [재난에서의] 이 모든 대응은 공동체 전체의 축적이고 역사다." 김창엽(2020).

532 Council of Europe(2010).

533 Council of Europe(2010: para. 2, 강조추가).

534 WHO(2011: 15-16).

535 코로나19 사태에서 비서구권, 특히 아시아계에 대한 외국인 혐오가 국제적인 이슈로 부각되었다. White(2020).

536 Wolff(2020).

537 조효제(2018b).

538 Hayes(2017: 340).

539 김명식(2015: 206, 강조 추가).

540 아래의 설명은 다음 자료를 요약했다. Vega-Lopez(2018).

541 Islam and Winkel(2017).

542 UNESCO(2017).

543 조효제(2016b).

544 Vega-Lopez(2018).

545 예를 들어 거대도시 서울에서의 철도 이용에 관한 연구는 다음을 보라. 전현우(2020).

546 이정화(2020).

547 Arthurson and Baum(2015).

548 Aldrich and Meyer(2014), Vega-López(2018).

549 포용적 기후행동을 위해 광범위한 이해당사자들이 기후행동에 관여하도록 안내하면서, 공평하고 접근성 높은 기후정책을 추진해야만 감축과 적응의 결과가 모든 이에게 공평하게 분배될 수 있다. USAID(2019). 이와 관련해 도시 차원에서 기후적응 계획을 수립할 때에 '지역사회에 기반한 적응CBA' 방식을 통해 당사자들이 자신의 직접적 이니셔티브로써 제도 개혁을 추진할 수 있도록 지원해야 한다. Archer et al.(2014).

550 Aldrich and Meyer(2014), Islam and Winkel(2017).

551 아래 설명은 다음을 요약한 것이다. Diffenbaugh and Burke(2019).

552 Beuret(2019).

553 Diffenbaugh and Burke(2019: 9812).

554 Burzyńskia et al.(2019).

555 Foster, Holleman and Clark(2019: 76).

556 Sealy-Huggins(2017).

557 아래의 설명은 다음 연구를 중심으로 재구성한 것이다. Islam and Winkel(2017).

558 유엔 지속가능발전목표SDG의 10항 '국내 및 국가 간 불평등 감소', 11항 '지속가능도시', 13항 '기

후변화 긴급대응'의 세부 목표들을 통합하여 접근할 필요가 있다. 기후변화와 사회 불평등에 대한 연구가 적었던 이유에 대해서는 다음을 참조하라. Gasper(2015).

559 Islam and Winkel(2017).

560 Jorgenson et al.(2016).

561 Turchin(2008a; 2008b).

562 Endres and DuPont(2016), Stetler(2020).

563 UNFCCC(2018).

564 박윤석(2019).

565 좌초자산에 관한 현안 설명은 다음을 보라. 이봉현(2020b).

566 최우리(2020d).

567 이정훈(2020).

568 정의로운 전환의 초기 형태로 미국의 노동운동가 토니 마조키Tony Mazzocchi가 1988년에 주창한 지구온난화에 대한 노동운동의 대응을 들 수 있다. 김현우(2014). 평화운동과 정의로운 전환의 관계에 대해서는 다음 사이트를 참조하라. "Just Transition." 〈https://en.wikipedia.org/wiki/Just_Transition〉(검색: 2020. 4. 23.)

569 Jotzo(2016).

570 Robins and Rydge(2019: 11).

571 UNFCCC(2016경).

572 김현우(2014: 33-34).

573 UNFCCC(2011: Decision 1/CP.16: para. 10).

574 UNFCCC(2015).

575 COP24(2018: para. 1).

576 ILO(2013).

577 ILO(2015)

578 국제노동조합연맹ITUC이 정의로운 전환에 관한 정책 권고를 발표한 내용도 있다. Smith(2017: 17-18). 다음에도 국제노동조합연맹의 설명이 들어 있다. 제러미 리프킨(2020: 76).

579 Ocasio-Cortez(2019: 10 Lines 16-20).

580 Sanders(2019: 2-3).

581 Robins and Rydge(2019: 11).

582 Kolinjivadi(2020).

583 유럽연합 집행위원회의 다음 사이트를 참고하라. 〈https://ec.europa.eu/commission/presscorner/detail/en/ip_20_17〉(검색: 2020. 6. 7.)

584 UNFCCC(2016경).

585 Robins, Brunsting and Wood(2018).

586 정의로운 전환을 인권과 연결시킨 기본 설명은 다음을 보라. CIEL(2019: 21-22).

587 다음 사이트를 보라. Climate Justice Alliance. 〈https://climatejusticealliance.org/just-transition/〉(검색: 2020. 4. 23.)

588 정록(2020).

589 조너선 닐(2019: 63).

590 Adger et al.(2014).

591 환경안보에 대해서는 다음을 보라. 이수재 외(2013). 생태안보에 대해서는 다음을 보라. 유엔환경계획 한국협회(2012).

592 Adger et al.(2014: 759).

593 Sova(2017).

594 Ban(2007).

595 Kelley et al.(2015).

596 Mohamed, Elayah and Schuplen(2017: 9).

597 이동화 외(2019: 13).

598 Schaar(2019).

599 다음에서 인용했다. Crawford(2019: 32).

600 Campbell et al.(2007).

601 Brown, Hurlbert and Stark(2020).

602 Narayan(2020).

603 수단 남부 사헬 지역 및 남아시아 지역의 사례조사를 통해 '기후-갈등 연계'를 분석한 대표적인 연구로 다음을 보라. Bronkhorst(2011), Nordqvist, Pernilla and Krampe(2018). 아래의 기술은 다음 자료를 종합한 것이다. Agnew(2011), Chow(2017), IPCC(2014).

604 기온과 강수량의 표준편차가 1포인트 늘어날 때마다 집단 간 갈등이 14퍼센트 증가한다는 연구 결과도 있다. Hsiang, Burke and Miguel(2013).

605 그런 정책의 출발점이 "죽음의 미세먼지와 온실가스를 함께 파는 석탄발전 수출 중단"이 되어야 한다고 지적하는 목소리도 있다. 김정수(2020).

606 녹색 범죄학의 기본 설명으로 다음을 보라. Potter(2010). 녹색 범죄학을 소개하는 사이트도 운영되고 있다. 〈https://greencriminology.org/about-green-criminology/#〉(검색: 2020. 5. 5.)

607 아래의 설명은 다음을 요약한 것이다. Clayton et al.(2017).

608 지금까지 설명은 '일반 기온-공격성 가설'에 기반한 것이다. 그러나 공격성 이론 중 '부정적 정서 회피 이론'에 따르면 기온이 어느 정도 상승할 때까지는 공격성이 증가하다가 어느 수준 이상이 되면 공격성이 하락하는 비선형적, ∩-자형 곡선의 형태가 나타난다고 한다.

609 김종민·김민수·유승재·이동휘(2012).

610 김종민·김민수·김귀남(2014).

611 김종윤·박정선(2019).

612 노성훈(2017).

613 Ranson(2012). 10년 이상의 경년 변동으로 따져 지구온난화가 미국 내 폭력 범죄 발생율에 1/3 이상의 영향을 끼친다는 연구도 있다. Harp and Karnauskas(2018).

614 Harp and Karnauskas(2020).

615 이러한 메타분석을 대표하는 연구로 다음을 보라. Hsiang, Burke and Miguel(2013).

616 기후위기가 전쟁을 포함한 폭력적 갈등의 주요 리스크 요인인지에 관한 기존의 연구들을 검토하여 회의적인 결론을 내린 경우가 있다. Sakaguchi, Varughese and Auld(2017). 표본집단 선정의 정확성에 의문을 제기하기도 한다. Adams et al.(2018). 시리아에서 기후변화가 '위협 승수요인'이 되었다는 증거가 없다는 연구도 발표되었다. 특히 이 연구는 기후-갈등 연계설이 기후변화를 '안보화'하여 강대국들의 군사개입을 정당화하려는 경향을 반영한다고 신랄하게 비판한다. Selby et al.(2017). 기후변화에 관한 정부 간 협의체의 5차 평가보고서(AR5)에서도 기후변화와 갈등의 관계는 거의 취급되지 않았다고 한다. O'Loughlin and Hendrix(2019). 사회과학에서의 인과관계는 독립변수와 종속변수 사이에 설명 가능한 타당성plausibility이 있고, 두 변수 사이에 시간적 선후관계temporality가 있으며, 두 변수 사이에 비허위성nonspuriousness이 있다는 조건이 충족될 때에 성립한다. 기후변화처럼 장기간에 걸쳐 발생하고, 국지적으로 특정한 형태로 발현되며, 맥락적 변화와 지연된 변화를 야기하고, 순환 고리로 증폭되는 현상을 통상적인 인과관계 모델로 설명하기는 어렵다. 태풍이나 홍수와 같은 개별적 극한 기상이변이 어느 정도나 기후변화 때문에 발생했는지를 따지는 '탐지 및 귀책Detection & Attribution' 연구에서도 유사한 논쟁이 벌어지고 있다. Lloyd and Oreskes(2018). 기후변화가 갈등의 필요조건도 충분조건도 아니라는 연구도 있다. Plante, Allen and Anderson(2017).

617 Mach et al.(2019).

618 Solow(2013).

619 Mobjork(2017).

620 따라서 기후-갈등 연계를 연구할 때 기후변화의 맥락적 요소를 잡아낼 수 있는 예상 모델과 의사결정을 도와주는 평가 모델을 함께 고려해야 한다. Gilmore et al.(2018).

621 Agnew(2011).

622 Agnew(2011: 38, 강조추가).

623 UN Security Council(2000).

624 UNEP et al.(2020).

625 Krampe(2019).

626 DPPA(2019).

627 IEP(2019).

628 이승훈 외(2017).

629 서울대학교병원 사이트의 '외상후 격분장애' 설명을 참조하라. 〈http://www.snuh.org/health/nMedInfo/nView.do?category=DIS&medid=AA001117〉(검색: 2020. 5. 6)

630 최남희 등(2007).

631 서울아산병원의 다음 사이트를 참조하라. 〈http://www.amc.seoul.kr/asan/healthinfo /disease/diseaseDetail.do?contentId=32747〉(검색: 2020. 5. 6.)

632 박노자(2020), 장경호(2016).

633 김선기 외(2008: 6), 김태웅 외(2008).

634 김철회(2018).

635 Arab News(2020).

636 이정호(2020).

637 김종윤·박정선(2019).

638 라광현(2020: 89).

639 이수환(2018).

640 그러한 배경으로 다음 연구를 참고하라. 박소연·김백조·안숙희(2010), 이유진(2007).

641 Plante, Allen and Anderson(2017: 17).

642 황준서(2020).

643 장희경(2018: 57).

644 Krampe(2019), Yanda and Bronkhorst(2011: 3). 조건형성 인권담론이 인간안보와 연결될 수 있다는 견해는 다음을 보라. 조효제(2020c).

645 Houghton, Jenkins and Ephraums(1990).

646 Chadwick(2017).

647 박선아(2017).

648 이재영(2020).

649 Funk and Kennedy(2020), Kennedy and Hefferon(2019).

650 Funk and Kennedy(2020).

651 Chadwick(2017).

652 국회미래연구원(2019).

653 Fagan and Huang(2019).

654 송해룡·김원제(2014).

655 Severson and Coleman(2015). 이런 것을 사회인지 이론에서 효능감에 의한 확신 효과라 한다. Stoknes(2014).

656 Schlichting(2013).

657 Moser and Dilling(2011), 다음에서 재인용했다. 박선아(2017: 517-518).

658 Hundal(2018).

659 김경진·김영욱(2017: 155).

660 앨 고어Al Gore의 〈불편한 진실〉이 이런 경우에 해당된다. Spoel et al.(2009).

661 Kim, Jeong and Hwang(2013).

662 Cook(2016), Wolfe and Tubi(2018).

663 노성종·이완수(2013).

664 Markowitz and Corner(2019).

665 김경진·김영욱(2017).

666 Stoknes(2014).

667 Roser-Renouf and Maibach(2018).

668 Chapman, Lickel and Markowitz(2017), Graves(2018).

669 Bouhassira(2019).

670 Mayer and Smith(2019).

671 Hoffman(2012).

672 대화문화아카데미(2001), 이정배 외(2019).

673 프란치스코(2015: 49항).

674 Roser-Renouf and Maibach(2018: 187).

675 Pearson et al.(2017).

676 이런 접근은 일종의 사회적 마케팅 기법에 속한다.

677 기후위기를 회의적으로 받아들이고 기후행동을 반대하는 사람들을 설득하는 방법으로 다음을 보라. Bokat-Lindell(2020).

678 유럽의 대표적인 CCC 컨설팅 기관인 Climate Outreach가 집필을 대행하여 「기후변화의 효과적 커뮤니케이션과 대중 참여에 관한 원칙」이라는 보고서로 간행되었다. Corner, Shaw and Clarke(2018).

679 Armstrong, Krasny and Schuldt(2018), Mangat and Dalby(2018).

680 기후변화의 새로운 서사에 관해 최근 많은 연구가 진행되고 있다. 그중 일부만 소개한다. 나희덕(2020), 임인재·김영욱(2019), Antal and Lucatello(2012), Boehm, et al.(2019), Buonocore(2018), Hulme(2019), Jerneck(2014), Jones and Song(2014), Markowitz and Corner(2019), Moezzi, Janda and Rotmann(2017), Morris et al.(2019), O'Sullivan(2019), Paschen and Ison(2014), Sassor and Strachan(2019), Segal(2019). 길가메시 설화의 모티프를 기후변화 서사로 활용한 것은 다음을 보라. Dawson(2016: 28-29).

681 기후위기의 시각적 커뮤니케이션을 전문으로 하는 The Climate Visuals Project의 사이트를 참조하라. 〈https://climatevisuals.org/〉(검색: 2020. 5. 23.)

682 다음 사이트를 보라. "Is This How You Feel?". 〈https://www.isthishowyoufeel.com/〉 (검색: 2020. 3. 30.)

683 Ortega(2020).

684 박기용(2020b), Keating(2018).

685 Pereira and Viola(2018).

686 Logan(2018).

687 Spratt and Dunlop(2019).

688 Bostrom(2013: 15).

689 기후위기와 실존적 리스크에 대한 연구는 다음을 보라. Halstead(2018; 2019). 재앙과 실존적 위험의 차이는 다음을 보라. Piper(2019). 기후위기와 대재난의 경제학에 대해서는 다음을 보라. Weitzman(2009).

690 Sandberg(2019).

691 Ponizovskiy(2019).

692 CIEL(2011). 이 때문에 기후변화를 다루는 과학 자체가 일종의 '문화 전쟁'의 양상을 띠고 있다고 말하는 사람도 있다. Hoffman(2012).

693 효과적 국제협약, 재생에너지 지원(Kollewe, 2020), 화석연료 지원 삭감, 산림녹화, 농토 사용 개혁, 에너지 효율성 제고, 탄소 포집 기술 등 다양한 아이디어가 나와 있다. 기후위기 극복의 재정적 측면으로서 금융과 달러 개혁을 주창하는 글은 다음을 보라. Pettifor(2019). 신자유주의적 해법을 거부하는 탄소세 아이디어는 다음을 보라. Andrew, Kaidonis and Andrew(2010).

694 Rosa et al.(2015), Vukovic(2017: 96-97).

695 Rosa et al.(2015). 신속한 녹색 경제로의 이행을 주창하는 대표적 단체로는 다음을 보라. "Rapid Transition Alliance." 〈https://www.rapidtransition.org/〉(검색: 2020. 7. 7.) 탄소 물질대사로 이루어지는 전 지구적 자본주의가 기후변화를 자본주의를 지속할 수 있는 계기로 삼으면서 '자발적 탄소 거래'라는 방식, 그리고 '녹색 경제'라는 낙관적인 언어로 남반구를 마치 탄소 '포집' 장소처럼, 생물다양성 '은행'처럼 취급하면서 지구환경을 더 무너뜨리고 있다는 비판도 나온다. Clark and York(2005).

696 그린뉴딜의 의미와 용례를 정리한 글로 다음을 보라. 김상현(2020). 녹색당의 2020년 총선 그린뉴딜 공약은 다음을 보라. 〈http://www.kgreens.org/commentary/사후-보도자료-기후위기-막는-그린뉴딜-공약-발표〉(검색: 2020. 7. 7.) 정의당의 그린뉴딜 공약은 다음을 보라. 〈http://www.justice21.org/newhome/board/board_view.html?num=124525〉(검색: 2020. 7. 7.). 미래산업의 관점에서 그린뉴딜을 주창하는 입장은 다음을 보라. 제러미 리프킨(2020). 미국에서 나온 그린뉴딜 관련 아이디어로는 다음을 보라. Friedman(2019), Ocasio-Cortez(2019), Sanders(2019). 미국 녹색당의 그린뉴딜 설명은 다음을 보라. Green Party US(2020a; 2020b). 그린뉴딜의 근본적 성격에 관한 마르크스주의적 분석은 다음을 보라. 이정구(2020).

697 김명선(2020).

698 2050 저탄소 사회비전 포럼(2020: 94).

699 Hamilton(2003).

700 최병두(2020a; 2020b). 제이슨 히켈Jason Hickel은 선진국의 탈발전de-development이 필요하다고 주장하면서 녹색성장의 가능성을 회의적으로 본다. Hickel(2015), Hickel and Kallis(2019). 이러한 사조의 뿌리는 1972년 로마클럽이 간행한 『성장의 한계』에서 이미 나타났다. 로마클럽은 지구의 생태적 역량이 무한정한 성장을 감당할 수 없으므로, 인류는 "성장에서 전 지구적 평형상태로의 통제되고 질서 있는 전환을 시작해야" 한다고 주장한다. Meadows et al.(1972: 184).

701 세르주 라투슈(2014).

702 Cattaneo et al.(2012), Foramitti, Tsagkari and Zografos(2019).

703 Degrowth New Roots Collective(2020).

704 녹색 경제를 지지하는 시장주의 노선은 다음을 보라. Teirstein(2020). 탈성장을 반대하는 진보주의 노선은 다음을 보라. Chomsky and Pollin(2020).

705 윤자영(2012). 탈성장으로의 전환과 돌봄노동을 연계시킨 논의는 다음을 보라. 백영경(2020c).

706 BIOS(2018).

707 최병두(2020a).

708 Shove(2010: 1278).

709 김종철(2019: 374).

710 Aaken and Antonovics(2016).

711 Berners-Lee(2019), Marshall et al.(2019b), Prati, Pietrantoni and Albanesi(2018).

712 김수진·김영욱(2019).

713 Chuang, Manley and Petersen(2020).

714 조성화(2013: 161-162, 강조 추가).

715 이대희(2020b).

716 지현영(2020a).

717 김성휘(2020, 강조추가).

718 정책에 대한 확고한 관점과 목적의식 없이 방법론 논쟁이 먼저 벌어지는 경우가 적지 않다. 그렇게 되면 "'복지 확대' 원하지만 '증세 거부감'은 더 완강해져"라는 모순적인 여론조사가 나오는 일이 생긴다. 이지혜(2020). 예를 들어, 강국진은 고향사랑기부금이라는 정책 아이디어가 '선의'에서 나왔지만 결국 '철학의 빈곤, 정책의 혼선'으로 이어졌다고 비판한다. 재정 분권 정책도 좋은 제안이지만 그 이전에 중앙-지방 간의 경기의 규칙부터 바르게 설정해야 한다고 지적한다. 강국진(2019a; 2019b).

719 Stetler(2020).

720 그레타 툰베리의 경고를 '종말론'으로 표현하는 경우도 있다. 전범선(2020a).

721 Love(2019).

722 미셸린 이샤이(2005: 35-36).

723 심승환(2012), 이진호(2019), 최성환(2013), Endres and DuPont(2016).

724 이대희(2020a).

725 생태 사상에 입각한 인권과 민주주의 아이디어에 대해서는 다음을 참조하라. Cho(2019), Kim(1994), Polychroniou(2019).

726 Lifton(2017).

727 기후변화의 윤리에 관한 기본 설명으로는 다음을 보라. Barry, Mol and Zito(2013), Gosling and Case(2013).

728 기후변화와 윤리적 정의에 관한 연구로는 다음을 보라. 양해림 외(2015). 세대 간 윤리의 문제는 다음을 보라. Cohen(2019). 기후변화의 윤리, 권리, 정책에 관해서는 다음을 보라. Barry, Mol and Zito(2013), Callaghan(2017). 종말론적 비전과 기후변화에 관해서는 다음을 보라. Eagle(2016), Larrabee(2017). 인류세 시대의 윤리적 비전에 관한 논의는 다음을 보라. Chakrabarty(2009). 칸트식 기후정책지수Kantian CPI는 다음을 보라. Stoknes(2014: 17).

729 Gardiner(2016).

730 Milkoreit(2015).

731 기후대응에 있어 개인이 할 수 있는 바에 대한 연구는 다음을 보라. Ivanova et al.(2020), Ortiz(2018), Wynes and Nicholas(2017).

732 Vanderheiden(2018).

733 앰네스티 인터내셔널(2000: 357, 강조 추가).

734 김기석(2018b: 295, 강조 추가). 이 저자의 다음 글도 참조하라. 김기석(2018a: 225-252), "생태위기 시대에 생명의 상호의존성."

735 Treen, Williams and O'Neill(2020).

736 이재영(2020).

737 Orlandi(2019).

738 신득렬(2002:118-121).

739 UNESCO(2017: Article 11).

740 이재영(2019: 431).

741 사회학의 경우 최근까지 기후변화 논의에서 주변부에 머물러왔다는 지적이 있다. 기후논의에서 '사회학의 부재'는 기후변화에 관심이 있는 일부 사회학자들에게 수수께끼 같은 현상이었다. 몇 가지 이유가 제시되어 있다. 사회학자들은 자연과학이 주도해온 기후논의가 미래에 대한 명확한 행동을 촉구하는 목적론적 주장처럼 느껴져 논의에 뛰어들기를 꺼렸던 측면이 있었다고 한다. 사회학에서는 모든 사회현상이 사회적으로 형성된다는 구성주의를 대전제로 삼는 반면, 자연과학에서는 그러한 사회구성주의적 관점을 자연과학 팩트를 부인하는 것으로 간주해서 상호 불신이 발생했다는 설명도 있다. IPCC는 경제학을 제외한 사회과학을 자연과학의 부수적 학문처럼 경시하는 경향이 있어서 브뤼노 라투르가 IPCC를 '인식론적 괴물'이라고 비판한 적도 있

다. 이에 관한 자세한 설명은 다음을 보라. Bhatasara(2015).

742 미디어와 대중 인식 및 정책 결정의 관계를 다룬 종합적 정리로는 다음을 보라. Tindall, Stoddart and Callison(2018).

743 Tindall, Stoddart and Callison(2018).

744 아래는 다음의 내용을 정리한 것이다. Maeseele and Pepermans(2017).

745 Stecula and Merkley(2019).

746 McKibben(2019a: Ch.11).

747 Maeseele and Pepermans(2017).

748 임소연(2020).

749 Treen, Williams and O'Neill(2020).

750 김지석(2020, 이봉수(2020)에서 재인용).

751 윤순진(2016).

752 이봉현(2020a).

753 김영욱(2020).

754 이봉수(2018).

755 이봉현(2020).

756 Harkins (2019).

757 Geiger, Middlewood and Swim(2017).

758 Dunwoody(2005: 90-91).

759 김영욱·김영지·김수현(2018: 99).

760 Trappel(2019: 16-17).

761 McKibben(2019a). 기후변화가 결국 '정의의 문제'로 귀결된다고 한 타티아타 슐로스버그Tatiana Schlossberg의 견해도 참고하라. Schlossberg(2019).

762 Norgaard(2017).

763 김원철(2020).

764 강수돌(2020).

765 강상구(2019).

766 안병옥-백낙청(2015: 260).

767 Wilson(2012: 95-99). Global Commons Institute의 다음 사이트를 참조하라. 〈http://www.gci.org.uk/〉(검색: 2020. 7. 9.)

768 볼프강 작스(2010), Wilson(2012).

769 다음에서 재인용. Wilson(2012: 95).

770 Wilson(2012).

771 조효제(2016: 362-366).

772 Perkins(2019: 183).

773 Mani et al.(2013).

774 Mani et al.(2013: 980).

775 Mullainathan and Shafir(2013: 7).

776 김종철(2019).

777 사이먼 L. 루이스, 마크 A. 매슬린(2020).

778 사이먼 L. 루이스, 마크 A. 매슬린(2020: 397, 강조 추가).

779 강상구(2019: 9).

780 아래 설명을 다음의 내용을 기본으로 삼았다. Alam(2019).

781 이 장의 서술은 다음 내용을 기본 구도로 하여 재구성한 것이다. Roy(2020).

782 옥스팜의 다음 사이트를 참조하라. "Why the majority of the world's poor are women." 〈https://www.oxfam.org/en/why-majority-worlds-poor-are-women〉(검색: 2020. 7. 18.)

783 Terry(2009).

784 Jerneck(2018). 좀 더 이론적인 차원에서 생태페미니즘에 관한 연구는 다음을 보라. 마리아 미스·반다나 시바(2020), MacGregor(2014). 반식민주의, 교차성 그리고 페미니즘의 기후정의에 관한 이론은 다음을 보라. Malik(2019).

785 UN Women Watch(2009).

786 조효제(2020b).

787 Haigh and Valley(2010: 5).

788 World Economic Forum(2019).

789 Knowlton and Ireland(2017).

790 Roy(2020).

791 조효제(2007: 175-202).

792 Susskind(2019).

793 Mary Robinson Foundation Climate Justice(2015).

794 UNFCCC(2016: Para.22).

795 UNFCCC(2017).

796 김양희(2019: 65).

797 아래 내용은 다음 논문을 요약·정리한 것이다. 조효제(2018a).

798 「비엔나선언」은 다음 사이트를 참조하라. 〈https://www.ohchr.org/en/professionalinterest/pages/vienna.aspx〉(검색: 2020.10.9.)

799 은진(2020).

800 탄소 배출 사업체, 예를 들어 석탄화력발전에 대한 투자 철회도 고려할 만하다. 박유경(2020).

801 박승옥(2020).

802 조효제(2018c).

803 인간이 최고의 분별력/지각력이 있는 독점적 지위를 가진 존재이므로 인간 아닌 동물은 '권리'를 가질 수 없다는 입장과, 비인간 동물의 권리를 적극적으로 인정해야 한다는 입장 사이에 치열한 논쟁이 벌어지고 있다. 그러나 여기서 이 문제는 일단 미뤄두기로 하자. 비인간 동물권리 운동에 대해서는 다음 사이트를 보라. "Nonhuman Rights Project." 〈https://www.nonhumanrights.org/〉(검색: 2020. 7. 3.)

804 Dalby(2014: 58).

805 Sperman(2013). 이런 주장에 대한 반론으로는 다음을 보라. Barro(2014).

806 Humphreys(2015b).

807 Jamieson(2016).

808 이 절의 설명은 거의 모두 다음의 주장을 요약한 것이다. Beinhocker(2019).

809 Beinhocker(2019).

810 이재현(2019).

811 Hickman(2010).

812 Garton Ash(2020).

813 Hajer et al.(2015: 1652).

814 Winslow(2005).

815 Povitkina(2018).

816 Looney(2016).

817 김성진(2016: 372).

818 Runciman(2019).

819 김명식(2015: 206-209).

820 Mary Robinson Foundation Climate Justice(2018).

821 임현진은 지구시민사회가 작동하기 위해서 초국적 공공영역, 지구시민사회의 주체로서 지구시민, 가치로서 지구문화, 그리고 조직으로서 초국적 네트워크가 필요하다고 지적한다. 임현진(2014: 112-113). 이 모든 요소가 기후행동에 이미 내재되어 있다고 할 수 있다. 지구시민사회에 대해서는 다음을 보라. 헬무트 안하이어, 메어리 칼도어, 말리스 글라시우스(2004).

822 아래의 설명은 다음을 요약한 것이다. 에이프릴 카터(2007: 227-231).

823 에이프릴 카터(2007: 230-231).

824 이현우(2012).

825 전범선(2020b).

826 Scholtz and Ferreira(2015).

827 McKinnon(2019).

828 김직수·이영희(2015). 더욱 통합적이고 효과적인 기후행동을 위해 시민들이 과학기술의 민주적

의미부여와 통제에 나서야 한다는 당위를 시민에 의한 '사회적' 과학이라는 개념으로 설명하는 관점은 다음을 보라. Kythreotis, et al.(2019).

829 Shaw(2017).

830 Centeno(1993), Prattico(2019).

831 김상현(2020: 49).

832 WGBU(2014).

833 사회심리학자 저스틴 크루거Justin Kruger와 데이비드 더닝David Dunning에 따르면 실력이 부족한 사람들이 스스로 '똑똑하다고 착각하는illusory superiority' 경향이 있으며, 그것에 대해 자신만만해하는 경향이 거의 모든 분야에서 발견된다고 한다. 이들은 또한 자신에 대한 비판을 가장 적게 수용하는 경향도 있다. Kruger and Dunning(1999).

834 여치헌(2012: 194-196).

835 스티븐 룩스Steven Lukes가 제안한 세 가지 차원의 권력이론을 참고하라. Lukes(2005).

836 UNESCO(2017: Article 12, 강조 추가).

837 2050 저탄소 사회비전 포럼(2020: 62-64).

838 Kim and Kim(2008).

839 민영·노성종(2011).

840 지구 시스템 전체를 통괄하는 거버넌스를 위해 전 지구적 차원의 심의민주주의를 위한 길을 찾아야 한다는 '지구 시스템 민주주의'의 제안도 있다. Dryzek and Stevenson(2011).

841 데이비드 리치의 주장을 다음에서 재인용했다. 폴 슈메이커(2010: 71).

842 폴 슈메이커(2010: 72).

843 Willis(2019, 강조 추가).

844 McKibben(2019a: Ch.19, 강조 추가).

845 미국에서 2001년에 나온 STEM 개념은 '과학, 기술, 공학, 수학Science, Technology, Engineering & Maths'을 지칭한다. 이른바 경성 학문으로서 합리성과 수월성에 바탕하여 경쟁력 있는 인간을 양성하는 목적을 가진다. 직업훈련, 국가안보, 국가경쟁력, 이주민 정책의 기준이 되었다. 영국에서 2020년에 제안된 SHAPE 개념은 '사회과학, 인문학, 대중을 위한 예술, 경제학Social sciences, Humanities, Arts for People & Economics'을 지칭한다. SHAPE는 인간이 스스로의 운명을 결정하고 스스로를 다스리며 인간이 어떻게 발전해왔으며 어떻게 사는 것이 좋은 삶인지를 찾을 수 있는 '전인적인 인간'을 기르려는 목적을 가진다. Editorial(2020), Thorpe(2020).

846 조효제(2009).

847 김선철(2020).

848 Centola et al.(2018: 1116, 강조 추가).

849 목수정(2020).

850 Dalby(2014: 55).

851 Houghton, Jenkins and Ephraums(1990).

852 국회미래연구원(2019b: 5).

853 기후변화 협상에 관한 외교부의 공식 입장은 다음을 보라. 〈http://www.mofa.go.kr/www/wpge/m_20150/contents.do〉(검색: 2020. 9. 12.)

854 윤상언·박건·최연수(2020).

855 시민건강연구소(2020: 강조 추가).

856 조효제(2019b: 70).

857 Rodríguez-Garavito(2019).

858 Krznaric(2020).

859 김선철(2020a).

| 참고문헌 |

일러두기: 국내 번역본이 있어도 원서를 인용했으면 원서의 출전만 밝혔다. 인터넷에 게재된 문헌을 직접 인용한 경우에는 페이지를 기입하지 않았다. 전자책(e-book)에서 직접 인용한 경우에는 그 내용이 포함된 장 또는 절만 표시하였다.

- 2050 저탄소 사회비전 포럼 (2020). 『2050 장기 저탄소 발전전략-「2050 저탄소 사회비전 포럼」 검토안』. 2050 저탄소 사회비전 포럼.
- 강국진 (2019a). “고향사랑 기부금, 철학의 빈곤 정책의 혼선.” 《자작나무통신》 7월 22일. 〈https://www.betulo.co.kr/2901〉(검색: 2020.6.28.)
- 강국진 (2019b). “재정분권을 다시 생각한다(8). 중앙-지방 경기규칙부터 다시 바꿔야.” 《자작나무통신》 10월 29일. 〈https://www.betulo.co.kr/2914〉(검색: 2020.6.28.)
- 강금실 외 7인 (2020). 『지구를 위한 법학: 인간중심주의를 넘어 지구중심주의로』. 서울대학교출판문화원.
- 강상구 (2019). 『걷기만 하면 돼: 새로운 사회를 위한 상상, 녹색 기본소득에 관하여』. 루아크.
- 강수돌 (2020). 『경쟁 공화국』. 세창미디어.
- 관계부처합동 (2020). 「2019년 이상기후 보고서: 10주년 특별판」. 기상청.
- 구형찬 (2017). 「민속신앙의 인지적 기반에 관한 연구: 강우의례를 중심으로」. 서울대학교 종교학 박사논문.
- 국립재난안전교육원 (2014). 「Future Safety Issue: 한 달간의 폭염지옥」. 국립재난안전교육원.
- 국회미래연구원 (2019a). 「정책미래에 대한 국민선호도 조사」. 국회미래연구원.
- 국회미래연구원 (2019b). 「2050년에서 보내 온 경고」. 국회미래연구원.

- 그린피스 동아시아 서울사무소 (2020). “유권자 77%, “총선, 기후위기 대응 후보·정당에 투표”.” 〈https://www.greenpeace.org/korea/press/12138/climate-crisis-suffrage-greennewdeal/〉(검색: 2020.3.10.)
- 기후변화에관한정부간협의체 (2015). 「기후변화에 관한 정부간 협의체(IPCC) 제5차 평가 종합보고서」. 기상청 옮김.
- 김경진·김영욱 (2017). “메시지 프레임과 불확실성 인식이 예방 행동 의도에 미치는 영향: 기후변화 이슈를 중심으로.” 《광고연구》 112: 154-198.
- 김기석 (2018a). 『종의 기원 vs 신의 기원』. 개정증보판. 도서출판 동연.
- 김기석 (2018b). 『신학자의 과학 산책: 과학과 신학의 경계를 걷다』. 새물결플러스.
- 김동수 (2019). “국민 절반 이상, 올해 환경문제 1위는 ‘미세먼지’.” 《그린포스트코리아》. 12월 19일. 〈http://www.greenpostkorea.co.kr/news/articleView.html?idxno=112169〉(검색: 2020.2.6.)
- 김명선 (2020). “한국형 그린뉴딜엔 ‘그린’이 없다.” 《비즈한국》 6월 11일. 〈https://www.bizhankook.com/bk/article/20120〉(검색: 2020.7.7.)
- 김명식 (2015). “기후변화, 사회적 할인율, 숙의민주주의.” 《범한철학》 76: 185-214.
- 김민정 (2014). “기후변화에 관한 쟁점들.” 《진보평론》 60: 208-228.
- 김민정 (2015). “한국 기후운동의 실상: 기후 활동가를 중심으로.” 《마르크스주의 연구》 12(3): 123-151.
- 김상현 (2020). “그린뉴딜 다시 쓰기.” 《창작과비평》. 187호: 31-49.
- 김선기 외 (2008). 「지역 갈등사업의 협력 원활화 종합대책」. 한국지방행정연구원.
- 김선철 (2020a). “그린뉴딜: 담론을 바꾸기 위해서는 발화자를 바꿔야 한다.” 《참세상》 7월 9일. 〈http://www.newscham.net/news/view.php?board=news&nid=105116&page=1〉(검색: 2020.9.4.)
- 김선철 (2020b). “그린뉴딜에 ‘민주주의’가 있었나?” 《프레시안》 8월 22일. 〈https://www.pressian.com/pages/articles/2020082115241592294#0DKU〉(검색: 2020.8.22.)
- 김성진 (2016). “파리기후체제는 효과적으로 작동할 것인가?.” 《국제정치논총》 56(2): 359-401.
- 김성진 (2019). “기후변화의 정치와 외교.” 정진영 편 『일반인을 위한 기후변화의 과학과 정치』. 경희대학교출판문화원.
- 김성휘 (2020). “靑 “디지털·그린뉴딜 없이 기업도 국가도 생존 어려워”.” 《머니투데이》 7월 19일. 〈https://news.mt.co.kr/mtview.php?no=2020071913077625618&outlink=1&ref=https%3A%2F%2Fsearch.daum.net〉(검색: 2020.7.19.)
- 김수진·김영욱 (2019). “문화적 편향이 기후변화 정책 순응과 지지에 미치는 영향: 위험인식, 감정, 효능감의 매개 효과 중심 분석.” 《한국언론학보》 63(4): 230-274.
- 김수현 (2020). ““한국 인구 55%, ‘WHO 권고 2배’ 초미세먼지에 노출... OECD 1위”.” 《연합뉴스》 3월 14일. 〈https://news.v.daum.net/v/20200314101509545〉(검색: 2020.3.14.)

- 김양희 (2019). 「기후위기, 여성의 경험과 관점이 중요하다」. 한재각 외. 『1.5 그레타 툰베리와 함께』. 한티재.
- 김영욱·김영지·김수현 (2018). "기후변화에 대한 위험 정보 추구 및 처리연구: 정보원 신뢰도, 행동에 대한 태도, 인지된 정보 수집능력의 조절효과 중심." 《한국언론학보》 62(5): 72-106.
- 김영욱·박단아·민혜민 (2018). "기후 변화에 대한 심리적 거리감이 완화 행동 의도에 미치는 영향 위험 인식의 매개 효과와 효능감의 조절 효과 중심 분석." 《광고연구》 118: 127-170.
- 김영욱 (2020). "정파적 비판은 타당한 정책도 좌절시킬 위험." 《한겨레》 2월 17일.
- 김원철 (2020). "삶의 질보다 경제적 성취, 분배보다 성장에 방점." 《한겨레》 6월 24일.
- 김일우 (2019). "태풍 '미탁' 실종자 1명 주검 발견…사망 13명·실종 2명." 《한겨레》 10월 7일.
- 김정수 (2020). "문 대통령 '인간 안보' 화두 기후변화 대응 의지 실렸나." 《한겨레》 5월 12일.
- 김종민·김민수·유승재·이동휘 (2012). "기상변화요인과 범죄발생의 관계분석." 《융합보안》 12(6): 107-113.
- 김종민·김민수·김귀남 (2014). "기상변화 및 불쾌지수에 따른 범죄발생 예측 모델." 《융합보안》 14(6): 89-95.
- 김종석 (2020). "슈퍼밈을 벗어나 이상기후에 대비하기 위해서." 《한겨레》 6월 18일.
- 김종윤·박정선 (2019). "날씨가 성범죄에 미치는 영향 연구-공격성 이론을 중심으로." 《치안정책연구》 33(2): 33-59.
- 김종철 (2019). 『근대문명에서 생태문명으로』. 녹색평론사.
- 김종철 (2020). "코로나 사태와 장기 비상상황." 《한겨레》 3월 6일.
- 김준수 (2019). "인류세 시대의 국가공간 다시 읽기." 《문화과학》 97: 81-102.
- 김지석 (2020). "텀블러로 기후 위기 막는다? 틀렸습니다." 《SBS 뉴스》 5월 4일. 〈https://news.sbs.co.kr/news/endPage.do?news_id=N1005771276〉(검색: 2020.5.9.)
- 김지윤 (2019). "기후변화와 환경." 한국국제협력단 기획. 『열두 개의 키워드로 이해하는 국제개발협력』. 한울아카데미.
- 김직수·이영희 (2015). "유엔기후변화 협상에 관한 세계시민회의 결과의 국제비교." 《과학기술학연구》 15(2): 65-97.
- 김창엽 (2020). "코로나19에 불가능한 각자도생… '공공보건의료 국가책임제'를." 《한겨레》. 3월 7일.
- 김철회 (2018). "부산-경남 물갈등 사례분석: Fisher & Shapiro(2005)의 협상의 감정적 차원을 중심으로." 《한국사회와 행정연구》 29(3): 313-340.
- 김태웅 외 (2008). "물 분쟁 해결을 위한 거버넌스 구축과 이해관계자 참여 및 인적자원 개발방안 연구." 「IV. 국제수문개발계획(IHP) 연구보고서」 12월. 〈file:///C:/Users/echos/Downloads/04%EA%B9%80%ED%83%9C%EC%9B%85A4.pdf〉(검색: 2020.5.6.)
- 김해동 (2020). "앞으로 매년 여름 폭염 아니면 폭우 올 것." 《MBC 이승원의 세계는 그리고 우리

는》 8월 10일. 〈https://news.v.daum.net/v/20200810214756538〉(검색: 2020.8.10.)

- 김현석 (2017). “깨끗한 환경, 더 나은 삶의 질.” 《정책토론회. 선진국형 서비스산업 발전방향: 세션 5 환경》. 〈file:///C:/Users/echos/Downloads/S5-1.pdf〉(검색: 2020.2.6.)
- 김현우 (2014). 『정의로운 전환: 21세기 노동해방과 녹색전환을 위한 적록동맹 프로젝트』. 나름북스.
- 나오미 클라인 (2016). 『이것이 모든 것을 바꾼다』. 이순희 옮김. 열린책들.
- 나현필 (2017). “프랑스, 초국적기업 횡포 견제 시작한다.” 《월간 워커스》 29호: 3월 31일. 〈http://workers-zine.net/26476〉(검색: 2020.1.27.)
- 나희덕 (2020). “‘자본세’에 시인들의 몸은 어떻게 저항하는가.” 《창작과비평》 187호: 65-88.
- 노성종·이완수 (2013). “‘지구온난화’ 對 ‘기후변화’: 환경 커뮤니케이션 어휘 선택의 프레이밍 효과.” 《커뮤니케이션 이론》 9(1): 163-198.
- 노성훈 (2017). “날씨와 시간, 그리고 가정폭력.” 《형사정책연구》 28(3): 69-95.
- 농림수산식품부 (2011). 「기후변화에 대한 수산업의 정책적 대응전략 수립을 위한 연구」. 농림수산식품부.
- 농업진흥청 국립농업과학원 (2012). 「기후변화: 농업부문 영향과 대응방안」. 농업진흥청 국립농업과학원.
- 대화문화아카데미 (2001). 「종교사회단체들의 환경활동 활성화에 관한 연구」. 환경부.
- 데이비드 월러스 웰즈 (2020). 『2050 거주불능 지구: 한계치를 넘어 종말로 치닫는 21세기 기후재난 시나리오』. 김재경 옮김. 추수밭.
- 데이비드 헬드 외 (2002). 『전지구적 변환』. 조효제 옮김. 창비.
- 디페시 차크라바티, 박현선·이문우 옮김 (2019). “기후변화의 정치학은 자본주의 정치학 그 이상이다.” 《문화과학》 97: 143-161.
- 라광현 (2020). “기후변화와 범죄발생: 국내외 연구추세와 형사정책적 함의.” 《형사정책》 31(4): 75-95.
- 롭 월러스 (2020). 『팬데믹의 현재적 기원: 거대 농축산업과 바이러스성 전염병의 지정학』. 구정은·이지선 옮김. 너머북스.
- 리처드 파워스 (2019). 『오버스토리』. 김지원 옮김. 은행나무.
- 마거릿 애트우드 (2019). 『홍수의 해』. 이소영 옮김. 민음사.
- 마리아 미스·반다나 시바 (2020). 『에코페미니즘』. 개정판. 손덕수·이난아 옮김. 창비.
- 마이클 만·톰 톨스 (2017). 『누가 왜 기후변화를 부정하는가: 거짓 선동과 모략을 일삼는 기후변화 부정론자들에게 보내는 레드카드』. 정태영 옮김. 미래인.
- 마이클 프리먼 (2005). 『인권: 이론과 실천』. 김철효 옮김. 아르케.
- 마크 프레초 (2020). 『인권사회학의 도전: 인권의 통합적 비전을 향하여』. 조효제 옮김. 교양인.
- 목수정 (2020). “코로나가 가져 온 기적, 자고 나니 프랑스가 달라졌다: 녹색으로 덮인 프랑스 지

방선거, 마크롱과 극우의 몰락." 《오마이뉴스》 7월 2일. 〈http://m.ohmynews.com/NWS_Web/Event/Premium/at_pg.aspx?CNTN_CD=A0002655061&CMPT_CD=MSD99〉(검색: 2020.7.5.)

- 미셸린 이샤이 (2005). 『세계인권사상사』. 조효제 옮김. 도서출판 길.
- 민영·노성종 (2011). "'소통'의 조건: 한국사회의 시민 간 정치대화 탐구." 《한국 사회의 소통위기: 진단과 전망》 한국언론학회 심포지엄 및 세미나. 5월: 215-247.
- 민주언론시민연합 (2020). "'코로나19로 국민분노 커져' 제목은 적절했나?." 《미디어오늘》 3월 6일. 〈http://www.mediatoday.co.kr/news/articleView.html?idxno=205691〉(검색: 2020.3.8.)
- 박기용 (2020a). "신종 감염병의 근본 해법." 《한겨레》 3월 23일.
- 박노자 (2020). "성장이 아니라 생존이 문제다." 《한겨레》 2월 5일.
- 박병도 (2013). "기후변화 취약성과 기후정의." 《환경법연구》 35(2): 61-94.
- 박병도 (2020). "파리협정과 인권." 《국제법평론》 55: 1-24.
- 박상욱 (2020). "'먼 미래'에서 '내 일'로 찾아온 기후변화 ⑮ 신종 감염병의 등장과 기후변화." 《JTBC 뉴스》 3월 2일. 〈http://news.jtbc.joins.com/article/article.aspx?news_id=NB11937735〉(검색: 2020.3.2.)
- 박선아 (2017). "한국사회 커뮤니케이션 세계와 기후운동." 《한국사회학회 사회학대회 논문집》 512-525.
- 박소연·김백조·안숙희 (2010). "북한의 자연재해 현황 및 특성." 《한국방재학회논문집》 10(3): 21-29.
- 박승옥 (2020). "기후위기의 악질 범죄자들, 文정부 고위 참모-관피아들." 《프레시안》 8월 19일. 〈https://www.pressian.com/pages/articles/2020081815000584859#0DKU〉(검색: 2020.8.22.)
- 박시원 (2019). "기후변화와 인권침해 소송: Urgenda 고등법원 판결을 중심으로." 《환경법과 정책》 23: 37-69.
- 박시원·박태현 (2015). "기후변화와 국가의 책임." 《환경법과 정책》 15: 167-207.
- 박유경 (2020). "석탄발전이라는 이름의 폭탄돌리기, 그리고 한전." 《한겨레》 2월 25일.
- 박윤석 (2019). "2030년 재생에너지 일자리 15만명 전망… 현재 10배." 《일렉트릭파워 저널》 10월 24일. 〈http://www.epj.co.kr/news/articleView.html?idxno=23287〉(검색: 2020.6.7.)
- 박정렬 (2014). "기후변화 감염병, 국가적 재난 초래할 수 있다." 《중앙일보》 6월 20일. 〈https://jhealthmedia.joins.com/article/article_view.asp?pno=12691〉(검색: 2020.3.24.)
- 박태현 (2011). "기후변화와 인권에 관한 시론: 지금까지 논의현황과 향후 과제." 《동아법학》 52: 285-315.
- 박혜영·김영욱 (2017). "지구온난화 이슈에서 낙인에 미치는 영향변수에 대한 연구: 감정기반 낙인모델의 적용과 확장." 《한국언론학보》 61(6): 273-317.
- 반기성 (2020). "기후변화가 불러올 변종 바이러스." 《동아일보》 3월 14일. 〈http://www.donga.com/news/article/all/20200314/100156411/1〉(검색: 2020.4.3.)

- 반기성·반기석 (2018). 『기후와 날씨, 건강 토크 토크』. 프리스마.
- 반기웅 (2020). "'코로나19' 확산 비상: 인간이 불러낸 바이러스의 역습." 《경향신문》 3월 7일. 〈http://news.khan.co.kr/kh_news/khan_art_view.html?artid=202003071319001&code=940100〉(검색: 2020.3.11.)
- 백영경 (2020a). "기후위기 해결, 어디에서 시작할까." 《창작과비평》 187호: 15-30.
- 백영경 (2020b). "'면역'이라는 커먼즈: 면역은 우리가 공유하는 공간이다." 《프레시안》 3월 12일. 〈https://www.pressian.com/pages/articles/282847?no=282847&utm_source=daum&utm_medium=search〉(검색: 2020.4.12.)
- 백영경 (2020c). "탈성장 전환의 요구와 돌봄이라는 화두." 《창작과비평》 189호: 36-48.
- 백태웅 (2017). 『아시아 인권공동체를 찾아서: 지역 인권체제의 발전과 전망』. 이충훈 옮김. 창비.
- 보건복지부 보육기반과 (2010). "폭염 대응 건강관리 매뉴얼: 보육시설 관리자 행동요령." 보건복지부.
- 볼프강 작스 (2010). 『반(反) 자본 발전사전: 자본주의의 세계화 흐름을 뒤집는 19가지 개념』. 이희재 옮김. 아카이브.
- 비자이 프라샤드 (2015). 『갈색의 세계사: 새로 쓴 제3세계 인민의 역사』. 박소현 옮김. 뿌리와이파리.
- 사이먼 L. 루이스, 마크 A. 매슬린(2020). 『사피엔스가 장악한 행성: 인류세가 빚어낸 인간의 역사 그리고 남은 선택』. 세종서적.
- 사이언스타임즈. 2018. "드넓은 우주에서 외계인을 못 찾는 이유는 행성 기후변화 탓?." 《사이언스타임즈》. 〈http://www.sciencetimes.co.kr/?news=드넓은-우주에서-외계인을-못-찾는-이유는-행성-기후〉(검색: 2020.1.17.)
- 산림청 (2009). 「기후변화와 산림」. 산림청.
- 산림청 (2020). 「2020년 전국 산불방지 종합대책」. 산림청.
- 서원상·이준서 (2009). "국제법상 '환경 난민'에 대한 인권기반적 접근." 《환경법과 정책》 3: 123-152.
- 서현우 (2020). "2019년은 세계 산불의 해?…'남한 34배 산림' 불탔다." 《포커스뉴스》 3월 2일. 〈http://san.chosun.com/m/svc/article.html?contid=2020022402507〉(검색: 2020.5.2.)
- 선정수 (2020). "대한민국은 기후악당인가?" 《뉴스톱》 7월 7일. 〈http://www.newstof.com/news/articleView.html?idxno=10924〉(검색: 2020.8.6.)
- 성석제 (2017). 「일찍 일어나는 새」. 『사랑하는, 너무도 사랑하는』. 문학동네.
- 세르주 라투슈 (2014). 『탈성장사회: 소비사회로부터의 탈출』. 양상모 옮김. 오래된생각.
- 송유나 (2010). "기후변화 생태위기와 에너지 문제: 한국 에너지 산업의 정책 현황과 쟁점." 《마르크스주의연구》 7(2): 67-97.
- 송해룡·김원제 (2014). "공중의 환경위험 이슈에 대한 커뮤니케이션 행동 연구: 지구온난화 쟁점

(상황)을 중심으로." 《스피치와 커뮤니케이션》 23: 273-309.

- 스탠리 코언 (2009). 『잔인한 국가 외면하는 대중』. 조효제 옮김. 창비.
- 스펜서 위어트 (2012). 『지구온난화를 둘러 싼 대논쟁』. 김준수 옮김. 동녘사이언스.
- 시민건강연구소 (2020). "이 비의 이름은 '장마'가 아니라 '기후위기'입니다: '코로나+집중호우' 복합재난, 근본 대책은?" 《프레시안》 8월 10일. 〈https://www.pressian.com/pages/articles/2020081008313861470?utm_source=dable〉 (검색: 2020.8.17.)
- 신기섭 (2020). "빚더미 얹친데 코로나 덮쳐... "빈곤국 부채 탕감을"." 《한겨레》 4월 9일.
- 신나리·백수진·유효순·신인식 (2019). "미래감염병에 대한 세계 동향 분석." 《주간 건강과 질병》 12(5): 120-126.
- 신득렬 (2002). 『위대한 대화』. 계명대학교 출판부.
- 신지영·임영신·홍난희·김나영·배채영 (2013). 「기후변화 적응관련 취약계층 지원대책 현황조사 및 분석연구」. 한국환경정책·평가연구원.
- 신호성·김동진 (2008). 「기후변화와 전염성 질병부담」. 한국보건사회연구원 연구보고서 2008-24-4.
- 심승환 (2012). "프로네시스(phronēsis)에 담긴 가르침과 배움의 의미 고찰." 《한국교육학연구》 18(3): 261-292.
- 심영규 (2010). "국제법 상 국가의 기후변화 방지 의무에 관한 고찰: 국제관습법 상 No-harm Rule을 중심으로." 《한양법학》 31: 107-135.
- 심효원 (2020). "인류세와 21세기 간학제적 접근론: 차크라바르티, 파리카, 해러웨이를 중심으로." 《비교문학》 80: 237-266.
- 안병옥-백낙청 (2015). "환경운동과 민주주의, 그리고 분단체제." 백낙청 외. 『백낙청이 대전환의 길을 묻다』. 창비.
- 안병진 (2019). "미 국방부의 충격적 '기후재앙 보고서' - 우리는 지금 어디로 가고 있는가." 《여시재 인사이트/기후변화》. 〈https://www.yeosijae.org/posts/782〉 (검색: 2019.12.20.)
- 안소은 (2013). "의사결정 지원을 위한 생태계 서비스의 정의와 분류." 《환경정책연구》 12(2): 3-16.
- 양해림 외 (2015). 『21세기 글로벌 기후변화와 윤리적 정의(Justice)』. 충남대학교출판문화원.
- 앤서니 기든스 (2009). 『기후변화의 정치학』. 홍욱희 옮김. 에코리브르.
- 앰네스티 인터내셔널 (2000). 「지구화와 사회운동」. 『NGO의 시대: 지구시민사회를 향하여』. 조효제 편역. 창비.
- 에이프릴 카터 (2007). 『직접행동: 21세기 민주주의, 거인과 싸우다』. 조효제 옮김. 교양인.
- 여치헌 (2012). 『인디언 마을 공화국: 북아메리카 인디언은 왜 국가를 만들지 않았을까』. 휴머니스트.
- 연합뉴스TV (2019). "폭염 사망자, 정부 통계보다 최대 20배 많아." 《연합뉴스TV》 8월 10일.

〈https://www.yonhapnewstv.co.kr/news/MYH20190810005100038〉(검색: 2020.6.25.)

- 오기출 (2015). "기후변화와 빈곤, 그 위기와 대책." 《국제개발협력》 1: 92-120.
- 오인환 (2020). "코로나19로 드러난 사회취약계층 사각지대 '민낯' 어쩌나." 《KFM 99.9》 3월 10일. 〈https://www.kfm.co.kr/?r=home&m=blog&blog=news&front=list&uid=9353961〉(검색: 2020.6.7.)
- 울리히 브란트·마르쿠스 비센 (2020). 『제국적 생활양식을 넘어서: 전지구적 자본주의 시대의 인간과 자연에 대한 착취』. 이신철 옮김. 에코리브르.
- 원태성 (2020). "폭염 속 건설노동자 또 사망…"임금 삭감 없는 노동시간 단축 필요"." 《News 1》 8월 20일. 〈https://www.news1.kr/articles/?4032296〉(검색: 2020.8.21.)
- 유엔환경계획한국협회 (2012). "생태안보를 위한 안전망 구축하기." Our Planet 1월 6일. 〈https://unep.or.kr/sub/sub05_01.php?mNum=5&sNum=1&boardid=planet&mode=view&idx=1046〉(검색: 2020.6.7.)
- 유종일 (2019). "전환적 뉴딜 정책제안." 《경제인문사회연구회 전환적 뉴딜 T/F》 6월 19일.
- 윤상언·박건·최연수 (2020). "툰베리가 한국인이면 사이비 된다, 기후위기 외친 청년 좌절." 《중앙일보》 9월 13일. 〈https://news.joins.com/article/23870765〉(검색: 2020.9.13.)
- 윤순진 (2002). "기후변화와 기후변화정책에 내재된 환경 불평등." 《환경사회학연구 ECO》 3: 8-42.
- 윤순진 (2009). 「기후변화」. 『불확실성에 대응하는 위험 거버넌스: 신기술 및 신종재난을 중심으로』. 김은성 편. 법문사.
- 윤순진 (2016). "한국 언론기자의 기후변화 인식과 보도 태도." 《환경사회학연구 ECO》 20(1): 7-61.
- 윤자영 (2012). "성장중심 경제 패러다임에 대한 비판과 지속가능한 발전." 《여성학논집》 29(1): 217-246.
- 은진 (2020). "한전, 印尼 석탄발전 투자 결정… 환경단체 반발." 《디지털타임스》 6월 30일. 〈http://www.dt.co.kr/contents.html?article_no=2020070102100658063002&ref=daum〉(검색: 2020.7.1.)
- 이강국 (2020). "한국판 뉴딜에 던지는 질문." 《한겨레》 5월 5일.
- 이근영·박기용·최우리 (2020). "한국 온난화 속도 2배 넘게 빠르다." 《한겨레》 7월 29일.
- 이나경·임혜숙·이영애 (2008). "세계관과 위험지각에서 전문가와 일반인의 차이: 문화이론 다시 보기." 《한국심리학회지. 일반》 27(3): 635-651.
- 이대희 (2020a). "콜롬버스부터 핵폭탄까지...인류세에 인류가 살아남기 위해선." 《프레시안》 6월 27일. 〈https://www.pressian.com/pages/articles/2020062618555498028〉(검색: 2020.7.1.)
- 이대희 (2020b). "환경단체 '정부 그린뉴딜 종합계획, '그린' 붙이기 민망." 《프레시안》 7월 14일. 〈https://www.pressian.com/pages/articles/2020071416422922619〉(검색: 2020.7.15.)

- 이동화 외 (2019). 『빼앗긴 물, 위협받는 생존: 2019 팔레스타인 인권실태보고서』. 아디.
- 이봉수 (2018). “태양광 사업에 쏟아지는 왜곡 보도, 대부분이 가짜뉴스.” 《환경운동연합》 11월 16일. 〈http://kfem.or.kr/?p=195621〉(검색: 2020.2.24.)
- 이봉현 (2020a). “세계 주요 언론들, 기후변화 보도에 꽂혔다.” 《한겨레》 2월 17일.
- 이봉현 (2020b). “기후변화가 울린 경계경보… ‘좌초자산’의 해일이 밀려온다.” 《한겨레》 3월 23일.
- 이수경 (2020). 『자연사박물관』. 강.
- 이수재 외 (2013). 「기후변화에 대응하기 위한 생태계 환경안보 강화방안(I)」. 한국환경정책·평가연구원.
- 이수환 (2018). “뜨거운 바다…수산업 대재앙 (중) 한반도 해역 생태계 바꿔.” 《국제신문》 8월 9일. 〈http://www.kookje.co.kr/news2011/asp/newsbody.asp?code=0200&key=20180810.22003004265〉(검색: 2020.5.6.)
- 이승은·고문현 (2019). 『기후변화와 환경의 미래: 어떻게 대응하고 적응할 것인가』. 21세기북스.
- 이승준·김영욱 (2019). “환경 리스크 커뮤니케이션 정책: 기후변화 리스크를 중심으로.” 《환경포럼》 23(5): 1-29. ??
- 이승훈 외 (2017). “한국 일반인구에서 울분 증상의 빈도, 인구학적 특성 및 우울증과의 연관성.” 《Mood and Emotion》 15: 78-84.
- 이유진 (2007). “남북한 기후변화 대응 협력방안 모색.” 《경기논단》 9(4): 73-93.
- 이유진 (2010). 『기후변화 이야기』. 살림.
- 이재영 (2019). “한국 환경교육 제도화 10년의 성과와 과제.” 《환경교육》 32(4): 423-436.
- 이재영 (2020). “한국형 그린뉴딜 성공의 조건.” 《한겨레》 6월 4일.
- 이재현 (2019). “지구적 기후변화와 민주주의의 비선형성 : 170개국 패널 데이터를 중심으로.” 《국제정치논총》 59(3): 199-228.
- 이재호 (2019). “2018년 폭염 사망자 48명 아닌 160명.” 《한겨레 21》 11월 20일. 〈http://h21.hani.co.kr/arti/special/special_general/47876.html〉(검색: 2020.2.26.)
- 이정구 (2020). “그린뉴딜, 기후와 경제 위기의 대안이 될 수 있을까?” 《마르크스21》 32: 65-78.
- 이정배 외 (2019). 『기후위기, 한국 교회에 묻는다』. 동연.
- 이정은 (2020). “청소년기후행동 정부 상대로 헌법소원—기후위기 심각한데… 한국, 소극적 대응으로 ‘기후악당’ 오명.” 《환경일보》 3월 13일. 〈http://www.hkbs.co.kr/news/articleView.html?idxno=560601〉(검색: 2020.3.13.)
- 이정호 (2020). “미사일만큼 두려운 물 부족.” 《경향신문》 1월 19일.
- 이정훈 (2020). “한국판 뉴딜서 빠진 ‘사라질 일자리 대책’.” 《한겨레》 7월 28일.
- 이정화 (2020). “서울시, 지난 10년 이상기후 대비체제로 전환.” 《한겨레》 5월 29일.
- 이주영 (2017). “발전권, 평화권, 환경권 개념의 발전과 연대권 논의의 함의.” 《다문화사회연구》 10(2): 33-57.

- 이준호 (2019). "조선시대 기후변동이 전염병 발생에 미친 영향: 건습의 변동을 중심으로."《한국지역지리학회지》 25(4): 425-436.
- 이지혜 (2020). "'복지 확대' 원하지만 '증세 거부감'은 더 완강해져."《한겨레》 6월 24일.
- 이진호 (2019). "아리스토텔레스의 프로네시스와 실천적 연구로서의 교육철학."《브런치 인문학이란 무엇인가?》 8월 14일. 〈https://brunch.co.kr/@easyknow/4〉(검색: 2020.2.26.)
- 이찬송·윤순진 (2010). "기후변화의 국제정치경제: 기후변화 레짐 내 환경-무역 갈등."《한국사회와 행정연구》 21(3): 163-193.
- 이토 키미노리·와타나베 타다시 (2009). 『지구온난화 주장의 거짓과 덫: 사상 최악의 과학 스캔들』. 나성은·공영태 옮김. 북스힐.
- 이현우 (2012). "참여민주주의 모델의 대안적 구상: 선택대표자의 개념을 중심으로."《한국정당학회보》 11(3): 69-92.
- 이혜경 (2020). "환경 파괴로 늘어나는 전염병 현황 및 대응 방안."《국회입법조사처 이슈와 논점》. 1699호.
- 임소연 (2020). "코로나로 드러난 전 세계 민낯…문제점 3가지."《머니투데이》 4월 14일. 〈https://news.mt.co.kr/mtview.php?no=2020041314574710462&outlink=1&ref=https%3A%2F%2Fsearch.daum.net〉(검색: 2020.7.11.)
- 임인재·김영욱 (2019). "기후변화 보도 유형이 행동의도에 영향을 미치는 경로 연구: 감정의 인지적 평가 이론 중심 분석."《한국언론정보학회》 96: 37-72.
- 임현진 (2014). "복합위기의 시대와 지구시민사회."《철학과현실》 12: 105-122.
- 장경호 (2016). "식량위기: 식량주권은 생존의 문제이다."《대산농촌문화》 1월 2일. 〈http://webzine.dsa.or.kr/?p=4012〉(검색: 2020.5.6.)
- 장덕진. 2016. "우리는 왜 행복하지 않은가."《황해문화》 91: 76-90.
- 장민영 (2018). 「기후변화와 지속가능발전 법제 연구: 인권: 환경이주민의 법적 지위 및 보호」. 한국법제연구원.
- 장희경 (2018). "한반도 정세변화와 평화체제."《인권연구》 1(2): 31-63.
- 정대희 (2020). "국민 10명 중 7명 '올여름 폭우로 기후위기 심각 인식.'"《오마이뉴스》 9월 3일. 〈http://www.ohmynews.com/NWS_Web/View/at_pg.aspx?CNTN_CD=A0002672754&PAGE_CD=N0002&CMPT_CD=M0112〉(검색: 2020.9.4.)
- 정진영 편 (2019). 『일반인을 위한 기후변화의 과학과 정치』. 경희대학교출판문화원.
- 전국건설노동조합 (2019). "폭염 속 건설노동자 보호대책 여전히 미흡." 8월 16일. 〈https://www.kcwu.or.kr/news/66311〉(검색: 2020.3.4.)
- 전범선 (2020a). "툰베리의 종말론."《한겨레》 2월 1일.
- 전범선 (2020b). "멸종저항은 세대전쟁이다."《한겨레》 8월 24일.
- 전의찬 외 (2016). 『기후변화 27인의 전문가가 답하다』. 지오북.

- 전현우 (2020). 『거대도시 서울 철도: 기후위기 시대의 미래 환승법』. 워크룸프레스.
- 정록 (2020). "기후위기에 맞서는 '정의로운 전환', 누가 할 것인가?." 《비마이너》 2월 27일. 〈http://beminor.com/detail.php?number=14403〉(검색: 2020.4.21.)
- 정재호 (2020). "최악 가뭄으로 바닥 드러낸 '델타 운하'.. 도시로 떠나는 메콩 농부들." 《한국일보》 5월 16일. 〈https://news.v.daum.net/v/20200516120127196〉(검색: 2020.5.16.)
- 정홍수 (2014). 『흔들리는 사이 언뜻 보이는 푸른빛』. 문학동네.
- 제러미 리프킨 (2020). 『글로벌 그린 뉴딜: 2028년 화석연료 문명의 종말, 그리고 지구 생명체를 구하기 위한 대담한 경제 계획』. 안진환 옮김. 민음사.
- 조너선 닐 (2019). 『기후위기와 자본주의: 체제를 바꿔야 기후변화를 멈춘다』. 김종환 옮김. 책갈피.
- 조성화 (2013). "환경문제의 근본적 원인에 대한 환경교육철학적 고찰: 인간과 환경의 이분법적 사고에 대한 옹호." 「한국환경교육학회 학술대회 자료집」 161-166.
- 조슈아 키팅 (2019). 『보이지 않는 국가들: 누가 세계의 지도와 국경을 결정하는가』. 오수원 옮김. 예원아카이브(예문사).
- 조지 마셜 (2018). 『기후변화의 심리학』. 이은경 옮김. 갈마바람.
- 조천호 (2019). 『파란하늘 빨간지구: 기후변화와 인류세, 지구시스템에 관한 통합적 논의』. 동아시아.
- 조효제 (2007). 『인권의 문법』. 후마니타스.
- 조효제 (2009). "엔지오와 압핀 그리고 교양교육." 《한겨레》 3월 6일.
- 조효제 (2011). 『인권을 찾아서: 신세대를 위한 세계인권선언』. 한울아카데미.
- 조효제 (2013). "먹거리 인권과 먹거리 주권의 시론적 고찰." 《민주주의와인권》 13(2): 267-301.
- 조효제 (2015a). "기후변화, 절체절명의 인권문제." 《한겨레》 8월 19일.
- 조효제 (2015b). "애국주의/국가주의 대 인권." 《내일을 여는 역사》 58호: 118-129.
- 조효제 (2016a). 『인권의 지평: 새로운 인권이론을 위한 밑그림』. 후마니타스.
- 조효제 (2016b). "녹색도시가 인권이다." 《한겨레》 8월 24일.
- 조효제 (2018a). "인권 실현의 통합적 접근." 《인권연구》 1(1): 37-71.
- 조효제 (2018b). "증오의 불끄기." 《한겨레》 11월 28일.
- 조효제 (2019a). "깨끗한 공기를 호흡할 권리." 《한겨레》 5월 22일.
- 조효제 (2019b). "기후위기와 인권." 《녹색평론》 169호: 64-73.
- 조효제 (2019c). "스포츠권을 위한 첫 걸음." 《한겨레》 7월 17일.
- 조효제 (2020a). "지구화와 기후변화는 바이러스의 여권." 《한겨레》 2월 26일.
- 조효제 (2020b). "젠더적 접근이 필요한 순간." 《한겨레》 3월 25일.
- 조효제 (2020c). "인간안보를 다시 생각한다." 《한겨레》 5월 20일.
- 존 로크 (1689/1996). 『통치론: 시민정부의 참된 기원, 범위 및 그 목적에 관한 시론』. 강정인·문지

영 옮김. 까치.
- 존 C. 머터 (2016). 『재난 불평등: 왜 재난은 가난한 이들에게만 가혹할까』. 장상미 옮김. 동녘.
- 지그문트 바우만·스타니스와프 오비레크 (2016). 『인간의 조건』. 안규남 옮김. 동녘.
- 지현영 (2020a). "한국판 그린뉴딜, 담론부터 다시." 《한겨레》 7월 28일.
- 지현영 (2020b). "기후소송." 《세계일보》 8월 6일.
- 차병직 (2020). 『존엄성 수업: 존중받으려면 존중해야 하는 것들』. 바다출판사.
- 최남희 등 (2007). "자연재난 집중호우 피해자의 심리적 충격과 우울." 《정신간호학회지》 16(2): 139-149.
- 최병두 (2020a). "한국형 뉴딜과 녹색전환의 논리." 《한겨레》 6월 1일.
- 최병두 (2020b). "성장의 한계와 탈성장 사회." 《한겨레》 6월 22일.
- 최상진 (1990). "사회적 표상이론에 대한 한 고찰." 《한국심리학회지》 9(1): 74-86.
- 최성환 (2013). "해석학과 마음의 문제." 《철학연구》 48: 155-195.
- 최용락 (2020). "시민 84.6% "코로나19 사태 근본 원인 기후변화라는데 동의"." 《프레시안》 4월 8일. 〈https://www.pressian.com/pages/articles/2020040812145969107〉(검색: 2020.4.8.)
- 최우리 (2020a). "100년 전보다 '+3도'… 5월로 당겨진 여름." 《한겨레》 5월 5일.
- 최우리 (2020b). "코로나 진짜 주범은 누구인가." 《한겨레》 5월 19일.
- 최우리 (2020c). "전문가들 "새 감염병 발생주기, 3년 이내로 단축될 것"." 《한겨레》 5월 19일.
- 최우리 (2020d). "석탄발전 등 좌초산업 대책도 급하다." 《한겨레》 5월 28일.
- 최재천 (2020a). ""바이러스에겐 77억 인간이 블루오션"." 《국민일보》 3월 17일. 〈http://news.kmib.co.kr/article/view.asp?arcid=0924128240&code=11131100&cp=du〉(검색: 2020.3.22.)
- 최재천 (2020b). ""기후변화에 코로나19 연결돼 있다" 생태학자 최재천의 경고." 《그린포스트코리아》 3월 17일. 〈http://www.greenpostkorea.co.kr/news/articleView.html?idxno=115523〉(검색: 2020.3.18.)
- 타일러 라쉬 (2020). 『두 번째 지구는 없다』. 이영란 감수. 알에이치코리아.
- 폴 슈메이커 (2010). 『진보와 보수의 12가지 이념: 다원적 공공정치를 위한 철학』. 조효제 옮김. 후마니타스.
- 프란치스코 (2015). 『찬미받으소서: 공동의 집을 돌보는 것에 관한 회칙』. 한국천주교중앙협의회.
- 프레드 싱거·데니스 에이버리 (2009). 『지구온난화에 속지 마라』. 김민정 옮김. 동아시아.
- 필립 맥마이클 (2013). 『거대한 역설: 왜 개발할수록 불평등해지는가』. 조효제 옮김. 교양인.
- 한상운 (2009). "환경정의의 규범적 의미: 환경, 정의, 법의 3면 관계를 바탕으로." 《한국환경법학회》 31(1): 331-354.
- 한재각 외 (2019). 『1.5 그레타 툰베리와 함께』. 한티재.
- 한재각 (2020) > "'1.5도 목표' 포기, 한국의 2050 감축계획 절망스럽다." 《프레시안》 2월 5일. 〈http://www.pressian.com/news/article/?no=276962&utm_source=daum&utm_

medium=search〉(검색: 2020.2.6.)

- 허규형 (2020). "감염의 공포로 공황장애까지." 《한겨레》 3월 5일.
- 헬무트 안하이어, 메어리 칼도어, 말리스 글라시우스 (2004). 『지구시민사회: 개념과 현실』. 조효제, 진영종 옮김. 아르케.
- 환경부 (2016). 「파리협정 길라잡이: 교토의정서 이후 신 기후체제」. 환경부대변인실.
- 환경부 (2020). 「한국 기후변화 평가보고서 2020: 기후변화 영향 및 적응」. 환경부.
- 황보연 (2020). "'기후위기'는 왜 공론장에 서지 못할까." 《한겨레》 7월 23일.
- 황인철 (2020). "과학자들의 무서운 경고, 코로나보다 더 큰 위협 온다." 《오마이뉴스》 4월 27일. 〈http://www.ohmynews.com/NWS_Web/View/at_pg.aspx?CNTN_CD=A0002635547&PAGE_CD=ET001&BLCK_NO=1&CMPT_CD=T0016〉(검색: 2020.4.27.)
- 황준서 (2020). "한반도 '녹색 평화' 정착을 위한 환경-평화-안보 넥서스 접근." 《프레시안》 4월 27일. 〈https://www.pressian.com/pages/articles/ 2020042703174031819〉 (검색: 2020.4.27.)

- Aaken, Anne van and Janis Antonovics (2016). "Too Big To Handle?" Interdisciplinary Perspectives on the Question of Why Societies Ignore Looming Disasters. Global Policy 7(Supplement 1): 1-4.
- Abbott, Dina (2012). "A sociological perspective on climate change." In: Gordon Wilson et al. (Eds.). Climate Change: From Science to Lived Experience. Lived Experience of Climate Change e-Learning. <https://www.ou.nl/documents/40554/102890/LECHe_Module1_Textbook_2012.pdf/95da9c5e-3e0e-48b7-a0ef-489ec9c7c47c>(검색: 2020.1.21.)
- Adams, Courtland et al. (2018). "Sampling bias in climate–conflict research." Nature Climate Change 8: 200-203.
- Adams, Barbara and Gretchen Luchsinger (2009). Climate Justice for a Changing Planet: A Primer for Policy Makers and NGOs. New York: United Nations.
- Adelman, Sam (2015). "Climate Change and Human Rights: Climate Justice and the Rights of Small Island States." In: M. Di Paola and D. Kamal (Eds.). Climate Change and Human Rights: The 2015 Paris Conference and the Task of Protecting People on a Warming Planet. London: Global Policy.
- Adger, W. Neil et al. (2013). "Cultural dimensions of climate change impacts and adaptation." Narure Climate Change 3(2): 112-117.
- Adger, W.N. et al. (2014). "Human security." In: C.B. Field et al. (Eds.). Climate Change 2014: Impacts, Adaptation, and Vulnerability. Part A: Global and Sectoral Aspects. Contribution of Working Group II to the Fifth Assessment Report of the Intergovernmental Panel on Climate Change. Cambridge: Cambridge University Press.

- Agarwal, Anil and Sunita Narain (1991). Global Warming in an Unequal World: A Case for Environmental Colonialism. New Dehli: Centre of Science and the Environment.
- Agnew, Robert (2011). "Dire forecast: A theoretical model of the impact of climate change on crime." Theoretical Criminology 16(1): 21-42.
- Ahmed, Nafeez (2018). "The UN's Devastating Climate Change Report Was Too Optimistic." Vice 15 October. <https://www.vice.com/en_us/article/43e8yp/the-uns-devastating-climate-change-report-was-too-optimistic>(검색: 2020.1.3.)
- Aisch, Gregor (2019). "What different degrees of global warming look like." Datawrapper-Chartable 26 September. <https://blog.datawrapper.de/climate-crisis-global-warming/>(검색: 2020.1.7)
- Alam, Mayesha (2019). "A cross-cutting agenda: Gender, climate change and conflict." ECDPM Great Insights 8(4): 27-30.
- Albers, Julie H. (2017). "Human Rights and Climate Change: Protecting the Right to Life of Individuals of Present and Future Generations." Security and Human Rights 28: 113-144.
- Aldrich, Daniel P. and Michelle A. Meyer (2014). "Social Capital and Community Resilience." American Behavioral Scientist 1 October. DOI: 10.1177/0002764214550299
- Allan, Bentley B. (2017). "Second Only to Nuclear War: Science and the Making of Existential Threat in Global Climate Governance." International Studies Quarterly 61(4): 809–820.
- Allen, Troy D. (2007). "Katrina: Race, Class, and Poverty: Reflections and Analysis." Journal of Black Studies 37(4): 466-468.
- Alter, Charlotte, Suyin Haynes and Justin Worland (2019). "Time 2019 Person of the Year: Greta Thunberg." Time. <https://time.com/person-of-the-year-2019-greta-thunberg/>(검색: 2020.1.1.)
- Andi, Simge and James Painter (2020). "How much do people around the world care about climate change? We surveyed 80,000 people in 40 countries to find out," The Conversation 16 June. <https://theconversation.com/how-much-do-people-around-the-world-care-about-climate-change-we-surveyed-80-000-people-in-40-countries-to-find-out-140801>(검색: 2020.6.24.)
- Andrew, Jane, Mary A. Kaidonis and Brian Andrew (2010). "Carbon tax: Challenging neoliberal solutions to climate change." Critical Perspectives on Accounting 21: 611-618.
- Antal, Edit and Simone Lucatello (2012). "Narrative, Rhetoric, and Reality of Climate Change: Do We Need More?" Voices of Mexico 95: 94-97.
- Arab News (2020). "Egypt blames Ethiopia for stalled Renaissance Dam negotiations." Arab News 13 June. <https://www.arabnews.com/node/1689316/middle-east>(검색: 2020.6.18.)

- Archer, Diane et al. (2014). "Moving towards inclusive urban adaptation: approaches to integrating community-based adaptation to climate change at city and national scale." Climate and Development 6(4): 345–356.
- Armstrong, Anne K., Marianne E. Krasny and Jonathon P. Schuldt (2018). "Using metaphor and analogy in climate change communication." Communicating Climate Change. Ithaca, NY: Cornell University Press.
- Arthurson, Kathy and Scott Baum (2015). "Making space for social inclusion in conceptualising climate change vulnerability." Local Environment: The International Journal of Justice and Sustainability 20:1, 1-17, DOI: 10.1080/13549839.2013.818951.
- Ayers, Jessica (2010). Understanding the adaptation paradox: can global climate change adaptation policy be locally inclusive? PhD thesis: The London School of Economics and Political Science.
- Bacevich, Andrew J. (2019). "The Eve of the Great Reckoning: What would historians have to say about American society decades from now?" The Nation 23 July. <https://www.thenation.com/article/tom-dispatch-the-great-reckoning/>(검색: 2020.1.4.)
- Ban, Ki-moon (2007). "A Climate Culprit In Darfur." United Nations Secretary-General. 16 June. <https://www.un.org/sg/en/content/sg/articles/2007-06-16/climate-culprit-darfur>(검색: 2020.5.2.)
- Barro, Josh (2014). "Why slavery is not like carbon emissions." The New York Times 22 April. <https://www.nytimes.com/2014/04/23/upshot/why-slavery-is-not-like-carbon-emissions.html>(검색: 2020.1.10.)
- Barry, John, Arthur P.J. Mol and Anthony R. Zito (2013). "Climate change ethics, rights, and policies: an introduction." Environmental Politics 22(3): 361-376.
- Battistoni, Alyssa (2018). "States of Emergency: Imagining a politics for an age of accelerated climate change." The Nation 21 June. <https://www.thenation.com/article/political-theory-for-an-age-of-climate-change/>(검색: 2020.1.3.)
- Bauer, Nico et al. (2018). "Divestment prevails over the green paradox when anticipating strong future climate policies." Nature Climate Change 8: 130-134.
- Bawden, Tom (2015). "The climate change paradox: Rainforests are being felled... but the world is getting greener." The Independent 5 April. <https://www.independent.co.uk/environment/climate-change/the-climate-change-paradox-rainforests-are-being-felled-but-the-world-is-getting-greener-10157505.html>(검색: 2020.1.15.)
- Beck, Ulrich (2010). "Remapping social inequalities in an age of climate change: for a cosmopolitan renewal of sociology." Global Networks 10(2): 165-181.

- Beinhocker, Eric (2019). "I am a carbon abolitionist." DEMOCRACY: A Journal of Ideas 24 June. <https://democracyjournal.org/arguments/i-am-a-carbon-abolitionist/>(검색: 2020.1.10.)
- Bekkar, Bruce et al. (2020). "Association of Air Pollution and Heat Exposure With Preterm Birth, Low Birth Weight, and Stillbirth in the USA: Systematic Review." Journal of American Medical Association Network Open 3(6):e208243. doi:10.1001/jamanetworkopen.2020.8243.
- Bell, Ruth Greenspan (2016). "Why don't we treat climate change with the rigor we give to terror attacks?" The Guardian 15 February. <https://www.theguardian.com/commentisfree/2016/feb/15/climate-change-policy-extreme-weather-terrorism-response>(검색: 2020.1.9.)
- Bendell, Jem (2018). "Deep Adaptation: A map for navigating climate tragedy." Institute for Leadership and Sustainability (IFLAS) Occasional Papers Volume 2. University of Cumbria, Ambleside, UK.
- Berners-Lee, Mike (2019). "Why Values Matter in Combating Climate Change." Brink News 26 April. <https://www.brinknews.com/why-values-matter-in-combating-climate-change/>(검색: 2020.2.28.)
- Beuret, Nicholas (2019). "Global Inequality is 25% Higher than it would have been in a Climate-Stable World." Global Policy 7 May. <https://www.globalpolicyjournal.com/blog/07/05/2019/global-inequality-25-higher-it-would-have-been-climate-stable-world>(검색: 2020.1.12.)
- Bhatasara, Sandra (2015). "Debating sociology and climate change." Journal of Integrative Environmental Sciences 12(3): 217-233.
- Billi, Marco, Gustavo Blanco & Anahi Urquiza (2019). "What is the 'Social' in Climate Change Research? A Case Study on Scientific Representations from Chile." Minerva 57(3): 293–315.
- Bindoff, Nathaniel L. and Peter L. Stott (2013). "Detection and Attributionof Climate Change:from Global to Regional." In: T.F. Stocker et al. (Eds.). Climate Change 2013: The Physical Science Basis. Contribution of Working Group I to the Fifth Assessment Report of the Intergovernmental Panel on Climate Change. Cambridge: Cambridge University Press.
- BIOS (2018). "Governance of economic transition." Invited Background Document on Economic Transformation, to Chapter "Transformation: The Economy." Global Sustainable Development Report 2019. <https://bios.fi/bios-governance_of_economic_transition.pdf>(검색: 2020.1.24.)
- Bloomfield, Emma (2019). "Changing minds: How do you communicate with climate change skeptics?" EurekAlert! AAAS 6 June. <https://www.eurekalert.org/pub_releases/2019-06/uonl-cmh060519.php>(검색: 2020.8.3.)

- Boehm, Gisela et al. (2019). "Remembering and Communicating Climate Change Narratives – The Influence of World Views on Selective Recollection." Frontiers in Psychology 10(1026): 1-15.
- Boehnert, Joanna (2016). "Naming the epoch: Anthropocene, Capitalocene, Ecocene." EcoLaps 28 September. <https://www.slideshare.net/ecolabs/naming-the-epoch-anthropocene-capitalocene-ecocene>(검색: 2020.6.30.)
- Bokat-Lindell, Spencer (2020). "So you want to convince a cimate change skeptic." The New York Times 2 January. <https://www.nytimes.com/2020/01/02/opinion/climate-change-deniers.html>(검색: 2020.5.24.)
- Bonds, Eric (2016). "Beyond denialism: think tank approaches to climate change." Sociological Compass 10(4): 306–317.
- Bonewit, Anne (2015). The Gender Dimension of Climate Justice (PE 536.478). Brussels: European Parliament.
- Bonneuil, Christophe (2015). "The geological turn: Narratives of the Anthropocene." In: C. Hamilton, F. Gemenne and C. Bonneuil (Eds.). The Anthropocene and the Global Environmental Crisis: Rethinking Modernity in a New Epoch. London: Routledge.
- Booth, Carol (2012). "Bystanding and Climate Change." Environmental Values 21(4): 397-416.
- Borras, Susana (2019). "Colonizing the atmosphere: a common concern without climate justice law." Journal of Political Ecology 26: 105-127.
- Borunda, Alejandra (2020). "Plunge in carbon emissions from lockdowns will not slow climate change." National Geographic 20 May. <https://www.nationalgeographic.com/science/2020/05/plunge-in-carbon-emissions-lockdowns-will-not-slow-climate-change/>(검색: 2020.5.24.)
- Boström, Magnus, Rolf Lidskog and Ylva Uggla (2017). "A reflexive look at reflexivity in environmental sociology, Environmental Sociology 3(1): 6-16, DOI:10.1080/23251042.2016.1237336
- Bostrom, Nick (2013). "Existential Risk Prevention as Global Priority." Global Policy 4(1): 15-31.
- Bouhassira, Elza (2019). "The Funeral for Iceland's OK Glacier Attracts International Attention." GlacierHub 28 August. <https://glacierhub.org/2019/08/28/a-glacial-funeral/>(검색: 2020.6.3.)
- Boykoff, Max, Mike Goodman and Ian Curtis (2010). "Cultural politcs of climate change: Interactions in everyday spaces." In: M. Boykoff (Ed.). The Politics of Climate Change: A Survey. London: Routledge.

- Brabant, Stephane and Elsa Savoury (2017). "French law on the corporate duty of vigilance: A practical and multidimensional perspective." Revue Internacionale de la Compliance et de L'ethique des Affaires 50: 14 December.
- Bromwich, Jonah Engel and Alex Williams (2020). "The rich are preparing for coronavirus differently." The New York Times 6 March. <https://www.nytimes.com/2020/03/05/style/the-rich-are-preparing-for-coronavirus-differently.html?>(검색: 2020.3.6.)
- Bronkhorst, Salome (2011). Climate Change and Conflict: Lessons for Conflict Resolution from the Southern Sahel of Sudan. Umhlanga Rocks, South Africa: The African Centre for the Constructive Resolution of Disputes(ACCORD).
- Brooks, Daniel R. et al. (2020). "Before The Pandemic Ends: Making Sure This Never Happens Again." WCSA Journal 1(1): 1-10.
- Brown, Rachel, Heather Hurlbert and Alexandra Stark (2020). "How the coronavirus sows civil conflict." Foreign Affairs 6 June. <https://www.foreignaffairs.com/articles/world/2020-06-06/how-coronavirus-sows-civil-conflict>(검색: 2020.7.22.).
- Brzoska, Michael (2015). "Climate change and military planning." International Journal of Climate Strategies and Management 7(2): 172-190.
- Buonocore, Mauro (2018). "Storytelling is part of the solution to the climate dilemma." FORESIGHT: The CMCC Observatory Climate Policies and Futures 3 December. <https://www.climateforesight.eu/future-hearth/storytelling-is-part-of-the-solution-to-the-climate-dilemma/>(검색: 2020.1.21.)
- Burke, Marshall et al. (2018). "Higher temperatures increase suicide rates in the United States and Mexico." Nature Climate Change 8: 723–729.
- Burkett, Maxine (2011). "The Nation Ex-Situ: On climate change, deterritorialized nationhood and the post-climate era." Climate Law 2: 345-374.
- Burkett, Maxine (2013). "A Justice Paradox: On Climate Change, Small Island Developing States, and the Quest for Effective Legal Remedy." University of Hawai'i Law Review 35(2): 633-67.
- Burzyńskia, Michał et al. (2019). "Climate Change, Inequality, and Human Migration." IZA Discussion Paper Series No. 12623. Bonn: Institute of Labor Economics.
- Butler, Israel (2018). Countering Populist Authoritarians: Where Their Support Comes From and How to Reverse Their Success. Berlin: Civil Liberties Union for Europe.
- Butler, Israel and Eefje De Kroon (2020). "Three Reasons why Rights and Climate Activists should Fight Populists Together." Global Policy Journal 10 January. <https://www.globalpolicyjournal.com/blog/10/01/2020/three-reasons-why-rights-and-climate-activists-

should-fight-populists-together>(검색: 2020.1.16.)

- Butt, Nathalie et al. (2019). "The supply chain of violence." Nature Sustainability 2: 742-747.
- Buxton, Nick (2018). "Climate, capitalism and the military." The Ecologist 15 November. <https://theecologist.org/2018/nov/15/climate-change-capitalism-and-military>(검색: 2020.1.3.)
- Cadham, John (2020). "Covid-19 and climate change." CIGI Essay Series, Center for International Governance Innovation 24 August. <https://www.cigionline.org/articles/covid-19-and-climate-change>(검색: 2020.8.25.)
- Calzadilla, Paola Villavicencio and Louis J. Kotzé (2017). "Environmental constitutionalism and the ecocentric rights paradigm: the rights of nature in Ecuador and Bolivia." In: E. Daly et al. (Eds.). New Frontiers in Environmental Constitutionalism." Nairobi: United Nations Environment Programme.
- Campbell, Kurt M. et al. (2007). The Age of Consequences: The Foreign Policy and National Security Implications of Global Climate Change. Washington DC: Center for Strategic & International Studies & Center for a New American Security.
- Caney, Simon (2010a). "Climate change and the duties of the advantaged." Critical Review of International Social and Political Philosophy 13(1): 203-228.
- Caney, Simon (2010b). "Climate change, human rights, and moral thresholds." In: S. Gardiner, S. Caney, D. Jamieson, and H. Shue (Eds.). Climate Ethics: Essential Readings. Oxford: Oxford University Press.
- Carleton, Tamma et al. (2019). "Valuing the Global Mortality Consequences of Climate Change Accounting for Adaptation Costs and Benefits." Working Paper No. 2018-51. Becker Friedman Institute, University of Chicago.
- Carpenter, Zoe (2019). "Exxon Won a Major Climate Change Lawsuit—but More Are Coming." The Nation 13 December. <https://www.thenation.com/article/exxon-lawsuit-climate-change/>(검색: 2020.1.17.)
- Carton, Wim (2019). ""Fixing" Climate Change by Mortgaging the Future: Negative Emissions, Spatiotemporal Fixes, and the Political Economy of Delay." Antipode 51(3): 750-769.
- Castelloe, Molly S. (2018). "Coming to Terms With Ecoanxiety." Psychology Today 9 January. <https://www.psychologytoday.com/gb/blog/the-me-in-we/201801/coming-terms-ecoanxiety>(검색: 2020.2.9.)
- Cattaneo, Caudio et al. (2012). "Degrowth futures and democracy." Futures 44: 515-523.
- Ceballos, Gerardo et al. (2015). "Accelerated modern human–induced species losses: Entering the sixth mass extinction." Science Advances 1(5): e1400253.
- Ceccarelli, Leah (2011). "Manufactured Scientific Controversy: Science, Rhetoric, and Public

Debate." Rhetoric and Public Affairs 14(2): 195–228.

- Centeno, Miguel Angel (1993). "The New Leviathan: The Dynamics and Limits of Technocracy." Theory and Society 22(3): 307-335.
- Centola, Damon et al. (2018). "Experimental evidence for tipping points in social convention." Science 360: 1116–1119.
- Chadwick, Amy E. (2017). "Climate change communication." OXFORD RESEARCH ENCYCLOPEDIA, COMMUNICATION. DOI: 10.1093/acrefore/9780190228613.013.22.
- Chakrabarty, Dipesh (2009). "The Climate of History: Four Theses." Critical Inquiry 35(2): 197-222.
- Chalifour, Nathalie J. and Jessica Earle (2018). "Feeling the heat: Climate litigation under the Canadian Charter's right to life, liberty, and security of the person." Vermont Law Review 42: 689-770.
- Chambers, Andrew (2010). "The fight against eco-imperialism." The Guardian 11 April. <https://www.theguardian.com/commentisfree/cif-green/2010/apr/11/eco-imperialism-climate-change-carbon>(검색: 2020.1.3.)
- Chapman, Daniel A., Brian Lickel and Ezra M. Markowitz (2017). "Reassessing emotion in climate change communication." Nature Climate Change 7(December): 850-852.
- Charlson, Fiona (2019). "The rise of 'eco-anxiety': climate change affects our mental health, too." The Conversation 16 September. <https://theconversation.com/the-rise-of-eco-anxiety-climate-change-affects-our-mental-health-too-123002>(검색: 2020.1.9.)
- Charlson, Fiona (2020). "Grief, frustration, guilt: the bushfires show the far-reaching mental health impacts of climate change" The Guardian 16 January. <https://www.theguardian.com/commentisfree/2020/jan/17/grief-frustration-guilt-the-bushfires-show-the-far-reaching-mental-health-impacts-of-climate-change>(검색: 2020.1.9.)
- Cho, Hyo-Je (2019b). "Rethinking Democracy & Human Rights Education on the Seventieth Anniversary of the Universal Declaration of Human Rights." Asia Pacific Education Review 20(2): 171-180.
- Cho, Renee (2014). "How climate change is exacerbating the spread of disease." State of the Planet Columbia University Earth Institute 4 September. <https://blogs.ei.columbia.edu/2014/09/04/how-climate-change-is-exacerbating-the-spread-of-disease/>(검색: 2020.2.4.)
- Cho, Renee (2019a). "How climate change impacts the economy." State of the Planet Columbia University Earth Institute 20 June. <https://blogs.ei.columbia.edu/2019/06/20/climate-change-economy-impacts/>(검색: 2020.3.10.)
- Chomsky, Noam and Robert Pollin (2020). Climate Crisis and the Global Green New Deal:

The Political Economy of Saving the Planet. Brooklyn, NY: Verso.

- Chossudovsky, Michel (2020). "Does the US Military "Own the Weather"? "Weaponizing the Weather" as an Instrument of Modern Warfare?" Global Research 15 January. <https://www.globalresearch.ca/does-the-us-military-own-the-weather-weaponizing-the-weather-as-an-instrument-of-modern-warfare/5608728>(검색: 2020.2.6.)
- Chow, Lorraine (2017). "The climate crisis may be taking a toll on your mental health." Slate 22 May. <https://www.salon.com/2017/05/22/the-climate-crisis-may-be-taking-a-toll-on-your-mental-health_partner/>(검색: 2020. 4.21)
- Chowdhury, A.Mushtaque R. et al. (1993). "The Bangladesh cyclone of 1991: Why so many people died?" Disasters 17(4): 338-352.
- Chrisafis, Angelique (2020). "French NGOs and local authorities take court action against Total." The Guardian 27 January. <https://www.theguardian.com/world/2020/jan/27/french-ngos-and-local-authorities-take-court-action-against-total>(검색: 2020.1.27.)
- Chuang, Frank, Ed Manley and Arthur Petersen (2020). "The role of worldviews in the governance of sustainable mobility." Proceedings of the National Academy of Sciences of the United States of America 117(8): 4034-4042.
- CIEL (2011). Climate Change & Human Rights: A Primer. Luxembourg: Center for international Environmental Law.
- CIEL (2019). Rights in a Changing Climate: Human Rights Under the UN Framework Convention on Climate Change. Luxembourg: Center for international Environmental Law.
- Ciplet, David and J. Timmons Roberts (2017). "Climate change and the transition to neoliberal environmental governance." Global Environmental Change 46: 148-156.
- Clark, Brett and Richard York (2005). "Carbon metabolism: Global capitalism, climate change, and the biospheric rift." Theory and Society 34: 391–428.
- Clayton, Susan et al. (2017). Mental Health and Our Changing Climate: Impacts, Implications, and Guidance. Washington DC: American Psychological Association and ecoAmerica.
- (The) Climate Institute (2016). A Brewing Storm:The climate change risks to coffee. <http://www.climateinstitute.org.au/verve/_resources/TCI_A_Brewing_Storm_FINAL_WEB270916.pdf>(검색: 2020.2.23.)
- ClimateState (2020). "Climate change and pathogens [Wuhan coronavirus]." ClimateState 25 January. <http://climatestate.com/2020/01/25/climate-change-and-pathogens-such-as-the-wuhan-coronavirus/>(검색: 2020.2.4.)
- Cohen, David (2019a). "Trump mocks teen climate activist." POLITICO 24 September. <https://www.politico.com/story/2019/09/24/trump-greta-thunberg-climate-1508826>(검색:

2020.1.2.)

- Cohen, Steve (2019b). "The Intergenerational Ethics of Climate Change." State of the Planet Columbia University Earth Institute 11 November. <https://blogs.ei.columbia.edu/2019/11/11/intergenerational-ethics-climate-change/>(검색: 2020.4.10.)
- Conway, Declan, Christian Siderius and Japhet kashaigili (2019). "Guest post: Understanding the water-energy-food nexus in a warming climate." Carbon Brief 7 August. <https://www.carbonbrief.org/guest-post-understanding-the-water-energy-food-nexus-in-a-warming-climate>(검색: 2020.1.22.)
- Cook, John (2016). "Countering Climate Science Denial and Communicating Scientific Consensus." OXFORD RESEARCH ENCYCLOPEDIA, CLIMATE SCIENCE. DOI: 10.1093/acrefore/9780190228620.013.314DOI.
- COP24 (2018). "Solidarity and Just Transition: Silesia Declaration." United Nations Climate Change Conference.
- Corner, Adam, Chris Shaw and Jamie Clarke (2018). Principles for Effective Communication and Public Engagement on Climate Change: A Handbook for IPCC Authors. Oxford: Climate Outreach.
- Council of Europe (2005). Concerted Development of Social Cohesion Indicators: Methodological Guide. Strasbourg: Council of Europe Publishing.
- Council of Europe (2010). New Strategy and Council of Europe Action Plan for Social Cohesion. Strasbourg: Committee of Ministers of the Council of Europe.
- Cox, Robert W. (1981). "Social forces, states and world orders: Beyond international relations theory." Millennium—Journal of International Studies 10(2): 126-155.
- Crawford, Neta C. (2019). Costs of War: Pentagon Fuel Use, Climate Change, and the Costs of War. Brown University Watson Institute International & Public Affairs. <https://watson.brown.edu/costsofwar/files/cow/imce/papers/Pentagon%20Fuel%20Use%2C%20Climate%20Change%20and%20the%20Costs%20of%20War%20Revised%20November%202019%20Crawford.pdf>(검색: 2020.1.3.)
- Crenshaw, Edward M. and J. Craig Jenkins (1996). "Social structure and global climate change: Sociological propositions concerning the greenhouse effect." Sociological Focus 29(4): 341-358.
- Crockett, Clayton and Jeffrey W. Robbins (2012). Religion, Politics, and the Earth: The New Materialism. New York: Palgrave Macmillan.
- Crosby, Alfred (1986). Ecological Imperialism: The Biological Expansion of Europe 900-1900. Cambridge: Cambridge University Press.

- Crutzen, Paul J. and Eugene F. Stoermer (2000). "The 'Anthropocene'." The International Geosphere–Biosphere Programme(IGBP) Newletter 41: 17-18.
- Crutzen, Paul J. (2002). "Geology of mankind." Nature 415: 23.
- Dahlstrom, Michael F. and Dietram A. Scheufele (2018). "(Escaping) the paradox of scientific storytelling." PLoS Biology 16(10): e2006720.
- Dalby, Simon (2014). "What happens if we don't take nature for granted?" In: J. Edkins and M. Zehfuss (Eds.). Global Politics: A New Introduction. Abingdon, Oxon: Routledge.
- Dalby, Simon (2015). "Climate geopolitics: Securing the global economy." International Politics 52(4): 426-444.
- Dalby, Simon (2017). "Climate change and geopolitics." OXFORD RESEARCH ENCYCLOPEDIA, CLIMATE SCIENCE. DOI: 10.1093/acrefore/9780190228620.013.642
- Darack, Ed (2019). "Weaponizing Weather: The Top Secret History of Weather Modification." Weatherwise 72(2): 24-31.
- Davidson, Debra J. (2012). "Analysing responses to climate change through the lens of reflexivity." British Journal of Sociology 63(4): 616-640.
- Davidson, Debra J. and Richard C. Stedman (2018). "Calling forth the change-makers: Reflexivity theory and climate change attitudes and behaviors." Acta Sociologica 61(1): 79-94.
- Davies, Kirsten et al. (2017). "The Declaration on Human Rights and Climate Change: a new legal tool for global policy change." Journal of Human Rights and the Environment 8(2): 217–253.
- Dawson, Ashley (2016). Extinction: A Radical History. New York: OR Books.
- Degrowth New Roots Collective (2020). "Degrowth: new roots for the economy." OpenDemocracy 13 May. <https://www.opendemocracy.net/en/oureconomy/degrowth-new-roots-economy/>(검색: 2020.5.16.)
- Dehm, Julia (2016). "Carbon colonialism or climate justice? Interrogating the international climate regime from a TWAIL perspective." The Windsor Yearbook of Access to Justice 33(3): 129-161.
- Delmas-Marty, Mireille (2019). "The limits of human rights in a moving world: Elements of a dynamic approach." In: B. Fassbender and K. Traisbach (Eds.). The Limits of Human Rights. Oxford: Oxford University Press.
- Demos, T.J. (2015). " Anthropocene, Capitalocene, Gynocene: The many names of resistance." Foto Museum Still Searching... 6 December. <https://www.fotomuseum.ch/en/explore/still-searching/articles/27015_anthropocene_capitalocene_gynocene_the_many_names_of_resistance>(검색: 2020.6.30.)

- Dey, Simantini (2019). "The Climate Change Paradox: Slum Dwellers Contribute Least, But Bear the Maximum Brunt." News18.com 22 September. <https://www.news18.com/news/india/the-climate-change-paradox-slum-dwellers-contribute-least-but-bear-the-maximum-brunt-2318571.html>(검색: 2020.1.15.)
- Dickinson, Janis L. (2009). "The People Paradox: Self-Esteem Striving, Immortality Ideologies, and Human Response to Climate Change." Ecology and Society 14(1): 34-50.
- Di Paola, Marcello and Daanika Kamal (2015). "Climate governance as human rights protection." In: M. Di Paola and D. Kamal (Eds.). Climate Change and Human Rights: The 2015 Paris Conference and the Task of Protecting People on a Warming Planet. London: Global Policy.
- Diffenbaugh, Noah S. and Marshall Burke (2019). "Global warming has increased global economic inequality." Proceedings of the National Academy of Sciences 116(20):9808-9813.
- Dines, Hannah (2019). "The climate revolution must be accessible – this fight belongs to disabled people too." The Guardian 15 October. <https://www.theguardian.com/commentisfree/2019/oct/15/climate-revolution-disabled-people-activism>(검색: 2020.1.13.)
- Dobson, Andrew P. et al. (2020). "Ecology and economics for pandemic prevention." Science 369(6502): 379-381.
- DPPA (2019). Climate Change, Conflict Prevention and Sustainable Peace: Perspectives from the Pacific. New York: United Nations Publishing.
- Dryzek, John S. and Hayley Stevenson (2011). "Global democracy and earth system governance." Ecological Economics 70(11): 1865–1874.
- Dunlap, Riley E. and Robert J. Brulle (2015). "Sociology and Global Climate Change: Introduction." In: R.E. Dunlap and R.J. Brulle (Eds.). Climate Change and Society: Sociological Perspective. Oxford: Oxford University Press.
- Dunlap, Riley E. and Robert J. Brulle (2016). "Sociology and climate change." Global Dialogue 6(2): 33-34.
- Dunwoody, Sharon (2005). "Weight-of-Evidence Reporting: What Is It? Why Use It?" Nieman Reports 59(4): 89-91.
- Dupuis, Johann and Peter Knoepfel (2013). "The Adaptation Policy Paradox: the Implementation Deficit of Policies Framed as Climate Change Adaptation." Ecology and Society 14(3): 31-46.
- Eagle, Josh (2016). "Climate Change and the Confluence of Natural and Human History: A Lawyer's Perspective." RCC Perspectives: Transformations in Environment and Society 2: 21–26.

- Eckstein, David et al. (2020). Global Climate Risk Index: Who Suffers Most from Extreme Weather Events?Weather-Related Loss Events in 2018 and 1999 to 2018. Bonn: Germanwatch.
- Editorial (2020). "The Guardian view on the humanities: the importance of being rounded." The Guardian 26 June. <https://www.theguardian.com/commentisfree/2020/jun/26/the-guardian-view-on-the-humanities-the-importance-of-being-rounded>(검색: 2020.7.20.)
- Ehrhardt-Martinez, Karen et al. (2015). "Consumption and Climate Change." In: R.E. Dunlap and R.J. Brulle (Eds.). Climate Change and Society: Sociological Perspectives. Oxford: Oxford University Press.
- Eilperin, Juliet, Brady Dennis and Chris Mooney (2018). "Trump administration sees a 7-degree rise in global temperatures by 2100." The Washington Post 28 September. <https://www.washingtonpost.com/national/health-science/trump-administration-sees-a-7-degree-rise-in-global-temperatures-by-2100/2018/09/27/b9c6fada-bb45-11e8-bdc0-90f81cc58c5d_story.html?arc404=true>(검색: 2019.1.2.)
- Elliott, Larry (2020). "Inequality makes climate crisis much harder to tackle." The Guardian 26 January. <https://www.theguardian.com/business/2020/jan/26/inequality-climate-crisis-harder-tackle-poor-sacrifice-davos>(검색: 2020.1.27.)
- Elliott, Rebecca (2019). "The sociology of climate change as a sociology of loss." European Journal of Sociology 59(3): 301-337.
- Endres, Danielle and Michale D. DuPont (2016). "Rhetoric, Climate Change, and Social Justice: An Interview with Dr. Danielle Endres." Journal of Critical Thought and Praxis 5(2). DOI: https://doi.org/10.31274/jctp-180810-63.
- Engelhardt, Tom (2013). "Terracide and the terrarists: Destroying the planet for record profits." Le Monde diplomatique 23 May. <https://mondediplo.com/openpage/terracide-and-the-terrarists>(검색: 2020.6.16.)
- Ensor, Marisa O. (2019). "When Climate Change Meets Positive Peace." New Security Beat 17 July. <https://www.newsecuritybeat.org/2019/07/climate-change-meets-positive-peace/>(검색: 2020.4.29.)
- Ertelt, Sarah (2018). "Nuclear Alarmism and Climate Change Fatalism as a Secular Apocalyptic Religion." DePauw University Student Research 83. <https://scholarship.depauw.edu/cgi/viewcontent.cgi?article=1085&context=studentresearch>(검색: 2020.1.11.)
- Fagan, Moira and Christine Huang (2019). "A look at how people around the world view climate change." Factank 18 April. <https://www.pewresearch.org/fact-tank/2019/04/18/a-look-at-how-people-around-the-world-view-climate-change/>(검색: 2020.5.13.)
- Fahs, Breanne (2015). " The Weight of Trash: Teaching Sustainability and Ecofeminism by

Asking Undergraduates to Carry Around Their Own Garbage." Radical Teacher 102: 30-34.

- Fankhauser, Sam (2019). "Why we need more social science research on climate change." Grantham Research Insitute on Climate Change and the Environment, LSE. 10 September. <http://www.lse.ac.uk/GranthamInstitute/news/why-we-need-more-social-science-research-on-climate-change/>(검색: 2020.1.15.)
- Faure, Michael and Marjan Peeters (2019). "Liability and Climate Change." OXFORD RESEARCH ENCYCLOPEDIA, CLIMATE SCIENCE. DOI: 10.1093/acrefore/9780190228620.013.648
- Femia, Francesco (Ed.) (2018). Military Expert Panel Report: Sea Level Rise and the U.S. Military's Mission. Second Edition. Washington DC: The Center for Climate and Security.
- Fisher, Richard (2019). "The perils of short-termism: Civilisation's greatest threat." BBC Future 10 January. <https://www.bbc.com/future/article/20190109-the-perils-of-short-termism-civilisations-greatest-threat>(검색: 2020.1.31.)
- Foramitti, Joel, Marula Tsagkari and Christos Zografos (2019). "Why degrowth is the only responsible way forward." OpenDemocracy 12 September. <https://www.opendemocracy.net/en/oureconomy/why-degrowth-only-responsible-way-forward/>(검색: 2020.5.19.)
- Forster, Pierce (2018). "Homing in on a key factor of climate change." Nature 553: 588-589.
- Forster, Pierce M. et al. (2020). "Current and future global climate impacts resulting from COVID-19." Nature Climate Change 6 August. https://doi.org/10.1038/s41558-020-0883-0.
- Foster, John Bellamy, Hannah Holleman and Brett Clark (2019). "Imperialism in the Anthropocene." Monthly Review 71(3): 70-88.
- Foster, Sheila R. and Paolo Galizzi (2016). "Human rights and climate change: building synergies for a common future." In: D.A. Farber and M. Peeters (Eds.). Climate Change Law: Elgar Encyclopedia of Environmental Law Series. Cheltenham: Edward Elgar.
- Fox, Emmet and Henrike Rau (2017). "Disengaging citizens? Climate change communication and public receptivity." Irish Political Studies 32(2): 224-246.
- Fankhauser, Sam (2019). "Why we need more social science research on climate change." Grantham Research Insitute on Climate Change and the Environment, LSE. 10 September. <http://www.lse.ac.uk/GranthamInstitute/news/why-we-need-more-social-science-research-on-climate-change/>(검색: 2020.1.15.)
- Franzen, Jonathan (2019). "What if we stopped pretending the climate apocalypse can be stopped?" The New Yorker 8 September. <https://www.newyorker.com/culture/cultural-comment/what-if-we-stopped-pretending>(검색: 2020.1.24.)
- Friedman, Lisa (2019). "What is the Green New Deal? A climate proposal, explained." The

New York Times 21 February. <https://www.nytimes.com/2019/02/21/climate/green-new-deal-questions-answers.html>(검색: 2020.1.3.)

- Friel, Sharon (2019). Climate Change and the People's Health. New York: Oxford University Press.
- Friel, Sharon (2020). "Climate change and the people's health: the need to exit the consumptagenic system." The Lancet 395: 666-667.
- Frost, Rosie (2020). "Irish citizens win case to force government action on climate change." Euronews 31 July. <https://www.euronews.com/living/2020/07/31/irish-citizens-win-case-to-force-government-action-on-climate-change>(검색: 2020.8.6.)
- Funes, Yessenia (2020). "How coronavirus and climate change show the limits of globalization." GIZMODO 18 February. <https://earther.gizmodo.com/how-coronavirus-and-climate-change-show-the-limits-of-g-1841579156>(검색: 2020.2.23.)
- Funk, Cary and Brian Kennedy (2020). "How Americans see climate change and the environment in 7 charts." Factank 21 April. <https://www.pewresearch.org/fact-tank/2020/04/21/how-americans-see-climate-change-and-the-environment-in-7-charts/>(검색: 2020.5.13.)
- Gardiner, Stephen (2016). "Why climate change is an ethical problem." The Washington Post 9 January. <https://www.washingtonpost.com/news/in-theory/wp/2016/01/09/why-climate-change-is-an-ethical-problem/>(검색: 2020.4.10.)
- Garton Ash, Timothy (2020). "A better world can emerge after coronavirus. Or a much worse one." The Guardian 6 May. <https://www.theguardian.com/world/commentisfree/2020/may/06/better-world-coronavirus-young-europeans-democracy-universal-basic-income>(검색: 2020.5.10.)
- Gasper, Des (2015). "Climate Change Analyses: Precautionary? Principled?" In: M. Di Paola and D. Kamal (Eds.). Climate Change and Human Rights: The 2015 Paris Conference and the Task of Protecting People on a Warming Planet. London: Global Policy.
- GCA (2019). Adapt Now: A Global Call for Leadership on Climate Resilience. Rotterdam: Global Commission on Adaptation.
- Geiger, Nathaniel, Brianna Middlewood and Janet Swim (2017). "Psychological, Social, and Cultural Barriers to Communicating about Climate Change." OXFORD RESEARCH ENCYCLOPEDIA, CLIMATE SCIENCE. DOI: 10.1093/acrefore/9780190228620.013.377
- Gibb, Rory et al. (2020). "Zoonotic host diversity increases in human-dominated ecosystems." Nature https://doi.org/10.1038/s41586-020-2562-8.
- Gilmore, Elisabeth A. et al. (2018). "Bridging Research and Policy on Climate Change and

Conflict." Current Climate Change Reports 4: 313–319.

- Glikson, Andrew (2019). "The criminal dimension of climate change." Monthly Review 1 March. <https://monthlyreview.org/2019/03/01/the-criminal-dimension-of-climate-change/>(검색: 2020.4.26.)
- Gohd, Chelsea (2020). "Satellite track emissions drop over China, Italy during coronavirus outbreak." Space.com 20 March. <https://www.space.com/coronavirus-pollution-emissions-drop-china-italy-satellite-views.html>(검색: 2020.3.26.)
- Goldblatt, David (2020). Playing Against the Clock: Global Sport, the Climate Emergency and the Case For Rapid Change. Rapid Transition Alliance.
- Goldfinger, Daina (2020). "Coronavirus: How environmental destruction influences the emergence of pandemics." Global News 4 April. <https://globalnews.ca/news/6773423/coronavirus-environmental-destruction-climate-change-pandemics/>(검색: 2020.4.5.)
- Gonzales, Carmen G. (2015). "Environmental Justice, Human Rights, and the Global South." Santa Clara Journal of International Law 13: 151-196.
- González-Ricoy, Iñigo (2015). "Climate change and human rights: Environmental rights by constitutional means." In: M. Di Paola and D. Kamal (Eds.). Climate Change and Human Rights: The 2015 Paris Conference and the Task of Protecting People on a Warming Planet. London: Global Policy.
- Gore, Tim (2020). "Confronting Carbon Inequality." OXFAM MEDIA BRIEFING. <https://oxfamilibrary.openrepository.com/bitstream/handle/10546/621052/mb-confronting-carbon-inequality-210920-en.pdf>(검색: 2020.10.1.)
- Gosling, Jonathan and Peter Case (2013). "Social dreaming and ecocentric ethics: Sources of non-rational insight in the face of climate change catastrophe." Organization 20(5): 705-721.
- Goudarzi, Sara (2020). "How a Warming Climate Could Affect the Spread of Diseases Similar to COVID-19." Scientific American 29 April. <https://www.scientificamerican.com/article/how-a-warming-climate-could-affect-the-spread-of-diseases-similar-to-covid-19/>(검색: 2020.4.30.)
- Grasso, Marco and Katia Vladimirova (2020). "A moral analysis of carbon majors' role in climate change." Environmental Values 29(2): 175-195.
- Graves, Lucia (2018). "Which works better: climate fear, or climate hope? Well, it's complicated." The Guardian 4 January. <https://www.theguardian.com/commentisfree/2018/jan/04/climate-fear-or-hope-change-debate>(검색: 2020.1.11.)
- Green, Samantha (2020). "Thinking Beyond Human Interests: A Q&A On Biodiversity, Policy, And Disease." Global Policy Opinion 24 June. <https://www.globalpolicyjournal.com/

blog/24/06/2020/thinking-beyond-human-interests-qa-biodiversity-policy-and-disease>(검색: 2020.6.28.)

- Greenfield, Patrick and Jonathan Watts (2020). "Record 212 land and environment activists killed last year." The Guardian 29 July. <https://www.theguardian.com/environment/2020/jul/29/record-212-land-and-environment-activists-killed-last-year>(검색: 2020.7.29.)
- Green Party US (2020a). "The Green New Deal." <https://www.gp.org/green_new_deal>(검색: 2020.1.3.)
- Green Party US (2020b). "Green New Deal Comparison Chart." <https://assets.nationbuilder.com/gpus/pages/9918/attachments/original/1551543916/GND-comparision-chart.pdf?1551543916>(검색: 2020.1.3.)
- (The) Guardian (2019). "Naomi Oreskes: 'Discrediting the science is a political strategy'. The Guardian 3 November.
- Gupta, Joyeeta (2015). "Litigation, human rights and climate change." In: M. Di Paola and D. Kamal (Eds.). Climate Change and Human Rights: The 2015 Paris Conference and the Task of Protecting People on a Warming Planet. London: Global Policy.
- Haas, Peter M. (1992). "Introduction: Epistemic Communities and International Policy Coordination." International Organization 46(1): 1–35.
- Haberkorn, Tobias (2018). "Climate change: The coming calamity." Zeit Online 7 November. <https://www.zeit.de/kultur/2018-11/climate-change-conference-guilt-recognition-english>(검색: 2020.1.7.)
- Haigh, Christine and Bernadette Valley (2010). Gender and the Climate Change Agenda: The Impacts of Climate Change on Women and Public Policy. London: Women's Environmental Network.
- Hajer, Maarten et al. (2015). "Beyond Cockpit-ism: Four Insights to Enhance the Transformative Potential of the Sustainable Development Goals." Sustainability 7: 1651-1660.
- Halden, Peter (2007). The Geopolitics of Climate Change. Stockholm: FOI Swedish Defence Research Agency.
- Hall, Nina (2016). "The Institutionalisation of Climate Change in Global Politics." In: Gustavo Sosa-Nunez and Ed Atkins (Eds.). Environment, Climate Change and International Relations. Bristol: E-International Relations Publishing.
- Halstead, John (2018). "Climate change and existential risk." <https://docs.google.com/document/d/1qmHh-cshTCMT8LX0Y5wSQm8FMBhaxhQ8OlOeRLkXIF0/edit#>(검색: 2020.1.2.)
- Haluza-DeLay, Randolph (2012). "Giving consent in the petrostate: Hegemony and Alberta oil

sands." Journal for Activism in Science & Technology Education 4(1): 1-6.

- Hamilton, Clive (2003). Growth Fetish. Crows Nest: Allen & Unwin.
- Harkins, Steven (2019). "Why is climate change still not top of the news agenda?" Global Policy Journal 20 September. <https://www.globalpolicyjournal.com/blog/20/09/2019/why-climate-change-still-not-top-news-agenda>(검색: 2020.1.12.)
- Harp, Ryan D. and Kristopher B. Karnauskas (2018). "The Influence of Interannual Climate Variability on Regional Violent Crime Rates in the United States." GeoHealth 2: 356-369.
- Harp, Ryan D. and Kristopher B. Karnauskas (2020). "Global warming to increase violent crime in the United States." Environmental Research Letters 15(034039): 1-8.
- Harris, Robbie (2020). "Coronavirus and Climate Change." Radio WVTF 6 February. <https://www.wvtf.org/post/coronavirus-and-climate-change#stream/0>(검색: 2020.2.22.)
- Harvey, Chelsea (2020). "What Could Warming Mean for Pathogens like Coronavirus?" Scientific American E&E News 9 March. <https://www.scientificamerican.com/article/what-could-warming-mean-for-pathogens-like-coronavirus/>(검색: 2020.4.11.)
- Harvey, Fiona (2019a). "Secretive national oil companies hold our climate in their hands." The Guardian 9 October. <https://www.theguardian.com/environment/2019/oct/09/secretive-national-oil-companies-climate>(검색: 2020.1.12.)
- Harvey, Mark (2019b). "What the Amazon fires tell us about the geopolitics of the climate emergency." OpenDemocracy 29 August. <https://www.opendemocracy.net/en/oureconomy/what-amazon-fires-tell-us-about-geopolitics-climate-emergency/>(검색: 2020.1.8.)
- Haskins, Caroline (2019). " Climate 'Realists' Are Delusional." Vice 17 April. <https://www.vice.com/en_us/article/wjvqvz/climate-realists-are-delusional>(검색: 2020.6.16.)
- Hayes, Peter (2017). Why? Explaining the Holocaust. New York: W.W. Norton & Company.
- Heede, Richard (2014). "Tracing anthropogenic carbon dioxide and methane emissions to fossil fuel and cement producers, 1854–2010." Climatic Change 122: 229–241.
- Heymann, Matthias (2018). "The climate change dilemma: big science, globalizing of climate and the loss of the human scale." Regional Environmental Change 19 DOI: 10.1007/s10113-018-1373-z
- Hickel, Jason (2015). "Forget 'developing' poor countries, it's time to 'de-develop' rich countries." The Guardian 23 September. <https://www.theguardian.com/global-development-professionals-network/2015/sep/23/developing-poor-countries-de-develop-rich-countries-sdgs>(검색: 2020.3.10.)
- Hickel, Jason and Giorgos Kallis (2019). "Is green growth possible?" New Political Economy DOI: 10.1080/13563467.2019.1598964

- Hickman, Leo (2010). "James Lovelock on the value of sceptics and why Copenhagen was doomed." The Guardian 29 March. <https://www.theguardian.com/environment/blog/2010/mar/29/james-lovelock>(검색: 2020.7.11.)
- Higgins, Polly, Damien Short and Nigel South (2013). "Protecting the planet: a proposal for a law of ecocide." Crime, Law and Social Change 59(3): 251-266.
- Hobsbawm, Eric (1987). The Age of Empire 1875-1914. London: Weidenfeld & Nicolson.
- Hoffman, Andrew J. (2012). " Climate Science as Culture War." Stanford Social Innovation Review Fall: 30-37.
- Hornsey, Matthew J. and Kelly S. Fielding (2017). "Attitude Roots and Jiu Jitsu Persuasion: Understanding and Overcoming the Motivated Rejection of Science." American Psychologist 72(5): 459 – 473.
- Houghton, J.T., G.J. Jenkins and J.J. Ephraums (Eds.) (1990). Climate Change: The IPCC Scientific Assessment. Cambridge: Cambridge University Press.
- Hsiang, Solomon M., Marshall Burke and Edward Miguel (2013). "Quantifying the Influence of Climate on Human Conflict." Science 341(6151): DOI: 10.1126/science.1235367.
- Hsiao, Elaine C. (2012). "Whanganui River Agreement: Indigenous Rights and Rights of Nature." Environmental Policy and Law 42(60): 371-375.
- Hulme, Mike (2015a). "Climate and its changes: a cultural appraisal." Geo: Geography and Environment 2: 1–11. DOI: 10.1002/geo2.5
- Hulme, Mike (2015b). "(Still) disagreeing about climate change: Which way forward?" Zygon 50(4): 893-905.
- Hulme, Mike (2019). "Climate change narratives: beyond the facts of science." Narative Science 3 May. <https://mikehulme.org/climate-change-narratives-beyond-the-facts-of-science/#_ftnref1>(검색: 2020.1.21.)
- Humphrey, Mathew (2008). "Rational irrationality and the 'Paradox' of Climate Change." The SAIS Europe Journal 1 November. <http://www.saisjournal.org/posts/rational-irrationality-and-the-'paradox'-of-climate-change>(검색: 2020.1.15.)
- Humphreys, Stephen (2009). "Conceiving justice: articulating common causes in distinct regimes." In: S. Humphreys. Human Rights and Climate Change. Cambridge: Cambridge University Press.
- Humphreys, Stephen J. (2015a). "Climate Change and Human Rights: Anthropocentric Rights." In: M. Di Paola and D. Kamal (Eds.). Climate Change and Human Rights: The 2015 Paris Conference and the Task of Protecting People on a Warming Planet. London: Global Policy.
- Humphreys, Stephen (2015b). "Climate change poses an existential threat to human rights."

OpenDemocracy 16 July. <https://www.opendemocracy.net/en/openglobalrights-openpage/climate-change-highlights-fragility-of-human-rights-norms/>(검색: 2020.1.9.)

- Hundal, Sunny (2018). “Why are we mostly ignoring the climate crisis? The message is wrong.” OpenDemocracy 15 October. <https://www.opendemocracy.net/en/why-are-we-mostly-ignoring-climate-crisis-message-is-wrong/>(검색: 2020.1.11.)
- Hunter, Heidi and Erica Cirino (2019). “Nuclear power is not the answer in a time of climate change.” Aeon 28 May. <https://aeon.co/ideas/nuclear-power-is-not-the-answer-in-a-time-of-climate-change>(검색: 2020.1.12.)
- Huntley, Rebecca (2020). “Stop making sense: why it's time to get emotional about climate change.” The Guardian 4 July. <https://www.theguardian.com/environment/2020/jul/05/stop-making-sense-why-its-time-to-get-emotional-about-climate-change>(검색: 2020.7.5.)
- Hussain, Murtaza (2019). “War on the world.” The Intercept 15 September. <https://theintercept.com/2019/09/15/climate-change-us-military-war/>(검색: 2020.1.3.)
- Huwart, Jean-Yves and Loïc Verdier (2013). “What is the impact of globalisation on the environment?” In: Economic Globalisation: Origins and Consequences. Paris: OECD Publishing.
- IEP (2019). Global Peace Index 2019. Sydney: Institute for Economics & Peace.
- ILO (2013). “Resolution concerning sustainable development, decent work and green jobs.” The General Conference of the International Labour Organization, 102nd Session. Geneva: International Labour Office.
- ILO (2015). Guidelines for a Just Transition towards Environmentally Sustainable Economies and Societies for All. Geneva: International Labour Office.
- InfluenceMap (2019). Big Oil’s Real Agenda on Climate Change: How the oil majors have spent $1bn since Paris on narrative capture and lobbying on climate. London: InfluenceMap.
- International Criminal Court (1998). Rome Statute of the International Criminal Court. <https://www.icc-cpi.int/resource-library/documents/rs-eng.pdf>(검색: 2020.3.6.)
- IPBES (2019). Summary for policymakers of the global assessment report on biodiversity and ecosystem services of the Intergovernmental Science-Policy Platform on Biodiversity and Ecosystem Services. Intergovernmental Science-Policy Platform on Biodiversity and Ecosystem Services.
- IPCC (2014). Climate Change 2014 Impacts, Adaptation, and Vulnerability: Summary for Policymakers. Intergovernmental Panel on Climate Change.
- IPCC (2018). “Global warming of 1.5°C: Summary for Policymakers.” In: Masson-Delmotte, V. et al. (Eds.). Global Warming of 1.5°C. An IPCC Special Report on the impacts of global

warming of 1.5°C above pre-industrial levels and related global greenhouse gas emission pathways, in the context of strengthening the global response to the threat of climate change, sustainable development, and efforts to eradicate poverty. Intergovernmental Panel on Climate Change.

- IPCC (2019). Summary for Policymakers: IPCC Special Report on the Ocean and Cryosphere in a Changing Climate [H.-O. Pörtner, D.C. Roberts, V. Masson-Delmotte, P. Zhai, M. Tignor, E. Poloczanska, K. Mintenbeck, A. Alegría, M. Nicolai, A. Okem, J. Petzold, B. Rama, N.M. Weyer (eds.)]. In press.
- Islam, S. Nazrul and John Winkel (2017). "Climate Change and Social Inequality." DESA Working Paper No. 152, ST/ESA/2017/DWP/152. New York: UN Department of Economic and Social Affairs.
- IUCN (2020). Gender-based Violence and Environment Linkages: The Violence of Inequality. Gland: INTERNATIONAL UNION FOR CONSERVATION OF NATURE.
- Ivanova, D. et al. (2020). "Quantifying the potential for climate change mitigation of consumption options." Environmental Research Letters 1 April. doi: 10.1088/1748-9326/ab8589.
- Jacques, Peter J., Riley Dunlop and Mark Freeman (2008). "The organisation of denial: Conservative think tanks and environmental scepticism." Environmental Politics 17(3): 349-385.
- Jamieson, Dale (2006). "An American paradox." Climate Change 77: 97-102.
- Jamieson, Dale (2016). "Slavery, Carbon, and Moral Progress." Ethical Theory and Moral Practice 2 August. DOI: 10.1007/s10677-016-9746-1
- Jamieson, Dale, Michael Oppenheimer and Naomi Oreskes (2019). "The real reason some scientists downplay the risks of climate change." The Guardian 25 October. <https://www.theguardian.com/commentisfree/2019/oct/25/the-real-reason-some-scientists-downplay-the-risks-of-climate-change>(검색: 2020.1.7.)
- Jaspal, Rusi, Brigitte Nerlich and Marco Cinnirella (2014). "Human Responses to Climate Change: Social Representation, Identity and Socio-psychological Action." Environmental Communication 8(1): 110-130.
- Jensen, Svenn et al. (2015). "An Introduction to the Green Paradox: The Unintended Consequences of Climate Policies." Review of Environmental Economics and Policy 9(2): 246–265.
- Jericho, Greg (2020). "The government has been forced to talk about climate change, so it's taking a subtle – and sinister – approach." The Guardian 13 January. <https://www.

theguardian.com/environment/commentisfree/2020/jan/14/the-government-has-been-forced-to-talk-about-climate-change-so-its-taking-a-subtle-and-sinister-approach>(검색: 2020.2.23.)

- Jerneck, Anne (2014). "Searching for a Mobilizing Narrative on Climate Change." Journal of Environment & Development 23(1): 15–40.
- Jerneck, Anne (2018). "What about Gender in Climate Change?: Twelve Feminist Lessons from Development." Sustainability 10(627): 1-20.
- Jones, Michael D. and Geoboo Song (2014). "Making Sense of Climate Change: How Story Frames Shape Cognition." Political Psychology 35(4): 447-476.
- Jorgenson, Andrew et al. (2016). "Domestic Inequality and Carbon Emissions in Comparative Perspective." Sociological Forum 31(S1): 770-786.
- Joshi, Ketan (2020). "Something else is out of control in Australia: climate disaster denialism." The Guardian 8 January. <https://www.theguardian.com/commentisfree/2020/jan/08/australia-climate-disaster-denial-bushfires-online-rightwing-press-politicians>(검색: 2020.1.11.)
- Jotzo, Frank (2016). "Decarbonizing the World Economy." Solutions 7(3): 74-83.
- Kahan, Dan M. (2016). "The Politically Motivated Reasoning Paradigm, Part 1: What Politically Motivated Reasoning Is and How to Measure It." Emerging Trends in the Social and Behavioral Sciences 29 November. https://doi.org/10.1002/9781118900772.etrds0417
- Kaijser, Anna and Annica Kronsell (2014). "Climate change through the lens of intersectionality." Environmental Politics 23(3): 417-433.
- Kalmus, Peter (2019). "How to live with the climate crisis without becoming a nihilist." Los Angeles Times 15 September. <https://www.latimes.com/opinion/story/2019-09-13/global-warming-climate-change-science-activism-jonathan-franzen>(검색: 2020.1.2.)
- Kamarck, Elaine (2019). "The challenging politics of climate change." Brookings Report 23 September. <https://www.brookings.edu/research/the-challenging-politics-of-climate-change/>(검색: 2020.1.21.)
- Kaminski, Isabella (2019). "Fossil fuel firms 'could be sued' for climate change." The Independent 9 December. <https://www.independent.co.uk/environment/cop25-madrid-climate-change-greta-thunberg-fossil-fuel-lawsuit-a9239601.html>(검색: 2020.1.17.)
- Keating, Joshua (2018). "This is what happens when climate change forces an entire country to seek higher ground." The Washington Post 26 July. <https://www.washingtonpost.com/posteverything/2018/07/26/feature>(검색: 2020.1.12.)
- Keen, Steven (2019). "'4°C of global warming is optimal' – even Nobel Prize winners are getting things catastrophically wrong." The Conversation 15 November. <https://

theconversation.com/4-c-of-global-warming-is-optimal-even-nobel-prize-winners-are-getting-things-catastrophically-wrong-125802>(검색: 2020.1.13.)

- Kelley, Colin P. et al. (2015). "Climate change in the Fertile Crescent and implications of the recent Syrian drought." Proceedings of the National Academy of Sciences of the United States of America 112(11): 3241–3246.
- Kelly, Sharon (2019). "Fossil Fuel Ad Campaigns Emphasize 'Positives' After Climate Science Denial PR Lands Industry in Hot Seat." DESMOG: Clearing the PR Pollution that Clouds Climate Science 16 September. <https://www.desmogblog.com/2019/09/16/fossil-fuel-ad-campaigns-climate-science-denial-pr-exxon-lawsuits>(검색: 2020.2.7.)
- Kennedy, Brian and Meg Hefferon (2019). "U.S. concern about climate change is rising, but mainly among Democrats." Pew Research Center Factank 28 August. <https://www.pewresearch.org/fact-tank/2019/08/28/u-s-concern-about-climate-change-is-rising-but-mainly-among-democrats/>(검색: 2020.2.4.)
- Kim, Dae Jung (1994). "A response to Lee Kuan Yew: Is culture destiny?: The myth of Asia's anti-democratic values." Foreign Affairs 73(6), 189–194.
- Kim, Soojung, Se-Hoon Jeong and Yoori Hwang (2013). "Predictors of pro-environmental behaviors of American and Korean students: The application of the theory of reasoned action and protection motivation theory." Science Communication 35: 168–188.
- Kim, Joohan and Eun Joo Kim (2008). "Theorizing Dialogic Deliberation: Everyday Political Talk as Communicative Action and Dialogue." Communication Theory 18: 51-70.
- Kimmell, Ken (2019). "Climate Change Lawsuits Against Fossil Fuel Companies Are Heating Up." Union of Concerned Scientists 22 October. <https://blog.ucsusa.org/ken-kimmell/climate-change-lawsuits-against-fossil-fuel-companies-are-heating-up>(검색: 2020.1.17.)
- Klein, Naomi (2011). "Capitalism vs. the climate." The Nation 9 November. <https://www.thenation.com/article/archive/capitalism-vs-climate/>(검색: 2020.2.3.)
- Klein, Naomi (2016). "Let them drown: The violence of othering in a warming world." London Review of Books 38(11): 2 June.
- Klepp, Silja (2017). "Climate Change and Migration." OXFORD RESEARCH ENCYCLOPEDIA, CLIMATE SCIENCE. DOI: 10.1093/acrefore/9780190228620.013.42
- Knaus, Christopher (2020). "Disinformation and lies are spreading faster than Australia's bushfires." The Guardian 12 January. <https://www.theguardian.com/australia-news/2020/jan/12/disinformation-and-lies-are-spreading-faster-than-australias-bushfires>(검색: 2020.1.12.)
- Knowlton, Kim and Perrin Ireland (2017). "How Climate Change Impacts Women." The National Resources Defense Council 1 March. <https://www.nrdc.org/stories/how-climate-

change-impacts-women>(검색: 2020.7.19.)

- Knox, John (2015). "Climate Change and Human Rights: Three Benefits of a Human Rights Perspective on Climate Change." In: M. Di Paola and D. Kamal (Eds.). Climate Change and Human Rights: The 2015 Paris Conference and the Task of Protecting People on a Warming Planet. London: Global Policy.
- Koch, Alexander et al. (2019). "Earth system impacts of the European arrival and Great Dying in the Americas after 1492." Quarternary Science Reviews 207: 13-36.
- Kolinjivadi, Vijay (2020). "The coronavirus outbreak is part of the climate change crisis." Al Jazeera 30 March. <https://www.aljazeera.com/indepth/opinion/coronavirus-outbreak-part-climate-change-emergency-200325135058077.html>(검색: 2020.4.2.)
- Kollewe, Julia (2020). "Zero-carbon electricity outstrips fossil fuels in Britain across 2019." The Guardian 1 January.
- Kotze, Louis J. (2014). "Human rights and the environment in the Anthropocene." The Anthropocene Review 1(3): 252–275.
- Krampe, Florian (2019). "Climate change, peacebuilding, and sustaining peace." IPI Global Observatory 13 September. <https://theglobalobservatory.org/2019/09/climate-change-peacebuilding-and-sustaining-peace/>(검색: 2020.4.29.)
- Krueger, Alyson (2018). "Climate change insurance: Buy land somewhere else." The New York Times 30 November. <https://www.nytimes.com/2018/11/30/realestate/climate-change-insurance-buy-land-somewhere-else.html>(검색: 2020.1.12.)
- Kruger, Justin and David Dunning (1999). "Unskilled and unaware of it: how difficulties in recognizing one's own incompetence lead to inflated self-assessments." Journal of Personality and Social Psychology 77(6):1121-34.
- Krznaric, Roman (2020). The Good Ancestor: How to Think Long-term in a Short-term World. London: The Penguin Books.
- Kwai, Isabella (2020). "Australian student sues government over financial risks of climate change." The New York Times 23 July. <https://www.nytimes.com/2020/07/23/world/australia/lawsuit-climate-change-bonds.html#:~:text=A%2023%2Dyear%2Dold%20law,the%20first%20of%20its%20kind.&text=SYDNEY%2C%20Australia%20%E2%80%94%20Katta%20O',with%20a%20fear%20of%20fire.>(검색: 2020.7.28.)
- Kythreotis, Andrew P. et al. (2019). "Citizen social science for more integrative and effective climate action: A science-policy perspective." Frontiers in Environmental Science 7(10): 1-10.
- Labor Network for Sustainability (2018). "Globalization, Neoliberalism, and Climate Change." <https://www.labor4sustainability.org/post/974/>(검색: 2020.1.9.)

- Lamberts, Rod (2019). "Nine things you love that are being wrecked by climate change." The Conversation 25 December. <https://theconversation.com/nine-things-you-love-that-are-being-wrecked-by-climate-change-127099>(검색: 2020.1.9.)
- Larson, Christina (2019). "China's climate paradox: A leader in coal and clean energy." AP News 2 December. <https://apnews.com/9a0f0b14a8034b9d9bf6c936ed117b36>(검색: 2020.2.3.)
- Lawrence, Felicity, David Pegg and Rob Evans (2019). "How vested interests tried to turn the world against climate science." The Guardian 10 October. <https://www.theguardian.com/environment/2019/oct/10/vested-interests-public-against-climate-science-fossil-fuel-lobby>(검색: 2020.1.12.)
- Leahy, Stephen (2019). "By 2050, many U.S. cities will have weather like they've never seen." National Geographic 10 July. <https://www.nationalgeographic.com/environment/2019/07/major-us-cities-will-face-unprecedente-climates-2050/>(검색: 2020.1.12.)
- Lieven, Anatol (2019). "How climate change will transform the global balance of power." Financial Times 5 November. <https://www.ft.com/content/27e6c7c8-ce5c-11e9-b018-ca4456540ea6>(검색: 2020.1.8.)
- Lifton, Robert Jay (2014). "The climate swerve." The New York Times 23 August. <https://www.nytimes.com/2014/08/24/opinion/sunday/the-climate-swerve.html>(검색: 2020.1.20.)
- Lifton, Robert Jay (2017). The Climate Swerve: Reflections on Mind, Hope, and Survival. New York: The New Press.
- Limon, Marc (2009). "Human rights and climate change: Constructing a case for political action." Harvard Environmental Law Review 33: 439–476.
- Lingaas, Carola (2015). "The Crime against Humanity of Apartheid in a Post-Apartheid World." Oslo Law Review 2: 86-115.
- Lipset, Seymour Martin (1955). "The Radical Right: A Problem for American Democracy." The British Journal of Sociology 6(2): 176-209.
- Liu, Brittany S. and Peter H. Ditto (2013). "What Dilemma? Moral Evaluation Shapes Factual Belief." Social Psychological and Personality Science 4(3): 316–323.
- Lloyd, Elizabeth. A. and Naomi Oreskes (2018). "Climate Change Attribution: When Is It Appropriate to Accept New Methods?" Earth's Future 6(3): 311-325.
- Logan, Robert (2018). "The Anthropocene and Climate Change: An Existential Crisis." DOI: 10.13140/RG.2.2.23274.00963.
- Lombrana, Laura Millan (2019). "Global Warming Prediction Sounds Alarm for Climate Fight." Bloomberg 3 December. <https://www.bloomberg.com/news/articles/2019-12-03/global-

temperature-headed-toward-5-degree-increase-wmo-says>(검색: 2020.1.7.)

- Looney, Robert (2016). "Democracy Is the Answer to Climate Change." Foreign Policy 1 June. <https://foreignpolicy.com/2016/06/01/democracy-is-the-answer-to-climate-change/>(검색: 2020.1.9.)
- Love, Shayla (2019). "Some Compelling Reasons Not to Give Up on Solving Climate Change." Vice 12 June. <https://www.vice.com/en_us/article/nea93d/actually-humans-probably-will-survive-the-climate-crisis>.(검색: 2020.1.2.)
- Lucke, Franziskus von (2019). Principled Pragmatism in Climate Policy? The EU and Changing Practices of Climate Justice. GLOBUS Research Paper 2. Oslo: ARENA Centre for European Studies, University of Oslo.
- Lukacs, Martin (2017). "Neoliberalism has conned us into fighting climate change as individuals." The Guardian 17 July. <https://www.theguardian.com/environment/true-north/2017/jul/17/neoliberalism-has-conned-us-into-fighting-climate-change-as-individuals>(검색: 2020.1.9.)
- Lukes, Steven (2005). Power: A Radical View. Second Edition. New York: Palgrave Macmillan.
- Lyons, Kate (2019). "'Our people are dying': Australia's climate confrontation in the Pacific." The Guardian 17 August. <https://www.theguardian.com/world/2019/aug/18/our-people-are-dying-australias-climate-confrontation-in-the-pacific>(검색: 2020.1.12.)
- Lyons, Kate (2020). "Climate refugees can't be returned home, says landmark UN human rights ruling." The Guardian 20 January. <https://www.theguardian.com/world/2020/jan/20/climate-refugees-cant-be-returned-home-says-landmark-un-human-rights-ruling>(검색: 2020.1.21.)
- MacGregor, Sherilyn (2010). "Gender and climate change': from impacts to discourses." Journal of the Indian Ocean Region 6(2): 223-238.
- MacGregor, Sherilyn (2014). "Only Resist: Feminist Ecological Citizenship and the Post-politicsof Climate Change." HYPATIA: A Journal of Feminist Philosophy 29(3): 617-633.
- Mach, Katharine J. et al. (2019). "Climate as a risk factor for armed conflict." Nature 571: 193–197.
- Maeseele, Pieter and Yves Pepermans (2017). "Ideology in Climate Change Communication." OXFORD RESEARCH ENCYCLOPEDIA, CLIMATE SCIENCE. DOI: 10.1093/acrefore/9780190228620.013.578
- Magallances, Catharine Iorns (2017). "Using human rights to recognize human responsibilities toward nature." In: E. Daly et al. (Eds.). New Frontiers in Environmental Constitutionalism." Nairobi: United Nations Environment Programme.

- Mahlstein, I., R. Knutti, S. Solomon and R.W. Portmann (2011). "Early Onset of Significant Local Warming in Low Latitude Countries." Environmental Research Letters 6 (2011): 1-6.
- Mahony, Martin and Georgina Endfield (2018). "Climate and colonialism." WIREs Climate Change 9(2): 1-16.
- Mahony, Martin and Mike Hulme (2018). "Epistemic geographies of climate change: Science, space and politics." Progress in Human Geography 42(3): 395–424.
- Mailbach, Edward, et al. (2016). "Is There a Climate "Spiral of Silence" in America?" Yale University and George Mason University. New Haven, CT: Yale program on Climate Change Communication.
- Malik, Laila (2019). "We need an anti-colonial, intersectional feminist climate justice movement." AWID 3 October. <https://www.awid.org/news-and-analysis/we-need-anti-colonial-intersectional-feminist-climate-justice-movement>(검색: 2020.1.12.)
- Malm, Andreas (2016). Fossil Capital: The Rise of Steam Power and the Roots of Global Warming. London: Verso.
- Mangat, Rupinder and Simon Dalby (2018). "Climate and wartalk: Metaphors, imagination, transformation." Elementa: Science of the Anthropocene 6(1): Article 58. DOI: https://doi.org/10.1525/elementa.313
- Mani, Anandi et al. (2013). "Poverty Impedes Cognitive Function." Science 341: 976-980.
- Mann, Charles C. (2011). 1493: Uncovering the New World Columbus Created. New York: Vintage Books.
- Marcotullio, Peter (2015). "Climate Injustice and Cities." UGEC Viewpoints 28 April. <https://ugecviewpoints.wordpress.com/2015/04/28/climate-injustice-and-cities/>(검색: 2020.1.28.)
- Markowitz, Ezra and Adam Corner (2019). "Climate change is really about prosperity, peace, public health and posterity – not saving the environment." The Conversation 27 September. <https://theconversation.com/climate-change-is-really-about-prosperity-peace-public-health-and-posterity-not-saving-the-environment-120476>(: 2020.1.21.)
- Marks, Susan (2011). "Human rights and root causes." Modern Law Review 74(1): 57-78.
- Marshall, Abbey (2019a). "Trump mocks teen climate activist Greta Thunberg after Time honor." POLITICO 12 December. <https://www.politico.com/news/2019/12/12/donald-trump-mocks-greta-thunberg-time-magazine-083433>(검색: 2020.1.2.)
- Marshall, N.A. et al. (2019b). "Our Environmental Value Orientations Influence How We Respond to Climate Change." Frontiers in Psychology 10(Article 938): 1-8.
- Mary Robinson Foundation Climate Justice (2015a). Principles of Climate Justice. <https://www.mrfcj.org/pdf/Principles-of-Climate-Justice.pdf>(검색: 2020.2.17.)

- Mary Robinson Foundation Climate Justice (2015b). Women's Participation: An Enabler of Climate Justice. First Edition. <https://www.mrfcj.org/wp-content/uploads/2015/11/MRFCJ-_Womens-Participation-An-Enabler-of-Climate-Justice_2015.pdf>(검색: 2020.1.17.)
- Mary Robinson Foundation Climate Justice (2018). Global Guardians: A voice for future generations. Policy Brief. <https://www.mrfcj.org/wp-content/uploads/2018/02/Global-Guardians-A-Voice-for-Future-Generations-Position-Paper-2018.pdf>(검색: 2020.2.18.)
- Maslin, Mark (2019). "Here Are Five of The Main Reasons People Continue to Deny Climate Change." Science Alert Environment 30 November. <https://www.sciencealert.com/the-five-corrupt-pillars-of-climate-change-denial>(검색: 2020.1.20.)
- Mayer, Adam and E. Keith Smith (2019). "Unstoppable climate change? The influence of fatalistic beliefs about climate change on behavioural change and willingness to pay cross-nationally." Climate Policy 19(4): 511-523.
- McKibben, Bill (2019a). Falter: Has the Human Game Begun to Play Itself Out? New York: Henry Holt and Company.
- McKibben, Bill (2019b). "The Pentagon's outsized part in the climate fight." The New York Review of Books 27 June <https://www.nybooks.com/daily/2019/06/27/the-pentagons-outsized-part-in-the-climate-fight/>(검색: 2020.1.2.)
- McKibben, Bill (2020). "Racism, police violence, and the climate are not separate issues." The New Yorker 4 June. <https://www.newyorker.com/news/annals-of-a-warming-planet/racism-police-violence-and-the-climate-are-not-separate-issues>(검색: 2020.6.13.)
- McKie, Robin (2018). "Portrait of a planet on the verge of catastrophe." The Guardian 2 December. <https://www.theguardian.com/environment/2018/dec/02/world-verge-climate-catastophe>(검색: 2020.1.2.)
- McKie, Robin (2019). "Climate change deniers' new battle front attacked." The Guardian 9 November. <https://www.theguardian.com/science/2019/nov/09/doomism-new-tactic-fossil-fuel-lobby>(검색: 2020.2.8.)
- McKinnon, Catriona (2019). "Climate crimes must be brought to justice." The UNESCO Courier July-September: 10-12.
- McMahon, Jeff (2019). "Rise In Climate-Related Deaths Will Surpass All Infectious Diseases, Economist Testifies." Forbes 27 December. <https://www.forbes.com/sites/jeffmcmahon/2019/12/27/climate-related-deaths-in-2100-will-surpass-current-mortality-from-all-infectious-diseases-economist-testifies/#7f5464284222>(검색: 2020.3.14.)
- McMichael, A.J. et al. (Eds.). (2003). Climate Change and Human Health: Risks and Responses. Geneva; World Health Organization.

- Meadows, Donella H. et al. (1972). The Limits to Growth: A report for the CLUB OF ROME's Project on the Predicament of Mankind. New York: Universe Books.
- Milkoreit, Manjana (2015). "Hot deontology and cold consequentialism: An empirical exploration of ethical reasoning among climate change negotiators." Climate Change 130: 397-409.
- Mills, C. Wright (1959/2000). The Sociological Imagination. New York: Oxford University Press.
- Mobjork, Malin (2017). " Exploring the climate–conflict link: the case of East Africa." SIPRI Yearbook 2017: Armaments, Disarmament and International Security. Stockholm: Stockholm International Peace Research Institute.
- Moezzi, Mithra, Kathryn B. Janda and Sea Rotmann (2017). "Using stories, narratives, and storytelling in energy and climate change research." Energy Research & Social Science DOI: 10.1016/j.erss.2017.06.034
- Mohamed, Hadil, Moosa Elayah and Lau Schuplen (2017). Yemen between the Impact of the Climate Change and the Ongoing Saudi-Yemen War: A Real Tragedy. The Centre For Governance and Peace-building-Yemen. Sana'a, Yemen: Radboud University.
- Moloney, Gail et al. (2014). "Using social representations theory to make sense of climate change: what scientists and nonscientists in Australia think." Ecology and Society 19(3): 19-27.
- Monbiot, George (2019a). "Dare to declare capitalism dead – before it takes us all down with it." The Guardian 25 April. <https://www.theguardian.com/commentisfree/2019/apr/25/capitalism-economic-system-survival-earth>(검색: 2020.1.9.)
- Monbiot, George (2019b). "The big polluters' masterstroke was to blame the climate crisis on you and me." The Guardian 9 October. <https://www.theguardian.com/commentisfree/2019/oct/09/polluters-climate-crisis-fossil-fuel>(검색: 2020.1.13.)
- Monbiot, George (2020). "Munk Debates: Ending climate change requires the end of capitalism as we know it." National Post 11 April. <https://nationalpost.com/opinion/munk-debates-ending-climate-change-requires-the-end-of-capitalism-as-we-know-it>(검색: 2020.4.12.)
- Moore, Jason W. (2017). "The Capitalocene, Part I: on the nature and origins of our ecological crisis." The Journal of Peasant Studies. http://dx.doi.org/10.1080/03066150.2016.1235036.
- Morris, Brandi S. (2019). "Stories vs. facts: triggering emotion and action-taking on climate change." Climate Change 154(1-2): 19-36.
- Moser, Susanne C. and Dilling, Lisa (2007). "Toward the social tipping point: Creating a climate for change." In S. Moser and L. Dilling (Eds.). Creating a Climate for Change: Communicating Climate Change and Facilitating Social Change. Cambridge: Cambridge

University Press.

- Mullainathan, Sendhil and Eldar Shafir (2013). Scarcity: Why Having Too Little Means So Much. London: Penguin Books.
- Myllyvirta, Lauri (2020a). "Analysis: Coronavirus has temporarily reduced China's CO2 emissions by a quarter." CarbonBrief 19 February. <https://www.carbonbrief.org/analysis-coronavirus-has-temporarily-reduced-chinas-co2-emissions-by-a-quarter>(검색: 2020.2.22.)
- Myllyvirta, Lauri (2020b). "Analysis: India's CO2 emissions fall for first time in four decades amid coronavirus" CarbonBrief 12 May. <https://www.carbonbrief.org/analysis-indias-co2-emissions-fall-for-first-time-in-four-decades-amid-coronavirus>(검색: 2020.5.13.)
- Nagel, Joane (2011). "Climate change, public opinion, and the military security complex." The Sociological Quarterly 52(2): 203-210.
- Naicker, Preneshni R. (2011). " The impact of climate change and other factors on zoonotic diseases." Archives of Clinical Biology 2(4). DOI: 10:3823/226.
- Narayan, Rajiv (2020). "COVID-19 Pandemic in Asia-Pacific Region: A human rights perspective." Journal of Human Rights Studies 3(1): 67-132.
- Neimark, Benjamin, Oliver Belcher and Patrick Bigger (2019). "U.S. Military produces more greenhouse gas emissions than up to 140 countries." Newsweek 25 June. <https://www.newsweek.com/us-military-greenhouse-gases-140-countries-1445674>(검색: 2020.1.30.)
- Nestle, Marion (2020). "A call for food system change." The Lancet 395: 1685-1686.
- Neumayer, Eric and Thomas Plümper (2007). "The gendered nature of natural disasters: the impact of catastrophic events on the gender gap in life expectancy, 1981–2002." Annals of the Association of American Geographers 97(3): 551-566.
- Newman, Nic et al. (2020). Digital News Report 2020. Oxford: Reuters Institute for the Study of Journalism.
- Nguyen, G.H., L.K. Andersen and M.D.P. Davis (2019). "Climate change and atopic dermatitis: is there a link?" International Journal of Dermatology 58(3): 279-282.
- Nordhaus, William D. (2018). "Interview." The Nobel Prize December. <https://www.nobelprize.org/prizes/economic-sciences/2018/nordhaus/interview/>(검색: 2020.6.16.).
- Nordhaus, William (2019). "Climate Change: The Ultimate Challenge for Economics." American Economic Review 109(6): 1991-2014.
- Nordqvist, Pernilla and Florian Krampe (2018). "Climate change and violent conflict: Sparse evidence from South Asia and South East Asia." SIPRI Insights on Peace and Security 2018/4. Stockholm: Stockholm International Peace Research Institute.
- Norgaard, Kari Marie (2017). "The sociological imagination in a time of climate change."

Global and Planetary Change 163: 171-176.

- Nuccitelli, Dana (2018). "The Trump Administration has entered Stage 5 climate denial." The Guardian 8 October. <https://www.theguardian.com/environment/climate-consensus-97-per-cent/2018/oct/08/the-trump-administration-has-entered-stage-5-climate-denial>(검색: 2020.1.2.)
- Nunn, Ryan et al. (2019). "Ten facts about the economics of climate change and climate policy." Brookings Report: The Hamilton Project and the Stanford Institute for Economic Policy Research October. <https://www.brookings.edu/wp-content/uploads/2019/10/20191025_ES_THP_Environmental_Facts_FINAL.pdf>(검색: 2020.1.13.)
- Ocasio-Cortez, Alexandria (2019). "116th Congress 1st Session House Resolution 109: Recognizing the duty of the Federal Government to create a Green New Deal." US House of Representatives: 7 February. <https://www.congress.gov/116/bills/hres109/BILLS-116hres109ih.pdf>(검색: 2020.1.3.)
- Ogunbode, Charles A. et al. (2019). "The resilience paradox: flooding experience, coping and climate change mitigation intentions." Climate Policy 19(6): 703-716.
- OHCHR (2009). "Report of the Office of the United Nations High Commissioner for Human Rights on the relationship between climate change and human rights." Human Rights Council. A/HRC/10/61.
- OHCHR (2011). Guiding Principles on Business and Human Rights: Implementing the United Nations "Protect, Respect and Remedy" Framework. New York: UN Office of the High Commissioner.
- OHCHR (2015). "Understanding Human Rights and Climate Change." Submitted to the 21st Conference of the Parties to the United Nations Framework Convention on Climate Change. Paris: Office of the High Commissioner for Human Rights.
- O'Loughlin, John and Cullen Hendrix (2019). "Will climate change lead to more world conflict?" The Washington Post 15 July. <https://www.washingtonpost.com/politics/2019/07/11/ how-does-climate-change-impact-world/>(검색: 2020.1.4.)
- Orlandi, Giorgia (2019). "Italy introduces mandatory climate change lessons in schools." Euro News 16 November. <https://www.euronews.com/2019/11/07/italy-introduces-mandatory-climate-change-lessons-in-schools>(검색: 2020.4.7.)
- Ortega, Rodrigo Perez (2020). "Doomsday Clock is reset to 100 seconds until midnight, closest ever." Science 23 January. <https://www.sciencemag.org/news/2020/01/doomsday-clock-reset-100-seconds-until-midnight-closest-ever>(검색: 2020.1.24.)
- Ortiz, Diego Arguedas (2018). "Ten simple ways to act on climate change." BBC Future 5 November. <https://www.bbc.com/future/article/20181102-what-can-i-do-about-climate-

change>(검색: 2020.1.11.)

- O'Sullivan, Feargus (2019). " To Survive Climate Change, We'll Need a Better Story." Citylab 11 November. <https://www.citylab.com/environment/2019/11/climate-change-news-solutions-per-grankvist-viable-cities/601597/>(검색: 2020.1.21.)
- Otto, Daniel and Helmut Breitmeier (2012). "The Politics of Climate Change: a political science perspective." In: Gordon Wilson et al. (Eds.). Climate Change: From Science to Lived Experience. Lived Experience of Climate Change e-Learning. <https://www.ou.nl/documents/40554/102890/LECHe_Module1_Textbook_2012.pdf/95da9c5e-3e0e-48b7-a0ef-489ec9c7c47c>(검색: 2020.1.21.)
- Pahl, Sabine et al. (2014). "Perceptions of time in relation to climate change." WIREs Climate Change 5: 375–388.
- P.A. Media (2020). "Global temperatures likely to hit at least 1C warming for next five years." The Guardian 9 July. <https://www.theguardian.com/environment/2020/jul/09/global-temperatures-likely-to-hit-at-least-1c-warming-for-next-five-years>(검색: 2020.7.9.).
- Pala, Christopher (2020). "Kiribati's president's plans to raise islands in fight against sea-level rise." The Guardian 10 August. <https://www.theguardian.com/world/2020/aug/10/kiribatis-presidents-plans-to-raise-islands-in-fight-against-sea-level-rise>(검색: 2020.8.10.).
- Pantazatos, Andreas (2015). "Cultural heritage rights and climate change." In: M. Di Paola and D. Kamal (Eds.). Climate Change and Human Rights: The 2015 Paris Conference and the Task of Protecting People on a Warming Planet. London: Global Policy.
- Parekh, Serena (2015). "Climate change and human rights: climate change and refugees." In: M. Di Paola and D. Kamal (Eds.). Climate Change and Human Rights: The 2015 Paris Conference and the Task of Protecting People on a Warming Planet. London: Global Policy.
- Parenti, Christian (2011). Tropic of Chaos: Climate Change and the New Geography of Violence. New York: Nation Books.
- Parncutt, Richard (2019). "The Human Cost of Anthropogenic Global Warming: Semi-Quantitative Prediction and the 1,000-Tonne Rule." Frontiers in Psychology 10(2323): 1-17.
- Paschen, Jana-Axinja and Ray Ison (2014). " Narrative research in climate change adaptation—Exploring a complementary paradigm for research and governance." Research Policy 43(6): 1083-1092.
- Pastreich, Emanuel and Alexander Krabbe (2019). "Inconvenient parallels between responses to the Holocaust and to climate change." The Korea Times 13 January. <http://www.koreatimes.co.kr/www/opinion/2019/08/723_261922.html>(검색: 2020.1.12.)
- Paterson, Matthew (1996). Global Warming and Global Politics. London: Routledge.

- Patsavoudi, Lia (2020). "Can the pandemic sound the alarm on climate change?" Greenpeace 10 April. <https://www.greenpeace.org/international/story/29970/can-the-pandemic-sound-the-alarm-on-climate-change/>(검색: 2020.4.11.)
- Patz, J.A. et al. (2003). "Climate change and infectious diseases." In: A.J. McMichael et al. (Eds.). Climate Change and Human Health: Risks and Responses. Geneva; World Health Organization.
- Paul, Harpreet Kaur (2019). "How can we think about climate change financing within a climate of inequality?" OXFAM GB: From Poverty to Power 17 September. <https://oxfamblogs.org/fp2p/how-can-we-think-about-climate-change-financing-within-a-climate-of-inequality/>(검색: 2020.1.13.)
- Pauw, Pieter et al. (2014). Different Perspectives on Differentiated Responsibilities: A State-of-the-Art Review of the Notion of Common but Differentiated Responsibilities in International Negotiations. Discussion Paper 6/2014. Bonn: Deutsches Institut fuer Entwicklungspolitik.
- Pearl, M. Alexander (2018). "Human rights, indigenous peoples, and the global climate change." Wake Forest Law Review 53: 713-738.
- Pearson, Adam R. et al. (2017). "Race, Class, Gender and Climate Change Communication." OXFORD RESEARCH ENCYCLOPEDIA, CLIMATE SCIENCE. DOI: 10.1093/acrefore/9780190228620.013.412
- Pellegrino, Gianfranco (2015). "Climate refugees and their to occupancy." In: M. Di Paola and D. Kamal (Eds.). Climate Change and Human Rights: The 2015 Paris Conference and the Task of Protecting People on a Warming Planet. London: Global Policy.
- Pereira, Joana Castro and Eduardo Viola (2018). "Catastrophic Climate Change and Forest Tipping Points: Blind Spots in International Politics and Policy." Global Policy 9(4): 513-524.
- Perkins, Patricia E. (2019). "Climate justice, commons, and degrowth." Ecological Economics 160(C): 183-190.
- Pettifor, Ann (2019). "System change, not climate change." International Politcs and Society 13 September. <https://www.ips-journal.eu/regions/global/article/show/system-change-not-climate-change-3712/>(검색: 2020.1.12.)
- Pfeiffer, Mary Beth (2018). "Ticks rising." Aeon 2 April. <https://www.google.com/search?source=hp&ei=hJMZXufJE7KmmAXCtpaQDw&q=ticks+rising+aeon&oq=ticks+rising+aeon&gs_l=psy-ab.3..0i22i30.1787.5437..5735...0.0..0.126.1748.6j11......0....1..gws-wiz.......0j0i10j0i22i10i30.U01BzV0PFZY&ved=0ahUKEwjnm7eZnPvmAhUyE6YKHUKbBfIQ4dUDCAY&uact=5>(검색: 2020.1.11.)
- Pigrau, Antoni et al. (2014). "International law and ecological debt: International claims,

debates and struggles for environmental justice." EJOLT Report 11. CEDAT-Universitat Rovira i Virgili.

- Piper, Kelsey (2019). "Is climate change an "existential threat" — or just a catastrophic one?" Vox 28 June. <https://www.vox.com/future-perfect/2019/6/13/18660548/climate-change-human-civilization-existential-risk>(검색: 2020.1.2.)
- Piven, Ben (2019). "Human rights groups take climate fight to big corporations." AJ Impact Climate Change 19 September. <https://www.aljazeera.com/ajimpact/human-rights-groups-climate-fight-big-corporations-190918175331463.html>(검색: 2020.2.14.)
- Plante, Courtney, Johnie J. Allen and Craig A. Anderson (2017). "Effects of Rapid Climate Change on Violence and Conflict." OXFORD RESEARCH ENCYCLOPEDIA, CLIMATE SCIENCE. DOI: 10.1093/acrefore/9780190228620.013.344.
- Ploeg, Rick van der (2017). "Climate change and green paradoxes." IMPACT: Department of Economics University of Oxford 1 September. <https://www.google.com/search?ei=cnEeXrPLL-WymAXkxIOACA&q=paradox+climate+change&oq=paradox+climate+change&gs_l=psy-ab.3...0.0..3710469...0.0..0.110.211.0j2......0......gws-wiz.......0i8i30.gQptzbBrKws&ved=0ahUKEwizzNa0wITnAhVlGaYKHWTiAIAQ4dUDCAs&uact=5>(검색: 2020.1.15.)
- Poelzler, Thomas (2015). "Climate change inaction and moral nihilism." Ethics, Policy and Environment 18(2): 202-214.
- Polychroniou, C.J. (2019). "To Confront Climate Change, We Need an Ecological Democracy." Global Policy Journal 18 September. <https://www.globalpolicyjournal.com/blog/18/09/2019/confront-climate-change-we-need-ecological-democracy>(검색: 2020.1.12.)
- Ponizovskiy, Vladimir et al. (2019). "Social construction of the value-behavior relation." Frontiers in Psychology 10(934): https://doi.org/10.3389/fpsyg.2019.00934.
- Potter, Gary (2010). "What is green criminology?" Sociology Review November: 8-12.
- Povitkina, Marina (2018). "The limits of democracy in tackling climate change." Environmental Politics 27(3): 411-432.
- Prattico, Emilie (2019). "Habermas and climate action." Aeon 18 December. <https://aeon.co/essays/how-can-habermas-help-us-think-about-climate-change>(검색: 2020.5.9.)
- Prati, Gabriele, Luca Pietrantoni and Cinzia Albanesi (2018). "Human values and beliefs and concern about climate change: a Bayesian longitudinal analysis." Quality & Quantity 52: 1613 –1625.
- Pyne, Stephen J. (2015). "The fire age." Aeon 5 May. <https://aeon.co/essays/how-humans-made-fire-and-fire-made-us-human>(검색: 2020.3.13.)
- Ramanathan, V. et al. (2017). Well Under 2 Degrees Celsius:Fast Action Policies to Protect

People and the Planet from Extreme Climate Change, 2017. The Committee to Prevent Extreme Climate Change. <http://www.igsd.org/wp-content/uploads/2017/09/Well-Under-2-Degrees-Celsius-Report-2017.pdf>(검색: 2020.1.20.)

- Randall, Alex (2018). "Neoliberal drives climate breakdown, not human nature." OpenDemocracy 7 August. <https://www.opendemocracy.net/en/opendemocracyuk/why-new-york-times-is-wrong-about-climate-change/>(검색: 2020.1.11.)
- Ranson, Matthew (2012). "Crime, weather, and climate change." M-RCBG Associate Working Paper Series No. 8. Harvard Kennedy School.
- Rathi, Akshat (2019). "The country behind the first industrial revolution is reckoning with the problem it created." Quartz 4 May. <https://qz.com/1611713/uk-reckons-with-climate-change-role-in-industrial-revolution/>(검색: 2020.1.4.)
- Read, Rupert (2019). "Climate change and deep adaptation." Ecologist: The Journal for the Post-Industrial Age 8 February. <https://theecologist.org/2019/feb/08/climate-change-and-deep-adaptation>(검색: 2020.1.12.)
- Rich, Nathaniel (2018). "Losing earth: The decade we almost stopped climate change." The New York Times Magazine 1 August. <https://www.nytimes.com/interactive/2018/08/01/magazine/climate-change-losing-earth.html?mtrref=www.google.com&gwh=E24631FBF34D1B065B3337C4B7E5A0DB&gwt=pay&assetType=REGIWALL>(검색: 2020.1.7.)
- Rich, Nathaniel (2019). "The next reckoning: Capitalism and climate change." The New York Times 10 April. <https://www.nytimes.com/interactive/2019/04/09/magazine/climate-change-capitalism.html?mtrref=www.google.com&gwh=04DA46B56D4261A4A229B485F0C3093C&gwt=pay&assetType=REGIWALL>(검색: 2020.1.7.)
- Rigaud, Kanta Kumari et al. (2018). Groundswell: Preparing for Internal Climate Migration. Washington DC: World Bank.
- Ritter, David (2015). "Climate Change and Human Rights: The Imperative for Climate Change Migration with Dignity (CCMD)." In: M. Di Paola and D. Kamal (Eds.). Climate Change and Human Rights: The 2015 Paris Conference and the Task of Protecting People on a Warming Planet. London: Global Policy.
- Ro, Christine (2019). "The harm from worrying about climate change." BBC Future 10 October. <https://www.bbc.com/future/article/20191010-how-to-beat-anxiety-about-climate-change-and-eco-awareness>(검색: 2020.3.10.)
- Roberts, David (2015). "The awful truth about climate change no one wants to admit." Vox 15 May. <https://www.vox.com/2015/5/15/8612113/truth-climate-change>(검색: 2020.1.2.)
- Roberts, David (2020). "The sad truth about our boldest climate target." Vox 3 January.

<https://www.vox.com/energy-and-environment/2020/1/3/21045263/climate-change-1-5-degrees-celsius-target-ipcc>(검색: 2020.2.29.)

- Robins, Nick, Vonda Brunsting and David Wood (2018). Investing in a Just Transition: Why Investors Need to Integrate a Social Dimension into their Climate Strategies and How They Could Take Action. London: Grantham Research Institute on Climate Change and the Environment LSE.
- Robins, Nick and James Rydge (2019). Why a Just Transition is Crucial for Effective Climate Action. London: Vivid Economics Limited.
- Rodríguez-Garavito, César (2019). "For human rights to have a future, we must consider time." OpenGlobalRights 10 June. <https://www.openglobalrights.org/for-human-rights-to-have-a-future-we-must-consider-time/>(검색: 2020.8.17.)
- Romm, Joe (2009). "The lessons of Katrina: Global warming 'adaptation' is a cruel euphemism—and prevention is far, far cheaper." ThinkProgress 29 August. <https://thinkprogress.org/the-lessons-of-katrina-global-warming-adaptation-is-a-cruel-euphemism-and-prevention-is-far-far-d5f18b025b22/>(검색: 2020.3.26.)
- Rosa, Eugene A. et al. (2015). "The human (anthropogenic) driving forces of global climate change." In: R.E. Dunlap and R.J. Brulle (Eds.). Climate Change and Society: Sociological Perspectives. New York: Oxford University Press, pp. 47–91.
- Rosen, Julia (2019). "The real climate change controversy: Whether to engineer the planet in order to fix it." The Los Angeles Times 24 April. <>(검색: 2020.3.25.)
- Roser-Renouf, Connie and Edward Wile Maibach (2018). "Strategic Communication Research to Illuminate and Promote Public Engagement with Climate Change." In: D. A. Hope and R. A. Bevins (Eds.). Change and Maintaining Change. Nebraska Symposium on Motivation. Springer Nature Switzerland. https://doi.org/10.1007/978-3-319-96920-6_6.
- Roy, Katica (2020). "Gender equity and climate change have more in common than you think." World Economic Forum 14 July. <https://www.weforum.org/agenda/2020/07/gender-equality-and-climate-change-have-more-in-common-than-you-think/>(검색: 2020.7.18.)
- Rudd, Kevin (2020). "Beware the Guns of August—in Asia: How to keep U.S.—Chinese tensions from sparking a war." Foreign Affairs 3 August. <https://www.foreignaffairs.com/articles/united-states/2020-08-03/beware-guns-august-asia>(검색: 2020.8.15.)
- Runciman, David (2019). "Democracy is the planet's biggest enemy." Foreign Policy 20 July. <https://foreignpolicy.com/2019/07/20/democracy-is-the-planets-biggest-enemy-climate-change/>(검색: 2020.7.6.)
- Russell, Pam Radtke (2019). "Death, blackouts, melting asphalt: ways the climate crisis will

change how we live." The Guardian 20 August. <https://www.theguardian.com/cities/2019/aug/20/death-blackouts-melting-asphalt-ways-the-climate-crisis-will-change-how-we-live>(검색: 2020.1.12.)

- Ryan, Sadie J. et al. (2019). "Global expansion and redistribution of Aedes-borne virus transmission risk with climate change." PLOS: Neglected Tropical Diseases 13(3): e0007213. DOI: 10.1371/journal.pntd.0007213.
- Saetra, Henrik (2014). "The state of no nature – Thomas Hobbes and the natural world." Journal of International Scientific Publications: Ecology and Safety 8: 177-193.
- Sakaguchi, Kendra, Anil Varughese and Graeme Auld (2017). "Climate Wars? A Systematic Review of Empirical Analyses on the Links between Climate Change and Violent Conflict." International Studies Review 19(4): 622–645.
- Samaranayake, Nora (2019). "World experts on virology alert that climate change and globalization are an added problem in viral disease transmission." Global Virus Network 2 July. <https://gvn.org/world-experts-in-virology-alert-that-climate-change-and-globalization-are-an-added-problem-in-viral-disease-transmission/>(검색: 2020.2.26.)
- Sampson, Zachary T. (2020). "Florida judge rejects children's climate change lawsuit, citing 'political' issue." Tampa Bay Times 2 June. <https://www.tampabay.com/news/environment/2020/06/01/florida-judge-rejects-childrens-climate-change-lawsuit-citing-political-issue/>(검색: 2020.6.7.)
- Sandberg, Anders (2019). "Will climate change wipe out humanity?" Newsweek 31 May. <https://www.newsweek.com/will-climate-change-wipe-out-humanity-opinion-1440384>(검색: 2020.1.3.)
- Sanders, Bernie (2019). "The Green New Deal." <https://int.nyt.com/data/documenthelper/1654-bernie-sanders-green-new-deal/761873c26ec4075c609b/optimized/full.pdf>(검색: 2020.1.3.)
- Saran, Samir and Vidisha Mishra (2015). "Climate change and human rights: Securing the right to life." In: M. Di Paola and D. Kamal (Eds.). Climate Change and Human Rights: The 2015 Paris Conference and the Task of Protecting People on a Warming Planet. London: Global Policy.
- Saran, Shyam (2009). "Global governance and climate change." Global Policy 15(4): 457-460.
- Sassor, Robert Russel and Beth Strachan (2019). "Changing the Climate by Leaving 'Climate Change' Behind." Stanford Social Innovation Review 8 January. <https://ssir.org/articles/entry/changing_the_climate_by_leaving_climate_change_behind>(검색: 2020.1.21.)
- Savage, Karen (2019). "French Groups Turn Up Legal Pressure on Total for Skirting Climate

Law." Climate Liability News 18 June. <https://www.climateliabilitynews.org/2019/06/18/france-total-climate-law/>(검색: 2020.1.27.)

- Savaresi, Annalisa (2018). "Climate change and human rights: Fragmentation, interplay, and institutional linkages." In: S. Duyck, S. Jodoin and A. Johl (Eds.). Routledge Handbook of Human Rights and Climate Governance. London: Routledge.
- Schaar, Johan (2019). "On Confluence of Crisis: On Water, Climate and Security in the Middle East and North Africa." SIPRI Insights on Peace and Security 2019/4. Stockholm: Stockholm International Peace Research Institute.
- Schlichting, Inga (2013). "Strategic framing of climate change by industry actors: A meta-analysis." Environmental Communication 7: 493–511.
- Schlossberg, Tatiana (2019). "Taking a different approach to fighting climate change." The New York Times 7 November. <https://www.nytimes.com/2019/11/07/climate/narasimha-rao-climate-change.html>(검색: 2020.4.10.)
- Schmidt, Gavin (2018). "How scientists cracked the climate change case." The New York Times 24 October. <https://www.nytimes.com/2018/10/24/opinion/climate-change-global-warming-trump.html>(검색: 2020.1.18.)
- Scholtz, Werner and Gerrit Ferreira (2015). "Climate change negotiations and transitional justice: the advent of a Carbon Truth and Reconciliation Commission?" The Comparative and International Law Journal of Southern Africa 48(1): 42-58.
- Schwartz, John (2019). "In 'strongest' climate ruling yet, Dutch court orders leaders to take action." The New York Times 20 December. <https://www.nytimes.com/2019/12/20/climate/netherlands-climate-lawsuit.html>(검색: 2020.1.17.)
- Sealey-Huggins, Leon (2017). "'1.5°C to stay alive': climate change, imperialism and justice for the Caribbean." Third World Quarterly 38(11): 2444–2463.
- Segal, Michael (2019). "To fix the climate, tell better stories: The missing climate change narrative." NAUTILUS Ideas Climate 15 August. <http://nautil.us/issue/75/story/to-fix-the-climate-tell-better-stories-rp>(검색: 2020.1.21.)
- Selby, Jan et al. (2017). "Climate change and the Syrian civil war revisited." Political Geography 60: 232-244.
- Sengupta, Somini (2020). "Climate change has lessons for fighting the coronavirus." The New York Times 12 March. <https://www.nytimes.com/2020/03/12/climate/climate-change-coronavirus-lessons.html>(검색: 2020.3.14.)
- Setzer, Joana and Rebecca Byrnes (2019). Global Trends in Climate Change Litigation: 2019 Snapshot. London: Grantham Research Institute on Climate Change and the Environment

LSE and the Centre for Climate Change Economics and Policy.

- Severson, Alexander W. and Eric A. Coleman (2015). "Moral Frames and Climate Change Policy Attitudes." Social Science Quarterly 96(5): 1277-1290.
- Shalizi, Zmarak and Franck Lecocq (2010). "To Mitigate or to Adapt: Is that the Question? Observations on an Appropriate Response to the Climate Change Challenge to Development Strategies." The World Bank Research Observer 25(2): 295-321.
- Shaw, Christopher (2017). "The Two Degrees Celsius Limit." OXFORD RESEARCH ENCYCLOPEDIA, CLIMATE SCIENCE. DOI: 10.1093/acrefore/9780190228620.013.15.
- Shea, Neil (2019). "A thawing Arctic is heating up a new Cold War." National Geographic September. <https://www.nationalgeographic.com/adventure/2019/08/how-climate-change-is-setting-the-stage-for-the-new-arctic-cold-war-feature/>(검색: 2020.2.16.)
- Sherwood, S. et al. (2020). "An assessment of Earth's climate sensitivity using multiple lines of evidence." Reviews of Geophysics https://doi.org/10.1029/2019RG000678.
- Shindell, Drew et al. (2018). "Quantified, Localized Health Benefits of Accelerated Carbon Dioxide Emissions Reductions." Nature Climate Change 8(4): 291-295.
- Shongwe, Musa Njabulo (2017). "The Humanization of International Environmental Law: Calming Anxieties over Fragmentation and Reaffirming a Rights-Based Approach." In: E. Daly et al. (Eds.). New Frontiers in Environmental Constitutionalism." Nairobi: United Nations Environment Programme.
- Shove, Elizabeth (2010). Beyond the ABC: climate change policy and theories of social change. Environment &. Planning A: Economy and Space 42: 1273–1285.
- Shue, Henry (2015a). "Historical Responsibility, Harm Prohibition, and Preservation Requirement: Core Practical Convergence on Climate Change." Moral Philosophy and Politics 2(1): 7–31.
- Shue, Henry (2015b). "Last opportunities: Future human rights generate urgent present duties." In: M. Di Paola and D. Kamal (Eds.). Climate Change and Human Rights: The 2015 Paris Conference and the Task of Protecting People on a Warming Planet. London: Global Policy.
- Shue, Henry (2017). "Human rights in the Anthropocene." In: Dominick DellaSala Michael Goldstein (Eds.). Encyclopedia of the Anthropocene. Elsevier.
- SIDA (2015). "A Human Rights Based Approach to Environment and climate change." HRBA, Environment and Climate Change February. The Swedish International Development Cooperation Agency.
- SIPRI (2019). "World military expenditure grows to $1.8 trillion in 2018." Stockholm

International Peace Research Institute 29 April. <https://www.sipri.org/media/press-release/2019/world-military-expenditure-grows-18-trillion-2018>(검색: 2020.1.24.)

- Skillington, Tracey (2012). "Climate change and the human rights challenge: extending justice beyond the borders of the nation state." The International Journal of Human Rights 16(8): 1196–1212.
- Smith, Matthew R. and Samuel S. Myers (2018). "Impact of anthropogenic CO2 emissions on global human nutrition." Nature Climate Change 8: 834-839.
- Smith, Samantha (2017). Just Transition: A Report for the OECD. Just Transition Center, ITUC.
- Solow, Andrew R. (2013). "A call for peace on climate and conflict." Nature 497: 179–180.
- Sophocles (BC441/1984). Antigone. Translated by Sir Richard C. Jebb. The Great Books of the Western World 5. Chicago: Chicago University Press.
- Sova, Chase (2017). "The first climate change conflict." World Food Program USA, 30 November. <https://www.wfpusa.org/stories/the-first-climate-change-conflict/>(검색: 2020.4.29.)
- Spoel, Philippa et al. (2009). "Public Communication of Climate Change Science: Engaging Citizens Through Apocalyptic Narrative Explanation." Technical Communication Quarterly 18(1): 49-81.
- Spratt, David and Ian Dunlop (2019). Existential Climate-related Security Risk: A Scenario Approach. Melbourne: Breakthrough—National Centre for Climate Restoration.
- Stecula, Dominik A. and Eric Merkley (2019). "Framing Climate Change: Economics, Ideology, and Uncertainty in American News Media Content From 1988 to 2014." Frontiers and Communication: Empirical Study 26 February. https://doi.org/10.3389/fcomm.2019.00006.
- Steffen, Will et al. (2015). "Planetary boundaries: Guiding human development on a changing planet." Science 347(Article 6223). DOI: 10.1126/science.1259855.
- Steffen, Will et al. (2018). "Trajectories of the earth system in the Anthropocene." Proceedings of the National Academy of Sciences 115(33): 8252-8259.
- Steinicke, Stefan (2020). "Geopolitics is back—and the EU needs to get ready." International Politics and Society 17 February. <https://www.ips-journal.eu/index.php?id=340&L=0&tx_news_pi1%5Bnews%5D=4079&tx_news_pi1%5Bcontroller%5D=News&tx_news_pi1%5Baction%5D=detail&utm_source=newsletter&utm_medium=email&utm_campaign=en_754_20200218&cHash=54aa8cb639d558616c7c264ab1ee4acc>(검색: 2020.2.18.)
- Sterman, John (2013). "Mitigation or Adaptation? Lessons from Abolition in the Battle Over Climate Policy." MIT Sloan Management Review 23 July. <https://sloanreview.mit.edu/article/mitigation-or-adaptation-lessons-from-abolition-in-the-battle-over-climate-policy/>(검색:

2020.3.26.)

- Stetler, Harrison (2020). "'Collapsologie': Constructing an Idea of How Things Fall Apart." The New York Review of Books 21 January. <https://www.nybooks.com/daily/2020/01/21/collapsologie-constructing-an-idea-of-how-things-fall-apart/>(검색: 2020.6.7.)
- Stoknes, Per Espen (2014). "Rethinking climate communications and the 'psychological climate paradox'." Energy Research & Social Sciences 1: 161-170.
- Stone, Madeleine (2020). "A plague of locusts has descended on East Africa. Climate change may be to blame." National Geographic 14 February. <https://www.nationalgeographic.com/science/2020/02/locust-plague-climate-science-east-africa/>(검색: 2020.2.26.)
- Subramanian, Meera (2015). "The age of loneliness." Guernica 15 September. <https://www.guernicamag.com/the-age-of-loneliness/>(검색: 2020.3.13.)
- Sunstein, Cass R. (2007). "The Catastrophic Harm Precautionary Principle." Issues in Legal Scholarship January(Article 3): 1-29. DOI: 10.2202/1539-8323.1091
- Susskind, Yifat (2019). "This is what feminists can teach the world about fighting for climate justice." OpenDemocracy 26 September. <https://www.opendemocracy.net/en/5050/what-feminists-can-teach-world-about-fighting-climate-justice/>(검색: 2020.1.12.)
- Swim, Janet et al. (2011). Psychology & Global Climate Change Addressing a Multifaceted Phenomenon and Set of Challenges. American Psychological Association.
- Tanner, Thomas et al. (2015). "Livelihood resilience: Preparing for sustainable transformations in the face of climate change." Nature Climate Change 5: 23-26.
- Taylor, Matthew and Jonathan Watts (2019). "Revealed: the 20 firms behind a third of all carbon emissions." The Guardian 9 October. <https://www.theguardian.com/environment/2019/oct/09/revealed-20-firms-third-carbon-emissions>(검색: 2020.1.17.)
- Teirstein, Zoya (2020). "Meet the conservative answer to the Green New Deal." Grist 27 April. <https://grist.org/politics/meet-the-conservative-answer-to-the-green-new-deal/>(검색: 2020.10.8.)
- Terry, Geraldine (2009). "No climate justice without gender justice: an overview of the issues." Gender & Development 17(1): 5-18.
- Thakur, S.B. and A. Bajagain (2019). "Impacts of climate change on livelihood and its adaptation needs." The Journal of Agriculture and Environment 20: 173-185.
- Thomas, Felicity et al. (2014). "Extended impacts of climate change on health and wellbeing." Environmental Science & Policy 44: 271-278.
- Thorpe, Vanessa (2020). "University and Arts Council in drive to re-brand 'soft' academic subjects." The Observer 21 June. <https://www.theguardian.com/education/2020/jun/21/

university-and-arts-council-in-drive-to-re-brand-soft-academic-subjects>(검색: 2020.7.1.)

- Thunberg, Greta et al. (2020). "After two years of school strikes, the world is still in a state of climate crisis denial." The Guardian 19 August. <https://www.theguardian.com/commentisfree/2020/aug/19/climate-crisis-leaders-greta-thunberg>(검색: 2020.8.19.)
- Tilly, Charles and Robert E. Goodin (2006). "It depends." In: C. Tilly and R.E. Goodin (Eds.). The Oxford Handbook to Contextual Political Analysis. Oxford: Oxford University Press.
- Timmermann, Christian and Georges F. Félix (2015). "Climate Change and Human Rights: Adapting Food Production to Climate Change - An Inclusive Approach." In: M. Di Paola and D. Kamal (Eds.). Climate Change and Human Rights: The 2015 Paris Conference and the Task of Protecting People on a Warming Planet. London: Global Policy.
- Timperley, Jocelyn (2020). "Who is really to blame for climate change?" BBC Future 19 June. <https://www.bbc.com/future/article/20200618-climate-change-who-is-to-blame-and-why-does-it-matter>(검색: 2020.6.24.)
- Tindall, D.B., Mark C.J. Stoddart and Candis Callison (2018). "The Relationships Between Climate Change News Coverage, Policy Debate, and Societal Decisions." OXFORD RESEARCH ENCYCLOPEDIA, CLIMATE SCIENCE. DOI: 10.1093/acrefore/9780190228620.013.370
- Tollefson, Jeff (2019). "Can the world slow global warming?" Nature 573: 324-327.
- Tomlinson, Shane (2019). "The geopolitics of climate change." E3G 20 September. <https://www.e3g.org/library/the-geopolitics-of-climate-change-UNSG-climate-action-summit>(검색: 2020.1.8.)
- Tooze, Adam (2020). "The fierce urgency of COP26." Social Europe 20 January. <https://www.socialeurope.eu/the-fierce-urgency-of-cop26>(검색: 2020.1.25.)
- Trappel, Josef (2019). "Inequality, (new) media and communications." In: J. Trappel (Ed.). Digital Media Inequalities: Policies against Divides, Distrust and Discrimination. Göteborg: Nordicom.
- Treen, Kathie M. d'I., Hywel T. P. Williams and Saffron J. O'Neill (2020). "Online misinformation about climate change." WIREs Climate Change 2020;e665.: https://doi.org/10.1002/wcc.665.
- Trisos, Christopher H., Cory Merow and Llex L. Pigot (2020). "The projected timing of abrupt ecological disruption from climate change." Nature. https://doi.org/10.1038/s41586-020-2189-9.
- Turchin, Peter (2008a). "Modeling periodic waves of integration in the Afro-Eurasian World-System." In: G. Modelski, T. Devezas and W.R. Thompson (Eds.). Globalization as Evolutionary Process: Modeling Global Change. London: Taylor & Francis.

- Turchin, Peter (2008b). “Arise ‘cliodynamics’.” Nature 454: 34-35.
- Turrentine, Jeff (2018). “The Nihilism of Trump’s Climate Policy.” Natural Resources Defense Council 5 October. <https://www.nrdc.org/onearth/nihilism-trumps-climate-policy>(검색: 2020.1.2.)
- Turzi, Mariano (2020). “The age of pressure politics?” Universidad Austral Escuela de Gobierno 6 August. <https://www.austral.edu.ar/escueladegobierno/2020/08/06/mariano-turzi-the-age-of-pressure-politics/>(검색: 2020.8.15.)
- Ugochukwu, Basil (2015). “Climate Change and Human Rights: How? Where? When?” CIGI Papers 82. Center for International Governance Innovation.
- UN Committee on the Elimination of Discrimination against Women (2018). General Recommendation No. 37 on Gender-related dimensions of disaster risk reduction in the context of climate change. CEDAW/C/GC/37.
- UNEP (2015). Climate Change and Human Rights. Nairobi: United Nations Environment Programme.
- UNEP (2016). UNEP Frontiers 2016 Report: Emerging Issues of Environmental Concern. Nairobi: United Nations Environment Programme.
- UNEP (2019a). Emissions Gap Report 2019. United Nations Environment Programme.
- UNEP (2019b). “Curbing negative environmental impacts of war and armed conflict.” United Nations Environment Programme. <https://www.unenvironment.org/news-and-stories/statement/curbing-negative-environmental-impacts-war-and-armed-conflict>(검색: 2020.1.4.)
- UNEP and ILRI (2020). Preventing the Next Pandemic: Zoonotic Diseases and How to Break the Chain of Transmission. Nairobi: United Nations Environment Programme and International Livestock Research Institute.
- UNEP et al. (2020). Gender, Climate & Security: Sustaining Inclusive Peace on the Frontlines of Climate Change. United Nations Environment Programme, UN Women, UNDP and UNDPPA/PBSO.
- UNESCO (2017). Declaration of Ethical Principles in relation to Climate Change. Paris: United Nations Educational, Scientific and Cultural Organization.
- UNFCCC (1992). United Nations Framework Convention on Climate Change. FCCC/INFORMAL/84GE. 05-62220 (E) 200705.
- UNFCCC (2011). “Report of the Conference of the Parties on its sixteenth session, held in Cancun from 29 November to 10 December 2010.” FCCC/CP/2010/7/Add.1.
- UNFCCC (2015). “Paris Agreement.” <https://unfccc.int/sites/default/files/english_paris_agreement.pdf>(검색: 2020.2.12.)

- UNFCCC (2016). "Gender and Climate Change." United Nations Framework Convention on Climate Change: Decision-/CP.22. <https://unfccc.int/files/gender_and_climate_change/application/pdf/auv_cop22_i15_gender_and_climate_change_rev.pdf>(검색: 2020.7.12.)
- UNFCCC (2016경). Just Transition of the Workforce, and the Creation of Decent Work and Quality Jobs. United Nations Framework Convention on Climate Change. <https://unfccc.int/sites/default/files/resource/Just%20transition.pdf>(검색: 2020.4.21.)
- UNFCCC (2017). "Establishment of a gender action plan." Decision 3/CP.23: FCCC/CP/2017/11/Add.1.
- UNFCCC (2018). "Mitigation benefits and co-benefits of policies, practices and actions for enhancing mitigation ambition: implementation of circular economies with a focus on waste-to-energy technologies and on industrial waste reuse and prevention solutions." FCCC/TP/2018/2.
- UN Human Rights (2018). "The climate crisis is a human rights crisis." United Nations Human Rights Fact Sheet October. <https://www.ohchr.org/Documents/Issues/ClimateChange/FactSheetClimateChange.pdf>(검색: 2020.2.21.)
- UN Human Rights Committee (2018). "General comment No. 36 (2018) on article 6 of the International Covenant on Civil and Political Rights, on the right to life." CCPR/C/GC/36.
- UN Human Rights Committee (2020). "Views adopted by the Committee under article 5 (4) of the Optional Protocol, concerning communication No. 2728/2016." CCPR/C/127/D/2728/2016.
- UN Human Rights Council (2009). "Human rights and climate change." Resolution 10/4.
- UN Human Rights Council (2016). "Analytical study on the relationship between climate change and the human right of everyone to the enjoyment of the highest attainable standard of physical and mental health." A/HRC/32/23.
- UN Human Rights Council (2017). "Analytical study on the relationship between climate change and the full and effective enjoyment of the rights of the child." A/HRC/35/13.
- UN Human Rights Council (2018). "The Slow onset effects of climate change and human rights protection for cross-border migrants." A/HRC/37/CRP.4.
- UN Human Rights Council (2019a). "Human rights and climate change." Resolution A/HRC/41/L.24.
- UN Human Rights Council (2019b). "Climate change and poverty: Report of the Special Rapporteur on extreme poverty and human rights." A/HRC/41/39.
- UN Human Rights Council (2019c). "Analytical study on gender-responsive climate action for the full and effective enjoyment of the rights of women." A/HRC/41/26.

- UN Human Rights Council (2020). "Analytical study on the promotion and protection of the rights of persons with disabilities in the context of climate change." A/HRC/44/30.
- UN Secretary General (2018). Report of the Special Rapporteur on the issue of human rights obligations relating to the enjoyment of a safe, clean, healthy and sustainable environment. A/73/188.
- UN Security Council (2000). "Resolution 1325 (2000) Adopted by the Security Council at its 4213th meeting, on 31 October 2000." S/RES/1325 (2000).
- UN Women Watch (2009). "Fact Sheet: Women, Gender Equality and Climate Change." <https://www.un.org/womenwatch/feature/climate_change/downloads/Women_and_Climate_Change_Factsheet.pdf>(검색: 2020.7.19.)
- Urry, John (2010). "Sociology facing climate change." Sociological Research Online 15(3). <http://www.socresonline.org.uk/15/3/1.html>(검색: 2020.3.17.)
- USAID (2019). "Inclusive Climate Action: An Emerging Perspective." RALI Series: Promoting Solutions for Low Emission Development. <https://www.climatelinks.org/sites/default/files/asset/document/2019_USAID_RALI_Inclusive%20Climate%20Action%20An%20Emerging%20Perspective.pdf>(검색: 2020.3.2.)
- Uscinski, Joseph E., Karen Douglas, and Stephan Lewandowsky (2017). "Climate Change Conspiracy Theories." OXFORD RESEARCH ENCYCLOPEDIA, CLIMATE SCIENCE. DOI: 10.1093/acrefore/9780190228620.013.328.
- Vanderheiden, Steve (2018). "Individual Moral Duties Amidst Climate Injustice: Imagining a Sustainable Future." The University of Tasmania Law Review 37(2): 116-130.
- Vega-López, Eduardo (2018). Climate Change and Local Social Cohesion. Barcelona: Diputació de Barcelona(URB-AL III Programme Coordinationand Orientation Office).
- Vidal, John (2020). "'Tip of the iceberg': is our destruction of nature responsible for Covid-19?" The Guardian 18 March. <https://www.theguardian.com/environment/2020/mar/18/tip-of-the-iceberg-is-our-destruction-of-nature-responsible-for-covid-19-aoe>(검색: 2020.3.22.)
- Voskoboynik, Daniel Macmillen (2018). "To fix the climate crisis, we must face up to our imperial past." OpenDemocracy 8 October. <https://www.opendemocracy.net/en/opendemocracyuk/to-fix-climate-crisis-we-must-acknowledge-our-imperial-past/>(검색: 2020.1.11.)
- Vukovic, Marija Brajdic (2017). "Climate change concern, anthropocentric worldview and the technoscientific context of young researchers." In: M. Domazet (Ed.). Ecology and Justice: Contributions from the Margins. Zagreb: Institute for Political Ecology.
- Waldman, Katy (2018). "How climate-change fiction, or 'Cli-Fi', forces us to confront the

incipient death of the planet." The New Yorker 9 November. <https://www.newyorker.com/books/page-turner/how-climate-change-fiction-or-cli-fi-forces-us-to-confront-the-incipient-death-of-the-planet>(검색: 2020.3.15.)

- Wallace-Wells, David (2019). The Uninhabitable Earth: Life After Warming. New York: Tim Duggan Books.
- Wang, Xiaoxin, Dabang Jiang and Xianmei Lang (2018). "Climate Change of 4℃ Global Warming above Pre-industrial Levels." Advances in Atmospheric Sciences 35(7): 757-770.
- Ward, Bob (2019). "A Nobel Prize for the creator of an economic model that underestimates the risks of climate change." Grantham Research Insitute on Climate Change and the Environment, LSE: 2 January. <http://www.lse.ac.uk/GranthamInstitute/news/a-nobel-prize-for-the-creator-of-an-economic-model-that-underestimates-the-risks-of-climate-change/>(검색: 2020.1.15.)
- Warlenius, Rikard (2017). "Decolonizing the Atmosphere: The Climate Justice Movement on Climate Debt." The Journal of Environment & Development 27(2): 131-155.
- Watt-Cloutier, Sheila (2018). The Right to be Cold. Minneapolis: University of Minnesota Press.
- Watts, Jonathan et al. (2019a). "Half a century of dither and denial—a climate crisis timetable." The Guardian 9 October. <https://www.theguardian.com/environment/ng-interactive/2019/oct/09/half-century-dither-denial-climate-crisis-timeline>(검색: 2020.1.17.)
- Watts, Jonathan (2019b). "'No doubt left' about scientific consensus on global warming, say experts." The Guardian 24 July. <https://www.theguardian.com/science/2019/jul/24/scientific-consensus-on-humans-causing-global-warming-passes-99>(검색: 2020.5.13.)
- Watts, Nick et al. (2019c). "The 2019 report of The Lancet Countdown on health and climate change: ensuring that the health of a child born today is not defined by a changing climate." Lancet 394: 1836–1878.
- WBGU (2014). Climate Protection as a World Citizen Movement. Berlin: German Advisory Council on Global Change.
- Weitzman, Martin L. (2009). "On Modeling and Interpreting the Economics of Catastrophic Climate Change." The Review of Economics and Statistics 91(1): 1-19.
- Wetts, Rachel (2019). "Models and Morals: Elite-Oriented and Value-Neutral Discourse Dominates American Organizations' Framings of Climate Change." Social Forces soz027, https://doi.org/10.1093/sf/soz027
- White, Alexandre I.R. (2020). "Historical linkages: epidemic threat, economic risk, and xenophobia." The Lancet 395: 1250-1251.
- White, Christopher M. (2014). A Global History of the Developing World. London: Routledge.

- White, Rob (2018). Climate Change Criminology. Bristol: Bristol University Press.
- (The) White House (2017). National Security Strategy of the United States of America. <https://www.whitehouse.gov/wp-content/uploads/2017/12/NSS-Final-12-18-2017-0905.pdf>(검색: 2020.1.20.)
- Whiting, Tabitha (2019). "You Need To Stop Feeling Guilty About Climate Change." Medium Environment 20 July. <https://medium.com/@tabitha.whiting/you-need-to-stop-feeling-guilty-about-climate-change-df0ef8fd09ae>(검색: 2020.2.10.)
- WHO (2011). The Social Dimensions of Climate Change. World Health Organization.
- WHO (2017). "One Health." World Health Organization. <https://www.who.int/features/qa/one-health/en/>(검색: 2020.3.24.)
- Whyman, Tom (2019). "Will the rich escape climate apocalypse?" New Internationalist 17 May. <https://newint.org/features/2019/04/09/first-class-lifeboats>(검색: 2020.3.6.)
- Wiles, Richard (2018). "It's 50 years since climate change was first seen. Now time is running out." The Guardian 15 March. <https://www.theguardian.com/commentisfree/2018/mar/15/50-years-climate-change-denial>(검색: 2020.2.1.)
- Williams, Rowan (2019). "Amazon fires are a shameful indictment of our lust for excess." The Guardian 6 September. <https://www.theguardian.com/global-development/2019/sep/06/amazon-fires-shameful-indictment-of-our-lust-for-excess>(검색: 2020.2.26.)
- Willis, Rebecca (2019). "To tackle the climate crisis we need more democracy, not less." The Conversation 22 June. <https://theconversation.com/to-tackle-the-climate-crisis-we-need-more-democracy-not-less-119265>(검색: 2020.7.10.)
- Wilson, Gordon (2012). "Economics matters in climate change." In: G. Wilson et al. (Eds.). Climate Change: From Science to Lived Experience. Lived Experience of Climate Change e-Learning. <https://www.ou.nl/documents/40554/102890/LECHe_Module1_Textbook_2012.pdf/95da9c5e-3e0e-48b7-a0ef-489ec9c7c47c>(검색: 2020.1.21.)
- Wimmer, Andreas and Nina Glick Schiller (2002). "Methodological nationalism and beyond: nation-state building, migration and the social sciences." Global Networks 2(4): 301-334.
- Wingfield-Hayes, Georgie (2015). "Why is there so little action on climate change?" OpenDemocracy 12 January. <https://www.opendemocracy.net/en/transformation/why-is-there-so-little-action-on-climate-change/>(검색: 2020.1.8.)
- Winslow, Margrethe (2005). "Is Democracy Good for the Environment?" Journal of Environmental Planning and Management 48(5): 771-783.
- WMO (2019a). WMO Provisional Statement on the State of the Global Climate in 2019. World Meteorological Organization.

- WMO (2019b). The Global Climate in 2015-2019. World Meteorological Organization.
- WMO (2019c). United in Science. World Meteorological Organization & Science Advisory Group of the UN Climate Action Summit 2019.
- WMO (2020). United in Science 2020: A Multi-organization High-level Compilation of the Latest Climate Science Information. World Meteorological Organization.
- Wolfe, Sarah E. and Tubi (2018). "Terror Management Theory and mortality awareness: A missing link in climate response studies?" WIREs Climate Change. DOI: 10.1002/wcc.566.
- Wolff, Jonathan (2020). "The lure of fascism." Aeon 14 April. <https://aeon.co/essays/what-1930s-political-ideologies-can-teach-us-about-the-2020s?>(검색: 2020.4.18.)
- Wollaston, Sam (2020). "Climate nightmares: how to reassure a child who is anxious about the planet." The Guardian 3 March. <https://www.theguardian.com/environment/shortcuts/2020/mar/03/climate-nightmares-how-to-reassure-a-child-who-is-anxious-about-the-planet>(검색: 2020.3.4.)
- Worland, Justin (2020). "The Wuhan Coronavirus, Climate Change, and Future Epidemics." Time 6 February. <https://time.com/5779156/wuhan-coronavirus-climate-change/>(검색: 2020.2.22.)
- World Bank Group (2012). Turn Down the Heat: Why a 4°C Warmer World Must be Avoided. Washington DC: International Bank for Reconstruction and Development/The World Bank.
- World Bank Group (2014). Turn Down the Heat: Confronting the New Climate Normal. Washington, DC: World Bank.
- World Commission on Environment and Development (1987). Our Common Future. New York: Oxford University Press.
- World Economic Forum (2019). Global Gender Gap Report 2020. Geneva: The World Economic Forum.
- Wright Mills, C. (1959/2000). The Sociological Imagination. Oxford: Oxford University Press.
- WWF (2020). Covid 19: Urgent Call to Protect People and Nature. Gland, Switzerland: WWF.
- Wynes, Seth and Kimberly A. Nicholas (2017). "The climate mitigation gap: education and government recommendations miss the most effective individual actions." Environmental Research Letters 12: 1-9.
- Xu, Chi et al. (2020). "Future of the human climate niche." Proceedings of the National Academy of Sciences. https://doi.org/10.1073/pnas.1910114117: 1-6.
- Yanda, Pius and Salome Bronkhorst (2011). "Climate change and conflict: Conflict-sensitive climate change adaptation in Africa." Policy & Practice Brief 14: 1-6.
- Zampas, Georgios and Oliver Elgie (2019). "How climate change affects fundamental human

rights." Fivehundred September: 42-49.

- Zehr, Stephen (2015). "The sociology of global climate change." WIREs Climate Change 6(2): 129-150.
- Zinn, Jens Oliver (2016). "Living in the Anthropocene: towards a risk-taking society." Environmental Sociology 2(4): 385–394.

| 찾아보기 |

ㅂ

ㅅ

ㅈ

ㅎ

탄소 사회의 종말

인권의 눈으로 기후위기와 팬데믹을 읽다

1판 1쇄 발행 2020년 11월 20일
1판 11쇄 발행 2024년 6월 17일

지은이 조효제
펴낸이 김영곤
펴낸곳 ㈜북이십일 21세기북스

책임편집 최윤지 **편집** 김지영
교정 송경희 **디자인** 프롬디자인
기획위원 장미희
출판마케팅영업본부 본부장 한충희
마케팅 남정한 한경화 김신우 강효원
영업 최명열 김다운 김도연 권채영
제작팀 이영민 권경민

출판등록 2000년 5월 6일 제406-2003-061호
주소 (10881) 경기도 파주시 회동길 201 (문발동)
대표전화 031-955-2100 **팩스** 031-955-2151 **이메일** book21@book21.co.kr

ISBN 978-89-509-9294-1 03330

㈜**북이십일** 경계를 허무는 콘텐츠 리더

21세기북스 채널에서 도서 정보와 다양한 영상자료, 이벤트를 만나세요!
페이스북 facebook.com/jiinpill21 **포스트** post.naver.com/21c_editors
인스타그램 instagram.com/jiinpill21 **홈페이지** www.book21.com
유튜브 youtube.com/book21pub